国家社会科学基金项目

工业信息资源开发与利用的国家战略框架研究

田景熙 著

东南大学出版社
·南京·

内 容 提 要

本书结合我国当前"两化融合"中工业信息资源开发与利用存在的问题，从"信息化"概念的内涵出发，提出国家工业信息资源开发与利用的总体战略框架。从工业信息资源的特征分析，工业对象的命名、识别、描述、标识、分类、编码，零部件信息资源和资源质量控制等方面论证了国家工业信息资源开发与利用战略的具体内容，并对物联网时代发达国家这一领域的最新发展趋势作了介绍。

本书回顾了美国工业信息化发展的百年历程，首次揭示了美国工业信息资源开发先于信息技术和信息基础设施发展近半个世纪的事实，分析了美国从百花齐放到全国统一的工业基础信息资源发展方式及其中的成败经验与教训，介绍了美国"资源—技术—法制"三位一体的成功战略模式以及该体系是如何扩散到整个北约集团，实现跨国、跨语种、全球化生产和远程供应管理的，并针对我国实情，从技术、管理和法制建设等方面，提出建立我国工业信息资源开发与利用的具体的建议、方法、理论与策略等。

本书可供我国大型企业、政府机构、军方信息机构以及电子政务、电子商务领域的管理及研究人员使用，亦可作为高校信息管理、系统工程、工业管理等专业师生的研究及参考用书。

图书在版编目（CIP）数据

工业信息资源开发与利用的国家战略框架研究/田景熙著.
—南京：东南大学出版社，2013.8

ISBN 978-7-5641-4409-8

Ⅰ.①工… Ⅱ.①田… Ⅲ.①工业经济—信息资源—资源开发—国家战略—研究—中国 Ⅳ.①F424

中国版本图书馆 CIP 数据核字（2013）第 172183 号

东南大学出版社出版发行
(南京四牌楼 2 号 邮编 210096)
出版人：江建中
江苏省新华书店经销 南京工大印务有限公司印刷厂印刷
开本：787mm×1092mm 1/16 印张：16 字数：400 千字
2013 年 8 月第 1 版 2013 年 8 月第 1 次印刷
ISBN 978-7-5641-4409-8
定价：35.00 元
（凡因印装质量问题，可直接向营销部调换。电话：025-83791830）

前　言

自十六大提出"信息化带动工业化、工业化促进信息化"的方针,十七大明确"大力推进两化融合,促进工业由大变强"的目标,十八大强调"促进工业化、信息化、城镇化、农业现代化同步发展"模式以来,开发与利用工业信息资源,深化各领域的应用无疑应当成为实现这一目标的核心。但迄今为止国家在实践和理论上都未明确具体的实施战略和具体措施。同时在认识上,国内普遍不清楚"信息化"实际包括信息资源、信息技术和信息基础设施三大领域,而且这三大领域的开发模式、建设内容与相关功能等在建设次序、方法论和应用领域等方面是有巨大差别的。目前的现况是:国家层面上,信息化建设重点的"十三金工程"和四大基础信息系统的建设均未涉及国家工业信息资源领域;地方上,各地近年的产业规划中多将微电子、计算机、软件和通信等列为重点与支柱,信息内容产业则以影视、网游、动漫等为主导,亦与工业信息资源的产业化、规模化开发与应用无关。

早在2004年,国务院办公厅《关于加强信息资源开发利用工作的若干意见》就意识到"当前信息资源开发利用工作仍存在诸多问题,主要是信息资源开发不足、利用不够、效益不高,相对滞后于信息基础设施建设"这一全局性和普遍性的问题。工业信息资源更因其开发难度大、知识密集度高、投资需求巨大、建设周期长和跨行业协作难度大而始终没有突破性进展。工业信息资源是国家的战略性核心资源,其重要性远远超过影视、网游、动漫娱乐甚至B2C与C2C商务类信息资源,但正因迄今为止国内对此的认识普遍不足,这类战略性信息资源的开发与利用无论在规模、数量还是产业上都远不及娱乐类及B2B与C2C类信息资源。

在理论研究上,国内对美国信息化战略的研究,多以克林顿鼓吹NII的时代为主,最多上溯至电子计算机发明之时。多数研究者看到的只是美国硅谷崛起带来的PC全球大普及,互联网的飞速发展将人类带入信息时代或知识经济时代等。于是,我国开始在计算机、微电子、网络与通信等领域奋起直追,确实取得了一系列辉煌的成就,造就了一批足以称傲于世的产业、市场和用户群,但同时也使各领域的信息资源,特别是工业(包括农业与服务业)领域的信息资源开发远远落后于信息技术与信息基础设施的发展,呈现国家信息化在硬件、软件、通信领域远远领先于各类资源开发与应用的战略失衡状态。

事实上,美国的信息化建设是一个跨越了百年历史的厚积薄发的过程。其中有三件划时代意义的事件,分别代表了信息资源、信息技术和信息基础设施的建设与普及。第一个事件起源于工业信息资源建设领域,时间是1914年,标志是海军物资供应信息系统的建设。这一项目启动了一种在"远程电报网＋手工作业＋纸质载体"的原始状况下开发数以万计的军工与后勤物品数据和粗浅应用的艰难历程。正是这种原始的信息技术和简单的莫尔斯电码记录载体,支持了美国国内军工生产、越洋物资与部队调度和战役指挥,打赢了两次世界大战。而以计算机为代表的信息技术的飞跃性突破,正是在这一基础工业信息资源系统建设与积累的40余年后,才应军方、政府和产业的数据处理需要而产生的。原始的电报码和机械式资料索引卡检索系统再也无法承载日益增加的军工物资生产与管理调试的数据处理,电子计算机的发明就成为必然。计算机的逐步成熟和引进,导致美国国家工业信息资源发生了质的突变,光电识别与数码化记录、自动检索技术、操作系统、信息系统、数据库管理系统、计算机辅助分类与编码技术、条码技术和分布计算技术、局域网技术等,伴随现代军事工业与政府管理的需求而发展起来,并不断加速和完善美国国家工业信息资源在各领域的拓展开发与应用。大量的工业信息资源开发与管理模式、法律规章、技术标准、跨系统资源接口等规范化与制度化建设均在这一时期成型与完善。

又经过 40 余年,在工业信息资源与信息技术的交互作用下,终于孕育出功能强大的互联网。于是,美国第三次的信息化飞跃就引爆了全球计算机网络的大普及。它也使美国的工业信息资源,连同其开发与管理体制等迅速扩散到北约数十个国家,成功地支持了以美国为首的多国部队打赢了一场又一场的局部高科技战争。国家工业信息基础设施的突破性发展,又再度回报并反哺到国家现代化与军事能力上,使得美国在本世纪初能够提出"数字战"、"网络中心战"和"信息战"等全新构想,促使其国家军事战略,从以"核威慑"、"核打击"为中心过渡到"信息威慑"、"信息打击"为中心的指导思路与军事路线中。

反观我国的信息化历程,改革开放之初我们就迎来了全球 PC 普及的浪潮,然后就是克林顿鼓吹 NII 的时代。于是,我们就将大批资金、技术与人才投入到信息技术与信息基础设施建设中去,最终忽略了国家工业信息资源开发与利用这一根本,造成国家信息化战略失衡。工业信息资源正是国家工业化与信息化发展的关键、两化融合的核心;加之我国的汉语语言、文化与历史等特点,这类资源的开发与利用不能依靠简单投资、直接购买或海外引进等就能发展起来,它需要自力更生、全局统筹、长期开发、逐步积累、不断改造与升级,还需要资金、技术、市场、经济、行政与法制手段的支持与扶持等才能发展起来。

为研究我国的工业信息资源发展之路,本书对美国的成功经验与反面教训进行了剖析,归纳其特点为:(一)两化长期融合,国家工业信息资源发展战略缜密完善,操作性与管控性强。(二)军工导向、战争驱动,工业信息资源开发由国家投入、集中建设。(三)资源开发战略采取"针对问题→提出方案→实践检验→标准法规→强制推广→升级优化→引用新技术→扩建新设施"的模式。特别应指出,美国及其北约伙伴国,均将工业数据开发视为国家基础设施来投入建设。(四)耗时半个多世纪建成"从螺栓到装备总成、从肥皂到航天器"等千万量级的工业品信息资源体系,历经两次大战及一系列局部战争而日益完善,构成其国家"信息威慑力"的核心,至今仍在重金投入建设。

本书在内容上分为 12 个专题领域对此进行分析,逐一对比我国在这些领域的战略发展现况,梳理出可供我国参照的各种建设内容、相应措施、法制建设、体制保障等方面的内容,提供相应的建议。这些内容构成了我国国家工业信息资源发展战略的总体框架和实施途径。

本书的创新点可归纳为以下三点。(一)首次在国内对美国百年工业信息资源发展历程、建设内容和法制体系建设以及该系统向北约集团的扩散过程等进行综合挖掘与梳理,以此为参照基础,结合我国相对较短的信息化发展历程以及两化融合战略之需,逐一分析出当前我国工业信息资源发展的国家战略的缺失之处。(二)提出建设"国家工业信息资源基础设施"的建议,要求按建设国家信息通信基础设施的规模与模式来集中建设这一战略设施。同时,在对美国和北约的工业信息资源加工的成功经验与教训分析的基础上,结合我国国情,参照国际最新的信息资源加工理论、实践与技术,提出国家工业信息资源建设分为对象命名、识别、描述、标识、分类、编码等六领域,并对各领域的具体建设内容、相关技术标准、管理体制与法规体系等进行了分析与说明。(三)提出工业信息资源的一系列基本属性,并对其与一般信息资源属性的区别进行了专题阐述。同时,借鉴国外信息质量研究的最新成果,提出工业信息资源质量的指标体系架构等。

　　鉴于本书研究的国家工业信息资源的开发与利用的基础理论仍在发展之中,作者的研究也存在一些不足,恳请读者赐教指正。特别是近年来,以美国为首的北约发达国家提出"信息战"和"网络中心战"等新军事理论,以及物联网、云计算和大数据时代正在引发新一轮的信息革命,已使美国等国的工业信息资源正从联邦/北约编目系统向《国防部架构框架(Department of Defense Architecture Framework,DoDAF)》(2009)为蓝本的新型战略信息系统转型。该框架提出高科技战争中对人力资源、武器装备、物资供应、动产与不动产及金融等组成的全球协同制造、后勤供应与远程物流等作业中的全方位信息资源管理与运用架构,以及对战场上基本作战单元甚至单兵进行跟踪、指挥、后勤保障与救援等相关的信息作业;同时提出在新技术、新装备、新信息载体、新通信方式、新环境感知与数据处理方式、新型作战方式乃至新型国家竞争方式等条件下的信息资源开发与利用的新需求。显然,这些都大大突破了传统工业信息资源领域的开发与应用范围。因此,作者希望本书能为新信息技术环境下的国家工业信息资源开发与利用研究起到抛砖引玉的作用,为实现我国两化深度融合提供更好的理论、方法、模式、策略与成功经验的支持。

田景熙

(tjxok@yahoo.com)

2013 年 7 月 12 日

目 录

第1章 绪论 …………………………………………………………………………（1）
  1.1 研究背景 ………………………………………………………………………（1）
    1.1.1 工业信息资源开发与利用的国家战略框架的国内研究现状…………（1）
    1.1.2 工业信息资源开发与利用的国家战略框架的国外研究现状…………（2）
    1.1.3 国外工业信息资源开发与利用的相关法律与制度建设………………（3）
  1.2 研究意义 ………………………………………………………………………（4）
    1.2.1 理论意义 ………………………………………………………………（4）
    1.2.2 实践意义 ………………………………………………………………（5）
  1.3 研究内容与方法 ………………………………………………………………（6）
    1.3.1 研究内容 ………………………………………………………………（6）
    1.3.2 研究方法 ………………………………………………………………（6）
  1.4 主要创新点 ……………………………………………………………………（6）

第2章 工业信息资源开发与利用的国家战略框架研究概述 ……………………（8）
  2.1 国家战略理论 …………………………………………………………………（8）
    2.1.1 战略 ……………………………………………………………………（8）
    2.1.2 国家战略 ………………………………………………………………（8）
    2.1.3 国家战略与工业信息领域的结合………………………………………（9）
  2.2 工业信息资源开发与利用的国家战略的基本特征 ………………………（10）
    2.2.1 工业信息资源开发与利用的国家战略的基本内容……………………（10）
    2.2.2 工业信息资源开发与利用的国家战略的基本特征……………………（11）
    2.2.3 框架的概念与特征……………………………………………………（12）
  2.3 工业信息资源开发与利用的国家战略框架的理论体系与构建原则 ………（13）

第3章 信息化概念探索 …………………………………………………………（15）
  3.1 "信息化"概念的国内外认知概况 ……………………………………………（15）
    3.1.1 信息化概念的引进及其在国内的地位…………………………………（15）
    3.1.2 信息化概念的国外认知及对我国的影响………………………………（16）
  3.2 信息化概念存在性实证 ………………………………………………………（16）
    3.2.1 信息化表述的语言实证…………………………………………………（16）
    3.2.2 国内外信息化概念的起源与存亡原因初探……………………………（17）
  3.3 中外信息化概念的差异 ………………………………………………………（18）
    3.3.1 中外信息化概念的形成时间……………………………………………（19）
    3.3.2 国内外对信息化背景的认知差异………………………………………（19）

3.4 信息化的内涵 …………………………………………………………（21）
3.4.1 信息化的语言学解析 …………………………………………（21）
3.4.2 信息化的定义 …………………………………………………（21）
3.4.3 信息化概念的核心 ……………………………………………（23）
3.4.4 信息化演化阶段的划分 ………………………………………（24）
3.5 信息化的本质及其发展特点 ……………………………………………（27）
3.5.1 信息化的真实内涵 ……………………………………………（27）
3.5.2 信息化兴起的原始动力 ………………………………………（27）
3.5.3 信息化发展的特点 ……………………………………………（28）
3.6 信息化的哲学思考 ………………………………………………………（28）
3.6.1 信息化内涵的哲学架构 ………………………………………（28）
3.6.2 信息化的哲学理解 ……………………………………………（32）

第4章 美国工业信息资源系统建设简述 ……………………………………（35）
4.1 美国工业信息资源建设概况 ……………………………………………（35）
4.2 美国国家工业信息资源系统分析 ………………………………………（37）
4.2.1 美国国家工业信息资源系统的基本特征 ……………………（37）
4.2.2 美国国家工业信息资源建设的阶段 …………………………（37）
4.2.3 美国国家工业信息资源建设的起步与动因 …………………（38）
4.2.4 美国国家工业信息资源系统的建设过程 ……………………（40）
4.2.5 联邦编目系统的性质与功能 …………………………………（41）
4.3 美国与北约国家工业基础信息设施建设简史 …………………………（42）
4.3.1 国家工业信息资源的规范化目标 ……………………………（42）
4.3.2 美国与北约工业信息资源系统建设的特点与步骤 …………（43）
4.3.3 联邦编目系统的主要内容 ……………………………………（46）
4.4 联邦编目系统的扩展 ……………………………………………………（47）
4.4.1 从联邦编目系统到北约编目系统 ……………………………（47）
4.4.2 系统升级与计算机的导入 ……………………………………（48）
4.4.3 从联邦编目系统到国防综合数据系统 ………………………（49）
4.4.4 编目系统功能的强化与扩展 …………………………………（51）
4.4.5 信息战与电子商务时代的北约编目系统 ……………………（52）
4.5 国家工业信息资源发展的经济学规律 …………………………………（53）

第5章 国家工业信息资源开发与利用的法制保障 …………………………（55）
5.1 美国国家工业信息资源建设的法制需求 ………………………………（55）
5.2 信息资源的国家资产观 …………………………………………………（56）
5.2.1 明确信息资源的国家资产属性 ………………………………（56）
5.2.2 信息资产的界定与划分原则 …………………………………（57）
5.3 美国国家工业信息资源管理的法定内容与责任 ………………………（58）
5.3.1 政府与军方法定职责的划分 …………………………………（59）

5.3.2 国家主管机构的责任体系 ……………………………………（59）
5.4 国际推广中的法律构架 ……………………………………………（62）
　　5.4.1 国际编目与标准化规章 …………………………………（62）
　　5.4.2 跨国管理的相关法规 ……………………………………（63）
5.5 美国国家工业信息资源开发与利用的相关法律法规 ……………（64）
　　5.5.1 主导法律 …………………………………………………（64）
　　5.5.2 相关行政法规 ……………………………………………（65）
　　5.5.3 技术法规升级调整实例 …………………………………（68）
　　5.5.4 国防部手册系列 …………………………………………（69）
　　5.5.5 北约标准化协定系列 ……………………………………（70）

第6章 工业信息资源的特征分析 ………………………………………（72）
6.1 信息资源的一般性特征 ……………………………………………（72）
6.2 信息空间特征 ………………………………………………………（72）
6.3 工业空间特征 ………………………………………………………（73）

第7章 国家工业对象命名战略 …………………………………………（79）
7.1 工业对象命名概述 …………………………………………………（79）
　　7.1.1 工业对象命名的重要性 …………………………………（79）
　　7.1.2 工业物品命名的定义 ……………………………………（79）
　　7.1.3 物品命名的特点 …………………………………………（80）
　　7.1.4 物品命名的战略性 ………………………………………（81）
7.2 物品命名对象 ………………………………………………………（83）
　　7.2.1 "生产品"与"供应品"的界定 ……………………………（83）
　　7.2.2 统一名称的信息接口作用 ………………………………（85）
7.3 物品命名作业 ………………………………………………………（85）
　　7.3.1 物品命名与物品识别的关系 ……………………………（85）
　　7.3.2 物品命名内容 ……………………………………………（86）
　　7.3.3 品名管理与扩展 …………………………………………（88）

第8章 国家工业信息资源的识别战略 …………………………………（91）
8.1 物品识别概述 ………………………………………………………（91）
　　8.1.1 物品识别的定义 …………………………………………（91）
　　8.1.2 物品识别的性质 …………………………………………（91）
　　8.1.3 物品识别的内容与要求 …………………………………（92）
　　8.1.4 国家物品识别体系 ………………………………………（93）
　　8.1.5 物品识别的资源特性 ……………………………………（95）
8.2 物品识别的主要内容 ………………………………………………（97）
　　8.2.1 物品识别的主要功能 ……………………………………（97）
　　8.2.2 物品识别定义规定 ………………………………………（98）
　　8.2.3 物品识别定义规定的构成 ………………………………（99）

8.3 联邦/北约物品识别指南 (100)
    8.3.1 物品识别指南简介 (100)
    8.3.2 物品识别指南的主要功能 (104)
    8.3.3 物品识别指南的技术内容 (105)
    8.3.4 物品识别指南的管理 (106)
8.4 军方与民间使用物品识别资源的经济效益 (108)

第9章 国家工业物品描述战略 (111)
9.1 物品描述需求 (111)
    9.1.1 物品描述的基本概念 (111)
    9.1.2 物品描述提供的基本服务 (112)
9.2 物品描述方法与模型 (114)
    9.2.1 物品描述方法 (114)
    9.2.2 物品描述模型 (116)
9.3 物品描述实例与分析 (118)
    9.3.1 物品描述实例 (118)
    9.3.2 物品描述的技术要求 (120)
    9.3.3 物品描述需求的发展 (120)
    9.3.4 物品描述资源的管理 (121)

第10章 国家工业信息资源标识战略 (123)
10.1 标识资源概述 (123)
    10.1.1 标识资源的战略价值 (123)
    10.1.2 标识与识别的区别 (123)
    10.1.3 标识与识别的技术差异 (125)
10.2 EPC标识体系 (126)
    10.2.1 EPC概述 (126)
    10.2.2 EPC代码体系 (127)
10.3 新型标识体系——UID标识体系 (128)
10.4 标识资源开发与利用的国家战略 (131)
    10.4.1 推行UII体系的策略 (132)
    10.4.2 UII体系的构建规则 (133)
10.5 标识的形态与语义 (136)
    10.5.1 物品标识形态 (136)
    10.5.2 标识的语法和语义 (136)
    10.5.3 UID与NSN的融合 (137)
    10.5.4 UII与AIDC技术的结合 (139)
    10.5.5 工业标识资源的技术发展方向 (139)

第11章 国家工业信息资源的分类战略 (141)
11.1 工业信息资源分类概况 (141)

  11.1.1 国家物品分类范围与环境 …………………………………………(141)
  11.1.2 国家物品分类的法律依据 …………………………………………(142)
  11.1.3 国家物品分类的战略目标和基本原则 ……………………………(142)
 11.2 国家物品分类体系……………………………………………………………(143)
  11.2.1 国家物品分类原则和规定 …………………………………………(143)
  11.2.2 国家物品分类体系结构 ……………………………………………(144)
  11.2.3 国家物品分类体系管理 ……………………………………………(145)
 11.3 物品分类体系的发展…………………………………………………………(146)
  11.3.1 物品分类体系的发展规模 …………………………………………(146)
  11.3.2 国际分类体系间的整合尝试 ………………………………………(146)

第12章 工业信息资源编码的国家战略 ………………………………………………(152)
 12.1 编码概述………………………………………………………………………(152)
  12.1.1 编码的重要性 ………………………………………………………(152)
  12.1.2 编码的特性与接口 …………………………………………………(153)
  12.1.3 国家物品编码范围 …………………………………………………(155)
  12.1.4 国家物品编码的法律地位 …………………………………………(156)
 12.2 国家物品编码体系……………………………………………………………(156)
  12.2.1 物品编码的结构 ……………………………………………………(156)
  12.2.2 物品编码的功能 ……………………………………………………(157)
  12.2.3 物品识别代码体系的构成 …………………………………………(157)
  12.2.4 国家物资号的作用与特点 …………………………………………(160)
  12.2.5 制造厂商用联邦物资代码 …………………………………………(162)
  12.2.6 用户识别代码 ………………………………………………………(162)
  12.2.7 资源管理机构及其代码 ……………………………………………(163)
  12.2.8 参考号 ………………………………………………………………(166)
  12.2.9 国家间互换性标识 …………………………………………………(173)
 12.3 代码维护、使用与管理………………………………………………………(174)
  12.3.1 物品总记录 …………………………………………………………(174)
  12.3.2 代码使用 ……………………………………………………………(174)
  12.3.3 代码管理 ……………………………………………………………(175)
  12.3.4 军品代码向民品的扩展 ……………………………………………(176)

第13章 零部件信息资源开发的国家战略 ……………………………………………(178)
 13.1 零部件信息资源概述…………………………………………………………(178)
  13.1.1 零部件信息资源的概念与属性 ……………………………………(178)
  13.1.2 零部件信息资源的特点 ……………………………………………(179)
  13.1.3 零部件国家信息资源建设的必要性 ………………………………(181)
  13.1.4 零部件国家信息资源改进的动力 …………………………………(183)
 13.2 零部件国家信息资源的建设内容……………………………………………(184)

  13.2.1 零部件信息资源的开发变革 ……………………………… (184)
  13.2.2 零件库(PLIB) …………………………………………… (186)
  13.2.3 ISO STEP 系列 …………………………………………… (189)
  13.2.4 产品寿命周期支持(PLCS)系统 ………………………… (191)
 13.3 零部件信息资源的层级 ……………………………………………… (193)
  13.3.1 零部件信息资源层次模型 ………………………………… (193)
  13.3.2 国家与企业零部件资源的结合 …………………………… (195)
 13.4 国家零部件信息资源标准的国际化 ………………………………… (198)

第14章 国家工业信息资源的质量战略

 14.1 信息资源质量管理概述 ……………………………………………… (200)
  14.1.1 国内外信息资源质量管理概况 …………………………… (200)
  14.1.2 ISO 8000 系列标准 ……………………………………… (201)
  14.1.3 工业信息资源质量概念的形成及其战略意义 …………… (201)
 14.2 工业信息资源质量成本及影响因素 ………………………………… (202)
  14.2.1 工业信息资源的质量成本 ………………………………… (202)
  14.2.2 工业信息资源质量的影响因素 …………………………… (203)
 14.3 工业信息资源质量控制与保证 ……………………………………… (204)
  14.3.1 工业信息资源质量控制 …………………………………… (205)
  14.3.2 工业信息资源质量保证 …………………………………… (206)
  14.3.3 工业信息资源质量目标 …………………………………… (208)
 14.4 工业信息资源质量指标体系 ………………………………………… (210)
  14.4.1 准确性和完整性 …………………………………………… (210)
  14.4.2 数据覆盖性和一致性 ……………………………………… (210)
  14.4.3 时效性和及时性 …………………………………………… (211)
  14.4.4 精确性和合理性 …………………………………………… (212)
  14.4.5 效用性和参照完整性 ……………………………………… (212)
  14.4.6 易用性和可维护性 ………………………………………… (213)
  14.4.7 唯一性和有效性 …………………………………………… (213)
  14.4.8 可理解性、相关性和可信性 ……………………………… (213)
  14.4.9 数据衰变和表达质量 ……………………………………… (213)
 14.5 工业信息资源质量指标体系的构建 ………………………………… (214)
 14.6 国家信息资源质量管理体系 ………………………………………… (215)
  14.6.1 对资源质量保证机构的基本要求 ………………………… (216)
  14.6.2 资源质量保证机构的基本职能 …………………………… (216)

第15章 物联网时代的国家工业信息资源发展战略

 15.1 国家工业信息资源发展转型的驱动力 ……………………………… (219)
  15.1.1 "网络中心后勤"概念 ……………………………………… (219)
  15.1.2 "数据DNA"战略 ………………………………………… (220)

  15.1.3 "网络中心后勤"总体架构 …………………………………………… (221)
 15.2 网络中心后勤与物联网技术的结合点 ……………………………………… (222)
  15.2.1 UID 标识体系 ………………………………………………………… (222)
  15.2.2 "整合环境感知环境"的具体目标 …………………………………… (224)
 15.3 电子政务与电子商务系统集成 …………………………………………… (224)
  15.3.1 电子政务与电子商务的业务融合 …………………………………… (225)
  15.3.2 联邦/北约编目系统中电子商务业务增长的情况 …………………… (225)
 15.4 国家工业信息资源系统的升级 …………………………………………… (227)
  15.4.1 前端物品实体设计领域拓展 ………………………………………… (227)
  15.4.2 后端资源一体化发展方向之一：基于 eOTD 的物品特征资源加工
    ……………………………………………………………………………… (228)
  15.4.3 后端资源一体化发展方向之二：整合多种分类体系 ……………… (229)
  15.4.4 后端资源一体化发展方向之三：向资源智能化与深度化拓展 …… (230)

参考文献 …………………………………………………………………………………… (234)

1 绪论

1.1 研究背景

当前,我国工业化与信息化的"两化融合"能否深入,关键在信息资源,特别是工业信息资源的开发与利用上。工业化与信息化如舟之双楫,相融与协调才能相互促进与发展。信息化由多种要素组成,信息资源是其中最重要的要素。但如国务院办公厅《关于加强信息资源开发利用工作的若干意见》(中办发〔2004〕34号)所指出:"当前信息资源开发利用工作仍存在诸多问题,主要是信息资源开发不足、利用不够、效益不高,相对滞后于信息基础设施建设。"这是制约我国工业化和信息化发展与融合的症结所在。工业信息资源开发与利用的国家战略框架研究,就是在这样的背景下提出的。

1.1.1 工业信息资源开发与利用的国家战略框架的国内研究现状

目前国内工业信息资源开发的国家战略研究基本处于空白。纵观发达国家的情况,美国是经历了百年的理论研究与实践检验,方才在该领域形成完善的战略体系,并从战术与战役层面上形成系统化的配套支持的。本项研究不涉及过多的具体细节问题,只从总体层面进行分析研究,相关成果主要形成一个战略架构,故称工业信息资源开发与利用的国家战略框架研究。

十六大(2002)提出"信息化带动工业化、工业化促进信息化"的方针,十七大(2007)明确了"大力推进两化融合,促进工业由大变强"的目标,指出开发工业信息资源、深化各类应用是我国工业化与信息化领域融合的国家战略。但迄今我们面对的情况是:① 理论上,国家并未明确工业信息资源发展在两化融合中的战略地位这一关键问题。② 实践上,近20年来,国家信息化建设重点的"十三金工程"和四大基础信息系统,均不涉及工业信息资源的开发与利用,导致我国的两化融合总体处于"云横秦岭家何在,雪拥蓝关马不前"的状况。

由于工业信息资源发展的国家战略的缺失,导致国内对该领域发展的重要性普遍认识不足。于是,近年各地出台的产业规划中多将微电子、计算机、软件通信等列为重点,信息内容产业则以影视、网游、动漫等为主导,均与工业信息资源的开发与利用无关,更未上升到国家层面上。显然,若按此趋势发展,必将导致我国两化"两张皮",十七大提出的目标落空。

理论界对国内不重视信息资源开发的现象已有关注,如周宏仁(2008)指出,我国长期处于信息资源采集与加工的弱势地位,信息国力远落后于美国,必须从国家战略上给予关注;马费成等(2003)认为信息资源的宏观管理属国家战略,应运用经济、法律和行政手段来组织协调;赖茂生等(2007)比较了两岸的信息资源发展战略,提出国家要尽快出台发展信息资源产业的战略规划;肖英(2008)认为,我国信息资源管理政策数量庞杂但不成体系,内容多交叉重复,还有薄弱和空白，缺乏总体规划、战略前瞻性和国际兼容性；韩芸（2006）提出，我国在信息资源发展战略上应加强政策引导，推进政府部门信息机构改革，引导民营信息内容企业加快发展，加大对信息资源产业的扶持力度和规范竞争秩序等。这些论述虽各从不同角度提出信息资源开发的重要性，但均未明确、具体地针对工业信息资源的开发与利用，更未对如何在国家战略层面上发展工业信息资源进行具体探讨。

十八大（2012）要求"坚持走中国新型工业化、信息化、城镇化、农业现代化道路，推进信息化和工业化深度融合、工业化和城镇化良性互动、城镇化和农业现代化相互协调，促进工业化、信息化、城镇化、农业现代化同步发展"，更将工业信息资源开发与利用置于范围更加广阔、内涵更为深入、环境更加复杂的境地，也给这一问题的探索和求解带来了更大的难度。

1.1.2　工业信息资源开发与利用的国家战略框架的国外研究现状

国外该领域的理论研究和实践以美欧领先，特别是美国，其国家工业信息资源的开发与利用迄今已有百年历史，致使美国在这一领域始终处于全球领先的地位。其发展战略具有以下特点。

1）"信息化"概念清晰

尽管美国（包括其他发达国家）从不使用"信息化"这一表述，但该领域的发展战略却始终清晰。他们始终认为，该领域由"信息，与信息相关的技术和信息基础设施"（钱德勒，2008）三要素组成。信息的开发与利用，在三者中占据核心与先导地位，其他两要素均在其需求驱动下才得以发展。信息，始终是该领域发展的原动力。

本书研究的前提之一是：我们认为我国普遍使用的"信息化"概念，即美国等国所称的"信息，与信息相关的技术和信息基础设施"。以此为基础，才能对我国和发达国家的"信息化"发展进行比较；才能说清楚信息资源发展在"信息化"中的地位；才能论述清楚工业信息资源发展的国家战略和两化融合的国家战略之间的关系。

2）工业与信息长期融合

美国等国之所以不提出"两化融合"一类战略，是因其国家信息资源的开发与利用和国家工业化发展从未分离过。而且从1914年开始，美国就在国家层面上制定并实施了缜密完善，操作性、实施性与管理性都很强的工业信息资源发展战略，并一直扎实地沿着"信息资源→信息技术→信息基础设施"的阶梯状需求拉动模式发展。

3）需求牵引，国家主建

美国的工业信息资源开发与利用，从一开始就按军工导向、战争驱动、国家投入、集中建设的模型进行。虽然我国的信息化建设也曾普遍提出"需求牵引"的口号，但国内的需求多是区域性、局部性或行业性的。所以，我国信息化建设的"十三金工程"虽然都在各自相应的领域发挥了很好的作用，但如欲将这十三个行业应用整合为一个系统，则困难重重。美国的需求则是从第一次世界大战（以下简称一战）开始，直接与国家命运攸关的。为满足这种信息需求，政府和军方从一开始就从国家层面进行了统一规划与建设，形成了国家战略需求。到第二次世界大战（以下简称二战）时，一旦发现国家工业信息资源系统中出现问题，就能在总统干预下，举国动员，集政府、军方与企业之力，迅速进行全面、彻底的改造。甚至不惜推倒许多在行业上、局部领域中运行良好的信息系统，以构建全统一的工业信息资源系统。这些都与我国目前的工业信息资源发展模式和历程有很大的区别。

4) 实施途径明确

以美国为例，工业信息资源开发采取了"依据需求→针对问题→提出方案→实践检验→法规标准→强制推广→修改升级"的循环升级模式。从海军物资供应信息系统的建立到三军普及；从军方扩展到政府系统，再到所有骨干企业与社会机构等，均无一例外地采用这一模式。这一实施架构为国家战略的推行与贯彻提供了切实可行的体制性保障。

5) 立足基础性、战略性资源建设

从1914年起，美国耗时半个世纪建成了"从螺栓到发动机、从肥皂到导弹总成"等千万量级的工业品基础信息资源系统。建设内容包括对每件工业品的规范命名、特征识别、属性描述、标识建立、分类编码、与非国家资源的接口等。这些信息资源均由国家统一建设，长期积累，历经两次世界大战实际考验，又在其后的一系列局部战争中日益完善和不断扩展内容，逐步构成其国家"信息威慑力"的核心。"信息威慑力"概念由美国前参谋长联席会议副主席欧文斯提出，他称："我认为信息革命能够导致威慑理论的变化。……重要的已不是航空母舰的大小、空军的多少，重要的是我拥有智慧的多少，是我思考和运用信息伞的能力的大小。……信息伞可以代替核武器伞。"至今，美国又在其新军事战略构想的框架下，提出以满足"网络中心后勤"需求为核心的新一轮的国家工业信息资源规模化建设。

1.1.3 国外工业信息资源开发与利用的相关法律与制度建设

之所以将法律与制度建设问题专门提出来，是因发达国家的实践表明，国家工业信息资源的开发与利用，绝不仅仅是资金问题、技术问题或人才问题，也不仅仅是管理问题，还是细致而缜密的法律法规体制和制度建设问题。而在落实国家战略的相应法律建设与制度建设方面，正是我国长期以来的薄弱环节。我们认为：衡量一个国家的工业信息资源的发展究竟是在国家层面上，还是局部层面上；是战略性开发，还是一般性建设，一个最显著的判定依据，就是看其是否有措施配套、保障完善的国家法律法规出台，这些法律规章必须明确相关部门与人员的责任，提供制度保障。仍以美国为例，其工业信息资源发展的国家战略可从一系列相关法案、指令和规章中分析出其基本框架，具体如下。

1) 明确国家在工业信息资源开发领域的主体地位

如美国法典第487号《联邦资产和行政服务法》(1949)、公共法案436号《国防编目与标准化法》(1952)明确了国家投资建设的工业信息是国家资源，其保有、开发、增值与推广利用是国家行为，政府和军方是责任主体，所开发的信息资源为国家资产，国家有统一维护和使其增值的义务；同时也有义务按相关法律要求政府机构、军方、企业和相关单位按具体的技术法规参与建设和使用这些资源。只有明确这一系列根本问题，才能为进一步讨论国家战略如何规划、实施、评估与改进等提供合法的基础。

2) 明确国家工业信息资源建设的具体内容

国家战略必须分解到政治、军事、经济和社会各领域的战术与战役层面，方可具体推广实施。美国在该领域的法制建设，均从国家主管单位发布的一系列行政规章中体现出来。如国防部指令《联邦编目系统(Federal Codification System, FCS)》(1952)规定了工业品的命名、标识、记录、描述、分类、发布等作业为国家工业信息资源加工的基本内容。《联邦后勤信息系统(Federal Logistics Information Service, FLIS)》(1983)规定了全球物资调度的全程管理与控制的信息需求、作业规程与管理要求。《国防综合数据系统(Defense Integrated Data System,DIDS)》(1980)及《信息需求管理与控制政策》(1976)、《后勤数据元标准化与管理计划》(1975)等解决了从手工作业、纸质信息记录载体、机械式检索设备到集中式主机环境下,各类工业品的数据加工,标准化处理,信息共享,直到数据库技术引进后对各类信息资源的规范化、结构化处理与多维应用项目的开发。《供应商数据系统》(1952)以 G2B(政府对企业)、M2B(军方对企业)的形式将系统扩展到各全国生产企业。《联邦编目系统(FCS)方针政策手册》(1975)从国家行政、资产管理、公众服务等角度提供配套的信息资源维护与管理规章制度。《国际编目工作》(1975)及相关北约标准化系列协定如 STANAG 3150 号、STANAG 3151 号等将美国工业信息资源系统的内容、管理模式与管理体制等扩展到北约各国,并进一步扩展到非北约国家。

3) 明确高技术环境下工业信息资源开发的国家战略

信息时代,美国在几次成功的高科技局部战争的实践基础上提出了"信息战"的构想,具体体现在 2000 年美军参谋长联席会议发布的《2020 年联合构想》中,首次提出将"今天的机动、打击、后勤和防护能力"提高到明天的以"制敌机动、精确打击、聚集式后勤和全维保护"为四大特点的"数字战(Digital War)"或"网络中心战(Net Centric War)"等新型作战方式。为此,美国发布了《国防部架构框架(Department of Defense Architecture Framework,DoDAF)》(2009)指令系列,提出高科技战争中对人力资源、武器装备、物资供应、动产与不动产及金融系统等组成的全球协同制造、后勤供应与远程物流等相关的业务传输活动(BTA)实施精准管理的需求,并以此为蓝图提出在新技术、新装备、新通信设施、新型作战方式、新型物流运输体系以及新型国家竞争方式等条件下的信息资源开发方向。

从这些法律法规内容可看出,它们为美国工业信息资源开发与利用的国家战略实施提供了清晰、完善而系统的保障。

1.2 研究意义

根据研究背景分析,我国目前的国家工业信息资源建设比美国等发达国家落后数十年,相关研究尚处于起步阶段。因此,本项研究具有重要的现实性、针对性、紧迫性和较高应用价值。从本项研究以我国的"信息化"即国际公认的"信息、与信息相关的技术和信息基础设施"三要素为核心内容,就可看出,自上世纪 90 年代以来,我国大举投入建设的重点,主要在电子信息技术与信息基础设施两个领域。而缺失的恰恰是三者中最重要的信息,特别是国家级工业信息资源的建设。因此,当前我国两化融合成败的关键就在工业信息资源的开发与利用上。本书针对此短板开展研究,具有重要意义:通过多层面多维度与发达国家工业信息资源的发展历程与建设内容进行对比,分析我国在该领域的国家战略的缺失;以实现两化融合为目标,提出适合我国国情的工业信息资源发展的国家战略总体框架。

1.2.1 理论意义

1) 工业信息资源开发与利用的国家战略框架研究是建立国家发展战略之需

国家战略是以国家为主体制定并实施的战略,是各种战略中最高层次的战略,它的提出源于二战的美国。上世纪 80 年代后,我国学术界也开始研讨国家战略,认为它是国家战略体系中最高层次的战略,主要体现在党和国家的总路线、总方针、总政策之中。现代汉语词典将战略一词解释为:① 指导战争全局的计划与策略;② 有关战争全局的行动,如战略防御、战略反攻等;③ 比喻决定全局的策略。因此,"国家发展战略"就属于"决定国家发展全局的策略",包括全局性计划、规划与实施方略。

从字面上看,"国家工业信息资源发展战略"理当是国家发展战略的一部分,但长期以来,我国对"国家工业信息资源发展战略"认识不足。计划经济时代,全球信息化建设尚未开始,我国并未启动国家工业信息建设项目。市场经济时代,企业生产主要由市场进行调节,人们普遍对以国家为主体进行集中化与规模化的工业信息资源开发的必要性与实施的可行性表示怀疑。也就是说,对能否运用国家权力来发展工业信息资源及其能达到国家的何种目标等表示怀疑。

本项研究则揭示了:通过美国和北约诸国百年来正反两方面的经验与教训,不仅验证了以国家为主体开发基础工业信息资源的必要性,而且也证实只有在国家统一开发、集中管理和升级维护的前提下,才能消除"信息孤岛",以最小投入使信息资源在最大范围发挥作用,最大限度地减少全社会的资源浪费,最大限制地发挥公共资源的效率与效益。

2) 国家工业信息资源发展战略研究是正确认识"信息化"概念的需要

我国的"两化融合"战略之所以到现在成绩不甚明显,原因之一是人们对"信息化"概念的基本内涵及发展国家工业信息资源与实现两化融合之间究竟存在着什么关系等认识不清。由于各发达国家均不使用"信息化"这一概念,加之我国在该领域的理论研究与实践均落后于发达国家,故各方专家只能根据国情见仁见智地理解。对从国家层面上理解"信息化"中"化"的重点、方向、内容、目标等均不甚了了。本项研究以"信息、与信息相关的技术和信息基础设施"为"信息化"内涵,由此论证了发展国家工业信息资源与推进两化融合战略的关系,以此了解当前我国信息化建设的主要差距何在,着力点何在,发展方向何在,具体对策何在等。

1.2.2 实践意义

1) 提出国家工业信息资源发展的一般战略框架

通过对以美国为代表的西方发达国家百年工业信息资源建设的历程分析,归纳出我国开发与利用国家工业信息资源战略的基本框架,必须解决的各类问题以及需要建立的各种保障机制与法治化建设的内容。

2) 提出国家工业信息资源发展的具体内容

通过分析解剖美国国家工业信息资源系统——《联邦编目系统(FCS)》以及覆盖欧洲发达国家的《北约编目系统(NATO Codification System,NCS)》的建设历程、建设内容、战略方针、法律法规、技术政策、实施路线、保障措施等,比较整理出我国国家工业信息资源开发与利用中必须解决的12项关键领域,为落实十七大提出"两化融合",以及十八大要求"四化联动"之战略提供可行的解决问题的途径。

3) 解决发展我国工业信息资源战略必须解决的重大认识问题

我国发展工业信息资源、落实两化融合战略等均与"信息化"这一核心概念密切相关。但我国缺少国家开发工业信息资源的长期实践基础,以及如美国那样依靠信息进行大规模、远程越洋物资生产运输和战地指挥的实践,故我国在许多现行方针、政策措施和理论研究中,对"信息化"的认识及其与"信息资源"、"信息技术"、"信息基础设施"等的关系的理解上均存在一定程度的混乱。通过本项研究,将对这些核心概念建立具有国外实践基础的、系统的、全面的认识。

1.3 研究内容与方法

1.3.1 研究内容

考虑到国家工业信息资源开发与利用战略研究的领域层次较高,且相关成果对我国两化融合战略的实施具有重要参考价值,本项研究对如下一些关键问题有所论述:
(1) 如何认识国家工业信息资源的资产属性?
(2) 国家在工业信息资源开发与利用中的职能如何?
(3) 国家工业信息资源开发与利用的具体内容如何?
(4) 与国家工业信息资源开发与利用相配套的法制环境如何建设?
(5) 国家工业信息资源开发与利用的质量如何控制与管理?
(6) 高科技环境下国家工业信息资源开发与利用的新趋势如何?

1.3.2 研究方法

本书在理论上采用系统科学、信息科学、管理科学、经济学等多领域交叉研究方法,具体采用标杆[①]分析法,以美国和北约编目系统百年建设历程与内容为案例,以比较中美等国在国家工业信息资源开发与利用方面的差距。主要从国家信息资产意识、国家工业信息资源建设起点、总体目标、实施环境、驱动因素、建设内容、覆盖范围、法制建设、体制设置、管理模式、标准规范、应用传播等方面进行分析,逐一对比我国在这些领域的战略发展现况,梳理出可供我国参照的各种建设内容、相应措施、法制建设、体制保障等方面的内容,提供相应的建议。通过论证表明:

(1) 我国国家工业信息资源建设,当以基础性、通用性、标准性、接口性信息资源为核心,由国家集中建设与统一维护。

(2) 国家工业信息资源的开发,应作为一项国家基础信息资源设施来建设,其形态应为国家公用信息资源平台,能为政府、军方和民间各类企业与机构提供基础性工业信息资源服务。

(3) 国家工业信息资源开发是一项资金密集型、智力密集型、劳动密集型、标准密集型、管理密集型、法规密集型项目。任何企业、行业均无法实现,须由国家大规模投资建设,至少如同国家大规模建设计算机通信网络基础设施一样。同时,相应的制度建设、法律建设、政策制定、资源标准等都要配套,才能实现并履行国家工业信息资源的各项作用,才能为两化融合提供实质性支持,为全国工业发展提供基础信息资源服务。

1.4 主要创新点

本项研究的创新点可归纳为以下三点:

[①] "标杆"源于 benchmark,意为:基准,基准尺度,用基准问题测试(计算机系统等)。英语文献多用 benchmarking,缪其浩先生称为"定标比超",意为选择基准目标并与之对比,找出差距,力争赶上并超过之意。我们认为"标杆"本身亦有"树立目标,对比赶超"之意,故称"标杆"。

(1) 首次在国内对美国百年工业信息资源发展历程、建设内容和法制体系建设以及该系统向北约集团的扩散过程等进行综合挖掘梳理,并以此为参照基础,结合我国相对较短的信息化发展过程以及为实现两化融合战略之需,逐一分析出当前我国工业信息资源开发与利用的国家战略缺失之处。根据制定正确的国家发展战略,必先树立正确的认识与理念的原则,本书提出以下认识:

① 针对国内普遍对"信息化"概念认识不清的情况,提出按国际认可的"信息、与信息相关的技术和信息基础设施"来认识其内涵。

② 针对国内普遍认为美国信息化建设兴起于克林顿时代"国家信息高速公路"的错误认识,详细论证了美国国家大规模建设工业信息资源实际始于罗斯福时代。论述了国家统一开发这类资源的必要性与优越性。

③ 针对一般认为 G2B、M2B 和 B2B 起源于互联网时代的看法,指出美国其实从一战时期开始,就依靠远程无线电报网络,以莫尔斯码为工业信息的记录与传输媒介,纸介质为载体,开始了原始的 G2B+M2B+B2B,并依靠这一信息系统打赢了两次世界大战。计算机与互联网的出现与应用则远远滞后于此,而且正是在信息资源的不断加工与充实、应用不断深入的过程中,它们才应需相继出现的。

(2) 首次系统地提出建设"国家工业信息资源基础设施"的建议,要求国家按建设国家信息通信基础设施的规模与模式来集中建设这一战略设施。同时,在对美国和北约的工业信息资源加工的成功经验与教训分析的基础上,结合我国国情以及国际最新的信息资源加工理论、实践与相关技术,提出国家工业信息资源建设分为对象命名、识别、描述、标识、分类、编码等 6 个项目,并对这 6 个项目的具体建设内容、相关技术标准、管理体制与法规体系等进行了分析与说明,并以此为总体架构,说明了工业信息资源发展的国家战略框架。

(3) 首次提出了工业信息资源的一系列基本属性,并对其与一般信息资源属性的区别进行了专题阐述。同时,在结合国外对信息质量研究的最新成果的基础上,提出我国工业信息资源质量的指标体系架构。

[**本章小结**]

本章介绍了工业信息资源发展的国家战略框架研究的背景、理论及实践意义,提出本书所要研究的问题与领域、目标、方法,指出本书的主要创新点。

2 工业信息资源开发与利用的国家战略框架研究概述

2.1 国家战略理论

工业信息资源开发与利用的国家战略框架研究,属于专题领域和特定范围的战略研究,既要遵循一般性的战略理论,又要服务于一个国家的总体战略,更要为其统辖的领域提供纲领性指导。战略的宏观指导功能,国家信息化的总体需求,现代工业的各产业门类的内容,就构成了国家工业信息资源开发与利用战略的基本内涵。

2.1.1 战略

战略(strategy)一词源于希腊,原意是统领军队。目标是在战争对抗中保存自己,击败敌人。随着世界各国数千年的军事实践积累,战略在策划性、谋略性、筹算性与层次性等方面的内涵日渐丰富。

战略的重要意义和内涵,早在2000年前孙子就有过精辟论述:"兵者,国之大事,死生之地,存亡之道,不可不察也。"所以,他将谋划置于战略内涵的高层:"上兵伐谋",并认为,战略的优劣与否源自于精心调查与策划:"多算胜,少算不胜"。此外,战略又由一系列中观、微观要素构成:"一曰度,二曰量,三曰数,四曰称,五曰胜……"体现为战略的结构性。这些思想,构成古代战略理论的基本框架。[①] 孙子所处的时代,正是诸侯国间战事纷繁之际,孙子的理论就属于国家战略范畴。

现代战略的概念,正如毛泽东的论述:"战略问题是研究战争全局的规律的东西","研究带全局性的战争指导规律,是战略学的任务。研究带局部性的战争指导性质的,是战役学和战术学的任务。"[②] 这一论述阐明了战略概念的基本内涵以及战略、战役和战术间的关联和区别。显然,全局性、规律性和指导性,是战略概念的核心。我们将其从战争移植到工业、信息、发展等领域,就可得出战略是指导这些领域全局性的规律的基本内容。

2.1.2 国家战略

1) 国家战略的概念

国家战略(national strategy)即以国家为主体来制定,又以国家为对象来实施的战略。它

---

① 郭化若.孙子译注.上海:上海古籍出版社,1991.
② 毛泽东.中国革命战争的战略问题//毛泽东选集(第一卷).北京:人民出版社,1991:75.

的提出源于二战后的美国。美国参谋长联席会议（Joint chiefs of staff，JCS）发布的《美国联合军事术语辞典》(1953)将其定义为："在平时和战时，发展和使用国家的政治、经济、心理力量，连同其武装部队，以实现国家目标的艺术和科学。"战略理论家约翰·柯林斯的《大战略》一书将其定义为："在一切环境之下运用国家权力以达到国家目标的艺术和科学"，他解释道：把国家战略中的全部军事战略和其他领域的战略（政治、经济、社会、科技和心理等）中与国防直接有关的部分汇集在一起，就构成大战略（grand strategy）。此时的国家战略概念，已从军事扩展到政治、经济、社会、科技等领域。

2）国家战略的研究方法

国家战略概念脱胎于战争，其后向其他领域扩展延伸，学界也因此对其属性产生了不同看法。台湾战略学家钮先钟的观点颇具代表性："……国家战略中的国家（national），是指此种战略超越军事范围并把非军事因素包括在内，所以，是在国家政府全面指导之下。换言之，也就是国家阶层的战略，包括所有不同权力的运作都在内。对于军事之外的其他国家权力也是一样，军事、政治、经济、心理、技术等战略都包括在国家战略之内并受其指导。国家有其主权，对于其国家战略保有完全的控制……"他还认为，战略研究虽然在方法论和工具论上已经科学化，但战略本身仍是艺术，并断言建构"战略科学"（science of strategy）的企图并不可行。为此，他引述布罗迪的论述为据："今天有人希望创立一种真正的战略科学，充满不变原则。但此种愿望只表示他们对于主题的本身具有根本的误解。"[①]

本书认同钮先生有关国家战略超越军事范围，属于国家层面并受政府的全面指导，国家对战略拥有完全控制权等一系列观点。但并不认同"战略本质上是一门艺术"的看法，根据《新华词典》（2001年商务印书馆），艺术是"通过塑造形象反映社会生活的一种社会意识形态。艺术形象地反映人们现实生活和精神世界，满足人们的审美需求"的定义，艺术显然不能完整界定战略的本质内涵。当然，西方学界对战略具有艺术特质的看法，可能来源于他们对历史上一些杰出战略家的高超的谋划与指挥艺术的推崇。同时，布罗迪的论述也仅表明他反对以不变原则来描述战略的立场。

我们认为，对战略的研究目前虽未达到建立独立学科所需的充分性、系统性与完备性，但在工业信息资源开发领域，仍可结合有关国家战略理论的主要观点，采用信息工程、系统工程与管理工程等方法来开展研究。

2.1.3 国家战略与工业信息领域的结合

1）战略研究向产业领域的扩展

二战后，全球进入经济恢复期，战略研究也从军事扩展到经济、政治、企业经营等领域，研究成果日渐丰富。一批著名管理学家如德鲁克、钱德勒、安德鲁斯、安索夫、明茨伯格、汉默、卡普兰、波特等在这一领域进行了开创性的研究。他们从企业生产、经营管理与市场竞争等角度赋予战略诸多新的内容。当我们以国家为主体，以发展工业信息资源为对象时，他们的相关论述，就为这一研究提供了理论支持。

2）战略理论与信息应用领域的结合

虽然上述管理学大师们的观点主要形成于工业化时代，未对工业信息领域进行过专门的

---

① 钮先钟.战略研究.桂林：广西师范大学出版社，2003：56.

国家战略研究，但结合他们的一些经典论述，我们仍然能将战略理论与信息领域相结合，以助于信息资源发展的国家战略研究。

钱德勒将战略定义为："决定企业长期的目的和目标，并通过经营活动和分配资源来实现战略目标。"该定义提出了资源与战略目标实现之间的关系，为将工业信息资源上升到国家层面进行开发和配置提供了目标性依据。安德鲁斯认为："战略是由目标、意志和目的以及为达到这些目的而制定的主要方针和计划所构成的一种模式。"根据该论述可将信息资源开发利用的方针和规划纳入战略组成架构中。从国家层面来看，就必然出现了信息发展战略目标、相关法律、配套方针、体制建设与管理规章的保障等。安索夫提出："战略基本上是一整套用来指导企业组织行为的决策准则。"他将公司战略描述为：将企业资源配置到具有最大潜在投资回报的产品市场中去，即"环境—战略—组织"的企业管理三支柱理论。该论述虽然针对企业，但将组织行为、投入产出和环境与市场适应性等因素放到战略层面的观点，却有普遍意义，提醒我们在考虑国家工业信息资源开发利用战略时，要兼顾这些因素及相应的评估方法。明茨伯格认为，战略是一种"决策流"，它在管理、组织和环境的相互作用中产生，并贯穿于整个时间过程中。他提出战略是由5种要素定义的，即计划（Plan）、计策（Policy）、模式（Pattern）、定位（Position）和观念（Perspective），即5P's模型。该模型用于描述国家工业信息资源战略，能兼顾信息建设与运行机构与环境间的相互作用，并考虑战略实施的过程性、结构性与环节性，为我们对该领域国家战略的制定以及分析和研究各国现行战略提供了内容框架。弗朗西斯认为，战略是为创造未来进行连续决策所依靠的基本逻辑。战略是组织面对激烈变化、严峻挑战的环境，为求长期生存和不断发展而进行的总体性谋划，对实现组织使命和目标的各种方案的拟订和评价。这就提示我们要注重工业信息资源开发国家战略的前瞻性、长期性和发展性等。

2.2 工业信息资源开发与利用的国家战略的基本特征

2.2.1 工业信息资源开发与利用的国家战略的基本内容

各国学界目前对"工业信息资源开发与利用的国家战略"这一概念均无一致的定义与表达，本书试图从"国家战略"和"工业信息资源"二者的结合来说明其内涵。如美国建立了全球历史最长、容量最大的国家工业信息资源系统，名称为《联邦编目系统（FCS）》，其后发展为《国防综合数据系统（DIDS）》。北约将其引进后，形成27国协同共建、共同运作的"北约编目系统（NCS）"。FCS是国家级工业信息系统，NCS是国际级工业信息系统，主要用于政府与军方物资采购、运输与后勤保障等领域，分别为国家或国家集团主建的工业信息系统，在历次以美国为首的多国部队参加的局部战争中发挥着全程、全网、全方位的后勤保障作用。可以认为，此类系统就是战略性的国家工业信息资源系统，其建设与发展中的相关战略就是国家战略。

此类系统的建设与运行，必须由国家发挥主导作用。如世界银行报告《信息战略与信息技术扩散——欧美及东亚国家和地区的历程》在总结美国、欧洲诸国、日本、韩国、新加坡、中国香港和台湾地区等地的发展经验时指出："政府在建立信息基础设施方面的职能主要体现在下面几个方面：制定政策和标准，集中管理，提供指导和范例，为通信基础设施投资，规范服务领域，开发公共信息资源，建立公共网络和保护知识产权。政府要引导对信息基础设施的投资"，"在国家一级，这一过程明确了经济领域里的信息和通信需要以大规模应用为目标，只有这样，才具有战略和示范意义。"①这总结了国家在建设信息基础设施,包括通信基础设施、公共信息资源、公共网络以及相关政策、标准与集中管理等方面的主导作用,同时也描绘出国家工业信息资源战略的大致内容与相应的职能。

2.2.2 工业信息资源开发与利用的国家战略的基本特征

当我们将国家战略视为达到一定目标而作出的全局性、指导性和长远性的谋划时,就可结合我国工业信息资源发展需求,将该领域的国家战略的基本特征归纳为具有全局性、指导性、综合性、延续性、创造性和发展性等特征。

1) 全局性

国家战略位于国家政策体系中的高层。国家工业信息资源发展战略是国家在工业信息资源开发与利用领域制定各项具体方针政策的基础,也是各级地方政府、行业主管、直至企业制定具体工业信息发展战略,推进两化融合,提升产业与产品竞争力,开拓国内外市场等的出发点,因此具有全局性。

2) 指导性

工业信息资源开发与利用的国家战略,主要针对两化融合中的基础工业对象、工业过程、工业管理中信息的产生、流转、传播与使用的规律进行研究,其结果将指导开发者和使用者从资源加工内容、加工规程、管理体制、运行模式、系统架构和法治体制等方面进行科学作业,因而具有明确的指导性。

3) 综合性

国家战略的制定与实施,必须依据国内外环境,结合所谋划领域的技术进步与基础设施建设情况,综合运用法律、政策、行政、科技、经济与管理等手段进行。工业信息资源的开发利用也必须对工业设计、生产、制造、仓储、采购、物流运输与后勤保障等各环节中形成的信息资源链进行规范化、配套化与系统化的管理,因而具有综合性特征。

4) 延续性

现代国家战略不仅适用于战争时期,更适用于和平时期,显示出平战结合的长期性方略之特点。随着中国古代战略家孙子"上兵伐谋""不战而屈人之兵"等思想被各国战略界普遍接受,人们越来越重视和平时期国家战略的预防性与威慑性作用,使之具有明显的延续性特征。从美国百年工业信息资源的发展历程可看出,凡具有战略价值的基础资源体系,只有经历长期的建设与不断的升级改造,才能持续发展,才能对高科技时代的国家工业发展提供核心支持。

5) 创造性

艺术在西方文化中总是受到特殊的重视。各种战略理论都强调其艺术性特质,皆因受西方古典战略学鼻祖克劳塞维茨的影响。他对科学和艺术的关系有过深入论述:"科学的目的为知识,艺术的目的为创造能力。"可见,强调战略的艺术性,实际是强调战略家们的智慧与创造力,并视其为一种超乎寻常的资源。从创造力角度来看,我们在研究国家工业信息资源开发利用时,也应强调科学与艺术并重,知识与创造相融,才能制定出适合我国国情的工业信息资源发展国家战略。

---

① 纳格·汉纳,等.世界银行报告:信息战略与信息技术扩散——欧美及东亚国家和地区的历程.北京:中国对外翻译出版公司,2000:6-9.

6）发展性

发展是各国国家战略的精髓。国家战略通常在两种因素推动下发展，一是内涵性因素。它在国家内外政策需求和技术创新等因素驱动下，在战略内容制定与贯彻中不断导入新技术、新方法、新工具与新资源，使工业发展从贯彻战略目标到实际效果监测上越来越科学化、系统化与精确化。二是外延性因素，国家战略不断从军事扩展到产业、经济、科技与文化等领域，然后再不断实施跨领域间的融合。在全球一体化的今天，各国无一不将提升本国竞争力列为战略核心，而信息的扩散性、传导力和覆盖性极大地扩展了国家发展的范围。信息资源的开发与利用已从传统的辅助性、控制性、指挥性功能，演化为一种可取代实体的力量，如美国军事家所称的"信息威慑力"；同时，这一力量还具有将实体资源成倍放大的特殊性能，如现代尖端武器系统中的"数据链"等。数据链是链接数字化战场上的指挥中心、作战部队、武器平台的一种信息处理、交换和分发系统。其主要作用是在恰当的时间、恰当的地点，为作战人员和武器平台提供适时所需的信息，进而形成体系对抗能力。一些国家军队装备的"标准密码数字链"、"战术数字信息链"、"联合战术信息分发系统"等，均属于数据链。从工业时代到信息时代，从互联网到物联网等，凡信息技术、信息基础设施的进步，都会引发信息资源开发与利用的变革，如为配合美国的"网络中心战"构想，就产生了基于物联网技术的"网络中心后勤"（详见第 15 章）的全新信息资源服务模式的战略变革。

这 5 种属性具有普遍性，所以本书在构建工业信息资源发展的国家战略框架时，均结合这些规律进行分析。

2.2.3 框架的概念与特征

框架（framework）这一概念，按美国传统词典的解释为"支撑或围住其他物体的结构，尤指用作建筑物之基础的支撑骨架、一种基本结构"。ANSI/IEEE Std 1471—2000 对框架的定义为："一个系统的基本组织，通过组件、组件之间和组件与环境之间的关系以及管理其设计和演变的原则具体体现。"杨周南教授（2007）认为，一门学科的框架可理解为"该学科的基本体系结构，并通过对框架中的要素、要素之间、要素与内外部环境之间的关系研究以及相应的理论、技术和工具支持所构成的统一体"。

从以上定义可看出，框架具有以下特征：

（1）专注于某个领域，具备完善功能，着力于一个解决方案的完整表达；

（2）框架是清晰、简洁、关联、一致的。

"清晰"是指框架的结构是清晰的，框架的层次是清晰明朗的，框架中各要素的职责是清晰明确的。

"简洁"是指框架中没有无关紧要多余的元素，而且各要素职责目标集中度高，体现"高内聚、低耦合"的设计原则。

"关联"指框架中各部分在功能、结构或流程上是彼此关联的，使用者了解其中的一部分后，就容易理解框架的其他一些部分。

"一致"是标准化特征的体现，它通常体现为数据内容的一致、格式的一致、规则的一致、组件的装配方式和使用方式的一致等。

结合上述框架的含义与特征，可将国家工业信息资源发展的国家战略框架定义为：为使工业信息资源开发与利用达到国家预定战略目标，通过对一般工业领域内相互联系的各种信息资源要素、要素之间、要素与内外部环境之间的关系进行研究,对其构成的功能、要素、关联和架构等进行系统化的描述。

通过制定研究框架,可界定国家工业信息资源的开发与利用的总体范围,研究其边界与结构,使各应用领域能从系统角度,整体审视工业信息资源的内容、组成要素、格式、架构、关联与功能等。

2.3 工业信息资源开发与利用的国家战略框架的理论体系与构建原则

国家战略概念起源于战争,又在经济与产业领域中不断发展,再经各国军事家、政治家、社会学家、管理学家和企业家等的研究,形成了综合性理论架构。钮先钟认为,早期从事战略研究的学者都是各专业的学者,最初工作仅限于向政府提供意见,以备咨询。其后,不断增强理论基础、扩大研究范围,工作日益集体化、多元化,研究也由被动转为主动,不仅承包政府研究项目,开展更多的自主研究,已形成较为完整的理论体系,同时,其构建也遵循一定的原则。

1) 工业信息资源开发的国家战略框架理论体系

该理论体系具体分为以下5大类理论,功能各异,彼此间互联互动,整合一体。

(1) 经验理论(empirical theory)　其内容为研究者已经获得的知识。其来源出自于经验,包括他人经验在内,而后者又常被整合为历史。

(2) 规范理论(normative theory)　其内容为根据某种价值观念或意识形态而形成的知识。换言之,此种知识受到某种规范的限制。

(3) 理性理论(rational theory)　其内容为根据合于理性(逻辑)的分析而获得的结论。这也是科学化的理论,为学术研究所共同追求的理想。

(4) 推测理论(speculative theory)　其内容为对于现在尚不存在的事实所作的推测(speculation)。战略研究并非纯正科学,不具有预测(prediction)能力。不过,虽不能对未来作出精确预测,但对于未来的趋势还是可能作出大致合理的推测。

(5) 实用理论(useful theory)　被公认为真实(true)的理论不一定有用,而有用的理论也可能并不真实(如科学史上的"以太"概念就不真实,但在网络时代中,以这一概念命名的"以太网"却起到重要作用)。人类往往会相信或盲从某种理论,但经思考和研究后,会发现其错误的一面,再经过不断实验纠错,改进理论使之越来越接近真理。

我国的国家工业信息资源体系尚未形成,故本书对工业信息资源开发与利用的国家战略进行研究时,将综合采用这5种理论对先进国家成功案例进行分析与介绍,对我国相关领域的缺失、落后和相关发展情况进行对比,由此找出适合我国工业信息资源的建设方略、架构与内容等。

2) 国家工业信息资源开发与利用的国家战略研究框架的构建原则

(1) 系统性原则　源于研究对象的复杂性。因此,必须本着服务于国家战略研究的总体目标,站在系统的高度围绕研究对象选择研究框架内的各要素,力求要素齐全、彼此关联,形成一个健全完善的资源系统。

(2) 完备性原则　源于研究对象的宽泛性。因此,研究框架必须本着理论研究与实践相结合的原则。首先,要明确研究对象中可能涉及的各个关键问题,为其寻找和创建理论支撑;其次,从整个工业信息资源开发的实际需求出发,依据各发达国家的实践经验,构建工业信资源开发与利用的战略框架体系。

（3）动态性原则　源于研究对象的发展性与前沿性。特别是以美国为首的发达国家的工业信息资源的开发已有百年历程，同时，这一领域又是发展极快的领域。因此，研究框架必须可扩展、可改进，保证这一研究能与时俱进。这要求本项研究能跟踪国际上最新的实践进程、理论发展以及相关技术进展，并加以吸收和借鉴，由此构建本项研究的领域与方法。

（4）适用性原则　源于研究对象的可延伸性。因此，研究框架应适应于研究对象的侧重点随着国际经济、工业与信息环境的发展而发生变化的需要，以对本领域内其他相关研究具有普遍的参考和借鉴意义。

[本章小结]

本章介绍了传统战略、国家战略与国家工业信息资源发展战略等基本概念的内涵，重点分析了国家工业信息资源发展战略的基本特征，提出其具有全局性、指导性、综合性、延续性、创造性和发展性等特征，由此确立了研究对象的基本特征架构。同时，对该领域研究普遍采用的各种理论方法进行了介绍，为本书研究提供了理论分析框架。

3 信息化概念探索

工业信息资源开发与利用的国家战略属于工业化与信息化之两化融合战略的一部分,两化融合又是国家信息化总体发展战略的一部分。因此,信息化就是多个国家战略领域的核心。多年来,"信息化"一直是我国从中央到地方各级各类发展规划、相关政策和社会各界中出现频率最高、使用最为活跃的词汇之一。

然而,正如黑格尔所说:熟知非真知。[1] 国内迄今虽对"信息化"有多角度、多层面的研究,出现了各种解释,但总体上仍属纷乱不一、内容不确切的状态。由于这一概念具有影响全局的特殊重要性,正如周宏仁指出:"如果对于信息化没有一个比较准确的、一致的认识,顺利地推进信息化就会遇到相当的困难,甚至会走一些弯路。由此而造成经济上的损失固然可惜,如果因而错过发展的机遇,损失就更难以衡量了。"[2]

为此,本章对"信息化"概念的缘起、定义与演化历程进行客观审慎的分析,提出相应的观点和论证,力求将我国工业信息资源的发展战略建立在对信息化的正确理解基础之上。

3.1 "信息化"概念的国内外认知概况

对"信息化"这一概念,国内与国外学术界、产业界、政府和研究机构等是否均已普遍接受?是否对这一概念达成了共识?我国提出的各领域信息化发展是否与发达国家的类似战略具有可比性?这些问题是我们建立相关国家战略的基本问题。但事实给出的答案并非是肯定的。即使在国内,各界也没有确切和一致地了解"信息化"的真实内涵。

3.1.1 信息化概念的引进及其在国内的地位

"信息化"这一表述源于西方,从上世纪90年代传入我国并迅速普及。党的十五届五中全会提出大力推进国民经济和社会信息化,指出其是覆盖现代化建设全局的战略举措,正式将这一概念引入国家最高纲领中;十六大再度提出,信息化是我国加快实现工业化和现代化的必然选择,提出以信息化带动工业化,工业化促进信息化之两化融合战略,以期发挥后发优势,赶超发达国家,实现社会生产力跨越式发展的要求,赋予这一概念以加快国家发展的战略使命;十七大进一步提出两化深度融合的命题,再度将信息化提到关系我国工业化和现代化发展的全局性高度,因此,信息化成为各领域国家发展的核心战略之一。

---

[1] 黑格尔. 精神现象学. 2版. 贺麟,王玖兴,译. 北京:商务印书馆,1979.
[2] 周宏仁. 信息化论. 北京:人民出版社,2008.

3.1.2 信息化概念的国外认知及对我国的影响

信息化概念源于上世纪60年代的日本和法国。但其在形成后,并未随信息技术的快速发展和信息基础设施的大规模建设而逐步普及与发展,而是很快被扬弃。最终的事实是:信息化概念并未在除我国以外的各发达国家和发展中国家中被普遍接受和使用。

面对信息化概念在国内外冰火两重天的遭遇,我们陷入了尴尬的境地:一方面,我国将其提升到国家战略高度,从中央到地方的一系列方针政策的着力点均立足于斯,许多发展规划都围绕其展开,以期据此发挥后发优势,赶超发达国家。但另一方面,绝大多数发达国家则未认同这一概念。这就使我国两化融合在赶超目标、赶超对象和赶超内容等方面均失去参照。分析国内近年的发展也不难看出,国家信息领域的发展,只有促进"两化融合"的一般性号召,未能进一步分解出内容更明晰、层次更分明的战术性措施与目标,导致我们只能在战役层面上跟着发达国家不断地炒作各种概念。

3.2 信息化概念存在性实证

信息化这一概念究竟是一个世界性的概念,还是一个国家性的概念,在当前全球经济一体化、国家间竞争加剧化、信息领域的重要性日益加深化的大趋势中,这对于确定工业信息资源发展的国家战略是至关重要的。所以,我们要对信息化概念进行深入研究。

3.2.1 信息化表述的语言实证

我国将推行信息化视为超越发达国家的战略手段,但美欧等被公认为信息化领先的国家却不使用这一概念,甚至连其语言中都没有这一表述。对此,我们通过简单的实验就可证明。

1) 辞典查证

权威的美国与英国词典皆未收录"Informatization"即"信息化"一词。几种知名的英国词典:(1) *The Concise Oxford Dictionary of Current English*, Ninth Edition, Clarendon Press Oxford 1995;(2) *The New Oxford School Dictionary*, Oxford University Press, 1990;(3) *The Oxford Companion to the English Language*, Oxford University Press, 1992;(4) *Oxford Dictionary & Thesaurus of Current English*, Oxford University Press, 2004;(5) *Cambridge Advanced Learner's Dictionary*, Third Edition, Cambridge University Press, 2008。美国权威词典:(1) *Webster's Dictionary of American English*, Foreign Language Teaching And Press, 2007;(2) *Webster's New College Dictionary*, Fourth Edition, 辽宁教育出版社, 2001 等字典中均查不到这一词条。

2) Word 软件验证

Word 是微软开发的文字处理软件,全球广泛使用。该软件内置美式英语词典,能对英语词汇拼写作自动验正,当我们在 Word(2000、2003 与 2007 版)编辑界面输入"Informatization"时,其下出现红色波浪线,示意出现了拼写错误,这说明美式英语中并无此词。

3) 搜索引擎多语种查证

为进一步了解世界各国,包括一批发展中国家使用信息化表述的情况,我们将"信息"与

"信息化"输入 Google 翻译器,并以"工业"与"工业化"为参比,共选 13 种语言进行汉语/外语翻译实验,结果如表 3-1 所示(实验日期为 2011 年 4 月 19 日)。

表 3-1 "信息化"在世界主要语种中的存在性验证

序号	语种	"信息"	"信息化"	"工业"	"工业化"
1	英语	Information	Information	Industry	Industrialization
2	法语	Information	Information	Industrie	L'industrialisation
3	德语	Information	Information	Industrie	Industrialisierung
4	俄语	Информация	Информация	Промышленность	Индустриализация
5	西班牙语	Información	Información	Industria	La industrialización
6	葡萄牙语	Informação	Informação	Indústria	Industrialização
7	意大利语	Informazioni	Informazioni	Industria	Industrializzazione
8	芬兰语	Tiedot	Tiedot	Teollisuus	Teollistuminen
9	瑞典语	Information	Information	Industri	Industrialisering
10	日语	情報	情報	産業	産業化
11	阿拉伯语	المعلومات	المعلومات	الصناعة	تصنيع
12	韩语	정보	정보	산업	산업화
13	印地语	जानकारी	जानकारी	उद्योग	औद्योगीकरण
	翻译成立	是	否	是	是

从表 3-1 可看出,对参照词"工业"与"工业化",翻译机均能从 13 种语言中找到与汉语词对应的表述;而"信息化"则无一语种有对应词,翻译器只能选最近似的词"信息"作为匹配结果输出,导致与汉语"信息"的外语表述形态完全相同。说明这 13 种世界主要语种中均无"信息化"表述。

可见,在我国作为一项国家主导发展战略的核心概念,竟是一个国际上并不使用的概念。这就给我国在战略层面上制定赶超发达国家的具体方针,拟定各项追赶目标,寻找推进措施和竞争着力点等方面,造成一系列不确定、无法参照与目标缺失的影响。

3.2.2 国内外信息化概念的起源与存亡原因初探

1)信息化表述的起源

上述实验也表明,信息化目前只是一个中国特色的概念,但它又不是起源于中国。1963 年,日本学者梅棹忠夫发表了《论信息产业》一文,首次提出了信息化理念。1967 年,日本科学、技术与经济研究小组提出了"信息化"一词。1977 年,法国西蒙·诺拉和阿兰·敏克在为法国政府撰写的经济发展报告《社会的信息化》中,首次使用了法文"信息化""Informatisation"表达,再转译为"Informatization",作为"信息化"的英语形式。[①] 但时至今日,日本和法国都已放弃这一概念,并非是因这两国的信息化不够发达,或该领域已经过时,而只能说明这一表述在西方世界已无活力可言。

在人类历史上,一个概念从其发端、形成、普及和发展是一个复杂过程。它与起源国的生产力水平、社会需求、经济总量、科技与文化水平、国家实力与国际地位等因素密切相关。在当今世界上,真正能在全球范围内引导信息领域发展的国家是美国。美国拥有该领域的绝大多数的核心技术,总量第一的硬件、软件与信息的生产量与消费量,门类齐全、数量庞大且优质的信息资源,众多覆盖军事、产业、经济与社会的应用系统等,从而在该领域拥有绝对的话语权。

在美国各界,向来只用"信息"、"信息时代"、"信息技术"、"信息革命"、"信息基础设施"、"信息经济"、"网络技术"等概念以及各领域中的具体概念来指代。以军事领域为例,美国在该领域的研究与实践最早、最深入也最先进,但美国军方从来不使用"信息化战争"的表述,而用"信息战争"、"以信息为基础的战争"、"信息时代的战争"和"网络中心战"等一类外延不过于宽泛、内涵更明确的表述。[②]

2) 中美信息领域发展历程的差异

由于美国工业、军事、科技与社会经历了两次世界大战,且其产业、物流与作战指挥、后勤保障信息系统等随北约的成立和运行扩展到各工业国家,再随着朝鲜战争、越南战争、海湾战争、科索沃战争、阿富汗战争和伊拉克战争等一直在有序地成长,不断升级,形成当今资源量最大、集成度最高、覆盖疆域最广、管理对象最多、技术水平与规范化程度最高、全球最为庞大的信息系统,并由此对各参与国的军事与民用工业和社会事业都产生深入持续的影响;加之从世界首台数字计算机发明以来,美国在信息领域一直处于技术、产业、概念、理论、软件和资源等方面的领先地位,故该领域中的一种表述、一个词汇、一个概念如果不能在美国普及,就不大可能在其他发达国家中被普遍采用。

中国与美国在工业、经济、社会与文化等领域的历史发展进程差异甚大,且两国从未在战略产业、军事防务、后勤物流、意识形态与文化等领域有过实质性的长期合作。故中国可以在各领域中形成相对独立的理念与体系。加之汉语的独立性,中国文化擅长于综合,包容性和融合性较强,大量信息领域的外来词汇能以原形(如 IC、IT、PC、ATM)、音译(如因特网)以及意译方式进入汉语。同时,汉语中"××化"的表述也很普遍,故我国就渐渐接受了信息化表述,只是其内涵已和当初日本和法国学者用于描述产业结构与社会发展变化的内涵有所不同,形成一个独具中国特色的概念。

不仅"信息化",一系列相关概念如"国家信息化"、"行业信息化"、"信息化战略"以及"工业化与信息化融合"等,在发达国家中都不存在。作为一项国家战略的核心概念,如中外差异仅在表述上不同,尚无关宏旨,但如在内涵上与我国力求赶超的一批发达国家的理解存在本质差异,就会给我们的产业目标、政策方向、发展重点、超越水平等各方面造成一系列的混乱。为此,本章从多方面对这一概念的国内外认知差异进行分析。

3.3 中外信息化概念的差异

尽管"信息化"概念在国内外有重大区别,但信息革命却在世界蓬勃发展。我们必须弄清,

[①] 吴晓波,凌云.信息化带动工业化的理念与实践.杭州:浙江大学出版社,2005.
[②] 朱小冬,刘广宇,葛涛.信息化作战装备保障.北京:国防工业出版社,2007.

我国普遍使用的"信息化",在发达国家中究竟对应哪些技术与内容,然后才能制定合理的赶超战略。对此,本章从这一概念形成时间、概念内涵等方面进行比较分析。

3.3.1 中外信息化概念的形成时间

关于我国"信息化"概念的形成时间与形成背景的认识,主要有以下几种。

1) 1967年,产业结构转型驱动

代表性观点如国务院信息化工作办公室政策规划组:"1967年日本学者参照'工业化'一词提出了'信息化'概念,认为信息社会是信息产业高度发达且在产业结构中占据优势的社会,信息化是由工业社会向信息社会演进的动态发展过程。"显然,这是从产业结构转型角度提出"信息化"概念的。

2) 上世纪60年代,技术经济发展驱动

代表性观点如吴敬琏先生在《信息改变了美国——驱动国家转型的力量》中所说:"信息化最早出现在经济领域。上世纪60年代微电子技术开始在生产制造业中得到广泛的应用,80年代初个人计算机出现并迅速普及,90年代电信技术因为数字化而出现革命性变化,而互联网的出现和爆炸式增长普及更彻底地改变了人类信息交流的手段和环境。这一切都改变了产品生产方式、产业分工格局、企业组织形式和商务模式。信息化同市场化一起推动了经济全球化进程。"

3) 1946年,信息技术驱动

代表观点如周宏仁先生的《信息化论》:"1946年第一台电子数字计算机的发明开始了当代的信息革命;1971年第一个微处理芯片的发明,强化和加速了这场信息革命。就本质而言,当代的信息革命是一场关于人类信息和知识的生产和传播的一场革命。人类文明由此开始了'信息化'进程。"(周先生在同一著作中又认为:"美国信息化进程的起始可以追溯到20世纪50年代,从1951年美国人口普查局购买世界上第一台商用计算机为起点,开始了漫长的信息化之路。"此处取前一观点。)

4) 上世纪中叶,技术与社会结构驱动

如范世涛在《信息化、结构转变和发展政策》认为:"信息技术革命从酝酿到开花结果已经经历了50年以上的时间……到70年代后,将发达国家社会结构理解为工业社会的做法已经被普遍放弃,'大趋势'、'第三次浪潮'、'知识社会'、'后工业社会'、'网络社会'、'信息社会'等概念成为描述和理解当代西方社会结构演变主导趋势的中枢性理论框架。信息化就是在这样的背景下产生和发展壮大的。"

国内上述几种观点可归结为:信息化概念形成于上世纪中叶,起源于技术、经济领域,表征为产业与社会结构的转型与演变。

3.3.2 国内外对信息化背景的认知差异

如果以国外1967年信息化表述出现为起点,国内则是在近30年后,在互联网时代引进这一概念的。此时,我国对信息化的认知,已和日、法学者当初对这一概念的定义有根本性的区别。主要体现在对概念内涵、技术环境、普及性与目标性等诸特征的理解上。

1) 内涵差异

日、法学者的代表性论文《论信息产业》、《信息社会的社会学》和《社会的信息化》都从经济角度出发,研究当时出现的产业结构变化,社会中信息劳动者数量的增加、信息产业对 GDP 贡献的提升等社会演化的趋势,此即"信息化"的初始内涵。这显然是一种现象学的概念,具有观测性特点。这与我国提出要将信息技术渗透到各行各业中,大幅提升社会生产力与生产率的信息化的功能性观点,有着根本性的不同。

2) 技术环境差异

我国是在个人计算机和互联网迅速普及的年代引进信息化概念的。此前的 30 年,即便是美国,个人电脑与计算机网络尚未普及,新技术革命还未开始,故信息化的原始概念并不代表各种信息技术的大面积使用,国民经济各产业部门主要仍在传统的信息采集、加工、处理与使用的技术环境中进行。我们以同时代美国著名经济学家弗里茨·马克卢普的《美国的知识生产与分配》(1962)为据,该书将当时所有的信息机器及代表性技术分为 5 类:① 用于知识产业的信息机器;② 信号设备;③ 用于度量、观察和控制的器械;④ 办公室信息机器;⑤ 电子计算机。

显然,除⑤外多为传统设备,如①中将教室投影机、扩音器,走廊和厅堂中的挂钟,实验室中的显微镜、天平和其他测量工具,统计室中的计算器,办公室中的打字机、复印机,电子交换机,研发中的光学工具、科学和专业工具、电子测量工具,以及传媒产业中的印刷机、照相设备、音响和唱机、音乐器具、电影设备和器具、广播设备、接收机、邮资机、电话和电报设备、扩音器等罗列在内,其他 4 类"信息机器"也多为技术水平类似的非数字化机电设备。即便⑤中的电子计算机,数量上,1960 年 6 月美国联邦政府装置的电子数字处理程序(EDP)设备为 524 台,为 1959 年美国生产和发货的全部计算机销售量的 20%,所以,当时全美的计算机年产量不超过 3 000 台,主要用于科学计算与商务数据处理。代表性应用如美国国防部用于军队的"财务中心"、"弹道研究实验室",海军的"电子器件供应"及"人力资源信息系统",空军的"发动机管理系统"等。① 可见,当时的计算机不仅数量少,且主要用于科技研发、数值处理与工程计算上,这与后来大规模集成电路时代按摩尔定律发展的计算机性能、先进信息技术和在数据库系统环境中用于信息资源管理与使用的情况以及互联网时代的各类通信技术等远不可比。

3) 普及性差异

当时的计算机只能由政府、军方、部分大学和科研机构等拥有,属于阳春白雪阶段。马克卢普所用数据是 1960 年的,美国已处于全球领先水平,距日本学者提出"信息化"仅 7 年时期,其间信息技术并无突飞猛进的发展。而 30 年后,计算机已开始大面积普及。全社会对信息技术的接受与认知和此时已有本质的不同。

4) 目标性差异

日、法学者从产业结构变化角度提出信息化,是将其作为一种经济与社会现象来研究的,而我国将其作为一项带动全局的战略性国策提出。两者间目标差异巨大。

从这些分析看出,国内外"信息化"概念不仅在认知上有很大不同,关于这一概念的最初理解、技术背景、使用目标等都有根本性的区别。

---

① [美]弗里茨·马克卢普. 美国的知识生产与分配. 孙耀君,译. 北京:中国人民大学出版社,2007.

3.4 信息化的内涵

其他语种中均无"信息化"表述,加之该领域发展迅速,新技术、新理念层出不穷,给我们理解这一概念增加了难度。为了解这一概念的本质,应从其内涵,即反映客观事物的本质属性方面进行认识,本章从语言学和内容定义两方面,即形式与内涵角度进行分析。

3.4.1 信息化的语言学解析

从语言学角度看,"信息化"的词根是"信息"。目前,对"信息"的解释已多达70余种,且仍未穷尽,中外对"信息"的理解总体一致。以 *The Oxford Companion to the English Language*, Oxford University Press,1992年版为例,"信息"涉及如下一批关键词:① 物质、能量和信息;② 信息及其同义词(涉及数据、信息、知识、智慧等);③ 比特与字节;④ 信息理论;⑤ 信息处理;⑥ 信息检索;⑦ 信息技术;等等。新华词典对"信息"的定义是:① 音信;消息;② 信息论中指用符号传送的报道,报道的内容是接收符号者预先不知道的;③ 事物的运动状态和相关于事物运动状态的陈述。① 那么"化"是什么意思呢?"化"在甲骨文中,左边是一个面朝左侧立的人,右边是一个头朝下脚朝上的倒人,是个会意字,表示颠倒了。"颠倒"就是"变化"。因此,化字本意为"改变"、"变化",如《国语·晋语》韦注:"化,言转化无常也。"《庄子·逍遥游》:"化而为鸟,其名为鹏。"这是说:鲲变化成鸟,它的名字就叫大鹏。《周易·贲》云:"观乎天文,以察时变;关乎人文,以化成天下。"因此,"化"字的本源是变化的意思。故"信息化"的字面理解,是由信息引发的或相关的变化,因此,"信息"是"信息化"的核心与关键,"化"则与时代发展、科技进步、社会变革、产业需求等密切相关,在不同的历史阶段,不同的技术条件下,"化"有不同的形态与内涵。

另一方面,"转化无常"、"化成天下"等也说明"化"的外延过于宽泛,时间无限、空间无限、无所不包,反而导致人们对"××化"的理解出现内容含混、内涵不明等不足。所以,对于"××化"的应用,我们要防止如黑格尔批判的那种情况:"既然有一种空的广阔,同样也就有一种空的深邃;既然有一种实体的广延,它扩散到有限世界的纷纭万象里去而没有力量把它们团聚在一起,同样也就有一种无内容的深度,它表现为单纯的力量而没有广延,这种无实体的深度其实与肤浅是同一回事。"② 所以,单从语义角度,人们尚无法了解信息化概念的本质。

3.4.2 信息化的定义

目前,国内对信息化的几种代表性定义如下:

(1) 国务院信息化工作办公室政策规划组认为:"信息化是充分利用信息技术,开发利用信息资源,促进信息交流和知识共享,提高经济增长质量,推动经济社会发展转型的历史进程。"③

---

① 商务印书馆辞书研究中心. 新华词典(2001修订版). 北京:商务印刷馆,2003.
② 黑格尔. 精神现象学. 贺麟,王玖兴,译. 北京:商务印书馆,1979.
③ 国务院信息化工作办公室政策规划组. 国家信息化发展战略学习读本. 北京:电子工业出版社,2007.

(2) 国家信息化专家咨询委员会委员、经济学家吴敬琏先生认为："信息通信技术渗透到人类生产、交换、社会交往的所有层面、所有领域的过程被称为'信息化'，它正推动人类社会进入一个历史的新纪元。"①

(3) 原电子工业部部长胡启立先生认为："所谓'信息化'是指在经济及相关的社会活动中，以信息技术及装备为主要手段，开发并利用信息资源，促进经济发展和社会进步，并使信息经济在国民经济中的比重逐步上升直至占主导地位的过程。通过信息化可以加速资金周转、节约材料和能源，缓解交通紧张，改善生态环境，提高全民族的素质和劳动生产率，促进经济增长。"②

(4) 朱小冬先生等从军事现代化发展的视角出发，认为："信息化是指由工业社会向信息社会前进的过程中，在社会各领域不断推广和应用计算机、通信、网络等信息技术和其他相关智能技术。……信息化应包含数字化、网络化、自动化、智能化和一体化等。"③

(5) 吴晓波、凌云等认为："从社会演变的角度看，所谓信息化就是工业社会向信息社会前进的过程，亦即加快信息高科技产业发展及其产业化，提高信息技术在经济和社会各领域推广应用水平并推动经济和社会发展前进的过程。它一般以智能化工具为代表的新生产力确立为主要标志，即信息产业在国民经济中的比重、信息技术在传统产业中的应用程度和国家信息基础设施建设水平。信息化的目标不仅是发展信息产业，而且要提高社会各领域信息技术的应用和信息资源开发利用水平，从而提高社会各领域的效率和质量，为社会提供更高质量的产品和服务。总体来说，信息化就是以信息技术的开发和使用为标志，以信息技术重整全社会资源平台，并以此来改变社会经济结构和资源配置方式的一个过程。"④

(6) 周宏仁先生从理论模型出发，采用图 3-1 给信息化一个别具一格的定义。他指出："信息化的首要问题是信息的数字化。这种数字化的结果是在我们生活的物理世界之外，又产生了一个数字世界，或人们常说的虚拟世界。""从这个事实出发，我们也可以把信息化的过程看作是一个映射的过程，从而给出信息化一个理论上的定义，即：信息化就是将我们生活的物理世界通过同态映射将其变换为数字世界；同时，又利用逆变换将数字世界转换至物理世界，成为我们认识和改造物理世界的工具。在同态映射过程中，我们利用的是信息时代的核心产

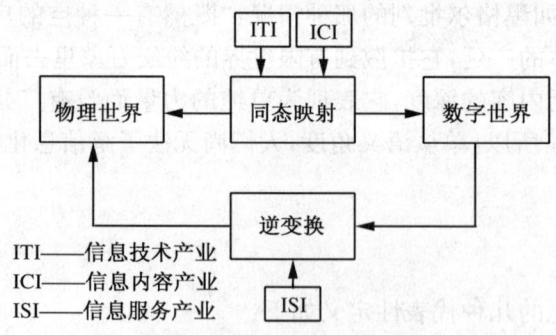

图 3-1 信息化的理论模型

———————————
① 吴敬琏.信息改变了美国——驱动国家转型的力量.上海：上海远东出版社，2008.
② 胡启立.中国信息化探索与实践.北京：电子工业出版社，2001.
③ 朱小冬，刘广宇，葛涛.信息化作战装备保障.北京：国防工业出版社，2007.
④ 吴晓波，凌云.信息化带动工业化的理念与实践.杭州：浙江大学出版社，2005.

业,即信息技术产业(包括微电子、计算机、通信与软件产业)和信息内容产业。在由数字世界至物理世界的逆变换中,我们所依赖的主要是信息服务产业。"

归纳上述定义中的关键词:信息技术、信息产业、信息社会、信息资源、经济增长、信息经济、信息基础设施、社会发展、数字化、同态映射等,这些术语叠加成了中国特色的信息化概念集。从"信息"演化成"信息化",极大地扩展了其内容范围。这些定义从不同方面来说明信息化,既说明了信息化的广泛性,也说明日益增多的定义和定义的内容增加了人们把握其内涵的难度。比较而言,我们认为国务院信息化工作办公室政策规划组所给的定义(1)既接触到信息化的本质且表述简练,适于作为一种战略的表述。

3.4.3 信息化概念的核心

我们将上述定义分两类,一类是有关键词"信息资源"并将其视为信息化主要目标之一的,如定义(1)、(3)、(5)、(6),周宏仁先生的定义虽未直接提及信息资源,但其中"数字化"和"信息内容产业"实际是指信息资源;另一类中没有"信息资源",只强调信息与通信技术在各行业各领域中的渗透与普及的,如定义(2)、(4)。其中,吴敬琏先生是国内知名经济学家,兼任国家信息化专家咨询委员会委员,他对信息化的看法在国内极具影响力。显然,他是从信息与通信的技术而非信息资源的角度来定义信息化的,在同一文章中他强调了这一观点:"在有关人类科学发展、技术进步、生产创新和经济增长的研究中,人们常常将信息通信技术同火车、电力、电机等技术一起列为对人类社会进步有革命性影响的重大通用性技术(General Purpose Technology,GPT)。不过越来越多的事实表明,信息通信技术对人类社会运行方式所产生的巨大而深刻的影响远远超越了人类发明的其他任何一种通途技术。"

我们认为,吴先生的这一观点值得商榷,特别该定义(2)是他在为美国著名学者、工商业史学家、哈佛大学教授阿尔弗雷德·D.钱德勒的名著《信息改变了美国——驱动国家转型的力量》(*A Nation Transformed by Information—How Information Has Shaped the United States from Colonial Times to the Present*)作的译序中阐述上述观点的,就更显偏颇。钱德勒全书论述的恰恰首先是信息,然后才是信息基础设施与信息技术在数百年中对美国的发展所起的关键作用:"本书的目的就是论证这一事实,指出北美人(主要是美国人)如何将信息视为构成其社会、经济和政治世界的关键基石,如何对基础设施建设、技术发展及其广泛采用进行投资,从而使我们今天读到的所有有关信息时代的所有'神话'成为可能。""所以,为了更好地理解这个国家,人们必须对信息及信息基础设施的作用有一个深入的正确评价"。所以,钱德勒在全书中不厌其烦、一再提及的是:"信息、信息技术和信息基础设施。"我们认为,这一提法虽略显累赘,但却从本质上代表了"信息化"的真实内涵。

定义(4)代表目前军队信息化建设的普遍观点。海湾战争以来,信息战彻底改变了传统作战形式,新型战争以通信网络为纽带,以高性能、分布式计算机为核心,将遍布全球的陆、海、空、天的战场感知系统、指挥控制系统、火力打击系统和信息攻击系统等作战要素集合为一个有机整体,使整个作战体系实现全维态势感知、实时信息传输和智能数据处理,力求为联合作战提供一体化的 C^4KISR(C^4KISR 代表"指挥、控制、通信、计算机、知识、情报、侦察与监视"一体化功能系统)支持。这就使许多军事分析家对计算机、通信、网络等信息技术和其他智能技术在战场的应用投入了极大的关注,并由此产生了将信息化(军事信息化是其代表)理解为以信息技术为关键、信息装备为核心的思想。然而,这一认知也只看到了美国军队近30年来的信息发展结果,并未完整地看到美国军方在此前花费约70年的时间在供应物品、储运物流和士兵与武器装备等对象的数据资源加工上所做的长期、艰苦而扎实的积累工作。那时的信息技术与通信环境,只有无线电报网络和莫尔斯码。

综上所述,本课题认同定义(1)、(3)、(5)、(6)的基本观点,认为定义(2)、(4)忽略"信息"这一核心内涵,不能不说是一大缺陷。如不慎加辨析,就无法理解信息或信息资源在两化融合中作起的核心与关键作用。对此,我们特别要强调信息在信息化中的核心作用,如胡启立先生指出的:"实施工业化和信息化相结合的新的经济战略,关键是要把开发利用信息资源摆到与能源、交通、材料等资源同等重要的高度。过去我们高度重视能源、交通、材料工业,对支撑、推动我国经济发展发挥了重要作用,这无疑是正确的。但是,随着经济的发展,对信息资源的开发利用将变得越来越重要。电子信息技术作为当前开发利用信息资源最主要的技术手段,正在成为支撑经济增长,实现我国第二步战略目标,加速现代化进程最有力的推进器。"这段论述中,"电子信息技术作为当前开发利用信息资源最主要的技术手段"清晰地表明了信息技术、信息基础设施与信息之间的关系。

3.4.4 信息化演化阶段的划分

对上述几种信息化定义,需要运用历史唯物主义方法,分析先进国家相关实践历程,了解各不同阶段的发展重点,才能辨别它们是否全面与完整,才能认清当前中国信息化所处阶段,了解我国两化融合的基本内容与设施方向。

1) 国内目前的信息化兴起与发展阶段学说

目前,国内对信息化的兴起与发展阶段有几种划分方法。

(1) 20世纪90年代兴起说 如国务院信息化工作办公室政策规划组指出:"20世纪90年代初期开始,信息技术以人类历史上从未有过的高速度持续发展,用它独有的渗透性、倍增性和创造性点燃了全球范围内的信息革命……20世纪90年代以来,信息技术不断创新,信息产业持续发展,信息网络广泛普及,信息化成为全球经济社会发展的特征,并逐步向一场全方位的社会变革演进。"显然,这一论点是以个人计算机和互联网的全球大普及为信息化兴起的标志。

(2) 20世纪中叶二阶段兴起说 吴晓波、凌云等认为:在信息革命50多年的发展历程中,有两次大的全球信息化浪潮,第一次以1946年世界首台电子计算机的出现为标志,其先导、核心和主流就是信息技术革命,或称第一次信息化浪潮。而进入20世纪90年代以来,一场新的信息化浪潮迅速席卷全球。这场新的信息革命就是以数字化多媒体集成和互联网等技术综合而成的第二次信息化浪潮,网络技术是其主要标志,世界各国风起云涌的"信息高速公路"计划是这次浪潮的集中表现[①]。吴敬琏先生以1947年美国贝尔实验室半导体的发明和20世纪90年代互联网的爆炸式普及为标志,基本也属于二阶段兴起说。周宏仁也认为:"以1946年第一台电子数字计算机的发明为标志的、当代的信息革命;1971年第一个微处理器芯片的发明和90年代互联网在全球的普及应用,则大大地加速了这场革命。"周先生虽列举了三个标志时间与事件,但他也指出"微处理技术的发明,促进了通信技术由模拟向数字的转变,使计算机技术和通信技术这两个一直被视为是相对独立的技术,开始走向融合",因此,微处理器芯片的发明

---

① 吴晓波,凌云.信息化带动工业化的理念与实践.杭州:浙江大学出版社,2005.

应属于对其他两事件起承上启下的作用。故他的观点仍归纳于两阶段论。

上述两阶段论对信息化的出现时间看法基本一致，但对其起源于微电子技术在生产制造领域的应用，还是起源于计算机在服务业领域中的应用而略有不同。国内多认为其起源于生产制造业，如周宏仁先生指出："早在1952年，即商用电子计算机问世的第二年，美国柏森斯公司就以电子管元件为基础，试制了第一台三坐标数控机床。20世纪50年代，美国诞生了第一台计算机绘图系统，成为计算机辅助设计（CAD）技术发展的开端。60年代初，计算机辅助工程（CAE）开始用于辅助求解复杂工程和产品的力学性能，如结构强度、刚度、稳定性等的分析计算。60年代末，计算机辅助工艺过程设计（CAPP）的开发、研制已经在挪威展开。1971年，计算机辅助制造（CAM）在法国雷诺公司被首次用于汽车车身的设计和加工。"而美国则认为这一阶段的发展特征是计算机在服务业中的应用。如美国商务部称："早期的计算机主要用于科学和军事目的，而非商业目的。60年代，人们开始尝试商业用途，这项工作始于电子计算机财务系统（ERMA）。当时，由于大量的支票需要处理，银行深陷其中（自1943到1952年，每年使用的支票流通量由40亿翻倍为80亿）。据首家使用计算机的美洲银行报告说，通过ERMA系统实现了该项工作的自动化，9个工作人员能承担过去50个人的工作量。……在70年代和80年代，公司扩大了计算机的使用范围，用于发送和接收采购指令、通过电子数据交换（EDI）开具电子发票和货运通知单。80年代，出现了计算机辅助设计（CAD）、计算机辅助工程（CAE）、计算机辅助制造（CAM）系统。"

我们认为，这两种观点只是各自关注的重点和对信息技术是以最先导入还是普遍采用为标志的观察角度有所不同，本质并无矛盾。目前，国内持这一观点的学者较多。

(3) 20世纪中叶三阶段发展说 此观点较普遍，但一些专家、机构与军方的看法互有不同。如黄顺基先生划分的三阶段为：① 信息革命阶段，从1946年第一台电子计算机的诞生开始；② 微机革命阶段，以1971年英特尔公司研制出"i4004"和"i8008"两种型号的最早的微型处理器为起点；③ 网络革命阶段，1995年美国网景通信公司成功发行股票，标志着网络经济的兴起。国务院信息化工作办公室政策规划组的三阶段划分为：第一阶段从20世纪50年代末到70年代末，该时期信息通信技术的突破以半导体集成电路产业为代表；第二阶段是20世纪80年代，突出事件是个人计算机的商业化与软件成为相对独立于硬件的产业；第三个阶段是90年代以来的技术创新浪潮时期。这可以以互联网的商业化和数码化的多媒体技术为代表。

军事学界的代表如王保存将军，将迄今的各国军队信息化建设的历程分为：① 孕育萌动期（20世纪50年代末到90年代初）；② 启动探索期（20世纪90年代初到2001年）；③ 深入发展期（从2001年至今）。他认为信息社会最早起源于20世纪50年代末的美国，主要表现有三个方面：一是当时美国的大部分工业部门虽仍欣欣向荣，但某些传统工业的产值，不是日益减少，就是增速放慢。二是1956年在美国历史上第一次出现从事技术、管理和服务的白领人员在数量上超过蓝领工人。表明美国工业社会不久将让位于一个"大多数人处理信息，而不是生产物质产品"的信息社会。三是苏联于1957年1月、美国于1958年1月各发射了一颗人造地球卫星，使人类进入了全球卫星通信的新时代。按此划分，信息社会的起源滞后于计算机发明十余年，它表明以计算机为代表的信息技术向社会各领域渗透的一个过程，它对90年代网络技术的飞跃是一个必要的前期准备。第二阶段仍以互联网的兴起为标志。

第三阶段对军事领域具有独特的重要意义。标志是2001年美军在经历了海湾战争、科索沃战争以及阿富汗战争和伊拉克战争等新型信息战的大量军事实践与理论准备上，开始规划军事转型。其核心是将"工业时代的军队形态转变成信息时代的军队形态",主要包括三大方面。① 转型内涵:作战方式转型涵盖所有支撑军事能力的领域,从条令、编制、装备、训练、领导、人员到设施等;公务处理方式转型涉及物资采办程序改革,缩短采办周期等;合作方式转型要求提高国防部与联邦政府其他部门、各级政府之间的协调水平,加强美军与盟军及多国部队间的协同作战能力。② 实现六大目标:保护关键作战基地,有效地对付核、生、化、电磁武器威胁;在敌对环境中运送和展开部队,并战而胜之;实施持续不断的监视和跟踪,运用互补性空地作战能力,开展猛烈的精确打击;确保信息系统安全,实施有效的信息作战;提高天基信息系统和国防信息基础设施的防护力和生存力。③ 转型四大支柱:加强联合作战,利用情报优势,进行概念开发与实验,发展转型能力等。

可见,军方第三阶段发展以信息为核心,计算机、通信和信息平台为技术支撑,大大提高军事指挥、作战与调度系统的集成性、统一性、灵活性与功能性。

目前,国内绝大多数论文、研究报告和著作中,多以第二、三种观点为主。本书引用军方观点,是因现代信息化的真正起源是战争的需求,而且军事领域一直是信息、信息技术与信息基础设施不断创新和发展的主要的原动力。

2)对上述信息化发展阶段学说的质疑

以上三种阶段划分可归纳出四个共同点:① 几次信息革命均率先发生在美国(第一台电子计算机、微处理器与微机、互联网等标志);② 信息革命不早于 1946 年(第一台电子数字计算机的发明);③ 信息革命均以技术突破(新产品、新装置、新网络)等为标志;④ 几种阶段划分中均不直接涉及信息资源的开发与利用。

作者对第一点并无异议,但如后三点成立的话,则信息革命学说将无法解释以下几个重要问题:

(1)为何几次信息革命都发生在美国,而不发生在当时与美国科技水平相差不多的其他国家?此系偶然因素,还是存在着某种必然性?

(2)上世纪中,对人类生产、生活、经济、政治与社会发展影响最大的事件无疑是两次世界大战。如以 1946 年电子计算机的发明为信息化的兴起,则信息化就与这两次影响人类命运的重大战争无关。那么,信息化与人类生产、生活、经济、政治与社会的相关性将从何体现?

(3)信息化的功能主要是实现信息资源的应用。两次世界大战,特别是二战已是典型的工业化、机械化战争,若无强大的信息资源、远程通信指挥系统为后援,美国人要同时在欧洲、太平洋和北非战区打赢这场规模空前的工业化战争,岂非是匪夷所思之事?

显然,如果信息化的兴起与发展阶段划分理论不能正确解答上述问题,就无法成为一个国家战略的核心概念。美国工业史学家对美国信息领域的发展阶段就有截然不同的看法。钱德勒指出:"我们听到的所有消息都大同小异:互联网日新月异,信息时代悄然而至,所有的一切都不一样了。但回顾美国的发展历史却展现了另外一个大不相同的故事⋯⋯对历史记录的详细考察表明,北美人早在 17 世纪就可认为踏上了信息高速公路,而在 18 世纪晚期经历了这一高速公路的交通拥堵⋯⋯19 世纪期间,美国人利用电力和创造性试验发明了或者说进一步开发了几项全世界广为使用的关键信息技术,其中包括电报、电话、留声机和电影。在 20 世纪,美国人继续为信息高速公路添加更多的交通工具,其中最重要的要数计算机及其缩小版本——目前无所不在的个人电脑。简而言之,美国人已经为进入信息时代准备了 300 多年。信息时代并非于 20 世纪 90 年代初期随着万维网的诞生才开始⋯⋯一个显而易见的事实是,许多研究现代社会的观察家和评论员们对信息、与信息相关的技术以及信息基础设施对一个国家和民族的发展所产生的重大作用和深刻意义认识不够。"①

3.5 信息化的本质及其发展特点

3.5.1 信息化的真实内涵

本书对"信息化"的关键认识有以下三点：
（1）钱德勒所称的"信息、与信息相关的技术以及信息基础设施"代表了"信息化"本质内涵。
（2）钱德勒将这三要素提升到"对一个国家和民族的发展所产生的重大作用和深刻意义"，就体现为信息化的战略性质。
（3）现代信息革命起源于美国，但既不迟至1946年，也不早至钱德勒所称的300年前。本书提出的信息革命的开始时间是1914年，标志性事件是美国海军建立"海军物资补给系统"，其目标是为美国参加第一次世界大战提供物资管理，由此带动了全美政府与军方的联邦编目系统（FCS）建设。该信息系统的运行环境：手工作业为基础，无线电报网络远程传输，莫尔斯码记录，图纸与索引卡片为载体，数字编码为标识，人工检索与机械扫描提供查询服务。该系统沟通了美国政府、军方、各类生产企业、各越洋战区，覆盖各级各类指挥中心、物资供应与配送基地，直至战场前沿。如此规模的信息系统，主要以传输军需物资、后勤供应、物流配送、后方生产支援等信息，形成了原始的G2B、M2B与B2B雏形。其后的一切信息技术，信息基础设施，信息加工、处理与存储工具，相关的硬件与软件，数据库系统等，均在此基础上陆续发展起来。

3.5.2 信息化兴起的原始动力

两次世界大战对信息技术的改造与提升提供了强劲的需求。但计算机、通信和互联网等工具不是信息化兴起的原动力。相反，正是大规模战争对军工生产、军事指挥调度、越洋物资供应等产生了空前庞大与活跃的信息需求，旧的信息采集、记录、加工与使用方式已成为束缚战争与大规模、高速度军工生产与物资供应和战争指挥调度的桎梏。此时，正如恩格斯指出："社会一旦有技术上的需要，则这种需要就会比10所大学更能把科学推向前进。"所以，首先是在社会对信息资源产生大量需求——要求有更先进、更快捷的信息加工、传输、存储、分布与使用等方式的驱动下，才出现了计算机、半导体、电信技术与互联网等技术与工具。而国内上述几种分类方法，都无一例外地忽略了信息技术、信息基础设施赖以出现的最根本的东西——即信息以及信息资源的应用。

马克思主义军事理论认为，科学技术促进了战争的发展，军事领域向来是科技成果应用最迅速、最深入和最广泛的领域。信息技术应用于军事，导致战争形态和方式发生深刻变革，再扩散到民用领域，带动全社会信息化的普及与深入。电子计算机、互联网、移动通信、GPS定

---

① ［美］阿尔弗雷德·D.钱德勒，詹姆斯·W.科塔达.信息改变了美国——驱动国家转型的力量.万岩，邱艳娟，译.上海：上海远东出版社，2008.

位与导航、无线传感网等信息技术与设施,均无一例外地源于军事领域。同时,各种大规模的数据系统、工业物资与管理信息资源库等,也都源于军事与国防领域。只不过其封闭性和服务对象的特殊性而不能像各种信息技术那样便于全球扩散,故国内对此一般不甚了解。而且这段重要的历史在国内信息界一直未经发掘和整理,从而导致将美国信息技术的发展而不是其信息资源的开发与应用当做信息化兴起的标志。

当然,我们决不否认信息技术与信息基础设施的对信息化的重要性,所以,我们才以钱德勒著作中不厌其烦地出现但却能精确表述其本质内容的"信息、与信息相关的技术以及信息基础设施"作为信息化的核心三要素。

3.5.3 信息化发展的特点

钱德勒所称的"信息、与信息相关的技术以及信息基础设施"三要素中,第一为信息资源,第二为信息技术,第三信息基础设施。这三要素的结合构成我国所称信息化的内涵。但从以美国为代表的西方发达国家的百年发展历程来看,这三要素是交错发展的。从1914年起到上世纪60年代的半个世纪中,首先发展的是信息(或信息资源);从60年代到90年代,大规模集成电路发展引领了PC大普及,成为信息技术发展的标志。即便如此,西方信息资源的开发依然在快速进行中(故钱德勒称信息技术为"与信息相关的技术")。然后是始于90年代末的,以互联网为代表的全球计算机网络之信息基础设施建设的高潮。所以,发达国家百年信息化其实是"信息→信息+信息技术→信息+信息技术+信息基础设施"这样一部由三者交替发展到共响交融的变奏曲。

值得注意的是,信息虽然是发展历程最长、最基础的部分,但当它在美国开始规模化建设时,是直接为战争、国防和军工生产服务的。其生成方式为政府直接投入,应用方式为政府强制推行而非市场运作,不以直接体现商业价值为主。到信息技术与基础设施开始发展之际,美国及整个北约集团的国家工业信息资源体系已基本稳定运行,深藏在政府、经济机构和军方各项核心应用之中。所以,比较后期信息技术与基础设施建设中一轮轮的产品更新,一轮轮的概念炒作,信息资源建设是最不"显山露水",也最容易被世人忽略的要素。

3.6 信息化的哲学思考

3.6.1 信息化内涵的哲学架构

哲学是研究自然、社会和思维发展的最一般规律的科学,是对自然知识、社会知识和思维知识的概括和总结。哲学对其他各学科体系的建立和完善具有基础性的指导意义。为说明国家工业信息资源发展在信息化中所处的核心地位,我们立足实用,不做繁琐论证,只运用三个哲学观点来对信息化三要素作概括分析,即本体论、方法论与工具论。

我们认为,信息是信息化的本体、起源和基础,而"化"是以此为核心向包括技术、工具与应用等在内的各层面进行拓展与延伸。计算机、通信、网络、软硬件等都属于对信息进行加工、处理、传输、储存、转换与应用的方法与工具层面的东西。如美国经济学家们提出的概率差理论、搜索理论、逆向选择理论、市场信号理论、信息甄别理论等,都属于在信息本体论层面的研究;

而计算机设备、通信设施等属于工具论层面的范畴;各种运算方式、通信协议、记录格式等,则位于方法论层面。

1) 信息本体论

(1) 古典本体论对信息的解释　哲学中的本体论(有别于语义网 Semantic Web 中的本体)主要探究世界的本原、本质或根本性问题。在古典西方哲学中,本体论占据核心地位。如亚里士多德认为哲学研究的主要对象是实体,而实体或本体的问题是关于本质、共性与个体的问题。他认为研究本体的哲学是高于其他一切科学的"第一哲学"。笛卡儿把研究实体或本体的哲学叫做"形而上学的本体论"。德国哲学家沃尔夫给出了本体论的定义,将其作为理论哲学的基础。黑格尔提出了本体论、认识论和逻辑学统一原则,并从纯存在的概念出发构造了存在自身辩证发展的逻辑体系。

根据《大英百科全书(第 15 版)》,本体是关于"是"本身,即关于一切实在的基本性质的理论或研究。"本体论是走向关于诸是者之本体的必然真理的演绎的学说。""是"泛指一切存在的东西,无所不包,从"是"中可产生或推出各种所是,如"一"、"善"以及"偶性"、"实性"、"因果"、"现象"等范畴。

国内哲学界有将本体论理解为世界的本原或本性的倾向,如《辞海》(1989 年版)解释为"哲学中研究世界的本原或本性的问题的部分";《中国大百科全书·哲学卷》("本体论"条目,肖焜焘、李德顺撰)认为本体论"在西方哲学史中,指关于存在及其本质和规律的本原或基质……在中国古代哲学中,本体叫做'本根论'"。而马文峰、杜小勇认为这些将本体研究对象解释为"整个世界"的本原和本性是一种曲解,遮蔽了西方哲学史上"本体论"的本源意义,他们指出,本体论的基本含义是讨论"是"及各种"所是"的范畴间的相互关系,其中"是"是最高范畴,"所是"即是"是"属下的种种表示特殊规定性的逻辑范畴,一切"所是"都是从"是"中产生出来的。本体论采用逻辑方法来推论概念间的相互关系,它是从现实实在中通过逻辑抽象而构筑起来的体现概念及关系的原理系统。从而坚持了上述《大英百科全书(第 15 版)》的定义。本书采用马文峰、杜小勇两人的观点及其在信息科学和图书情报领域中对本体(Ontology)的认知,认为在任何领域的信息化建设中,人们首先需要解决的问题是信息或信息资源这一本体层面的问题,才不至于将方法论、工具论层面的问题放到首位。

(2) 现代西方哲学中的本体论　在现代西方哲学流派中,卡尔·波普尔(Karl Popper)提出的"世界 3 理论"本体论别具一格,对信息本体的演化和阐述最为密切,影响最大。波普尔的"世界 3 理论"可概括为:

① 世界 1:又称第一世界,是物质世界,是由客观世界的一切物质及其各种现象构成。如物质和能量,从宏观天体到微观基本粒子,一切生物有机体包括动物和人的躯体、头脑等。

② 世界 2:又称第二世界,是人精神的或心理的世界,包括意识状态、心理素质、主观经验,即主观世界或"意识状态"世界。

③ 世界 3:即思想内容世界,实际是人类精神产物世界,包括一切可见诸于客观物质的精神内容,或体现人的意识的人造产品和文化产品,如语言、文学艺术,科研过程中的问题、猜测、反驳、理论、证据以及技术装备、图书、房屋等一切人工制品。

波普尔强调"世界 3"的客观性与独立性,认为其不同于"世界 2"。"世界 2"指心理和思想的状态和过程,是主观的;而"世界 3"是思想内容,是客观的。虽然没有客观的意识、精神,但确有客观的知识,因其存在不受人的主观意志所支配。他认为只有把客观知识的世界和属个人的主观世界区别出来,才会有知识自身的积累和发展,知识才能成为全人类的精神财富,而不至于仅存在发明家的头脑里。"世界3"也不同于"世界1","世界3"有物质载体,已客观化于"世界1"中。如语言被物化在数码和书写符号之中;理论和文学被物化在笔墨纸张中;艺术品被物化在特定材料(绘画的画布、雕塑的石膏、泥土等)之中;技术被物化在设备之中。若无"世界1"的材料,人工产品和文化产品就无法制造出来,但如没有人的知识在这些物质材料中充当价值和灵魂,它们只能是无用的废料,所以"世界3"是物质材料的思想内容。不管人们是否认识到了这些思想内容,它们都自主存在着。

波普尔理论在西方学术界曾引起热烈的争论,也影响到对本体的认知。如《美国大百科全书》称,本体论是形而上学的一个分支,它研究实在本身,这种实在既与经验着它的人相分离,又是与人对于它的思想观念相分离的,这显然就受"世界3"的影响。波氏认为意识和意识现象的发展有其内在规律,这是值得肯定的。人的主观心理活动、思维活动,以及各种社会意识形态的变化和发展都是有其内在规律的,各门科学的任务就是揭示这些规律。因此,信息加工与利用中也存在着特定规律,了解并掌握这些规律,对于信息的加工利用将起指导作用。但波氏认为存在一个既有别于物理世界又有别于精神世界的思想产品世界的观点,是与唯物主义关于物质决定意识的基本原理相矛盾的。唯物主义认为意识是高度发展的物质——人脑的一种能动地反映客观世界的属性及其表现,文化、艺术作品等是意识能动作用的表现,它们体现或表现了意识的能动作用,但却并不独立于物质世界之外。

情报学家布鲁克斯依据波氏"世界3理论",将科研分为三大家族:自然科学研究世界1,社会科学研究世界2,信息科学研究世界3,它包括了信息科学、图书馆学、情报学、文献学、档案学等,其载体图书、杂志、期刊等所含的知识都是对信息进行组织、汇集和再加工的结果,均可以档案为代表归入这一领域。它们是人类主观意识转化为客观知识的直接产品,是信息源泉,构成了一个独立于创造它的人类的"客观知识世界"。布鲁克斯以此为理论基础,确定了信息对象在本体论中的哲学位置。

布鲁克斯的这一前提是错误的,但他将知识作为独立对象进行的一系列研究却是深入和有成效的。例如,当人们考察信息记录的作用时,可从"现象描述"、"概念抽象"与"作用机制"三层面进行。"现象描述"层分析记录的个别与一般关系,本体论中,个别即个体或个性,一般是对全部个体与个性的抽象。记录还可有各种个性化需求,但其作为参考或凭证是其一般性用途,它揭示记录发挥作用的方式。将记录的参考或凭证作用深入一步,就进入第二层"概念抽象"领域,即研究参考或凭证的作用规律、其与其他信息载体在形态与内涵上的共性与个性区别等。第三层则研究记录发挥的作用机制。前两层面的研究都侧重于记录的客观性,而未考虑"利用者"这一主体因素。记录及其他各类信息载体早已充斥社会,从它们的产生到发挥作用,都与人有密切关系。其发挥作用的基本机制在于,记录中的信息被利用者吸收,被吸收的信息与利用者的大脑发生作用,使利用者的知识结构发生变化。所以,信息有改变利用者知识存量或结构的作用。知识存量或结构的改变,可以是从未知到已知,从不清楚到清楚,从对某一问题的不正确认识到正确认识,等等。

布鲁克斯据此给情报做出如下描述:情报是引起人的知识结构发生变化的那一部分知识,并将其用公式表达出来,成为著名的布鲁克斯公式:

$$K(S) + \Delta I = K(S + \Delta S)$$

式中,$K(S)$是情报用户吸收情报以前的知识结构(原知识结构),ΔI是被情报用户吸收的情报,$K(S+\Delta S)$是用户吸收情报以后的知识结构(新的知识结构)。

布鲁克斯公式表明,在档案(记录)利用过程中,发挥作用的是其中记载的知识或信息。如利用者吸收了档案中的信息,其知识结构变为 $K(S+\Delta S)$,就促进了知识的增值。于是,人类与信息的连续交互是资源发挥参考作用和充实内容的过程,资源记录的凭证作用更多地表现为知识结构的质变过程。

布鲁克斯公式对信息资源加工具有重要意义,它从本体上揭示了信息作用机制,即其对某一领域利用者知识的增值性。信息发挥作用是主体和客体相互作用的结果,因此,我们不但要重视信息载体、信息传播手段、信息处理技术,更应重视信息内容与其应用,因为只有内容和应用才涉及信息本体论,前三者则属于方法论与工具论领域。

本体论用于信息论领域时主要探讨信息的存在、特征、数量与质量等基础问题,延伸到各应用领域中就体现为信息界定、内容定义、边界划分、结构分析、特征描述等,这些在国家工业信息资源开发利用中具有特殊的重要性。特别是根据布鲁克斯公式,无论多么复杂的信息资源加工与处理过程,对其唯一的判断依据,是其是否实现了知识增值,或利于使用者知识增值的效用性问题。

2) 信息方法论

(1) 信息方法论原理 《中国大百科全书》定义"方法论"为:关于认识世界和改造世界的方法的理论。方法论有哲学方法、一般科学方法、具体科学方法之分。哲学方法论是关于认识世界、改造世界、探索实现主观世界与客观世界相一致的最一般的方法理论;一般科学方法论是研究各门具体学科,带有一定普遍意义,适用于许多有关领域的方法理论;具体科学方法论是指研究某一具体学科,涉及某一具体领域的方法理论。三者之间的关系是互相依存、互相影响、互相补充的对立统一关系。所以,信息方法论是指导人们更快捷、更高效地加工与利用信息的各种措施与手段。

布鲁克斯公式对信息作用机制给出了一种方法论解释。$K(S)+\Delta I=K(S+\Delta S)$ 中,若 $K(S)$ 不变,ΔI 越大,则 $K(S+\Delta S)$ 也越大。说明对同一使用者(或两个知识结构完全一样的人),能利用的信息越多,则产生的新思想越多,或消除对某一问题认识的模糊程度就越大;或者,如 ΔI 不变,$K(S)$ 越大,则 $K(S+\Delta S)$ 也越大,这意味着对同一信息,两个使用者原有的知识结构(或专业背景)不同,作用的结果也不一样。原始知识越丰富,形成的新思想也越多,反之亦然,这就是信息与知识的马泰效应。运用这一结论,可从理论上指导宏观(国家各区域)和微观(各应用系统)的信息资源建设,通过规模化的资源集中与整合,谋求信息价值的最大化。

方法论的使用须以对象本体成立为条件。如布鲁克斯公式使用的前提是描述的对象(数据、信息与知识)必须是客观存在(包括虚拟存在)的,可记录、可描述、可使用、未失效、非失真,等等。

方法论源于笛卡儿1637年出版的哲学论著《方法论》,它对西方人的思维方式、观念和研究方法产生极大的影响,其主张的要点与步骤为:① 不接受不清楚的真理,尽量避免鲁莽和偏见,要根据判断来确定没有任何值得怀疑的真理;② 可将要研究的复杂问题分解为多个简单的小问题,再逐个分开解决;③ 将小问题从简单到复杂排列,先从容易解决者着手;④ 所有问题解决后,再综合起来检验,看是否完全,是否将问题彻底解决了。

在上世纪60年代前,西方研究的方法,从机械到人体解剖等,基本是依笛卡儿方法论为指导的。直到阿波罗号登月工程时代,科学家们才发现,有的复杂问题无法分解,必须以复杂的方法来处理,由此导致系统工程诞生,传统方法论才升级到系统方法论。

(2) 方法论的进化 方法论与人类研究的对象及对其认识的深入程度相关。当今社会中,生产、科技和社会发展迅速,对象规模巨大、日趋复杂,与之相应的通信方式、系统结构也在迅速变化。例如,当初申农研究信息论时,是以双向通信信道为基础的两个反向的经典模型为对象,较简单。而现在则要对多径信道、多用户网络、多通信终端、相互干扰信道等加以研究,就复杂得多。工业信息系统一般都是大型复杂系统,且不限于工程技术,还涉及生物系统、生态系统、社会系统、智能系统,等等。在这些系统中,信息的产生、获取、传递、加工、存贮、使用等十分复杂,仅仅研究给定的信源,以及它所发出信息的统计性特性是远远不够的,还涉及信息的产生、使用以及信息的语义和语用价值等问题。这些需要的发展,使得研究方法不得不由统计信息向语义信息和信息效用等方面伸展。

在科技史上,当某个领域的发展面临瓶颈时,突破往往来自于方法论层面。现代计算机的发明就是一则典型案例。1944年,冯·诺伊曼在参加原子弹研制时,涉及巨量的计算,常常需要几十亿次的数学运算和逻辑指令。当时的电子管计算机虽可大大提高计算技术、缩短计算时间,但它本身没有存储器,所有的中间运算均要人工中继处理。为此,他所在的实验室曾聘用了一百多名女计算员,利用台式计算机从早到晚计算,还远不能满足需要。有鉴于此,冯·诺依曼提出了全新的"存储程序通用电子计算机方案",从方法论上革新了计算机的结构,明确其应由运算器、逻辑控制装置、存储器、输入和输出设备等5部分组成,从而奠定了现代计算机的总体架构。

(3) 计算机对方法论的影响　计算机的出现,极大地丰富了人类加工和使用信息的能力,人们已将其视为人脑的延伸。应指出:计算机本质上是一种代码处理工具,擅长处理确定的编码信息,无法直接处理模糊信息。如人类语言中大量存在的形容词、副词等,计算机就难于处理。如"漂亮"一词,计算机需要一系列量化指标与模型,才能判定什么是"漂亮"。这样,人类在享受计算机带来的高速、便捷的同时,不得不再花大量时间与精力去建立各种模型,这也导致方法论在信息领域中占据了异乎寻常的重要地位。

3) 信息工具论

自亚里士多德的《工具论》之后,工具论便进入哲学领域。亚里士多德认为,逻辑学既不是理论知识,也不是实际知识,而是知识的工具。《工具论》首次讨论了命题、范畴、三段论等,阐述了证明、定义、演绎等,为形式逻辑奠定了基础。形式逻辑是整理思想和知识的框架,没有了它,理论和科学都无从产生。

现代科学中,工具论早已超出形式逻辑范畴,在与各类新技术、新方法和新手段的融合下,各类工具不断突破与发展,成为人类文明、社会进步、科技进化、生产力发展的突出标志。恩格斯在《劳动在从猿到人转变过程中的作用》中就强调了人类在生产劳动过程中,不断改革工具,促使生产水平不断提高,引导人类从原始社会进入封建社会、再进入资本主义社会的基本性作用。

工具对信息化的推进有特殊的重要性,可以说,整个信息化史就是一部信息记录、传输、加工与传播工具的发展史。在信息与通信领域,每一次硬软件的突破,都是在工具层上的细化、革新与飞跃。同时,工具论和方法论往往会在各自层面上互相影响与促进,如冯·诺伊曼出于对计算机处理方法的变革,才提出了存储器、逻辑控制器等新工具的构想;这些新工具出现后,又产生出一系列的算法,机器语言逐步演化成高级语言等。

3.6.2 信息化的哲学理解

根据上述三论,可看出信息化三要素在哲学框架中的作用。概括地说,本体论主要讨论信息化中领域对象"是什么"的问题,方法论主要解决信息化中"怎么办"的问题,工具论则解决信息化"用何手段实现"的问题。显然,这些不同层面的问题彼此间不可混淆与取代,更不能取其一面,忽略其他方面。面对信息领域纷繁复杂的对象,以及层出不穷的概念,我们首先应从哲学角度分清其是本体论、方法论还是工具论层面的问题。显然,信息或信息资源位于本体层面,信息技术和信息基础设施则属于工具论与方法论层面。工具和方法都应围绕本体的目标展开使用。故当我们讨论数据记录的语义与语境、描述范式、描述结构等问题时,属于信息本体论的范围,因其涉及对信息及其利用者能否产生增值效应的问题;当我们研究信息处理流程、代码映射和格式转换时,是方法论层面的问题;当讨论传输协议、云计算架构、编程语言和对象感知等问题时,则属于工具论范畴。

因此,从哲学角度来分析,对"信息化"概念的正确理解,应包括本体论、方法论和工具论三个层面的内容。本书之所以取钱德勒的"信息、与信息相关的技术和信息基础设施"为对信息化的真实与全面的理解,主要有三个理由。① 这一理解指出适于我国信息化建设的三方面主要内容,也是包括美国在内的发达国家对信息领域的正式解释。以此为内涵,就能为我们分析和比较国内外信息化的发展提供一致的理解基准。② 这一理解涵盖了信息本体论、方法论与工具论三层面的内容。它回答了信息化"是什么"、"怎么办"和"用何手段实现"的问题。③ 只有能同时回答某一领域中"是什么"(如信息或信息资源)、"怎么办"(如信息技术)和"用何手段实现"(如信息基础设施)的概念,才能作为国家战略的核心概念。

[建议与思考]

信息资源开发与利用是信息化的核心

我国工业信息资源开发与利用的国家战略,从属于两化融合的国家战略。两化融合的关键是信息化的发展。信息化由信息资源、信息技术与信息基础设施三要素组成,其中以信息资源的开发与应用为核心,这是信息化本体层面的内容。当前制约我国两化融合的瓶颈已从信息技术和基础设施转化到信息资源上。工业信息资源的发展国家战略研究,就针对两化融合的核心症结展开。

然而,信息资源的开发利用有着与其他两要素的开发利用完全不同的特殊性:如,信息技术可以通过巨资投入,直接导入最先进的技术来获取;信息基础设施则可通过大规模投资建设方式来赶超;两者都有可能通过引进、消化与吸收方式来体现后发优势。唯有信息资源,特别是我国以汉语表达为主体的工业信息资源,因其与各行业各领域的应用联系最为密切,无法通过直接购买与引进方法实现"拿来就用"。只有通过我们自己的长期开发、持续积累、不断在建设与运行中升级与扩展才能体现其价值。这也表明,任何国家,在信息资源发展领域,都没有所谓的后发优势,只有后发劣势。北约其他国家在引进美国联邦编目系统(FCS),成为北约编目系统(NCS)的使用国后,其国家主导工业信息资源就与美国基本实现了一体化,但此后也就没有任何一个国家在资源开发与利用上超越美国。

因此,对比以美国为代表的西方国家百年工业信息资源开发与利用的历程可看出,我国在这一领域只有抓住机遇,加紧开发与利用自己的国家工业信息资源体系,才能使用国家信息化取得长足和持续的进展。

[**本章小结**]

论述了发展国家工业信息资源与实施两化融合战略之间的关系。客观地分析了"信息化"这一概念在国外的源起、定义、演进与废止以及在我国持续升温并最终列入国家发展战略的过程,并从历史、哲学、语言和经济学等角度提出对这一概念的正确认识,进一步说明信息资源建设在"信息化"中的核心地位,力求将我国工业信息资源的开发与利用建立在对信息化战略的正确和全面理解的基础之上。

4 美国工业信息资源系统建设简述

国家工业信息资源建设是两化融合战略的核心。我国的信息化建设,在发展信息技术与完善信息基础设施方面已取得了辉煌的成就。但相比之下,我国信息资源建设明显落后,总体尚未启动。为正确认识国家工业信息资源建设的长期性、艰巨性与复杂性,少走弯路,有必要借鉴发达国家工业信息资源建设的成功经验和失败教训,总结出适合我国的发展目标和实施路径。

在诸多发达国家中,我们选择美国为标杆,通过比较中美在工业信息资源开发与利用方面的理论与实践,寻找差距,总结出适合我国借鉴的发展路径。原因主要有以下两点:

(1) 美国在工业和信息领域是世界最发达的国家,也是大规模工业信息资源建设的策源国,其建设与应用已有百年历史。美国的成功技术、管理手段与制度建设,连同其工业信息资源体系等均已成熟,并随北约协作框架扩展到西欧,再扩展至东欧、亚洲及其他许多国家,成为当今世界上最大的工业信息资源系统,对我国建立相应的国家战略具有极高的参考价值。

(2) 相比其大张旗鼓地鼓吹国家/全球通信基础设施建设(NII/GII,即所谓"国家信息高速公路"/"全球信息高速公路"),美国却有意无意地淡化甚至回避其国家工业信息资源建设历程,导致包括我国在内的许多国家都未意识到,美国的国家工业信息资源系统建设,实际早于其国家通信基础设施建设至少半个世纪。个中原因有许多,但至少一条理由很明显:当今任何国家的通信基础设施建设与信息技术的引进,美国均能从中获得实际利益。而各国的工业信息资源建设,则与美国无关,特别是我国基于汉语的工业信息资源开发,美国鲜能从中获利。

就我国而言,自上世纪90年代克林顿鼓吹国家/全球通信基础设施建设以来,我国也将信息化工作重点放在大规模国家通信基础设施建设、推动信息产业发展、普及信息技术上,开发了各种行业应用系统,取得了一系列辉煌成果。但在两化融合领域,我国却遭遇到一系列的瓶颈,最主要的就是来自于工业信息资源开发与利用的肘制。一是因为国内长期以来重硬轻软,忽视信息资源开发的观念并未纠正。二是人们在观念上并未接受由国家牵头,规模化开发工业信息资源应放到与国家通信基础设施一样重要的地位的观念,国内甚至没有"国家工业信息资源基础设施"这一提法。这些均与国内不了解美国百年工业基础信息资源建设的历程以及它们在推进全球信息技术发展、促进通信基础设施建设中所起的原动力的作用相关。

4.1 美国工业信息资源建设概况

在将中美国家工业信息资源进行对比分析之前,先要弄清两个根本性问题,一是"国家工业信息资源"概念是否存在,二是"国家工业信息资源"建设的性质和地位问题。

1) 国家工业信息资源的存在性

我国虽有电子政务"十三金工程",这些工程均由国家主管部门牵头主建,但在工业领域,却没有一个"国字号"或"金字头"的信息资源建设工程。因此,人们自然怀疑:工业信息资源是否需要由国家牵头开发建设？当今世界上，有无国家工业信息资源开发建设的成功实例？

为此，我们对美国的国家工业信息资源开发历程作一简介。

美国早在1914年起，就以政府牵头、军方主导、骨干企业参与、信息专家协作的模式，启动了大规模工业信息资源系统建设。通过半个世纪的探索与建设，满足了国家工业、经济与社会发展之需，支持其打赢了两场世界大战。到计算机发明之际，美国就已建成了以制造业为主，覆盖一、二、三产业并扩散到北约各国的工业信息资源体系。互联网的前身，ARPAnet(Advanced Research Project Agency Net)就是这一资源体系，包括各类军事指挥、物资调度、军务管理、军工生产与后勤支持等在计算机通信环境中的扩展。

到上世纪90年代，美国政府、军方与骨干产业系统的"信息高速公路"上早已"车"满"货"实，故克林顿无需再提出建设"国家工业信息资源基础设施"之类命题，因为这一干系美国竞争力和其国际地位、涉及其盟国命运的战略项目，早已经历了多轮升级换代。其间先后导入机械式卡片检索设备、计算机主机、光电自动扫描识读装备、字处理系统、数据库管理系统等。计算机网络时代的到来，只是这一系统的自然发展，由此却引发了冷战结束后，全球互联网的大建设与大普及。

国内公众普遍只知道克林顿倡导的"国家信息基础设施建设"和"全球信息基础设施建设"，而不知罗斯福下令建设"联邦编目系统"这一国家工业信息资源基础设施项目。公众也不了解为何克林顿的"国家信息基础设施建设"在应用上只提及教育普及、远程医疗、电子商务、消除文盲、缩小数字鸿沟、文化娱乐、提升就业等一批民生应用，而不提及对国家发展更为基础、更加重要的应用，如对国家基础工业与战略产业的支持、尖端工业品的协作设计与生产、政府与军方的物资采购、远程物流管理、多国军需品协同供应与调度等。实际上，这些应用早在计算机网络出现之前，甚至在计算机出现之前，美国人就依靠原始的无线电报网络，加上联邦编目系统（FCS）、手工作业和纸质记录载体等，支撑起美国的国防安全、军工生产，巨量的物资——从零件、组件、部件到产品总成等的信息传输，构成美国政府和军方的常规业务。基于国家工业信息资源系统的各类应用早已融合到美国政府、军方、骨干企业和北约各国的常规作业中。

当20世纪90年代互联网繁荣起来，各类民间应用火爆后，美国军方就悄然放弃了对它的支持。但包括我国在内的一批发展中国家，在紧随美国发展互联网基础设施的同时，并未看到美国前半个世纪中早已打下了扎实的国家工业信息资源的基础，只能在如各种游戏、交友、教育、论坛、新闻、即时通信、社区、电子商务（此处仅指B2C与C2C型公众消费类的电子商务）等娱乐与民生类应用中寻求发展，未形成能带动全局的、大面积支撑各类企业与战略产业领域的应用。故美国的上述一系列关系国家核心竞争力和信息威慑力的战略资源的开发与应用，在包括我国在内的多数发展中国家内均未开展起来。意识的缺失，是导致战略缺失的主要原因。

2）国家工业信息资源的性质

国家工业信息资源，是由国家投资、国家主持建设并统一管理的工业基础信息资源系统，它不仅存在，而且是美国百年信息化发展的核心。

美国的国家工业信息资源系统以联邦编目系统为代表，其后扩展到北约，成为北约各国共同遵守、协作共用和统一维护的北约编目系统，成为西方国家的基础工业信息资源体系，其性质是国家工业信息资源基础设施，它与国家通信基础设施一样，具有基础性和战略性地位。从信息化构成要素可看出，国家工业信息资源基础设施如有缺失，国家信息化建设就不可能深入。对此，我们必须对美国"先建设工业信息资源，后发展信息技术，再建设通信基础设施"这一发展模式与历程有清醒的认识。

4.2 美国国家工业信息资源系统分析

4.2.1 美国国家工业信息资源系统的基本特征

1) 国家主建、法律保障、强制实施

美国国家工业信息资源系统,由联邦政府投资主建,地方政府、行业和单位均不重复建设,由此节省了大量的开支。国家工业信息资源系统的建设与运行均依据相关的公共法案、国家资产法案、国防标准化法案、信息自由交换法案、国防部行政规章(主要体现为国防部指令、指示、条例、野战手册、手册、联合出版物、备忘录等形式)等统一进行,又减少了大量的运行开支。国家工业信息资源在政府、军方和骨干企业中强制执行,带动了整个国家信息资源体系的建设与运行,节省了全社会信息建设与运行的总成本。全系统(包括北约)的基础工业信息资源均由美国国防后勤服务中心(Defense Logistics Service Center,DLSC)集中管理、统一维护,既保障了资源的完整性与一致性,又实现了高效运行与发挥实效,并节省了大量的维护经费。

2) 覆盖门类齐全

我国的两化融合,是指新型工业化与信息化的融合。新型工业化的特点之一,是突破传统制造业门类,涵盖现代农业与服务业。美国联邦编目系统就覆盖了数万类工农业产品,20世纪70年代后,大量服务业门类也进入该体系。这些物品及对象的信息就成为国家工业信息资源,覆盖一、二、三产业门类,为美国及北约物品与服务采购供应与调度管理等提供了统一信息服务。

3) 规模宏大

美国联邦编目系统"已成当今世界上最大和最复杂的组织。它管理着世界上最大公司两倍以上的预算额,雇用人数比一个第三世界国家的人口数还多,同时作为最大的医疗管理组织,可为最多的病人同时提供服务,掌管着比世界上最大零售公司还多500倍库存物品的数量"。

对如此规模的工业信息资源系统进行分析,足以对我国的国家工业信息资源系统发展提供多种有价值的参考。

4.2.2 美国国家工业信息资源建设的阶段

美国国家工业信息资源系统建设可分为信息资源起步阶段、信息资源与信息技术整合发展阶段和网络与应用飞跃阶段三个阶段。

1) 信息资源起步阶段

该阶段始于1914年,在一战需求驱动下,美国人在手工作业、纸质载体和电报电话网络的原始条件下,开始了规模化的工业信息资源采集、加工与建设,形成了M2B、G2B、B2B(军方对企业、政府对企业、企业间电子商务)的雏形,在支持美国打赢两次世界大战中起到关键作用。

2) 信息资源与信息技术整合发展阶段

该阶段始于20世纪中叶,在战后重建的总体需求拉动下,政府、军方与企业信息建设日益加速,尖端武器研发改进,对信息资源加工的深入化、自动化和规模化的需求日益迫切,以电子计算机为标志的信息技术蓬勃发展,计算机、扫描识别系统、数据库管理系统等的先后导入,使国家工业信息资源的开发利用发生一次次质的提升。

3) 网络与应用飞跃阶段

该阶段始于20世纪90年代,以互联网为标志的全球通信基础设施建设进入高潮。其发展分两个方向:一是互联网上自由、开放的,面向社会公众、以民生为主的各类应用如电子商务(B2C、C2C等)、电子政务、电子社区等的发展;二是由政府、军方和大批骨干企业、武器研发中心与各地军事基地组成的战略产业信息网络,支持美国的核心科研、尖端武器装备的发展以及政府和军方采购(G2B、M2B、B2B)业务等,支持军方向"信息战"、"网络中心战"、"数字战"等领域发展。

与美国相比,我国工业信息资源建设最需"补课"的,正是美国信息建设中历时最长、涉及机构最多、不断经历实战考验、以制造业信息资源建设为基础的第一阶段的内容。因为,信息技术的差距,可通过引进和消化吸收来弥补;基础设施的落后,可通过大规模投资建设来追赶;唯有交织渗透到各领域中的信息资源,只有通过自己国家的扎实建设和长期积累才行。

4.2.3 美国国家工业信息资源建设的起步与动因

美国工业信息资源建设,有明显的标志事件、驱动因素和技术条件,具体如下:

1) 起步时间与标志性事件

美国国家工业信息资源系统始建于1914年,标志是海军部创建"海军仓库补给与储存物资目录"。该系统首次尝试将政府、军方、企业和物流与维修机构等连成信息关联体,以物资补给、品种与数量控制、计划生产等为宏观目标,对数以万计不同种类的工业品进行分类、编码、标识、注册、登记等,再将其以军需物资、生产商、供应商、军政机构目录等形式分发给海军各仓储中心、物流枢纽、陆海基地、各类舰船和指挥部等用户。

如此规模的系统,从建设目标、信息内容、涉及机构、运行方式和总体功能等方面来看,无疑属于国家信息资源基础设施。

2) 驱动因素

国家工业信息资源基础设施项目建设起源于美国而非其他国家,发端于海军系统而非其他系统,主要因素有美国经济发展的特点、通信基础设施建设水平、军工发展和战争驱动等四点,具体如下:

(1) 经济发展 19世纪末到20世纪初,托拉斯已成为美国经济生活中的统治力量。如列宁指出:"美国托拉斯是帝国主义经济或垄断资本主义经济的最高表现。"美国经过1873年、1882年、1893年的经济危机和剧烈的竞争,中小企业纷纷破产,促进了工业生产的集中与银行资本的积聚。以垄断为特征的托拉斯日益发展,出现了钢铁大王、石油大王、银行财团等。19世纪80年代,美国纺织、酿酒、制糖、制革、烟草等产业也都建立了托拉斯;19世纪90年代煤、铁、煤气等的开采也托拉斯化。1899年美国产品总值的2/3是托拉斯制造的。1901年美国的基础工业、公用事业和运输业托拉斯达440家,1909年占美国企业总数1%的3 000个大型企业掌握了GDP的近一半[①]。从信息资源建设和应用角度而言,这种产业集中度高、规模宏大的托拉斯,特别适于信息资源发挥作用。一套信息资源,连同其采集、加工、使用与管理模式,

---

① 李纯武,严志梁,等. 简明世界通史(下册). 北京:人民教育出版社,1983.

一旦引入托拉斯后,就很容易自上而下地强制推行。同时,跨行业信息资源整合时,只需几个托拉斯之间达成协议,就能实现不同行业间的融合,更能发挥信息资源的倍增作用与边际效益,节约社会总成本。

(2) 通信基础设施建设　上世纪初,美国以电报与电话为基础的国家工业信息环境已达世界领先水平。在欧洲人眼中,美国1912年的电话服务的"效率以及其令人畏惧的普及程度……像美国其他任何事物一样让落后的欧洲人感到震惊和害怕"。"正如我把美国的大城市看成由无处不在的、转动着的电梯拼接起来的集合体一样,我把美国的电话系统看成是成千上万条活的线路串起来的,这些线路密密麻麻地分布在人行道下、房顶上、地板与天花板之间,甚至在墙与墙之间。""20世纪初,美国每60人已拥有一部电话,而瑞典是每115人拥有一部,法国是每1216人才拥有一部。1909年,纽约各酒店安装的电话总数比西班牙全国安装的电话还要多。"美国电话高度普及,摩天大楼中电话蛛网密布,又使中央电话交换局(Central Office)发达起来。更有甚者,"纽约美国大都会人寿保险公司甚至出现了联通各办公室之间的气动导管系统,这是一种构思精巧的机械传送系统,能直接在办公室之间传输纸质文件记录。公司纽约总部每天通过该系统传送大约5 000条消息"。庞大而完善的大厦信息交换系统,对其后计算机网络的普及起到重要的先行与示范作用。当时的远程通信,通过同样发达的国内及越洋电报网络进行。

(3) 军事工业发展　海军舰船迄今依然是人类所能制造出的最庞大、最复杂、所需物资最多、价格最高的工业品。一艘航母就是一座漂浮的海上城市,也是海军与空军这两种技术与物资需求最密集军种的混合体。海军需要的陆基、海上供应的各类军械装备、武器弹药、维修设备、生活用品、器材用品等的品种最多,数量最大,管理难度最高,信息化需求也最迫切。所以,海军物资管理信息系统,在任何时代都是最庞大、最复杂且管理要求最高的系统。

同时,空军和陆军也相继进入了物品信息建设飞速发展时期。飞机和坦克都在一战中投入使用,开创了全新的战争形态——"机械化战争"。飞机由一战初期只能执行侦察任务,发展到一战后期争夺制空权、对地面部队实施航空火力支援、战场轰炸、空中护航与战机格斗等。装甲兵引导步兵突破取得巨大成功,开创了步兵、坦克、火炮协同作战的先河。陆军航空兵、装甲兵等首次进入军队战斗序列。机械化战争时代,士兵主体作战的形态就转变为飞机、坦克、火炮、舰船、汽车等机械化武器装备为主体的作战形态。它极大地提高了战争对机械与电气化生产和物流运输体系的依赖性,也拉动了以国家工业品生产、补给、仓储、远程运输和物流供应为中心的信息资源的强劲需求。

(4) 战争驱动　联邦编目系统项目启动建设正值一战之际,美国向英、法、俄等国家远航输出的物资总值,1914年为8亿多美元,1916年增长到32亿多美元,1917年美国直接参战更使军需物资的生产、仓储、补给、调拨、物流和海上航运需求急剧增长,极大地强化了海军对物资管理信息化与自动化的需求。战争中,各种与军需物资生产、运输等相关的信息系统的建设与应用,均以政府指令强制贯彻,促使工业信息资源的作用得以充分发挥。

3) 通信基础设施水平

当时的通信条件极其简陋,计算机更无从谈起。这一时期中,电报收发设备与无线网络就是核心的信息技术与信息基础设施。电报的发明,拉开了远程通信的序幕。1887年,波波夫研制成了无线电通信设备,1899年马可尼将无线电通信距离增加到106千米。1902年,英国与加拿大开通了越洋无线电通信线路,开创了远程电报通信网络时代。信息记录载体莫尔斯码是一套由"点"、"划"构成的符号系统,通过它们的间隔与不同排列来表达不同字母、数字、标点符号甚至简单图像。

无线电通信自诞生起就得到各国政府的高度关注。俄海军赞助波波夫进行试验和设备改进,英国将其用于军舰之间、军舰与陆地之间的远程通信。1899年美国陆军通信兵在纽约附近建立了一条长19 000米的舰对岸无线通信线路,各国海陆军也纷纷装备无线电设备。无线电报也在随后的日俄战争、奥匈帝国与波斯尼亚和黑塞哥维那战争、意大利与土耳其战争,以及第一次世界大战中发挥重要作用。"每个在战争上因采用新的办法而创造了新纪元的伟大将领,不是新物质器材的发明者,便是以正确的方法运用以前所发明的器材的第一人。"[①]美国的国家工业信息资源基础设施建设,正是基于无线电报这一新兴技术基础之上的。

4.2.4 美国国家工业信息资源系统的建设过程

1) 初期的信息孤岛

1917年,美国"海军仓库补给与储存物资目录"的建成,实现了海军系统的物资采购、仓储、调拨等后勤供应管理的原始信息化,提高了管理效率,节约了成本。海军的成功,促使美国国会在1929年制定了《海军补给法案》,希望将海军的成果及其模式向三军推广。但当局当时并未意识到:国家工业信息资源的开发不能走"百花齐放、百家争鸣"的路线,而应采取集中建设、统一推广的"大一统"模式,以充分发挥国家信息基础设施的复用性、共享性与价值性。于是,在这一法案的支持下,各军兵种、业务局、后勤基地等纷纷建立相互独立的系统,各自的名称、分类、代码与描述等互不统一,形成了首批"信息烟囱"。和平时期,其恶果尚不彰显。到二战中,信息资源系统中任一潜在缺陷都在高速运转的生产与战争机器中以成倍、数十乃至上百倍的规模放大出来。其中,仅因物品名称与代码的不统一,就导致政府因对象不明产生了巨量的物资重复采购;各系统与各军兵种和基地之间的物资存量与品种不清,无法优化生产、统筹调剂;而欧洲、北非、太平洋战区的物资越洋运输,又再度加大了供应补给环节中的浪费。这些问题的出现,暴露了分散工业信息资源加工与应用体制造成的"信息烟囱"所带来的一系列弊病。

2) 罗斯福总统的干预

上述情况引起了罗斯福总统的高度关注,他意识到:国家物资生产与补给系统中,仅因信息不一致导致物品重复采购所造成的浪费,就已经给美国国民经济造成巨大的损失,甚至对国家安全形成了威胁。因此,国家工业信息资源的标准化、集中化和统一化改造已刻不容缓。罗斯福遂于1945年1月18日下令,责成联邦预算局局长组建由政府、军方用户及各方面信息专家组成的"联邦标准物资目录委员会",指示该委员会迅速制定美国标准物资信息资源系统,在中央统一计划下,整合政府及三军的各类信息编目系统、方法与规程,优选方案,建立国家统一的联邦编目系统。罗斯福明确指示:"我要求程序能切实改善货物管理,确保战争与和平时期的业务高效运行。"

罗斯福的干预具有划时代的意义。主要体现为三个方面:

(1) 开创了国家统一开发工业信息资源的先河。联邦编目系统由此成为全球第一个国家工业信息资源基础设施建设项目,其意义比20世纪90年代克林顿倡导的国家通信基础设施建设(NII)更加重大。可以说,如果没有联邦编目系统半个多世纪建设与应用打下的基础,就

---

① 中共中央马克思恩格斯列宁斯大林著作编译局. 马克思恩格斯全集:第3卷. 北京:人民出版社,1974:210.

不会有互联网的诞生。

（2）罗斯福指令不仅针对战争时期，也包括了和平时期的国家物资管理，品种不限于军方武器装备，包括了所有官方采购的物品。这一覆盖全局的系统，就从整体上拉动了国家各产业门类的信息资源建设。由此对美国乃至西方各国的信息化建设起着持续和深远的影响。

（3）当时计算机尚未出现，更不存在现代意义上的"信息技术"和"信息通信基础设施"。而所有这些信息技术的创新与发明，均与这一国家系统的建设与应用密切相关；计算机的出现，通信设施的改进等，是其需求直接拉动的结果。如早期电子管计算机研发与实验的庞大投入、高额的运行与改进成本，伴随极高的风险等，也只有政府运用国家意志才能为每一步的探索与实施提供资金、政策与体制保障。美国的这一历程，完全体现了"国家信息化建设，数据为核心、资源为先导"的正确次序。

相比之下，我国信息化建设的战略次序刚好相反，国家上千亿地投入在网络基础设施建设上，也使我国网民人数全球第一。但上网之人以青少年为主，网上行为也以查阅新闻、聊天、网游、交友、社区、购物、视频、音乐、微博等为主。真正关系国民经济、带动工业发展的全局性、战略性应用少之又少。症结就在于我国没有一个如美国联邦编目系统或西欧集团的北约编目系统那样的持续数十年建设与积累的国家工业信息资源系统。

4.2.5 联邦编目系统的性质与功能

1）系统性质

美国国防部指令 DoD 4130.2-M《联邦编目系统方针政策手册》指出，联邦编目系统的性质是"一项政府范围的工作，按照法律授权，由国防部（DoD）和联邦勤务总署（General Services Administration，GSA）联合共建，统一维护、协同管理。系统目标是：建立统一的物品识别系统，消除相同物品在不同系统甚至在同一系统中存在的不一致的表达与标识现象；促进物品信息标准化，便于各部门内部及部门之间开展后勤保障；强化政府和工业部门间的信息联系；改进物资管理及军事支持的水平，达到后勤工作的高效率和经济节约之目的"。

可见，联邦编目系统的建设，并不是在工业信息资源完全空白状态下起步的，而是在产业界与军方已出现大量"信息烟囱"的情况下展开的。所以，系统目标，是以内容与格式一致的工业信息，统一向政府、军方、企业提供服务。具体服务对象为联邦政府，各州及以下的各级政府、各军兵种、国防部各局、各生产企业、物资交易与供应实体、民间组织、研发机构、服务单位、外国政府（原北约集团和近年来东扩后的各"和平伙伴"国家）以及国内外制造厂、供应商、个人等。这些特点，使该系统建立起以物资生产和供应为主导，物品信息资源整合与标准化为核心的主导功能。

2）系统功能

人们从早期的国家工业信息资源建设实践中逐渐形成两点共识：一是同一对象的信息表达应当一致；二是信息表达不仅要在人与人之间，还要在自动设备之间、计算机之间、计算机与人之间达成一致理解。在满足这两点的前提下，信息才能成为资源。实现"一致表达"以达成"一致理解"，就是联系编目系统的基本功能，具体又分为以下几点：

（1）建立每种工业品识别的规范模式。

（2）建立每种工业品特征描述的信息资源。

（3）建立每种工业品的官方供应渠道。

(4) 建立每种工业品的行政归口管理单位和使用单位数据。

(5) 建立每种工业品供应全过程的统一补给信息资源。

(6) 向各机构、使用单位和社会各界提供其所需的工业品数据及相关管理资源。

这些是美国从一战开始到互联网时代,国家工业信息资源基础设施的主要建设内容,它支持官方与民间机构的各项业务,如物品采购、储存、控制、管理、调配、调剂、运输、再生产、使用、用后处理、回收等。这些活动需要的信息资源就是物品名称、编码、分类、标识、描述、数据关联、参考资料等,成为资源规范化与统一化的主要技术内容。

4.3 美国与北约国家工业基础信息设施建设简史

4.3.1 国家工业信息资源的规范化目标

对任何新老信息系统,联邦编目系统都是工业信息资源规范化工具。对各系统中表述不一的信息,它是资源整合工具。规范和整合,是美国国家工业信息资源系统建立的最初切入点。这两个目标看似简单,却是资源加工最基本、最繁重、建设周期最长、涉及面最广的工作。美国起步于1945年,耗时20余年才初步完成。仅以最简单、最普遍、用量最大的工业品——螺栓为例,信息整合前的"群雄割据"状况如图4-1所示。

图4-1中的NSN为"国家物资号(National Stock Number - NSN)",对北约集团各国则为北约物资号(NATO Stock Number - NSN)。是官方对每种物资赋予的唯一编号,具有法定效力。国家物资号结构上由"联邦物资分类号"(Federal Supply Classification,FSC)、"国家编码局代码"(National Codification Bureau,NCB)、"物品识别编号"(Item Identification Number,IIN)组成。最后两部分之和为"国家物品识别编号"(National Item Identification Number,NIIN,详见第12章)。

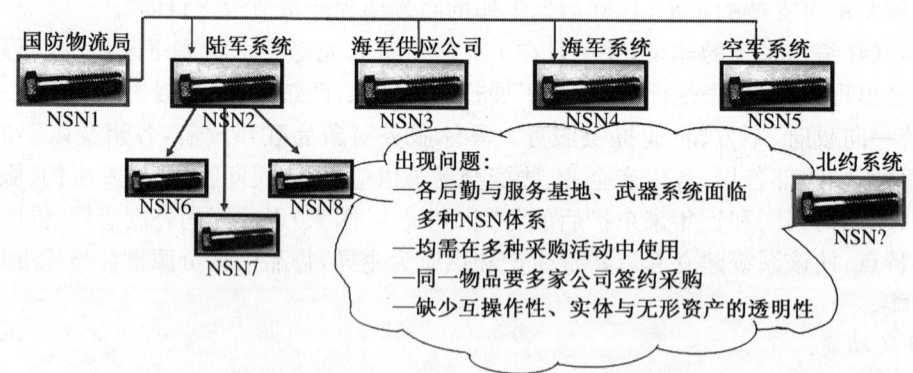

图4-1 二战中美国与北约工业品标识、命名、代码与描述信息不一致的现象示例

图4-1说明当时美国政府部门、各军兵种、企业、供应机构系统中的物资数据状况。"信息烟囱"的问题主要为:各系统中同一物品使用不同名称、代码、分类与属性描述,信息又在多个采购与物流供应中使用;同一物品要与多家公司签约采购,各系统间缺少资源共享性与互操作性。导致国家对政府系统和军方采办物资、存量物资和资产等的情况不明,国家资产管理处于失控状态。

国家信息资源加工中,"编目"不仅是赋予物品一个国家物资号(NSN),并编入相应的目录中。它还包括对编目对象的命名、定义、分类、标识、特征描述以及建立必要的技术资料等。北约认为,物品信息要进入统一的多国物资后勤保障系统,至少要达到"4个唯一",即:物品名称唯一、分类唯一、标识唯一、北约物资号(NATO Stock Number,NSN)唯一。编目,还与系统范围有关,当将上述两点要求放到国际层面来考虑时,还会碰到多语种对照与转换等问题。编目系统的信息加工流程如图4-2所示。

图4-2中物品信息加工流程为:物品命名、物品特征分类与描述、建立物品识别指南、词典库与代码库的建设、建立物品识别定义规定等特定流程。其中,物品特征分类描述、物品识别指南和物品识别定义规定等的建立,都对技术、规范与资源的要求较高,工作量很大。

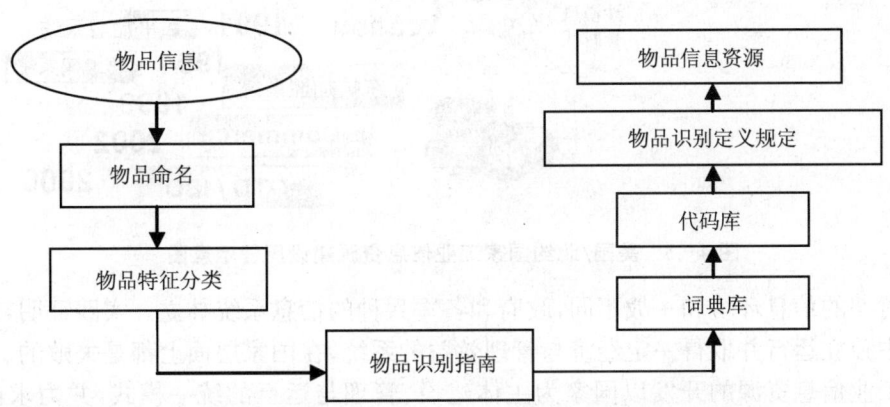

图4-2 美国/北约编目系统(FCS/NCS)信息加工基本流程示意图

4.3.2 美国与北约工业信息资源系统建设的特点与步骤

联邦编目系统要求消除图4-1所示的信息表达不一致。对政府和军方使用的数以百万计的物品,实现统一命名、统一分类、统一代码、统一特征描述,且每种物品只能由一个行政机构管理,从源头上消除"信息烟囱"或"信息孤岛"现象。该目标让美国探索与建设了近半个世纪,然后扩展到北约,其标志性事件、标志性技术与标志性法规与管理制度建设历程如图4-3所示。

图4-3中以1956年为界,此前为联邦编目系统成型阶段。其后,美国与北约其他国家拟定了《北约标准化协议(STANAG)第3150号》和《北约标准化协议(STANAG)第3151号》双边协议,系统扩展为北约编目系统。建设过程具有针对性、试点性与法律性3个特点。

1) 系统建设的针对性

系统建设的针对性体现在以下3方面:

① 二战是工业化时代的战争,坦克战、机械战、运动战、立体战、闪电战等都以大规模的弹药和物资消耗为前提,各参战国军需品的采购频率、品种及数量急剧增加。但军需品信息的无度、无数、无序和不一,会给国民经济造成损害。越洋生产与跨国供应更需要集中、准确、统一地标志与识别所有供应品。

② 美国和盟国之间急需消除重复物品采购造成的浪费。

③ 参战国的政府、军方和企业均希望减少供应链的数量与重叠。

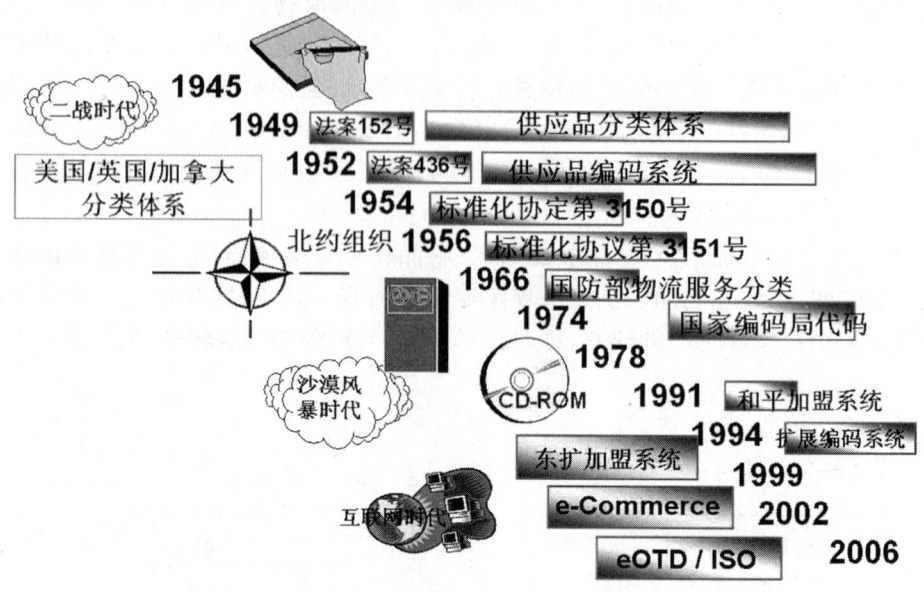

图4-3 美国/北约国家工业信息资源建设历程示意图

二战时期的信息环境和一战不同,政府和各军兵种的信息系统林立。实践证明,这些曾在各自领域中独立运行并取得一定经济与管理效益的系统,在国家层面上都是失败的。由此,美国确立了工业信息资源的开发以国家为主体建设、管理与运行的统一模式,并力求向国际化发展。

2) 系统建设的试点性

1949年,美国陆海军弹药局所属的编目局1947年7月成立,按美国政府的相关法律规定,编目局的目标是"继续研究物资编目的所有工作,建立陆海军的联合编目系统"。在统一物资信息资源的试点上取得成功,树立了资源整合的示范实例。弹药是战场消耗量最大、品种规格繁多但标准化程度相对较高的物资。陆海军弹药编目系统的信息整合成功,为全军及政府物资的信息整合提供了示范。

3) 系统建设的法律性

信息整合的技术问题解决后,就开始了制度与法规建设。美国经验表明,国家工业信息资源开发与利用的成功,依靠的是三分技术、七分管理,法制建设居首。法律既涉及技术领域,更涉及管理领域,如图4-3中,1949年通过的《供应品分类体系》152号法案。管理法中两个奠基性的法案是1949年的《联邦财产与管理服务法案》(*Federal Property & Administration Service Act of* 1949)和1952年的436号公共法案《国防编目与标准化法》,该法案从技术上解决了供应品编码原则问题。

(1)《联邦财产与管理服务法案》 1949年,为运用国家意志和力量推行统一物品识别与编码体系,国会通过了《联邦财产与管理服务法案》,将政府与军方编目信息视为联邦资产进行统一建设与管理。时任国防部长的福莱斯特根据该法案和相关公共法案的授权,指示编目局"为全军制定有关标准编目程序、方针与政策,并与各军进行协调",以建立国家统一的物品分类体系和配套管理办法与制度。联邦编目系统被赋予官方通用后勤语言之职能,其3项法定职能如下:

① 对一切供应品(IoS-Item of Supply)建立结构化与系统化的技术描述体系。

② 为供应品指定一个唯一的法定记录号——国家物资号（National Stock Number，NSN）。

③ 建立供应品的统一信息资源。

(2)《国防编目与标准化法》 1952年，第82届国会对联邦编目系统建设成果评估后认为：国防部系统实施统一编目计划并很快取得显著的节约成效，于是制定了436号公共法案《国防编目与标准化法》，明确由国家建立统一的物资标准编目系统。规定"任何一项物品，凡是重复使用、采购、储存和分发者，在从采购直到处理的全过程的补给业务中，均须使用专一的标识"。授权国防部与联邦勤务总署相互协调，使军方和政府的物品信息资源彼此统一，并将具体责任授权给国防部长和联邦勤务总署署长。又因军方物资采购比政府的采购品种多、技术含量与价值高，所以后续法案1967年5月发布的《联邦财产管理条例》临时条例E-8号——《权力的授予》规定：联邦勤务总署署长授权国防部长，由国防部长统一管理政府和军方的所有的供应物资、工程与服务项目信息。

《国防编目与标准化法》是全球国家工业信息发展史上极其重要且影响深远的一个法案，主要体现在以下4方面。

① 明确国家在开发工业信息资源中的主体作用与地位。该法案明确国家统一工业基础信息资源的内容与形式。美国通过两次世界大战认识到，要充分发挥基础信息资源的作用，只有国家统一开发、集中管理。这看似与信息应用与创新相矛盾，实际是二者间的对立统一：基础信息资源的标准化、统一化和共享化，是各种新产品、新技术"百花齐放"的前提；也是后续信息加工，生成各种高阶信息衍生品的前提条件。信息资源的"大一统"建设与整合，只有以国家为主体，作为国家基础资源设施项目建设才能实施。如靠市场机制，任何一个企业或企业集团，甚至多个行业联盟都无法实现，只有在严格的计划体制下，运用法定权力和国家意志才能达到这一目标。

② 确立工业基础信息资源的建设内容。法案要求对"重复使用、采购和分发"的所有物品进行统一标识。该要求实施时技术与管理上都面临一系列难题。技术上，统一标识不仅是对象编码，还包括确立规范名称并与各类俗称建立对照，对基本特征进行描述、分类和编码等。新产品，在其尚未编定国家物资号（NSN）前，其研发、设计或生产企业均要将相关的零件号、参考号或图纸号等报送政府或军方，以形成标识链。管理上，要确保统一标识体系的建立与运行，就需从数据源抓起，将数据标准化扎根于成千上万的物品生产企业之中。这也只有运用国家权力与法律才行。所以，政府和军方各类信息加工与物资采购规则（如美军H1手册、H6手册等）均向企业一再声明："这是强制性规定，必须遵守"，否则企业将无法进入政府与军方采购供应商目录，无法参与商业竞争，也无法获得政府和军方的产品研发经费、市场渠道拓展、对外产品输出等方面的支持。

联邦编目系统还支持物资存储与供应。所以，物流环节中的各种对象也应形成系列化标识，如汽车、铁路、船运、空运中的统一货运分类数据与标识。标识数据包括：铁路运输分类与标识体系、汽车运输分类与标识体系、集装箱规格与系列标识体系、零担货运输标识、危险品标识体系、货运类型标识与代码、特殊存储及运输要求的分类与标识、空运货物规格系列标识、空运特殊要求标识，等等。这些标识就成为业务管理的数据资源链。

③ 启动国家工业基础信息资源设施建设。联邦编目系统容量达百万量级的物资品种，基本包括了全部的市场流通工业品和政府和军方的定制品。所以，该法案启动了庞大的国家工业信息资源基础设施建设项目，它规定：只有科研、修建、维修等工作中只用一次的采购品；或

由厂商按合同提供的翻修或修理的物资器材,且这些物品在修理中就使用完,或剩余品不进入后勤系统;或在海外采购且仅供海外单位使用、不进入美国本土的物品;大型装备如舰船、飞机等(因其另有专门的识别系统),或就地制造且仅供当地机构使用的物品,一些特殊的卫生补给品(如动物血液制品)等,才可不纳入编目体系。除此之外的所有物品信息,从肥皂到导弹,从螺栓到发动机总成等,均是该基础设施的建设内容。

④ 规定了国家工业基础信息资源的建设程序。

4) 联邦编目系统起步时面临的三大难题

(1) 项目实施难度大　系统横跨政府和国防部各部门,各军兵种原先建成的纵向物资管理系统已在运行,呈现孤岛纠结之势。虽有总统指令、法案授权,但具体整合时要推翻许多机构的现行信息系统,其协调管理难度非常之大。

(2) 建设环境恶劣　项目建设正值朝鲜战争之际,系统的建设、整合与切换均需要与高速运行的物资生产、管理、采购、调度与运输补给等工作同时并进。其难度恰似美国人经常形容的——如同给飞行中的飞机更换发动机一样困难。

(3) 技术手段原始　当时,第一台计算机的发明才6年,远未达到实用水平。所有的数据采集、记录、处理、加工、核实、分类与编目等作业都以手工操作为主,非智能机械设备为辅。信息载体依然是传统的纸质卡片、记录簿、档案卷与图纸等。

5) 系统建设步骤

在此状况下,不仅严格的制度建设显得十分必要,面向作业的规程亦很关键。系统建设分三个步骤。

(1) 制定必要的作业规程,将工作划分为若干便于实施的部分,按逻辑顺序安排各阶段工作,确定最适于承担各项工作的机构的职责。

(2) 对每项物品进行命名、定义、分类、赋码、标识、描述等,将各部门的原有数据系统改造成为标准系统,再进行整合。

(3) 系统建立伊始,新品就不断涌入,旧品不断淘汰,维护与修改工作同时开始,要分清各项作业的界面与接口,使整个工作都在持续不断的补给中同步进行。

实际工作中的矛盾和问题异常纷繁复杂,从政府、军方到各类企业和成千上万的用户都不理解这些繁琐复杂且要求极其严格的作业的必要性与真实意义,这就要在法律框架下,运用国家权力与意志强制贯彻才行。我国的两化融合实施虽在和平时期,但要求达到建立国家工业信息资源系统的目的,必然也需要完善的法律法规保障,运用国家权力才能实现。

4.3.3 联邦编目系统的主要内容

1) 系统资源范围

联邦编目系统用于政府与军方的工业品采购,主要在系统应用、数据处理,以保障物资供应与服务管理。系统支持业务有:物品识别、设计标准化、物资管理、维修保养、物资计划(包括物资需求规划和审查)、物资初始供应、订购、保管与包装、运输、仓库储存、多余物资的调剂使用和处理等。

2) 系统设计理念与建设内容

系统设计理念,旨在贯彻罗斯福"在符合中央计划的前提下,尽量利用原有的各个编目系统及其方法,并充分利用有关部门的设施和服务工作"之指令。具体建设内容与功能如下。

(1) 建立国家统一物品识别和命名系统,对政府、军方物资供应系统中每种物品进行技术描述、特征分类并赋予代码,确保每种供应物品只有一个专一的物资编号和规范的命名与表述。

(2) 改进物品识别技术,提高系统信息处理效率,实时向全美政府、军方系统及北约盟国提供编目数据,制定物品识别、描述与分类的规则、方法、程序、工具与补给语言等,以保证以美国为首的多国部队供应与后勤系统高效运行,维护与改善各国政府与军队的物资供应信息系统。

(3) 为控制物品品种的有序增长提供有效信息、管理技术与管理手段,使各级政府和军队物资部门只保有为保障作战所需的最低限度的物资品种与数量。

(4) 建立中央编目数据系统,采集、验证、记录与加工各军兵种与政府补给品的数据资料。将其按标准分类、编码与描述,提供其特征数据和参考资料,甄别与处理各项专业技术数据及管理数据,为政府、军方、企业、商务机构等提供所有补给品的生产性、管理性数据与统一代码等信息。

(5) 记录每种物资或补给品的来源,核实各物资品种之间的互换性、替代性和序列性,并将信息存入系统中央数据库。

(6) 记录管理和使用每种物资的机构、单位与企业,便于政府和军方各部门、民用机构、工业实体、北约各国及其他国家之间交流编目数据。

(7) 提供各管理部门所需的其他物品数据、管理信息和规程信息,促进全美及北约各军兵种及参加编目系统的各机构、各单位之间的高度统一和密切联系。

这些要求既是对罗斯福指令的理解,也是项目实施中人们归纳出的一些普遍性要求。

4.4 联邦编目系统的扩展

美国国家工业信息资源,不仅在美国获得了全面的应用,而且也扩展到北约各国,再进一步为北约东扩后的国家及一批非北约国家采用。这就如同现代信息技术的发展和信息基础设施建设一样,各国纷纷采用美国的 IT 技术,美国的硬件、操作系统、标准和协议等一样。

4.4.1 从联邦编目系统到北约编目系统

1945 年到 1949 年,美国初步建成了统一供应品分类体系。1952 年,编目系统基本成型并取得成效,国会通过 436 号法案将其建设与应用上升为法律。此时正值朝鲜战争之际,美国等国以"联合国军"名义参战,物资生产和供应要在东西方多国中进行。美、英、加三国经实战磨合,协调共建编目系统并获成功。从 1954 年起,该模式开始向北约各国扩散。

联邦编目系统演化为北约编目系统主要通过信息资源、信息技术、管理制度的全面复制,体制上则通过与其他国家的双边协定进行,主要有以下技术协定。

1) 统一物资分类系统协定

1954 年,《北约标准化协定(STANAG)3150 号:物资分类统一系统》出台。主要内容为:北约其他引用此系统的国家承认美国的《联邦物资分类系统》《物资编目手册,第 1 部分,大类和小类》为北约统一的物资分类体系,使其能在各成员国中统一使用。

2）统一物资识别系统协定

1956年，《北约标准化协定（STANAG）3151号：物资识别统一系统》出台，标志北约各国统一采用美国《联邦物品识别系统（Federal Item Identification System，FIIS）》及相关规定，实现北约各国补给品的统一识别。协定内容为：美国的《联邦物品识别系统》被定为《北约物品识别系统（NATO Item Identification System，NIIS）》，供北约各国使用。该协议与《北约物资分类系统（NSC）》一样，需要引用国分别与美国签订协议后使用。

北约各国间建立统一的工业信息资源体系，需要管理和协作的内容比一个国家要复杂得多，故需专门机构来统一管理。"北约国家编目领导委员会（AC/135）"因此成立并被指定为各国编目系统建设与推广的责任机构。它可制定相关信息标准，协调北约各国间的物资分类、特征识别与属性描述等工作。各国间也可另行签订协议，以补充《北约编目手册（NCS）》内容的不足，因地制宜地制定各国的物资信息标准和管理标准。各国间编目系统的依赖性很大，需要经常协调。当某一国要想作较大的开发或变更时，需要及时通知其他签约国，使各国都能考虑其内容、检验相关效果，并最终共享其成果。

3）其他关联标准

除物品分类与识别标准协定，美国和北约其他国家间还有《北约标准化协定（STANAG）4177号：数据获取统一系统》、《北约标准化协定（STANAG）4199号：物料管理数据统一交换系统》、《北约标准化协定（STANAG）4438号：与NSN关联的数据传播统一系统》等一系列管理标准。它们既是信息标准化文件，又是国家间多边技术协定，更是一种信息共享的制度性保障，拥有法定效力。

在这一严格的管理制度下，任何一个国家需要新增或修改一种物品数据内容或数据结构时，必须为北约各签约国共同接受，以保证各国生产的物品和物流后勤作业完全一致，然后编制相同的北约物资号（NSN），这成为北约物资信息系统建设与管理的一条原则。

1957年，美国各军兵种供应品全部逐一命名、标识、描述、定义与分类完毕。1958年，政府系统的物资编目工作完成，并与军方系统实现一体化整合。此后，政府、军方与骨干企业的各项后勤作业，就采用统一的物品标识与描述语言，极大地提升了全美官方物资生产、储存、物流运输等的管理效率，大幅节约了成本。

4.4.2 系统升级与计算机的导入

1）系统成型与体制建设

联系编目系统的建设与应用，促进了全美工业信息系统的发展，各类系统逐步普及，信息资源的发展与积累，推进了软件与硬件的进步，也促进了信息管理的变革。1962年，美国国防供应局（Defense Logistics Agency，DLA）成立，下辖覆盖全国的补给中心、服务中心和仓库群。国防后勤服务中心及其下属的联邦后勤信息系统（Federal Logistics Information System，FLIS），是联邦编目系统的数据资源控制与维护监管中心。

如此规模的系统建设与运行并非一蹴而就，数据资源质量也非一次达到要求。系统运行还受国会和其他职能部门的监督，形成交叉牵制机制，以确保对系统运行效果评估的客观性、公正性与科学性。

2）计算机系统的导入

1962年，联邦审计总署对编目系统严格审计后，向国防部长提交了《国防部系统补给品国家物资编号编定问题的考察》的审计报告,建议国防供应局采取相关的改正措施,确保经编目的物品只有一个专用的、唯一的国家物资号(NSN)。除非有充分理由,才允许一个物品拥有一个以上的物资编号。据此又对编目工作流程与内容进行了重新设计与验证,该工作到1965年才完成,目的是为使用计算机处理物资数据提供准备。此时,计算机已经过20年的发展,其数据存储、运算与作业达到实用水平。1966年,国防供应系统引入计算机,使编目工作更精确,质量提高。然而,以往数值代码为主的标识信息,其服务功能有限。用户在检索到物资号后,还要再查询对应的技术资料与图纸等,于是就产生了从对象标识向对象特征描述的功能扩展需求,将物品信息资源建设推向深入。

在此基础上,《联邦物品识别指南(Federal Item Identification Guide,FIIG)》编制成型,军方还引进了一套专用编码系统——《军用标准物品特征编码结构(Military Standard Item Characteristics Code Structures,MILSTICCS)》,作为军方数据机械化处理的工具,系统开始大量增加对象的技术数据,并于1967年投入运行。从此,联邦编目系统由人工管理信息系统变成了人—机管理信息系统。

3) 配套管理规范与标准的发展

计算机系统的导入,必然伴随相应的管理制度与标准的建立。美国与北约各国在多年的实践中探索出一系列的管理办法与规章。

1964年,美国防部发布指令DoD 5000.11号《数据元和数据标准化计划》,规定了政府与军方各系统的各种数据都要使用国防部发布的标准数据元。它们出自DoD 5000.12-M《国防部标准数据元手册》,该手册直至1979年才初步建成,目前其内容仍随业务发展不断扩充。

1975年,美国防部指令DoD 5000.27号《后勤数据元素标准化和管理计划》发布;1976年,国防部指令DoD 5000.19号《信息需求的管理与控制政策》,1978年国防部指令DoD 7920.1号《自动信息系统的全程管理》等发布,这些技术指令性管理从不同角度建立并完善了系统管理体系。

1974年,联邦编目系统升级为国防综合数据系统,国防部下达了配套的《国防综合数据系统程序手册》(DoD 4100.39-M号),《初始供应品和其他订购品审核手册》(DoD 4100.38-M号)等。1979年,《国防标准化及实施计划》(国防部指令DoD 4120.3号)以及相应的《国防标准化和规划计划的方针、程序和指标》(国防部手册DoD 4120.3号,1980年)发布。

这些成龙配套的规章从技术、管理和体制上为横跨美欧的庞大的物资生产与供应系统导入计算机系统提供了系统性的规范化保障。

4.4.3 从联邦编目系统到国防综合数据系统

1) 国防综合数据系统的诞生

1974年,计算机导入联邦编目系统使其运行效率大幅提升,其中工业品数量与描述信息大幅增加,系统功能大为充实,从而升级为国防综合数据系统。国防综合数据系统的资源分为两块:物品总记录和系统支持记录。总记录包括物品数据,如国家物品识别号(NIIN),物品描述特征数据,厂商零件号、参考号,编目管理数据等。支持记录包括系统管理数据,如编辑与验证表、控制数据,保障、指示物品总记录的内容及与使用相关的代码和词汇表等。

《美军编目手册H1》对国防综合数据系统的定义是:① 一个存贮海量后勤物资数据资源的信息库;② 一个信息处理设施,负责接收、编辑、验证、储存、处理及提供数据的系统,基本不用人工干预；③ 一个咨询设施，向政府及各相关单位远程提供统一的国家物资信息；④ 一个宏观服务设施，能编制并提供各项后勤管理统计资料并产生多种报告；⑤ 一个数据中心，全美及北约集团绝大部分常规物品的数据集中平台，能动态发布物品的基础数据、供需渠道信息等。

2) 国防综合数据系统的功能

事实上，上述定义包括了国防综合数据系统的主要功能，具体可分成如下5项：

(1) 帮助各机构建立物品自动供应系统。如美国政府各部、局，国防部各军兵种，参谋长联席会议，北约成员国和参加编目系统的其他国家等，凡使用该系统者，均能显著提高其物资供应设施的运行能力。

(2) 提升采集、存贮和处理物品信息资源的能力。扩展后勤作业至物资补给、编目、订购、数据标准化、盘存、维修、保管、包装、运输、仓储和剩余物资调剂等领域。

(3) 改进数据收集与处理技术，支持使用者拓展新业务，不断满足新需求。

(4) 按各国用户机构的需求，保证各编目系统之间的资源一致性、整体性和关联性，实现多机构、多部门间协同作业与交互操作。

(5) 根据各级管理需求，为美国和北约远程物资管理提供综合性业务支持。

国防综合数据系统继承了原来的物品识别原则，扩大了系统对物资采购、初始供应、物流管理等综合保障能力。使系统进入管理决策支持阶段，将政府与军方的后勤保障提升至远程、跨国、全作业与全过程支持时代。随物资品种的增加以及系统使用国家的增多，北约建立了跨国分布式物品资源维护体系。新工业品，由首创国家赋予分类代码，提供其各项理化与电气特征描述数据，再经各国的国家编码局交换后实现跨国共享。

3) 字处理系统的导入

1975年，编目系统引进字处理设备，开始将手录及印刷材料转成计算机处理对象。此前，数据以繁多的目录卡、图纸和图表等纸质存载，故在数据输入、查询与检索等作业中需要机械化的支持。字处理设备导入后，大幅提升了系统记录操作、组织与管理能力，使该中心能动态编辑和发布每种物品的《联邦物品识别指南(FIIG)》和《联邦物品特征编辑指南(Federal Item Characteristics Edit Guide,FICEG)》，供美国及北约各国编目机构进行分布式内容维护。

4) 数据库管理系统的导入

1978年，大型机运算功能增强，存储容量增大，系统导入更多资源，开发出更多的实用功能。20世纪80年代引入数据库管理系统(DBMS)，物品总记录和系统支持记录就分为以下6类相互关联的数据记录段。

(1) 物品标识类数据段 包括采集、维护、发布物品编目的各项特征数据、零件号、关联物品特征以及使其与其他物品相区别的数据等。

(2) 互换性与替代性类数据段 是指示物品标准化关系，说明物品间互换性和替代性关系的数据，是管理方依据物品特征进行技术决策，表明某一"授权采购品"可作某一"非授权采购品"的替代性。两类物品均编以物品标准化代码(Item Standardization Code, ISC)。标准化关系数据(包括变更、增删等描述与标识)均由物品标准化管理机构上报，记入中央编目系统，发给各规定单位。

(3) 补给管理类数据段 是物品供应、使用和后处理中的数据。记录物品生命周期中的各项管理数据，如管理方式、管理依据以及地点、时间、机构和管理单位等。

(4) 统计报告类数据段 包括搜集、储存、检索、发布信息等作业的统计数据，系统质量控制所需的统计数据,设计与管理部门评估系统运行性能、效果和效率时所用的管理数据等。

(5) 记录项目维护类数据段　包括支持记录中指示物品总记录内容所需的一切输入信息,如指南、报表、统计数字、控制数据等。

(6) 特别操作类数据段　其他作业的数据,包括按用户需求对系统文件的查询以及对系统进行的维护,对错误的事务处理自动跟踪纠错或提示等。

这些功能导入后,系统性能显著提高,服务内容增加。信息的集中度、统一度和规范度大大增加,全面支持政府、军方和企业对物资生产与维护需求的战略规划与动态管理,减少了重复采购,遏制了政府和军方各类物资的品种与规格型号的无序增长,跨国军备支持与物流管理的速度、效率与精确度大幅提高。

4.4.4 编目系统功能的强化与扩展

1991年,"沙漠风暴"开启了信息战时代,国防综合数据系统突破了原先对物品分类、编码与识别等基本功能,在高性能计算机网络和多种海量数据支持下,开始向整个战场的物资、士兵、常规和尖端武器装备等进行全程数字化识别与跟踪支持的方向发展。

同期,前苏联解体,一批原华约国遂以"和平伙伴"身份加入北约编目系统。由于它们仍大量使用前苏制武器装备,但其编目与特征描述数据等均与北约不兼容,故这些国家要求俄罗斯也采用北约编目系统,特别是其物资分类与识别体系。俄罗斯遂于1994年以"赞助伙伴国"(Sponsored countries)身份加入该体系。同样以此身份加入的国家还有巴西、智利、南非、澳大利亚、新西兰等国,从而使采用北约编目系统的国家数量和覆盖疆域大幅增加,如图4-4所示。

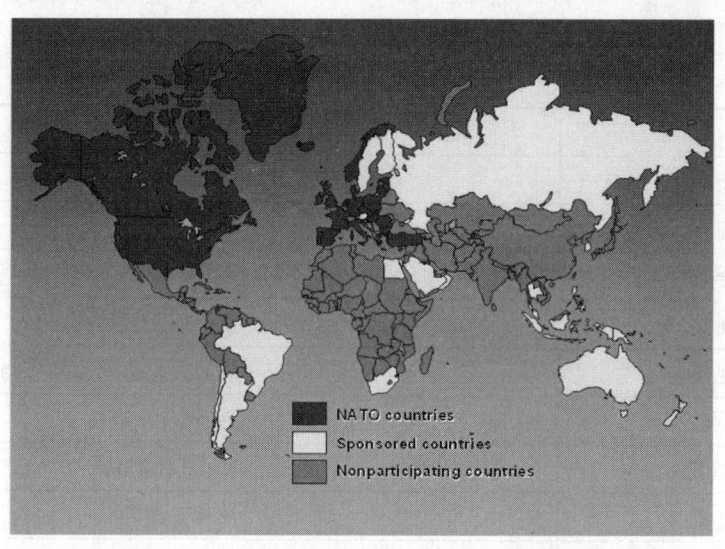

图 4-4　采用 FCS 与 NCS 的国家分布示意图

图4-4中,黑色代表原北约集团国,白色代表了"和平伙伴"与"赞助伙伴国"的版图,灰色代表非北约国。此图表明,采用联邦/北约编目系统(FCS/NCS)的国家已占全球多数,从而使北约编目系统成为全球最大的工业信息资源系统。

4.4.5 信息战与电子商务时代的北约编目系统

1) 美国军队形态的转型

1999年,互联网进入全球大繁荣时代。工业信息资源系统的功能与性能大为改观,数据内容,特别是图形图像与流媒体资源数量和种类大幅增加。2001年,美国军方发布了旨在从"工业时代的军队形态转变成信息时代的军队"的《转型计划指南》,开始向"信息战"、"数字战"、"网络中心战"的转型。

(1) 转型内涵　作战方式转型涵盖所有支撑军事能力的领域,从条令、编制、装备、训练、领导、人员到设施等的数字化;公务处理方式转型涉及物资采办程序改革,缩短采办周期等自动化与流程化作业;合作方式转型要求提高国防部与联邦政府其他部门、各级政府之间的协调水平,加强美军与盟军部队间的协同作战能力。

(2) 实现目标　具体为6项目标:① 保护关键作战基地,能有效地对付核、磁、生、化等武器的威胁;② 在敌对环境中运送和展开部队,并战而胜之;③ 实施持续不断的监视和跟踪;④ 运用互补性空地作战能力,开展猛烈的精确打击;⑤ 确保信息系统安全,实施有效的信息作战;⑥ 提高天基信息系统和国防信息基础设施的防护力和生存力。

(3) 转型支柱　具体为4项:① 加强联合作战;② 利用美国情报优势;③ 进行概念开发与实验;④ 发展转型能力等。

2) 信息时代北约编目系统的服务范围与规模

这些功能与目标,比较百年前,美国海军编目系统的建设只是为给每种补给品赋予唯一的名称、类目与代码之目的已有了天壤之别。至2005年,北约编目系统的服务范围与规模已如表4-1所示。

表4-1　北约编目系统的服务范围与规模

项　目	服务范围与规模
对外支持	124个国家
业务询洽	54 000笔/天
签订合同	8 200单/天
企业规模	财富500强中前54强均已加入
仓储规模	全球前50个最大配送仓库均参与
仓储点	26座分布补给站
8条供应链	520万种物品
年吞吐量	2 470万吨
支持武器系统	1 411种
燃料销售(2004年度)	1.44亿桶
年度再利用/销售额	146亿美元

系统总体编目物品数据为:1 600余万种物品拥有北约物资号,其中700余万种由美国、800余万种由其他国家编制;系统登记的物品参考号达3 100余万种;全球注册用户2 200万

家,其中有 150 万家制造商。西方略具规模与水平的制造商与服务商等无一不是这一信息资源基础设施的用户或成员。

4.5 国家工业信息资源发展的经济学规律

美国百年信息化建设的内容呈现两大特点。其一,建设内容完全体现了与钱德勒所称的"信息、与信息相关的技术以及信息基础设施"三要素内容及发展秩序。其二,三要素发展周期符合经济学中的"长波理论"。即第一要素始于 1914 年的工业信息资源建设,并成功地支持了美国打赢了两次世界大战。第二要素的发展始于上世纪中叶。随着信息资源的快速增长,大型与尖端武器研发对快速、高效、自动化处理数据的需求日显迫切,信息技术滞后于信息资源加工的矛盾突出,电子计算机应运而生。第三要素的发展始于上世纪末。在工业信息资源建设已具规模,新型信息处理技术与设备投入应用后,美国进入了以互联网为代表的信息通信基础设施蓬勃发展的时代。这三阶段经历了约 90 年的时间。

19 世纪末,美国经济协会创始人之一 J. B. 克拉通过对德国和美国的产业发展经验的统计研究,发现一种新生产方式的成熟过程需要长达 45 年的周期。经济学家如康德拉季耶夫等,也都以约半个世纪左右的周期来解释长期的基础设施投资及其发展效应[1],此即著名的"长波理论"。虽然他们研究的对象是汽车、机械、电子等领域,但我们在对美国工业信息化历程的研究中,发现该领域三要素的发展也符合长波理论。这说明信息化领域也和实体产业领域发展一样,符合经济学规律。但众多发展中国家忽视了以美国为代表的西方各国在第一轮长波中大规模、长时间信息资源建设的事实,从而导致国家信息资源发展战略的缺失。

[建议与思考]

美国国家工业信息资源发展历程对我国的重要启示

美国百年国家工业信息资源发展的成功经验为:政府主建、国家投资、覆盖全局、横跨行业、多方参与、统一标准、强制实施,运用国家意志和力量来建设与保障。尤其以下几点,值得我国工业信息资源发展时深入参考与借鉴。

1) 国家牵头,统一建设

美国历来崇尚自由贸易与市场经济,但其军方与政府所需物资的数据加工、管理和使用最终被纳入军政一体化的中央计划体系中,形成国家战略信息资源建设的最终模式。再通过法律将其在物品采购、补给和物流各环节中强制执行,实施严格的统一维护与管理,确保国家信息资产的保值与增值。

2) 法制先行,制度优先

工业信息资源的开发须有严格的法律保障。法制的形成与健全,是美国经历了两次世界大战的成败教训后才逐步完善的。与系统配套的法律规章及其制度保障体系都是经历了实际考验并不断完善的。

---

[1] 克里斯·弗里曼,弗朗西科·卢桑. 演化与创新经济学译丛:光阴似箭——从工业革命到信息革命. 沈宏亮,译. 北京:中国人民大学出版社,2007.

3) 资源开发应作为国家基础信息设施建设

联邦编目系统的建设,是从国家层面上,动员了军方、政府和无数企业、社会机构与相关领域专家的力量,为数以百万计的工农业产品与军用物资装备(包括不同规格与型号)等建立统一的命名、分类、编码与描述等数据。故从其长期性、战略性与资产属性等角度来看,这都是一项国家工业信息基础设施。

4) 信息资源建设优先于信息技术与通信设施建设

美国实践表明,工业物品的基础数据资源,是国家工业信息资源开发的核心。该领域的建设不仅远早于互联网建设,也早于计算机的发明。若无数十年的先期工业信息资源的开发建设,就不会有后来的信息技术与通信基础设施的蓬勃发展。

5) 工业信息资源是国家资产,必须统一管理与维护

美国视工业基础信息资源为国家资产,采用中央集权体制,统一管理,指定责任官员,明确管理范围与管理内容。使国家与民间各方都能统一使用这套资源体系,使信息的功能与效益在国内达到最大化,并将其扩展到北约各国。

6) 工业信息资源的开发和利用是一项长期性、战略性工程

在美国信息化发展史上,联邦编目系统的建设规模之大、内容之多、涉及面之广,使该国花了近80年时间才完成所有物品从生产、加工、流通到使用与处理全过程的基础数据资源建设。足见工业信息资源的开发利用是一项长期性、艰巨性的国家战略性工程。

以上6点不仅是对美国,也是北约各国的国家工业信息资源建设百年经验的总结,对于我国的国家工业信息资源建设极具参考价值,也代表了国家工业信息资源建设的一般规律。

[本章小结]

本章主要综述以美国为代表的西方国家百年国家工业信息资源开发与利用的历程。说明美国国家工业信息资源建设远在计算机发明前30余年就已开始,并经历了两次世界大战的实际考验,也曾面临着仅因对象信息表达不一致就给国民经济造成巨大损失,以至于必须由总统下令,建立统一的物资命名、分类与编码体系,才能在一定程度上消除"信息孤岛"的情况。还论述了美国的国家信息化开发与利用战略中,信息资源建设先行了近半个世纪;然后随着计算机的发明与使用才进入信息技术的导入期;最后又在计算机普及应用的数十年后,才进入以互联网为代表的信息基础设施蓬勃发展期。北约诸国的国家工业信息资源建设历程也与之相同。

5 国家工业信息资源开发与利用的法制保障

5.1 美国国家工业信息资源建设的法制需求

实践表明,国家工业信息资源的开发与利用绝不仅仅是技术问题,甚至不仅仅是管理与资金问题,更是法制体系建设问题。在这方面,我国总体属于空白,甚至相关的法制体系意识都未形成。故本章以美国为对象,对国家工业信息资源发展的法制环境与体系建设进行探讨。这是因为在世界各国的信息化发展中,相关的法制体系建设,以美国的历史最长,内容最为丰富与完善,对我国即将开展的国家工业信息资源建设也最具参考价值。

在美国这样一个崇尚自由经济的国度中,能运用国家权力和意志,建成统一的基础工业信息资源系统,并成功地向各级政府机构、无数的企业与社会组织强制推行,实现数以百万计的工业对象的信息统一表达、统一分类、统一编码与统一描述,似乎是个奇迹。究其原因,主要与特殊环境、特殊人物与特殊需求等以下5个特殊因素相关。

1) 战争环境

战争时代,美国将国家工业信息资源的开发利用置于国家命运攸关的地位,许多纷繁复杂的问题必须在国家层面上解决。工业信息系统采用国家投资、统一建设、统一管理与统一维护的模式,能够及时、果断、一元化地解决许多问题。

2) 总统干预

以"复兴、救济、改革"为主导内容的罗斯福新政最显著的特点是强化国家对经济领域的调控,它在二战爆发时已取得显著成效,人们对罗斯福通过国家对金融、工业、农业、社会保障等领域进行干预的做法业已习惯,故他对工业信息资源开发与利用进行直接干预的做法,也容易在战争时期的特殊环境中为社会各界普遍接受。

3) 中央计划

战争时期,国家生产在军工主导、战争优先的体制下运行,物资生产与供应高度集中与统一。这时,中央计划与政府指令不仅十分必要,而且对物资生产供应和社会资源配置是最为快捷有效的。

4) 国家意志

要对"从肥皂到导弹,从螺栓到发动机总成"的所有工业品,开发出内容统一、格式规范、普遍适用的基础信息资源,任何企业、行业,甚至单一的国家机构都无法实施,只能以联邦政府为主体进行建设与管理。

5) 法制建设

系统建设,从一开始就被赋予明确的法律地位,如《联邦编目系统方针政策手册》(DoD 4130.2-M)中指出:"联邦编目系统是一项政府范围内的工作,它由法令所规定,由国防部会同联邦勤务总署进行管理……"并通过不断地总结成功经验与措施,将其以法律形式上升为国家意志,在全国范围内强制推行。

这5个因素中,法制建设具有特殊的重要作用。它既是各种成功经验的凝练与总结,又对后续执行提供可靠的保障。迄今,美国开发利用工业信息资源的各种法律法规已经配套成龙,形成逻辑严谨、责任明确、措施缜密、互相关联的完整框架,对我国发展国家工业信息资源具有极高的参考价值。

5.2 信息资源的国家资产观

5.2.1 明确信息资源的国家资产属性

建立国家工业信息资源开发与利用的法律体系,必须明确建设主体,成果的资产属性及法律保障对象。欧美等国历来都视国家投资建设和维护的信息资源为国家资产。2009年1月21日,美国总统奥巴马重申了这一观点:"联邦政府保有的信息是一种国家资产。(Information maintained by the Federal Government is a national asset.)"美国工业信息资源历经百年建设,政府长期投入,一轮轮地更新与扩充,在硬件、软件、智力资源与体制建设等各方面的投入十分巨大。联邦编目系统作为国家工业信息资源基础设施,在整个美国政府信息资源中占有极大的比重和极高的重要性,一直受相关的公共法、资产法和行政法的保障。任何一级政府机构、军方与社会组织、行政首长、企业负责人等都对其使用、保持国有资产价值等承担相应的责任与义务。一些行政条例则有更具体和细致的规定,如美国《国防部动产利用计划》规定,对军方可调用的、可转让的物资、剩余物资等的数据档案,均建立审核体系,以确保其纳入严格的国家管控体系。

不仅美国,俄罗斯也有类似的法律规定。1995年,俄罗斯颁布的《信息、信息化和信息保护法》中规定:"信息资源与其他资源一样受国家法律保护";"信息资源是财产的组成部分和所有权的客体";"凡用俄罗斯预算、俄联邦主体的预算建立、获得、积累的以及通过法律规定的其他办法取得的信息资源,其所有者是俄罗斯和俄联邦主体";"属国家所有的信息资源,依照管辖权限,处于国家政权机关和机构的管理之下,应作为国有财产的组成部分予以清点、登记和保护";"国家信息资源从行政管辖来分,由联邦信息资源、联邦和联邦诸主体共同管辖的信息资源、联邦诸主体的信息资源构成"。该法还规定了信息资源所有者的权利,即"享有俄联邦法律规定的一切权利,其中包括:有权指定对信息资源实施经营管理或作业管理的人员;有权在自己的权限范围内规定信息资源的处理、保护和查询获取的制度和规章;有权确定在复制和传播时使用文件的条件[①]";"联邦信息资源的独立项目(个别客体)可以被宣布为全俄的国家财产";"联邦信息资源的具体项目(具体客体)列入全俄国家财产,其法律制度由联邦法律规定";等等。这些法律条款说明,如果工业信息资源是利用俄联邦任何一级政府预算开发的,其所有权就无可争议地属于国家。

与美、俄相同,西方其他各国也都有清晰和普遍认可的国家信息资产观念。故美国的联邦编目系统,连同其相关的信息资源、运行模式、管理制度和作业规程等都通过北约编目系统扩散到其他国家,信息资产观念也成为各国类似法律与规章制定的依据。在西方国家中,信息资

---

① 肖秋惠. 俄罗斯信息政策和信息法律研究. 武汉:武汉大学出版社,2008.

产观与知识产权观被认为同根同源,只不过这一权利主张者为国家。在美国,代表国家履行这一职责的法定代表人是国防部长。《美国法典·军事法卷》第 10 编《武装力量以及附则》第 2 320 条"关于技术数据的权利"中规定:"国防部长应制定规章以明确规定合众国、承包商和分包商在有关某一产品或工序的技术数据方面的合法利益。"联邦编目系统中的数据就属于合众国所有的技术数据。

5.2.2 信息资产的界定与划分原则

对资产属性的界定、管辖归属、主体权利、资产构成等的划分,是界定其法定权益的基础。信息资产,特别是工业信息资产,是庞大而复杂的对象,涉及无数的数据、信息和知识。硬软件同在、有形性与无形性混合、价值性、渗透性和依附性等特征融合导致对此类虚拟资产的属性的界定与分割具有相当的难度。但界定与分割的总体原则,仍与其他有形实体一样,体现为"谁投建,谁拥有"。具体操作中又涉及政府、企业与个人间的地位问题,如何判定信息资产的归属以及交互增值、分割、转让、授权与接口等诸多复杂问题。

1) 资产权益主体保护原则

《美国法典·军事法卷》第 10 编《武装力量以及附则》第 2320 条"关于技术数据的权利"规定:"……应制定规章以明确规定国家、承包商和分包商在有关某一产品或工序的技术数据方面的合法利益。此类规章应包括在作为《联邦采购条例》的一部分而制定的国防部规章之中。此类规章不得损害国家及任何承包商与分包商的专利权、著作权或法律另有规定的有关技术数据的任何其他权利。此类规章也不得损害承包商或分包商接受第三方因使用了由承包商或分包商纯粹以私人费用开发的产品或工序的有关技术数据而支付的报酬或费用,除非法律另有具体规定。"

这就界定了国家、企业和个人在对某项产品或工序等技术数据方面的利益上,具有平等的主体地位,而相关技术数据等如同专利与著作等一样,拥有者的权利均受法律保护。技术数据也包括各类工业品、工艺过程和管理数据,符合上述法规保护的范围。

2) 资产权益协商原则

许多情况下,政府与军方的需求往往不是企业成品能够直接满足的,需要政府、承包商、各级分包商、研发机构和院校等合作研发。这导致资源开发与投入的多元化,资产权益主体的复杂化。于是,上述条款进一步规定"如果一种产品或工艺中部分用联邦经费、部分用私人费用开发的,则国家和承包商或分包商分别拥有的有关该产品或工艺的技术数据的权利,应在采购过程中(最好在谈判合同时)尽早确定,并且应以国家同承包商之间的谈判作为基础……"这样,有关信息资源的权益,就要在供需合同中由国家(及军方)与各相关承包商与分包商谈判约定。

具体操作上,相关法典还规定了在采购中政府(及军方)对企业的商务往来(G2B 与 M2B)中,工业信息资产归属方的权利与义务。

3) 政府对企业信息资产的操作规程

同上条款对政府(及军方)涉及企业数据资源使用时,具体规定如下。

国防部长有权采取以下行动:

(1) 当为发展可供选择之供应和制造来源且有此必要时,同承包商或分包商洽谈和签订合同,以获取技术数据的使用权。

(2)当国家被许可免费使用、转让或透露技术数据,以达到国家之目的(包括开展竞争性采购之目的)时,同意限制国家依据本条之规定本来可以拥有的数据处理权。

(3)当为发展可供选择之供应和制造来源且有此必要时,准许承包商或分包商直接让第三方使用其本来有权加以限制的技术数据。

在美国,政府和军方原属两条线管理物资采办中的信息资源,为归一化管理,主管政府系统业务的联邦勤务总署就将此项工作统一委托给国防部。因为军品,特别是尖端武装的采购周期、设计与生产的复杂性和技术难度等,都远高于政府常规物资的采购作业。故美国法律授权国防部长代表国家,与企业商洽采用相关数据的使用与处理权宜。

4)企业对政府的信息资产操作规程

同上法案还规定:凡本编第2 303条所列部门签订的购买补给品或劳务的合同,只要切实可行,均应包含有关技术数据之相应条款,其中应包括下列条款:

(1)明确规定国家和承包商及分包商(无论在何层次)在根据合同应交付之技术数据方面各自拥有的权利。

(2)如有技术数据,应具体说明根据合同应交付之数据以及交付的日程计划。

(3)制定对按照合同应交付之技术数据的可接受性判断的程序,或将其制成图表等便于参考的形式。

(4)划定须单独签订合同之军品,以便在其有技术数据时获取按合同应交付之数据。

(5)尽最大可能在技术数据交付前查明那些须限制国家使用权的数据。

(6)要求承包商修正按合同提供之技术数据,以反映在履行合同期间作出的、对合同所定之产品式样、装配和功能有影响的工程设计的改变,并在合同规定的期限内向有关部门提交修正的数据。

(7)要求承包商在交付技术数据或提供技术数据使用权时作出书面保证,确认此类数据是完整的、精确的和符合合同中有关技术数据之要求的。

(8)当发现按照合同应交付或提供其使用权之技术数据不完整、不充分,或不符合合同中有关技术数据之要求时,制定可供国家方面采用的补救措施。

(9)授权领导在承包商不能满足合同规定的有关技术数据的要求时,在任何时期内拒绝支付费用(或采取该部门首长认为适宜之其他补救措施)。

在明确信息资产主体,保障所有者与使用者权宜协商的基础上,规定了政府对企业与企业对政府间的信息资源扩散转移模式,为各方合法使用工业信息资源提供了法律依据,也因此构成了国家工业信息资源建设、使用与管理的基本法律框架。

5.3 美国国家工业信息资源管理的法定内容与责任

信息资源与实体资产的性质有诸多不同。工业信息资源,又与其他类型的信息资源如国土信息资源、经济信息资源、人口信息资源等又有较大差异。现代工业品的更新换代速度越来越快,新装备、新器材、新产品等不断出现,对应的信息也层出不穷。故从某种程度上看,国家工业信息资源就是一个永不中止的长线项目,永远处于建设、改造与维护中。

美国百年工业信息资源的建设实践,促使各界形成牢固的、视工业信息为国家资产的观念,认为优质、高效、动态的政府和军方物资补给信息资源对于维护国家安全、保证战争取胜是至关重要的。在此情况下,信息资源法制建设的重点是强调对管理内容、管理环节与作业控制,并配合相应的监督与考核机制,强调各级岗位职责,赋予其一系列严格而具体的法律职责。

5.3.1 政府与军方法定职责的划分

西方国家的现代工业都是在军工驱动下发展起来的,绝大多数高新技术也都先用于武器装备,然后才进入民用领域。工业信息资源的开发也就呈现先军方后民间的梯度传导模式,相应法律也就形成了一种军政兼顾、军方为主、首长负责的管理体系。

美国第436号公共法案第2452条——《国防部长的职责》条款,指定国防部长为联邦编目系统的建设、维护与运行的总责任人,协同联邦勤务总署署长,共同掌管军方和政府的工业品信息资源开发与利用。国防部长再依据相关法律,将大量技术性、管理性责任分解给主管副部长及部长助理等;副部长与助理等再将各种制度、办法和要求等以国防部指令(DoD系列)、作业手册(H系列、M系列)、操作规程和标准等下达政府和军方各级机构。各级机构也按相关规章,对系统运行、修改和完善承担相应的责任与义务。

政府与民间通过联邦勤务总署渠道推行与实施编目系统,联邦勤务总署不再发布类似的行政规定,而在政府采购、物资补给等活动中直接援引国防部指令、手册与操作规程等。由此可见,国家工业信息资源的建设与管理责任,由国防部长承担,具体技术性、规程性和作业性的职能,则由专职副部长和部长助理以及各具体业务部门和机构承担。

美国信息标准分为军方标准与民间标准两类,一类是DoD系列即国防部指令,包括各类相关手册等,此类标准是要强制执行的;另一种是国家标准局制定的ANSI标准,虽为官方标准,但一般无强制性要求。这两类标准并不重合。对于物品基本信息内容、分类体系、编码要求及总体架构等需要全国统一执行的项目,通常由国防部指令、手册、通报等形式发布。

例如,联邦物资分类(FSC)体系是为开展国家物资供应而设计的商品分类法,是联邦编目系统的组成部分,其应用范围广,政府、军方和民间的动产均能涵盖。它为国家供应体系中的所有物品,制定了大类与小类分类。所以,该标准就以《编目手册H2-1》及《陆军部供应通报SB 708-21》形式,由物品标识管理局、国防后勤局和国防后勤服务中心等主管机构联合发布。而民间的各类信息标准、行业规范等则由社会各级专业机构发布与推广。它们可能在技术上更先进、资源内容上更丰富,但不会对国家工业资源的开发与应用产生全局性影响。而国家信息标准也在参考包括这些标准在内的资料中,不断升级与发展,必要时就以官方行政法规的形式发布,在全国强制采用与推广。如国际标准ISO 10303《工业自动化系统与集成产品数据表达与交换》系列标准,因其具有重要的工业数据资源整合价值,故国防部就以"国防部联合技术架构指令"形式下达,要求三军统一推广实施。

5.3.2 国家主管机构的责任体系

国防部作为国家工业信息资源的责任机构,形成了一套从部长、主管副部长、部长助理到各执行机构,各级所属单位的管理职责体系。

1) 国防部长的职责

(1) 授权 《美国法典》第10编第145章《国防编目标准化》第2451条"国防补给品的管理"中,指定国防部长承担如下职责:

① 制定单一补给品的编目系统和相关标准化计划。

②将国防系统经常使用、购买、储存或分配的每一项补给品列出名称,加以说明、分类和编号,使国防部内对同一物品只有用字母或数字,或两者的不同组合进行识别。对于从购买到使用的每一项补给品,只能使用一个识别标志。编目应包括一切补给品以及每项补给品的供应活动信息,如说明其性能、规格、尺寸、重量、容积、包装与装载数据、技术标准、相应的数量单位及国防部长认为合适的其他有关数据等。

③国防部长在实行补给品标准化时应尽最大可能地做到以下几点:

(a)通过制定和使用单一规格,取消重复规格,减少类似补给品的尺寸和品种数量,使整个国防部的补给品实现标准化。

(b)实现补给品的装载、包装和保存方法的标准化。

(c)采取有利于检查、试验和接受补给品的后勤措施,引进相关设施,等等。

法律还授权每类物品的技术要求与规定的数据,均由国防部长原则负责。

(2)监督 自联邦编目系统建设伊始,军方就不断地在立法、经费、授权与建设内容等方面与国会沟通,在取得其支持的同时,也接受其监督。该机制由法律确立:国防部长应在每年1月31日,向参众两院的武装部队委员会提交开展编目工作情况的例行报告。报告包括到上年12月31日的一年内的情况,主要有下列内容:

①已发布供应品目录的各类目或各条目的数目和标题。

②目录中随产品更新换代,所替代以前的物品识别标志、技术描述或目录编号。

③总目录中单项物品识别标志的数目变化情况。

④国防部长认为需要将有关编目情况通报国会的任何信息等。

该机制从1952年起就已成型,这是全世界最早明确国家工业信息资源建设责任人的法案。尽管其较为原则与宏观,但已涉及各关键领域,特别对如工业品信息标准、特征说明、分类、编码与识别等作业,规定很明确。这说明:美国人视这些信息资源加工的基本作业环节为战略性与原则性问题,因其中任何一项如有错误,就会给国民经济与战事供应造成损失——这是美国通过两次大战、数十年建设与管理取得的经验。因此,基础物品信息资源建设必须从源头抓起,且须由国家主管机构的一把手直接承担法定责任。

2)助理国防部长的职责

物品信息、管理信息、标准化信息、系统运行信息和绩效指标等,均体现在政府与国防系统中。绝大多数执行工作都在此层面展开,相关职责也由此体现。该层面的具体事务经法律授权:由负责人力资源、后备役事务和后勤的助理国防部长承担物资信息的技术行政管理职责,具体如下:

(1)为国防综合数据系统制定全面的方针与原则。

(2)为提高国防综合数据系统的效率和使用价值,评估后勤管理系统的功能、责任项目规划和研发改进等。

(3)定期检查、评定国防部下属各单位执行国防综合数据系统的计划和达到目标的情况。

这三项职责可概括为:制定政策,评估实效,监督检查。虽其仍属较高层面,但与国防部长的职责相比,已有了一定程度的分解和细化,但每项职责仍需大量的具体作业来支撑。

3)国防后勤局局长的职责

国防后勤局(Defense Logistics Agency,DLA)下辖国防后勤服务中心(Defense Logistics Service Center,DLSC)、国防后勤信息中心(Defense Logistics Information Center,DLIS)以及各地的物资节点站、供应基地、物流中心等,均为管理与运行物资系统的行政单位。国防后勤

局局长要根据相关国防部指令领导与管理国防综合数据系统的运行,具体如下:

(1) 负责检查与审定国防部所属单位在系统开发、投资作业等方面的经费预算、资金、财务与报告等工作。

(2) 负责国防综合数据系统的设计、作业原则、规划和程序等的编拟、审查和贯彻实行等。

(3) 负责选择与管理国防综合数据系统运行所需的设备硬件、软件与通信系统等,以确保各项国防综合数据系统事务的及时接收与传输等。

(4) 负责使国防物资管理系统与国防综合数据系统最大限度地适配,保证能充分利用国防综合数据系统数据库中的物资管理数据。

(5) 负责编拟、协调、发布与修订国防综合数据系统作业所需的各种文件。

(6) 负责建立与修订质量控制程序,以保证国防综合数据系统的数据文件与业务资料的完整性与准确性。

(7) 负责与其他国家有关当局和国际组织保持联系,以保证它们与美国国防综合数据系统国际编目的要求与规则相配合一致。

(8) 负责保证国防综合数据系统所需的训练和测试计划的编制与实施。

(9) 负责和工业界及其他非政府组织(NGO)保持联系,以保证其和国防综合数据系统的政策、规则及作业规程相符合,相关数据保持一致。

(10) 负责与可能对上述活动有影响的国防综合数据系统的参加者进行协作。

(11) 负责检查、分析和评定国防综合数据系统的运行情况、效果和效率,改进系统。

(12) 负责保证 DoD 5000.27《后勤数据元标准化和管理计划》规定的贯彻执行。

这些条款针对系统运行提供保障,属于中观层面的管理规章。它既对部长和助理部长的职责进行细化,又对本级作业制定了规范,为全国与国际间的工业品数据、管理数据和业务数据的交换提供一个枢纽性、支撑性与控制性法律管理框架。

4) 各下属机构负责人的职责

国防部(及其他政府机构)的各下属单位是工业信息资源运行的基层组织,它们虽处基层,但因信息的传播性,它们的运行情况将影响全局。为此,管理规章必须最终落实到各级执行层面。所以在国防部指令(DoD 4100.39 号)中,对各所属单位的领导人规定了如下职责:

(1) 应在机构内指定一个职能部门为联系单位,执行国防综合数据系统的各项政策,保证系统总目标的实现。该部门具体承担业务运行与内外部协调的行政职能。

(2) 参与国防综合数据系统的数据采集、效率提升、扩大应用范围等方面的工作以及相关规划的编制与贯彻落实。

(3) 就国防综合数据系统的运行情况、政策调整、规程与技术、系统改进等,向国防后勤局局长提出建议,以提升整个系统的运行和计划管理水平。

(4) 为保证国防综合数据系统的运行,提供预算、资金、财务、报告和其他保障,并对各单位内的作业程序和设备进行改进,以适应系统运行,并与各相关系统建立接口。

可见,美国工业信息资源开发利用的法律法规体系,将应履行的职责从上至下地赋予相关人员及机构,并以直接、明确的形式规定一把手、专职副手、具体职能机构、各基层机构负责人等的相关职责,从一开始就划清各级各岗位的具体职责,杜绝其后的扯皮。

5.4 国际推广中的法律构架

联邦编目系统随着信息技术与通信基础设施的发展而不断创新与发展,效益日益显著。北约其他国家在冷战时期需要借助美国在工业、军事、经济、政治和防务等方面的帮助,为了既能以较小的风险获得较高的信息化效益,又能在军事上与美军结成多国部队协同作战,北约各国在物资装备供应与保障业务中信息共享。这就导致了北约编目系统的诞生。

1956年2月,北约军事标准化局的空军委员会在伦敦召开工作会议,确定了《北约标准化协定(STANAG)3150:物品统一分类》。该协定规定采用美国联邦物资分类系统(FSC)为北约的物资分类系统,由美国负责系统的修订与维护。其后,《北约标准化协定(STANAG)3151:物品统一识别》、《北约标准化协定(STANAG)4177:对象数据统一交换与获取》、《北约标准化协定(STANAG)4199:物料管理数据统一交换》、《北约标准化协定(STANAG)4438:国家物资编号相关的数据传输统一系统》等标准陆续以双边协定形式出台,先后为北约各国批准采用,形成内容与联邦编目系统完全相同的北约编目系统,只是其中代表不同国家的"国家编码局(NBC)"的两位数字段标识随各国而异。

5.4.1 国际编目与标准化规章

联邦编目系统从一个国家扩展到北约,必然要对美国的管理方式提出新的要求,并反映到其法律中。于是,《美国法典》第10编,第145章《国防编目标准化》就增加了第2 457条"与北约成员国实行的装备标准化"之条款,作出如下规定。

(1)美国的政策是对包括武器系统、弹药和燃料在内的装备实施标准化,至少使上述装备同北约组织其他成员国的装备能互相适应。为此,国防部长应:

① 对北约组织各成员国的武装部队由于各成员国的装备未实现标准化而造成的在非核战斗力方面所付出的代价和可能的损失作出评估。

② 保持一份应采取的可能加强北约组织非核总体防御能力或为北约组织节约资源的对装备实行标准化的行动清单,其中包括对行动的优先顺序和效果所作的评定。

③ 尽最大可能地考虑到装备的费用、效能、性能和可行性等情况,制定和实施采购的标准化或可相互适配的装备的采购程序。

(2)在北约,扩大盟国间对武器与装备的采购,会加速实现标准化和相互适应性的目标。通过北约各国之间签发许可证,签订联合生产合作协定等途径,使盟国间的采购变得更便利。为保持与防御规模相当的有效的生产规模,这些协定能把缔约各国的潜在的经济困难减少到最低限度,并通过采取分散配置制造设施等办法以增加北约的军火生产基地在战时的生存能力。国防部长应同该组织的其他成员国一起尽最大可能地指明可同北约联盟成员国签订哪些合作协定的领域,就哪些协定进行谈判。

应说明,上述标准化要求,除针对各类硬件之外,还包括软件和信息资源等的标准化。上述诸规定建立在《国防编目标准化》条款下,就说明了这一点。也就是说,北约衡量各盟国的武器装备和常规供应品是否具有标准化和互适应性,主要特征之一是从其编目信息,即其名称、代码、分类、物品属性描述等信息资源加工方面入手的,足见编目系统的关键性与重要性。各国也只有在物资信息资源标准化的前提下,才能实现跨国间物资供应和服务的协同化。在信息战时代,软件和信息资源的比重和重要性还将大幅提升。

5.4.2 跨国管理的相关法规

1) 跨国信息标准管理模式

从联邦编目系统至北约编目系统,是一个将工业信息资源从美国扩散到世界范围的过程。这既是信息资源的传导,更是配套标准体系和管理制度的扩散过程。在标准体系与管理制度的扩散中,美国将两者融合,通过与各参与国之间签署如前所述的北约标准化双边协定来提供保障。

这一做法形成了一种特殊的跨国信息资源管理模式:涉及工业信息资源的各项技术数据,在跨国传播或扩散中体现为"刚性规定"。这就超出标准作为一般技术规范的属性,而作为协调国家间共同运行信息资源系统的法定义务。这是由于标准化对象——工业信息资源的特殊性,即其必须在所有国家中保持严格的一致性所致。

2) 跨国信息资源管理体制

(1) 参与方的申请规程　各国要成为编目系统用户的申请程序为:以参与方的名义向美国的主管助理国防部长提出订立双边编目协定的申请,该助理部长签发一份双边编目协定建议,将其报送给各有关国家的政府及相关机构。如该国政府或企业等接受这份协定,则授权其正式代表签字后发给美方助理部长签署后生效。

(2) 参与国职责　参与国政府加入编目系统后,除可建设与维护本国的物资补给数据库外,还允许该国用户通过美国国防后勤服务中心获得其他国家和企业的物资数据,通过平台与更多国家开展物资贸易。而美国国内物资管理中,也将各国的物资编号视为美国的国家物资号(NSN),需要时,可向各国直接进行采购,其他国家也可同样运作。

(3) 国际编目事务的常规处理　北约和其他参与国的常规物品编目事务,均由美国国防后勤服务中心依照相关规程(主要为国防部指令 DoD 4100.39-M 系列《国防综合数据系统程序手册》的各技术分册)统一处理。数据存储在美国国防综合数据系统的中央编目数据库中,按北约物资号(NSN)分类编排。同时,系统提供每种物品的"北约物资识别定义规定(NII)"作为物品登记的标准内容模板。各参与国(包括其政府、机构与企业等)均作为北约物资号的使用单位记录在中央编目数据库中,建立该物品的供需渠道档案。具体而言,美国国防后勤服务中心在收到其他国家与企业的编目申请时,根据双边协定作如下常规处理:

① 审核生产厂商的零件编号。

② 审核其国家物资号(NSN)、北约物资号(NSN)、国家物资识别号(NIIN)。

③ 将申请国的政府或企业作为联邦物品识别定义规定(FII)的用户,记入中央编目档案库。

④ 将申请国的政府或企业从中央编目数据库记录中注销(当该国或相关企业不再使用某一物品识别定义规定时)。

⑤ 制定新的物品识别定义规定,供北约及其他参与国在美国采购物品之用。

⑥ 处理新增和注销的参考号,以反映北约重新生产的物品和二次参考数据。

⑦ 对物品识别定义规定进行修改、转移和恢复。

⑧ 为核准的物资识别定义规定提供联邦物资后勤数据记录副本,等等。

这些信息处理规程,均在美国《国防综合数据系统程序手册》中有详细而严格的规定,它管理的是物品基本信息以及物资供应和使用渠道等信息。

(4) 信息资源质量控制　联邦编目系统扩展成北约编目系统,各国的新物品数据都可加入,这就对信息资源的分布质量控制提出了新要求。信息资源质量控制主要内容在对源头数据质量与加工程序的控制上。为确保进入系统的物品数据质量,相关规章作出如下控制规定。

① 北约向集团内外采用北约编目系统的政府、签约企业或供应商购买工业品时,这些国家的企业要将其物品识别数据和物资编号等,提供给一个北约国政府或签约企业(或签约供应商),通过它们向美国国防后勤服务中心提供必要的技术资料(工程图纸、规格及相关文件),以便进行特征描述、物品识别、分类编码等方面的审核,以保证新进入的供应厂商提供的产品数据能与相关规范一致。

② 当美国的物资被另一国通过第三国购买时,编目工作由美国负责。但购买国应直接(或通过另一签约国或供应商)向美国国防后勤服务中心提供技术资料,以核准编目信息。

③ 美国可代表一个购买国或其企业制定一种物品识别定义规定,其条件是:合同中应包括要求生产厂商向美国国防后勤服务中心提供技术资料(工程图纸、规格和有关文件)的编目条款,以便形成识别对象的完整技术资料,而非仅是其简单的名称。

④ 如果物品是由主合同商从转包合同商或零售商处购买的,主合同商应提供物资实际的生产厂的名称及零件号、工程图纸、规格和有关文件信息。而主合同商对有关装备或备件的任何修改或设计改进的信息,也应动态提供给美国国防后勤服务中心。其目的仍然是保证整个补给链上各环节的物品,包括装备总成中的各零部件的数据正确。

这 4 条规定,形成了一条在跨国环境中上下游衔接、疏而不漏的物品信息资源质量控制网与控制链。同时也规定了美国、北约组织中其他国家、非北约组织国家的企业与组织等在这条质量控制链中的各自角色和应尽义务。

5.5　美国国家工业信息资源开发与利用的相关法律法规

5.5.1　主导法律

1)第 436 号公共法案《国防编目与标准化法》

该法案 1952 年由第 82 届国会制定。该法案主要内容如下:

(1) 确定建立统一的物资编目系统,使政府和国防部系统能实现经济高效的补给管理。

(2) 规定"任何一项物品,凡是重复使用,采购、储存和分发者,在从采购直到处理的全过程的各项补给业务中,均应使用专一的标识"。这是联邦编目系统建设的基本依据。

(3) 确立了以国防部长与勤务部总署署长协同共管的机制,在军方和政府中共同贯彻物品信息标准化的一致要求。

(4) 建立国防部长向国会两院定期汇报述职的制度,在接受参众两院监督的前提下,获取国会对该领域工作的理解与支持。

《国防编目与标准化法》是该领域最重要的主导法案,规定了实施宗旨、约束内容、管理体制与监督机制等。

2)《联邦财产管理规定》

(1)《联邦财产管理规定 E-8 号》中"权力的授予"　将联邦勤务总署署长对物品信息的

管理权限授权给国防部长,使国防部承担管理全美及北约各国的物品信息标准化与统一化职责。从体制上根除信息资源多头管理,相互推诿扯皮的可能。

(2)《联邦财产管理规定 E-8号》中"分权规定" 该条例使国防部长能将其职责分权授予拥有规定职责的副部长、部长助理、国防后勤局长等岗位。各岗位的相应职责也以法律形式明确,使他们能各司其职,履行相应的管理权限。

上述法案构成美国工业信息资源开发与利用的总体法律框架,是国家管理的基本根据。

5.5.2 相关行政法规

在上述法律授权国防部为主管理机构的基础上,国防部发布一系列的行政法规,对政府和军方的信息资源开发进行具体管理。代表性的规定如下。

1) DoD 4100.38-M《国防部初始供应品及其他采购品审核手册》

凡初始供应品及其他采购品的国内外生产厂或供应商,在向美国及北约其他国家的政府或军方提供物品时,需向美国国防后勤服务中心提交初始供应商审核资料(初始供货商即此前未与美国政府或军方提供过产品或服务的企业或机构。当它们希望成为正式供应商时,应填报国防部1423号表格《合同厂商资料数据要求》。凡供货合同中规定由厂商提供初始供应审核资料者,均需按此表内容提供数据。)以及应当统一填报数据的规定内容。该规定旨在提供系统性的工业信息资源源头质量保证。根据信息资源质量控制理论,凡源头性的质量瑕疵被发现并纠正时,所需成本最低,后续损失也最小。

2) DoD 4100.39号《国防综合数据系统》

《国防综合数据系统》是最重要的物品信息管理规章之一,是联邦编目系统的综合升级。它为物品信息资源的设计、开发、使用和维护等提出系列化的配套管理政策、实施目标、相应职责等,使联邦政府各有关部门、北约等国的政府等,都能参与建设、运行、使用和管理统一物资后勤数据。

该系列指令由以下手册(指令形式)组成:

DoD 4100.39-M 第1卷《联邦后勤信息系统 程序手册 总则和管理信息》

DoD 4100.39-M 第2卷《联邦后勤信息系统 程序手册 多应用程序》

DoD 4100.39-M 第3卷《联邦后勤信息系统 物品供应数据相关程序的开发和维护手册》

DoD 4100.39-M 第4卷《联邦后勤信息系统 程序手册 物品识别》

DoD 4100.39-M 第5卷《联邦后勤信息系统 数据库查询与检索搜索程序》

DoD 4100.39-M 第6卷《联邦后勤信息系统 程序手册 供应管理》

DoD 4100.39-M 第7卷《联邦后勤信息系统 程序手册 组织机构和供应品筛选主址表建立与维护》

DoD 4100.39-M 第8卷《联邦后勤信息系统 程序手册 标识符代码输入/输出格式(固定长度)》

DoD 4100.39-M 第9卷《联邦后勤信息系统 程序手册 标识符代码输入/输出格式(可变长度)》

DoD 4100.39-M 第10卷《联邦后勤信息系统 程序手册 多应用参照/指令/表与和网格》

DoD 4100.39-M 第11卷《联邦后勤信息系统 程序手册 编辑/校验规则》

DoD 4100.39-M 第12卷《联邦后勤信息系统 程序手册 数据元素字典》

DoD 4100.39-M 卷12A《联邦后勤信息系统 程序手册 数据元素字典》

DoD 4100.39-M 卷12B《联邦后勤信息系统 第1章数据字典 分组表索引》

DoD 4100.39-M 卷12C《联邦后勤信息系统 第2章数据字典 分组表 NO.TO DB2 元素名交叉参照》

DoD 4100.39-M 卷12D《联邦后勤信息系统 第2章数据字典 分组表 NO.TO DB2 元素名交叉参照》

DoD 4100.39-M 卷12E《联邦后勤信息系统 第4章数据字典 DRN定义,维护者ID及其他记录数据》

DoD 4100.39-M 卷12F《联邦后勤信息系统 第5章数据字典 纯文字主机名称/COBOL名称与DRN的交叉参考》

DoD 4100.39-M 卷12G《联邦后勤信息系统 第6章数据字典 DRN与分组表编号应用的交叉参考》

DoD 4100.39-M 第13卷《联邦后勤信息系统 程序手册 物资管理决策规则表》

DoD 4100.39-M 第14卷《联邦后勤信息系统 程序手册 报表与统计》

DoD 4100.39-M 第15卷《联邦物流信息系统 程序手册发布》

DoD 4100.39-M 第16卷《联邦物流信息系统 程序手册 后勤在线访问(LOLA)最终用户手册》等。

3) DoD 4130.2号《联邦编目系统》

《联邦编目系统》是基础性的物品信息资源生产与管理规章和工具。用于联邦政府、各军种、国防部各部局、民用部门、外国政府等的物资补给系统内部与相互之间的管理工作。具体内容是:

(1) 规定物品识别的统一信息资源,可供人工识读与计算机系统自动处理。

(2) 提供物品特征属性的准确信息。

(3) 记录供应品的渠道和来源。

(4) 记录管理和使用每种物品的政府和军方单位。

(5) 提供管理部门所需的其他物品数据等。

从 DoD 4100.39号与 DoD 4130.2号这两件技术规章可看出,美国和北约诸国在国家工业信息资源系统建设中,总是及时将成熟的资源加工作业流程与方法上升为标准,再将其中的关键性要求上升为行政法规,对相关机构形成约束,以建立并维护一个科学、稳定的工业信息资源生成与共享的技术法治环境。

4) DoD 4120.3号《国防标准化和规划计划》

该法规确定国防标准化的任务:即制定、改进、发展和管理标准化程序、产品和服务,并提供给作战人员、采办和后勤部门,促进各类系统的互操作性,降低总成本并保持其战备完好性。显然,这一规章也为国家信息资源的使用建立了一个标准化管理的制度环境。

5) DoD 4140.34号《国防部动产利用计划》

该指令规定:凡拥有国家物资号(NSN)的供应品,在政府或军方采购时,也应同时拥有其相关数据。这些数据与目录应根据该指令要求提供,其作用是能让主管部门动态掌握全国目前可供官方使用物资的各种详细情况。该规章为政府机构在国家行政和国防活动中采集工业品信息资源提供了法律依据。

6) DoD 4140.40 号《装备的初始供应工作的基本目标和方针》

凡新物品、新器材、新装备等进入编目系统时,均应进行存在性、相同性、可替代性与互换性等审查,以确定其与现有库存物品的关系。还要对其数据格式的符合性、分类与编码符合性等进行审查。同时,对厂商提供的"初始供应审核资料数据"作一致性审查,看其对相关规定与要求的符合程度。许多企业与机构,当其发明新产品,改进一种新器材并提供给政府机构时,往往不知道如何建立并提供符合国家工业信息资源规范的产品数据。本指令就对新产品,结合其企业资料等进行统一加工,使之能符合国家工业信息资源加工与管理的总体要求。

7) DoD 5000.27 号《后勤数据元标准化和管理计划》

该指令定义了物资生产、供应、入库、保管、维护、调拨、运输、使用、后续处理等各环节中涉及的数据元的开发与管理,以确保各分散数据库中,对物品和管理过程等对象表示的一致性与准确性。由于数据元是比应用资源颗粒度更细、更为基础的资源,在物资生产供应的各环节中,采用经科学定义的标准数据元来统一加工信息资源,能加强其在系统间及环境间的标准性、实用性和共享性。

8) DoD 4155.1 号《编目质量保证》

为保证联邦编目系统的正常运行,国家信息系统中的物品、服务和数据等能满足标准要求,各项初始供应品能符合信息描述规程和其他的采购品信息审核规定,预防或消除系统用户的不满,提升物资供应工作效能等而采取的一切信息质量控制手段,均在本规章中加以明确。

9) DoD 5000.19 号《信息需求的管理与控制政策》

根据"既能满足各项业务需求,又能精简系统信息总量"的原则,对各类机构提出的信息需求进行合理性、迫切性、充分性分析,再在统筹规划的基础上进行科学决策。本指令就对这一过程的各项处理赋予相关规定与具体措施。指令的动机十分明显:在任何信息系统中,最大的混乱源于各类资源结构的不一致,其次才是同一结构下的资源内容不一致。为防止资源结构的不一致,本指令就从信息需求这一基础环节抓起,建立防止资源结构混乱的保障机制。

10) DoD 5030.47 号《国家补给系统》

美国和北约其他国家在国家工业信息资源建设与运行方面,采用了"军政一体化"的管理机制。但是在实施时,仍需要具体的作业法案支持。本规章就在执行联邦编目系统的诸功能上,具体明确联邦勤务总署和国防部双方的职责与分工等。

11) DoD 7041.3 号《资源管理的经济性分析和计划评定》

凡对联邦编目系统及辅助管理系统进行的每项重大改进,实施前均要按本指令进行经济性分析,再对计划的科学性与合理性作出评估。

12) DoD 5000.63 号《各军种总部、国防部各直属局以及物资统一管理部门之间在初始供应工作上的关系》

该指令中为确保贯彻"所有提请审查的新物品的识别定义规定,只有在不与任何现行国家物资识别定义规定实际重复或可能重复的前提下,才能由国防后勤服务中心或国家编码局赋予新的国家物资号(NSN),并编定新的国家识别规范"之规定,对可能进入编目系统的各单位与部门的物品信息入口进行归一化管理。本指令确立了各单位间的协调方针、协调规程与相关关系等。

类似的规章还有:DLAR 4130.12《补给保障及编目工作(不含初始供应)的申请》,DLAH 4140.4《国防综合数据系统物资器材管理职责规定》等,均具有法律效力。

5.5.3 技术法规升级调整实例

信息领域的发展是不均衡的。信息资源、信息技术和信息基础设施都可能出现一些突破性进展。这些进展一旦出现，有时会给国家工业信息资源系统带来新思维、新模式与新运作流程，相关管理规定就必须适应这些变革。法律应允许主管机构发布一些专项规章，以适应技术升级与调整。在美国，当政府或军方在信息资源管理方面作出重要改进，如引入新标准、采用新规则与新流程时，相关权力机构就制定专项法规进行管理。

图5-1为一则具体实例[①]，(a)图是2002年要求陆海空三军统一采用国际标准ISO 10303（Standard for Exchange of Product Modal Data，STEP）系列标准的命令。以规章（Memorandum）形式发布，发起机构为"美国联合后勤司令部和联合航空司令部（JACG）暨空军供应系统总部（AFMC）"，接收单位为空军、海军和陆军的物资给养执行总部，主题词为"产品生命周期的数据战略"，签发时间为2002年5月2日，空军中将R.V.Reynolds签署生效。(a)图左侧文字部分内容如下：

（1）去年，经对产品数据交换国际标准ISO 10303（STEP）在空军系统的工程设计数据开发与自动设计工具应用，以及对从不同的自动化系统中读取和互操作数据方面所起的作用进行实际评估后，现以本命令批准STEP的应用。由于STEP的适用范围超出了空军系统的许多应用（如海军的艇船制造等），故鼓励其他各领域均采用之。

（2）实施途径是：将STEP用于新的空军系统设计，并对现存系统进行大规模改造，仅除项目PEO或系统司令官批准，才可不作改进。该服务已被认可，因此其推广应用被视为强制性的。当一项实际业务贯彻本指令时，我们将对其后续系统采用STEP进行奖励。

（3）STEP的使用将最大限度地提升新型计算机设计及其支持工具的灵活性应用，但其真正利益在于降低成本与产品更新周期，以及改进其支持性上……

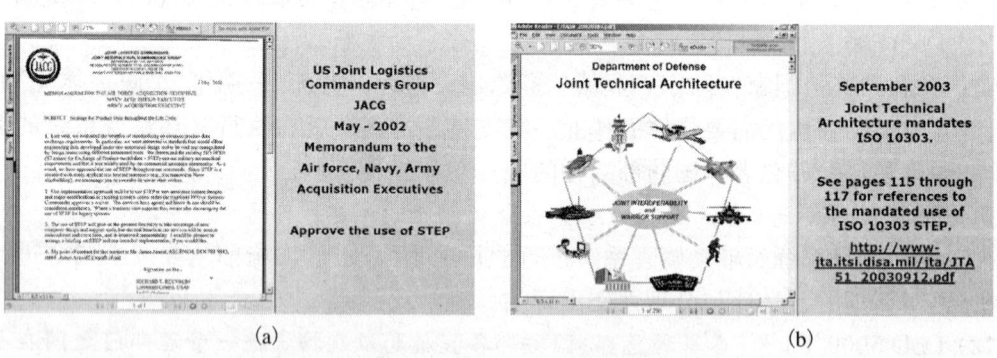

(a)   (b)

图5-1 美军实施信息资源建设规章示例

(b)图为2003年9月，经一年多的三军实践后，以"联合技术架构指令ISO 10303"名称正式下达，主旨"联合互操作性与士兵支持"，意在将美国政府、五角大楼、数字指挥中心、陆基、海基、天基、空中、低空，直到单兵系统等连为一体。"联合技术架构"中115～117页对ISO 10303（STEP）系列标准的使用作了强制性规定。

---

① KjellA Bengtsson. ISO TC184/SC4 And ISO 10303 An Industry View—ACAC/135. Luxembourg：Workshop on International Standardsnamsa，2010.

由此看出,美国在国家工业信息资源体系建设中的一个重要而独到的特点,就是能及时将世界先进的资源加工与管理标准引进国内,并及时上升为行政法规,强制推广实施。事实上,国际标准化组织等发布的包括 ISO 10303(STEP)在内的信息标准,对世界各国都是公开的,推荐任何国家、行业或企业自行采用。但美国深谙在信息领域实施标准化的要领:如果要让一项先进的信息资源加工措施或资源体系切实发挥作用,体现整体性的经济与社会价值,只有将其转变为强制性的技术法规,同时给出一系列详细配套的硬性规定与具体实施措施才行,否则其作用将无从体现,或者在国家层面上无法体现其价值,再好的管理技术与措施也都不起作用。同时,国家管理不可避免地带有官僚体制的一些弊端,如求稳拒变、怕担风险等都会对新技术、新方法和新理论的引进带来不利。唯有指令强制实施,才是自上而下地推行新技术的较好手段。

5.5.4 国防部手册系列

与国防部指令系列相比,国防部手册(即 M 系列与 H 系列文件)的规定往往要求更加具体与细致。它们主要面向操作层。美国在国家工业信息资源加工方面的主要手册如下:

(1)《国防部手册 4120.3-M 号 国防标准化和规划的方针、程序和指示》是国防领域标准化的一般性方针、程序和指令的汇总,是一份指导性文件。物品信息标准化作业应遵从的一般性规定均规定于其中。

(2)《国防部手册 4130.2-M 号 联邦编目系统(FCS)方针政策手册》是一项基础性的作业管理手册。针对制定和运行编目系统,保证系统作业等建立的各项管理政策、行政规定、作业条例和程序等,均编入该手册中。

(3)《国防综合数据系统程序手册》 是一套建立、运行与维护《国防综合数据系统》的作业规程,供美国将本国和北约各国的物品综合数据集中管理,再统一提供给各国用户使用的作业规程大全。

(4)《联邦编目手册 H1—联邦编目系统概述》 全面介绍美国物资编目系统,建设目标,适用范围,涉及机构与职责,系统沿革,物品标识,联邦物品识别定义规定,编目各步骤(命名、标识、分类、编号、发布),国防综合数据系统等,是一份纲领性文件。

(5)《联邦编目手册 H2-1 联邦物资分类(FSC)》 为开展政府与军方物资供应工作而设计的一种物品分类法,适用范围广泛,涵盖一切动产,全部的商品,重点是"已知属于联邦政府供应体系中"的那些物品,制定了高度稳定的大类与小类的分类体系。

(6)《联邦编目手册 H2-6 联邦物资编目品名指南》 是对编目物品的规范化命名、相关定义、与各类俗称和参考名称建立关联等相关工作的作业指南。

(7)《联邦编目手册 H2-2 联邦物资编目编号索引》 介绍各小类标题下的物品名称细目,各小类按 FSC 号顺序逐级显示。

(8)《联邦编目手册 H6—联邦物品识别指南(FIIG)》 是对每种工业品进行特征属性描述,分别给出其信息模型与建立模型的指南汇编,是重要的工业品信息资源开发与统一加工工具,具体参见第 8 章。本手册将各识别指南或模型汇集后,给出按物品名称的字顺索引,以及每一核准物品名称(AIN,参见第 6 章)相应的 FSC 分类号。

5.5.5 北约标准化协定系列

美国与北约组织中其他国家的政府与军方物资供应系统,是在一种独立主权前提下的工业信息资源体系的紧密结合。这种结合需要跨越国界,提供各项信息接口,按业务逻辑将资源整合起来。

(1)《北约标准化协定(STANAG)3150 物品编目:物资分类的统一系统》 为北约各国政府与军方提供物资分类的统一规则。

(2)《北约标准化协定(STANAG)3151 物品编目:物品识别的统一系统》 为北约各国政府与军方提供物品识别的统一规则。

(3)《北约标准化协定(STANAG)4177 物品编目:数据获取的统一系统》 为北约各国政府与军方获取物品数据的统一规则。

(4)《北约标准化协定(STANAG)4199 物品编目:物料管理数据的统一交换系统》 为北约各国政府与军方开展物料管理数据交换的统一规则。

(5)《北约标准化协定(STANAG)4438 物品编目:与国家物资号关联的数据传输统一系统》 为北约各国政府与军方传输与国家物资号(NSN)及相关信息的统一规则。

(6)《北约标准化协定(STANAG)2097 物品编目:设备的命名与分类》 为北约各国政府与军方为各种设备进行命名与分类的统一规则。

(7)《北约标准化协定(STANAG)4575 物品编目:北约高级数据存储接口(NADSI)》 为北约各国政府与军方系统的数据存储提供统一的接口规范。

这些双边协定,无论其是现行的还是业已被取代的,都代表了工业信息资源在国际环境中共享与交流时所需要的法律保障内容。它既代表了国际间的工业信息资源开发与利用的保障机制,也代表了一种必要的技术环境的建设。没有这类机制与环境,一切工业信息资源研发、共享、交流与发挥效益等均为空谈。从这些具体规定可看出:越是国家与国际层面的信息资源统一作业,相对的规章制度内容就越细致、针对性越强。

[建议与思考]

中美国家工业信息资源建设在法治保障领域的差距

总体而言,我国工业信息资源建设的法制体系处于空白状态。甚至连一些根本性的法制概念尚未形成。

(1)我国在信息资源是否成为一种法定资产及其国家资产的法定地位和管理等领域的概念均处于空缺状态。

(2)尽管我国也一直在大举投入信息资源的开发与建设(如"十三金工程"中的信息资源),但对于其成果的归属权无相应的法律规定,以至于许多部门理所当然地将国家资产当做部门资产,使其未能发挥国家信息资产的公共服务职能,国家资源使用率低下,造成极大的浪费。

(3)我国对于包括工业信息资源在内的资源应具体由哪个相应的国家机构、哪位行政首长来代表国家履行建设、维护、保有和升值的权力等问题,均无法律依据。

(4)由于上述根本问题皆无法律基础,所以各类具体的,面向信息资源开发与利用中的技术性与管理性法案,就都未建立。

要在高科技时代实现两化融合,必然涉及大量的数据、信息、知识与智力资源等的投入,形成高端的优质资产。但这方面如果产权不清,界线不明,必然会挫伤工业信息资源开发者的积极性,最终仍将导致国家、企业与个人利益的损失。相反,如能像发达国家一样,明确资源开发权益人的地位,同时也明确国家投入建设的信息资源即为国有资产,相关责任人应对其开发、维护、价值保持与维护增值等负责,才能保持国家工业信息资源健康、迅速地发展。

[本章小结]

本章主要论述了美国与北约在建设国家工业信息资源体系中的法律建设、制度建设与责任建设。这正是我国历来在各领域中最为薄弱、最不擅长但恰恰是建设与运行国家工业信息资源系统最为重要的领域。因此,本章针对我国实情,介绍了美俄等国的信息资源的国家资产观、信息资产的界定与操作原则、国家工业信息资源管理的法定内容与责任、政府与军方法定职责的划分、国家主管机构的责任体系、工业信息资源扩散中的国际推广法律保障构架等。

6 工业信息资源的特征分析

工业信息资源是两化融合的核心，只有透彻了解与掌握工业信息资源的各项特征属性，才能从国家层面上制定正确的发展战略框架。

工业信息资源属于专业领域的信息资源。目前，国内外专家对信息资源的定义尚未统一，如德国信息管理学家斯特洛特曼(K. A. Strötmann)认为，信息资源包括三个组成部分：信息内容、信息系统和信息基础结构。我国学者乌家培先生认为，对信息资源有两种理解：一种是狭义理解，即指信息内容本身。另一种是广义的理解，除信息内容外，还包括与其紧密相连的信息设备、信息人员、信息系统、信息网络等。

本书只针对信息资源进行研究，故取狭义理解，即信息资源就是信息内容，并将工业信息资源定义为各工业门类，包括现代农业和现代服务业领域的信息内容。工业信息资源的特征，既涉及工业领域自身的各类特征，又与信息加工和管理领域的相关特征密切关联，是跨越两个领域的特征的综合。了解并掌握工业信息资源的基本特征，是对其进行开发和利用的基础。

6.1 信息资源的一般性特征

人类对信息资源的开发与利用，主要是建立在对其基本特征的认知与驾驭之上。作为信息资源中的特殊类型，工业信息资源既具有一般信息资源的普遍性质，又有一系列与工业生产、管理、使用和存贮等环节不可分割的特殊属性。

国内学者将信息资源的一般特征归纳为：战略性、智能性、稀缺性、不均衡性、整体性、共享性、传输性、可增长性、可转化性、时效性、生产要素需求性、非同质性和无损性、分散性与交叉性等。这些特征多从功能、体用、价值、需求等角度进行划分。

我们认同这些划分，同时认为这些属性划分尚不能满足国家工业信息资源开发与管理的特殊需求。为此，我们从两化融合的需求出发，以信息本体论为依据，将工业信息资源放到信息空间和工业空间这两个领域中进行分析。分析的基本出发点是：工业信息资源的开发与利用是两类对象在各自空间中通过各自的特征属性进行交汇与作用，实现各自功能价值提升的过程。

6.2 信息空间特征

信息空间特征分析，是从资源对象的存在性与价值性角度，对工业对象在信息空间中的生成与效用进行划分，可分为以下诸项特征。

1) 实体性特征

实体性特征为工业品的实体特征(物理、化学、声、光、电、磁等)在信息空间中的反映。

2) 结构性特征

结构性特征是单件工业品的内部结构,或多件工业品(零件、部件)间的组配关系属性在信息空间中的反映。

3) 过程性特征

过程性特征工业信息多在特定的过程中发挥作用,其生成、使用和后处理是截然不同而又相互关联的一些过程,其形态与内容也会反映在信息空间中。

4) 控制性特征

控制性特征微观上为工业生产工序与质量控制等要求在信息空间中的反映,宏观上涵盖工业品销售、运输与物流的各个环节。

5) 管理性特征

管理性特征是工商业活动的组织性、配合性与协作性特征等在信息空间中的反映。

6) 增值性特征

信息空间不仅被动记录工业品特征与生产流通过程,当优质信息资源的品种和数量积累到一定规模后,就能在信息技术的支持下产生能动性飞跃,使数据升级为信息,信息再上升为知识。两次升级中,信息价值得以体现并一再放大,反作用于工业品后产生第二次飞跃,使原先的工业品,融合了信息资源后,其性能、作用、效率与效能等发生全新变化。如尖端武器中的数据链(将传感器、指挥控制系统和各种作战平台链接一体,确保作战人员或武器装备在恰当的时间,以恰当的方式,完成恰当的任务,从而实现优化信息资源、有效调配和使用作战资源,从而在现代信息战中被广泛用于融合军队各作战单元。),就是这一阶段飞跃的产物。资料显示:一架装备了"Link-16"数据链的英国旋风战斗机能击败 4 架只装备话音通信设备的美国 F-15C 战斗机;而在未装数据链之前,由最好的飞行员驾驶的一架旋风战斗机只能与一架 F-15C 打个平手。这就是不同的信息资源能使相同硬软件装置产生质的飞跃的结果。

增值性是信息空间的重要的特征,其他特征均可视为是实体世界在虚拟世界的客观反映,唯有这一特征可视为虚拟世界对现实世界的能动性反作用。增值性代表信息的"量"与"质"达到一定规模与水平时,拥有信息的对象就会产生飞跃,使同样的实体对象拥有全然不同的特性。

这 6 种特征中,前 2 种是其他 4 种的基础。如对象实体性、结构性特征数据表达不充分,其他诸特征就无法体现。从信息结构层面看,前 2 种体现为数据,中间 2 种体现为信息,后 2 种体现为知识。发达国家经验表明,国家工业信息资源体系的建设主要集中在第 1、2 层级,这类资源的通用性、普适性与稳定性最高,也能从最广泛的角度体现国家资源的价值。本书研究的工业信息资源,主要指这 2 层的资源对象。

6.3 工业空间特征

工业领域有其一系列固有的特征,所以当信息资源融合到工业空间中时,就会产生一些不同于其他领域的独特属性。主要为:基础性、层次性、支撑性、基准性、统一性、系列性、稳定性、标准性、结构性、配套性、增值性和系统性等。掌握和利用这些特性,是制定相关战略的出发点。具体如下。

1) 基础性

客观记录并在数据空间中反映对象,是信息的基本功能,也是工业信息资源开发的基础。

现代工业品日趋庞杂,信息资源的开发与管理难度大幅提高,体现国家工业水平的战略产品与装备所需信息数量也越来越多,加工也日趋细致与深入如,美国国防后勤信息服务中心主任 Elaine S. Chapman 在《数据质量——后勤保障数据的绝对必要性》中举例:一架 F-15 战斗机和一辆 Bradley 履带式战车,在后勤保障信息系统中,分别被视为是总量约 171 000 种零部件和 14 000 种零部件的集成体;也是符合不同技术标准的同样数量的对象的信息资源记录,足见信息资源加工量的浩繁。

在信息加工要求上,每种零件、部件、组件和产品总成均要按政府、军方、制造厂与物流及维护机构等的需要,在进入系统时都登录其核准名、物资分类号、国家编码局代码、物品识别编号等外部数据,还要对零部件的物理结构,电气,化学,材料,尺寸以及声、光、电、磁等性能进行描述,并进一步与各制造厂的图纸、规格、标准及有关技术文件等建立参照联系。这些信息与工业品实体交汇,融合为密不可分的一体;同时,大量零部件、组件的信息也随其实体对象,成为独立与通用的资源,是一种不可或缺的基础资源。

此类独立、标准、通用的信息资源构成了国家工业信息资源系统的核心,成为国家信息资源的基础设施的中心内容,具有战略性地位。美国的联邦编目系统、北约的北约编目系统就是这类基础设施。

2)层次性

该特征体现在两方面,一方面由工业品的层次化特性所致;另一方面来自信息资源本身。现代工业品正朝大型化、复杂化、集成化、多功能化方向发展,结构分为零件、组件、子系统与总成等层级。这一属性反映到信息领域,体现为资源的层次性。而信息资源作为一种特殊形态的产品,出于加工、使用与管理之需,也导致了如元数据、数据元、标识符、类目号、关联数据、描述数据、主数据等二次信息的产生。于是,信息资源也呈现出层次性。层次性对于衡量国家工业信息资源的加工深入与发展阶段具有重要意义。

发达国家工业信息资源的开发经验表明,既要对反映物品特征的初阶信息,又要对各层"面向信息管理的信息"进行统一设计、统一规划、统一建设、统一管理与统一服务。如联邦编目系统就通过《后勤数据元素标准化和管理计划》、《国防部标准数据元手册》、北约标准化协定(STANAG) 3150、3151、4177、4199、4438 等规定,建立统一的自动数据处理系统使用的标准数据元、资源数据项、格式与代码、分类体系、识别机制以及数据获取、交换、传输与整合等管理制度。

3)支撑性

工业信息资源中的底层信息,既是基础信息资源,又是应用信息资源的支持与管理工具。此类信息资源的开发深度、品种完善性、通用化程度等,与国家工业信息资源的整体支撑作用与效率发挥密切相关,被视为国家工业信息基础设施中的重点资源,其开发与管理受到高度重视。

如联邦编目系统,就是支撑类资源。其目标是"建立统一的物品识别系统,消除相同物品存在不同标识现象,促进信息标准化,便于各部门内部及各部门之间的后勤保障;加强政府和各工业部门之间的联系,改进物资管理及军事工作效能,达到政府与军方物品采购的高效和经济节约,并能与北约各国统一协调"。此类系统中的各种代码体系、数据字典、关系映射、语义注释、参照目录和特征描述表等,都置于政府、军方和企业及相关机构的系统中,成为分布式资源加工与应用环境中的主要工具,系统中的"软基础"与"软平台"。其设计、建置、使用和加工深度、加工效率、加工结果等,均与信息资源的可用性与共享性关系极大,对国家工业信息资源体系起支撑作用。

4）基准性

全球经济一体化环境中，工业品的零部件、组件、子系统，以及管理和服务的来源日益增多，各方信息资源的加工方式和流程不尽相同。原始数据来自不同的渠道和信息源，为实现跨地区、跨行业、跨领域的应用，原始数据格式、描述内容和语义处理等均须依据基准信息资源进行加工与集成，才能保证在后续交换、资源传递和技术扩散中形成完整的信息价值链。如美国与北约系统中的"物品命名"，就要求对每种物品的所有不同称谓和表述方式进行收集，选取其中最科学的一种，经官方审批后作为"核准品名"发布。再以"核准品名"为基准，将各种俗称与非规范名称与之建立映射，表达采用概念倒排形式，以保证系统资源的规范性与便捷性。

工业领域中基准信息资源的开发，已成各国机构、国际标准化组织和许多工业信息研究机构努力的重点。可从近年出台的 ISO 8000《信息技术——主数据质量管理》系列、ISO 22745《信息技术——开放技术目录 eOTD》系列、ISO 11179《信息技术——元数据注册系统》系列、ISO 10303（STEP）《工业自动化系统与集成产品数据表达与交换》系列，德国 DIN 4000《零部件特征属性描述标准》系列、DIN 4001《CAD 图集特征描述》系列、DIN 4002《产品数据交换特性和其范围》系列标准等，以及北约信息化委员会（AC/135）与电子商务国际编码委员会（EC-CMA）等许多组织研制的国际性、国家性与行业性信息标准中看出这一趋势。

5）统一性

信息资源的效率与效益的发挥，与其重用性和广泛性相关。为实现信息资源效用的最大化，许多国家和国际工业信息系统都要求使用统一的基础信息资源（包括相应的流程与规则）来加工、处理和组织应用信息内容，以确保加工生成的信息具有最大范围的复用性。

统一性是标准化的高级形式，底层信息资源在格式、语义、特征描述和逻辑关系等的定义上越统一，资源就越具有复用性；越能在其支持下，使应用层信息体现多样性、可变性与灵活性。统一性能使普通信息资源跃升为国家战略资源，统一的国家工业信息基础设施才能支撑起国家战略信息资源。如美国 436 号公共法规定，建立国家统一工业品编目系统，使联邦政府（包括各州）及国防部系统等均能实现经济高效的物资补给管理。其主要措施就是建立统一的中央编目档案，记录编目系统内各种物资的识别信息（包括其特性及参考资料）、相关技术数据及物品管理所需的数据等。

严格统一的信息资源通常位于系统底层。如美国相关法律要求对象核准品名、标识代码与识别模式等必须统一，才不致引起应用层的混乱。统一性还体现在基础信息资源加工规程的严格性上，故美国和北约编目系统中，许多作业手册对资源加工均有"这是强制性规定，必须遵守"等要求。如《联邦编目系统方针政策手册》（DoD 4130.2-M）第 132.03 节"联邦编目系统所用厂商编号的审核"中第 2 条规定"应将某一生产品或补给品的一切已知的零件号，参考号连同有关的参考验证代码（RNVC）及参考号类别代码（RNCC）一并上报。这是强制性规定，必须遵照执行"。这与应用层上信息的多样性、可变性与灵活性等迥然不同，两者体现了对立统一的关系。

6）系列性

工业品的系列性，是指在对象主要特征统一的前提下，设计者对其部分参数、形式、尺寸、基本结构等作出合理的规划，使部分特征呈现规律性变化，以满足更广泛的应用需求。这是客观世界统一性与多样性、连续性与间断性之间对立统一的产物，是一种普遍存在的客观特性。当其反映到基础信息资源，特别是工业基础信息资源中时，就体现为资源的系列性，这在信息分类与特征描述中最为常见。系列性是对统一性的扩展和补充,它也是标准化的高级阶段。系列性既能保证反映客观对象的基础信息资源具有丰富多样、随需而变的性质,也能防止其数量与种类无序化增长。

美国政府强调,建立联邦编目系统的主要目标之一,是"为控制物品的品种与规格提供有效手段,从而使军方物资管理部门只保有为保障作战所必需的最低限度品种与规格的物资"。这种既能保证物资供应需求,满足经济储存品种,又能限制物资规格无序增长的做法,只有系列性才能满足。该目标同样适用于政府系统,它能"减少文件与报表、人员、储存场地,减少库存①",这些要求反映在工业信息领域,就体现为信息资源的系列性。

7) 稳定性

除基础性资源外,工业信息资源中还包含大量的规则类、方法类与基准类信息,这些特征一旦变化,会导致相关内容和处理规则产生连锁性、全局性的震荡,甚至导致相应的硬软件失效。故稳定性是对基础工业信息资源开发的最基本要求之一。如美国联邦物资分类(Federal Supply Classification,FSC)体系、国家物资号(National Stock Number,NSN)体系、国家物品识别号(National Item Identification Number,NIIN)体系、核准品名(Approved Item Name,AIN)体系、物品名称代码(Item Name Code,INC)体系、联邦物品识别指南(Federal Item Identification Guide,FIIG)体系等,均在数十年中长期稳定,并无结构性变化。

上述基准类信息资源,在设计时就采取结构化理念,尽可能地以单元化和模块化形态组织同类信息资源,减少模块间的耦合度,以消除基础资源可能随工业与科技发展而产生的波动,维持整个国家工业信息资源体系整体稳定。

8) 标准性

基础工业信息资源多由相关信息标准构成。标准化是规范化的高级形态,依据标准加工信息资源,可提升信息资源的规范化程度。资源规范化程度越高、可用性和共享性也就越高,价值也因此增高。

与工业领域中存在大量的模块、构件与组件一样,信息资源的模块化、组件化趋势也日益明显。信息加工中,可通过资源模块间的组配生成新的信息资源。在大型信息系统中,资源标准化成为关键性的特征。如美国近年着力开发的国防部架构系统(DoD Architecture Framework,DoDAF)中,标准化占据了信息资源加工的核心位置。图6-1代表了美国军方信息资源"战略调整6S模型"的基本特征,要求遵循"标准化、简化、流畅化、消除烟囱、系统和服务"5原则,信息资源及其加工过程与规程的标准化等是其核心。

图6-1 美军信息领域战略调整的"6s"模型

模块化的前提是标准化,包括模块的内容、结构与接口等的标准化。发达国家中不仅产品信息,管理信息的标准发展也很快,重要性日显,形成了以管理标准控制作业标准,作业类标准控制产品信息标准的梯度化标准化传递链模式。如美国国防部发布有5000.11号指令《数据元和数据标准化计划》,规定了标准数据元的制订计划与规程,而制定出的数据元又通过

---

① 《联邦编目系统概述——美军编目手册H1》。

5000.12-M号指令《国防部标准数据元手册》下达,而政府与军方建设与运行联邦编目系统和国防综合数据系统时均须强制执行这些配套指令,以确保最终工业品信息质量。

根据标准化的范围与程度,可分为国际标准、区域标准(如欧盟标准)、国家标准、行业标准与企业标准等不同级别。内容如时间、区域、币种、语种、行政区域、国民经济行业分类及代码等。行业标准如图书情报领域的都柏林核心元数据(Dublin Core Metadata,DC),它既是描述图书情报与网络电子文献的工具,也是一套元数据国际标准(DC标准)。

还有一些信息资源,虽未冠以"标准"名称,亦未由任何标准化机构发布,或赋予相应的标准号等,但因其权威性和已在相当范围中被长期使用,故被认为是事实上的工业标准。如著名的邓白氏公司(Dun & Bradstreet)为各国企业信用评估时颁发的邓白氏号(D&B)就属此类性质,为全球经济与贸易活动中公用使用的标准信息资源。

9) 结构性

资源结构性体现为三方面:一是工业品的实体结构在信息空间中的反映;二是信息空间中的管理类与控制类的结构信息;三是信息与实体融合后,产生全新的、能使对象性能发生飞跃的资源。如前述尖端武器中的数据链,就是一种既超越实体,又超越传统信息的全新结构的资源。

10) 配套性

现代工业品的复杂性导致信息资源需要进行不同角度、不同层级、不同进程和不同颗粒度的加工。如有的是针对其规范性,有的针对其完整性、可用性、复用性、准确性、可理解性、关联性、可信性等方面进行。配套性既是这些加工要求的综合体现,也是在复杂环境中资源集成的要求。

11) 增值性

现代工业增加值的来源,已从传统的产品制造、工程、成套,扩展到概念创意、原创设计、管理维护、软件支持、战略分析、咨询服务等高知识性与高附加值领域。工业品与服务领域中的附加值多与信息资源相关,信息对其附加值的支持就体现为资源的增值性。如苹果公司的iPhone手机,就有10余万种附加游戏和应用程序,故其增值性高于其他类型的手机。其他领域的工业品则通过数字化建模、数字样机、优化仿真分析等技术手段和工具软件,建立了面向产品开发的数字化集成环境,改变了传统的产品设计、开发方法等,实现了对产品研究过程的集成管理和状态控制。

12) 系统性

系统性体现在两方面:一是如前所述工业品结构的复杂性与功能的集成性,反映到资源体系中来,此为工业品的内在系统性;二是与工业品相关的生产、管理、销售与使用等领域的应用,此为工业品的外在系统性。

以上特征从结构到性能上给工业信息资源的管理带来了一系列新问题与挑战。

[建议与思考]

国家工业信息资源的特征属性

目前,国内对工业信息资源特性的系统理论研究尚处起步阶段,规模化的实践也未展开。本书认为,透彻了解与运用工业信息资源的相关特征,是制定我国国家工业信息资源发展战略、各领域开发与应用的基础。所以提出从信息空间与工业空间两方面结合研究工业信息资源特性的基本框架,并在国内外众多研究的基础上,提出工业信息资源的双重特征体系。

掌握和利用这些特性,是制定相关两化融合实施战略的出发点,即我国的工业信息资源发展,既要满足工业空间中的一系列特性,又要切合信息空间中的诸项特性。两方面特征属性结合,才能制定出符合工业信息资源发展客观规律的国家战略。

[**本章小结**]

本章论述了工业信息资源与其他类型信息资源所具有的共有特征属性,如战略性、智能性、稀缺性、不均衡性、整体性、共享性、传输性、可增长性、可转化性、时效性、生产要素需求性等,重点揭示了工业信息资源具有的特殊属性,如基础性、层次性、支撑性、基准性、统一性、系列性、稳定性、标准性、结构性、配套性、增值性和系统性等。并对这些代表了工业物品与工业过程在信息空间反映的客观属性与规律进行了讨论。

7 国家工业对象命名战略

7.1 工业对象命名概述

7.1.1 工业对象命名的重要性

中国自古以来就有"名不正则言不顺,言不顺则事不成"之至理名言,对象命名自然就成为国家工业信息资源加工的首要环节。在美国及北约编目系统中,对象的科学命名、定义和结构化表述,构成国家工业信息资源开发的基础。所以,对象命名是国家工业信息资源开发和利用的第一个环节。

工业对象主要指各类工业物品(物资、材料、零部件、半成品及成品)、工业过程与管理对象等。其中最基础的是各类工业物品,因其结构复杂、数量众多、形态各异、各具功能,是最难于命名的工业对象。故本章主要以工业物品为代表,对其命名进行研究。

7.1.2 工业物品命名的定义

工业物品(以下简称物品)的命名,按美国国防部指令 DoD 4130.2-M 定义:"是给供应品(即向政府、军方和企业间提供的产品)选择或拟定的规范名称,为物品与设备管理提供共同语言,是供应品识别的第一步。"该定义依据美国第 436 号公共法,以实现"在从物资采购到处理的全过程的各项业务中,均应使用专一标识的要求"为宗旨。名称,就是对象"规范名称"和"专一标识"的首要组成部分。此处的"物资"表示原材料、零部件、半成品、成品中的所有实体对象以及能源、动力、燃料等,也包括了加工处理过程中投入、使用与生成的每种物品。对该定义的三个要点分析如下。

(1) 命名对象　工业信息资源中,命名对象为数以百万计的工业物品,包括各类零件、部件、组件、半成品至成品。随着服务业的发展,命名对象也扩展到非实体领域,大量的虚拟对象、过程等也都扩充到了命名对象之列,并有数量迅速增加的趋势,这是现代工业与服务业融合的必然反映。命名对象的数量庞大且特征复杂,特别是信息时代,大批与国计民生、国家防务和经济运行密切相关的信息系统无法实现对工业品信息的统一命名,才使各国产生了将其纳入国家层面上进行统一,赋予其法定识别功能的需求。事实上,导致美国联邦编目系统诞生的直接原因,就是二战中政府和军方信息系统中对物品命名的混乱,对国民经济造成巨大浪费所致。

(2) 命名作业　命名是信息资源加工的基础,也是物品识别的第一环节。随着网络时代和国际经济一体化的到来,物品命名也呈现复杂化的趋势。而对象名称多语种化、表述多形态化、概念描述深入化、词间关联网格化等特点，正日益反映到计算机系统中，使物品名称表述出现结构化、模型化、本体化（此处的本体 Ontology 是语义网中对概念的系统化表述的方式，与第 3 章中的哲学领域的本体论不同）等现象，这就增加了命名与概念描述作业的难度。

（3）命名要求　信息系统中，命名的一个重要要求，是要供人类和计算机都能正确"理解"其指代的对象，特别是要使计算机能正确"认知"对象。物品名称作为要在国家乃至国际范围内统一使用的信息资源，其加工处理有一系列严格而规范的要求。随着信息应用的日益深入，对象命名也将在计算机系统支持下，形成语义表述链和概念描述链。人类与计算机在对象认知上有本质上的差异，由此导致对面向机器与面向人类的对象命名与表达要求存在诸多的不同。这些都给命名作业提出了一系列与人文科学中对象命名内涵迥异的要求，命名作业日益强调规范性、严格性与科学性。显然，在人工系统、人—机系统与机—机系统中，对象命名在技术要求上差异较大，导致互联网时代和物联网时代中命名又出现了全新的内容。

7.1.3　物品命名的特点

本研究在分析发达国家工业信息资源体系的基础上，将物品命名的特点归纳为集合性、指代性、描述性、集成性和规范性等。

1）集合性

现代工业以大批量生产为特征，物品批量化出现。在特征上体现为工业对象集合的同一性与差异性。集合的同一性指总体功能同一的一类对象，如"手机"就指具有相同功能的一类对象；集合的差异性，是在总体功能一致的前提下，出现许多不同的规格、形式与款式的对象，如手机就有数以百计的不同品牌与规格等。这些特征反映到信息领域，物品的命名也就出现集合体主名称的同一性。同时，大批量生产同一物品的时代也已过去，出现了定制化、个性化、特色化等的产品。这些特征反映到物品命名上，就出现了在集合体主名称同一前提下的差异化描述的现象。在名称表达上，就出现了如基本名称加上各种规格或系列标识，以及语言名称加上数字与字母代码的混合表述方式等。

2）指代性

名称为命名的成果，用于指代被命名的对象。人类具有模糊识别能力，在很多情况下，人们的命名往往具有情感性、色彩性、随意性和方便性等。正如莎士比亚所说："名称本来是没有意义的；我们叫做玫瑰的这一种花，要是换了个名字，它的香味还是同样芬芳。"但现代信息系统中，主要对象识别工具为计算机，计算机只具备精确识别能力，这就要求系统采用科学命名法来指代对象，即要求所选名称能反映对象的主要特征、功能或概念内涵。科学命名应作为对象的基本名称，系统指代对象的首选。但在许多情况下，人们更乐意采用对象俗称。如"艾滋病"（又译"爱滋病"）源于英文"AIDS"，是"获得性免疫缺陷综合征"，或"后天性免疫缺陷症候群"（Acquired Immune Deficiency Syndrome）缩写的音译。显然，俗称在实际生活中往往比学名更为简便，社会普及度与认同度更高。在国家工业信息系统中，就要求将指代对象的所有学名与各种俗称、译名、简称、俚语、浑名等建立对照表。此即术语学中的"用—代"关系，即以一个学名映射各种非正式称谓。

3）描述性

人类用名称来指代和识别对象。计算机则无法直接"识别"与处理对象，需要先将对象的特征转换为概念模型，再由概念模型转换为逻辑模型，即用数据与语义结构来描述的对象后，才能"认知与处理"对象。这些可处理的数据中,名称是不可少的一类数据。在联邦编目系统中,规范化物品命名不仅是对象的一个名称,还包括一系列指代其关键特征的限定词,组成一组倒排术语。名称即命名词在首位,描述词即特征限定词则按概念位属排序其后,如"锯,手持式,横割,柴油机驱动"。这种结构化的概念描述不适于人类间直接交流,却非常适合于计算机处理、检索和管理。经计算机处理后,就能极大地提升其与人类交流的精确性与便捷性。所以,对象结构化概念描述发展很快,如术语学领域中说明概念间的"属-分"关系,即某一概念的上位概念(含义更广的概念)以及其下位概念(含义更狭窄的概念)等就广泛用于计算机对象描述。

4) 集成性

工业信息资源中的物品命名应适应人-机交流的需求与习惯,将对象的各种名称表述集成于一体。在美国和北约系统中,经过科学分析、严格审定与选择的物品名称为核准品名(Approved Item Name, AIN),它与物品的零件名、基本品名、俗称等集成一体,建立对照。这些名称,连同其定义,构成物品名称体系,在不同场合下对物品描述与指代起不同的作用。这是从对集成角度对同一概念的"用-代"关系进行的阐述。集成性还体现在更广含意的对象的概念网络上,随着语义网(Semantic Web)时代的到来,本体(Ontology)正在成为新的对象概念描述工具。

5) 规范性

规范性要求对命名内容与过程,在科学与合理的基础上实现规程化和一致化。这常与方便性与个性化相矛盾,具体体现为各类俗称与核准品名、人类认知与计算机表述之间的矛盾。如"厨师帽"是人们常用的俗称,它方便但不规范。美国和北约编目系统以"核准品名"形式,其将正式定名为"帽子,炊事员用",它规范但不方便人类使用。但这一命名能与"帽子,军官用"和"帽子,士兵用"等同类对象形成一种规范性与序列性的名称。

因此,物品命名是在对规范性与方便性慎重权衡的基础上,以概念集成方式对对象进行科学描述的过程。完整的物品命名还包括其定义,一些信息资源系统中,将对象定义单独划为一类资源。但实践表明,除非一个概念是可用语言描述的,否则人们将无法正确与完整地理解其含义。故工业信息资源系统中将命名与定义划为一体性作业。完整、科学与规范的物品命名体系,是国家工业信息资源系统的一个基础组成部分。

7.1.4 物品命名的战略性

物品命名之所以要纳入国家工业信息资源开发战略,因其具有如下重要性。

1) 国家统一资源表达之需

我国与美国有相似之处,如国土幅员辽阔、民族众多且区域文化多元,一物多名的情况十分普遍。许多对象的俗称、俚语、浑名、绰号和昵称等,非专业人士一般都不清楚。英语,特别是美式英语中也有大量的类似现象。任何一种语言,如对象名称表述不统一,计算机就会将它们当做各不同物品。在各国语言中,统一名称普遍面临3大问题:

(1) 一物多名 如汉语中的"自行车"就有"脚踏车"、"单车"、"二轮车"等较常见的同义表达。

(2) 一语多义 同一对象在不同领域中有不同的含义,如"质量"一词既可是物理学概念,又可指产品品质;"背书"一词在教育和金融领域亦各有不同含义。

(3) 转义借用 某一领域的术语在另一领域中转义使用,如"菜单"一词,源于餐饮行业,现又为计算机技术广泛广泛借用。

第一个问题可通过建立词间对照表来解决。后两个问题,则需要通过语境分析处理。但语境分析往往涉及复杂的分析程序和算法模型,而采用适当的物品命名表述形式,则能更精确、简单快捷地判定其含义。

2) 构建跨语种业务流程之需

以北约为例,在多国家、多语言构成的跨语种物品管理业务中,不仅有一物多名、一语多义的问题,还有一物多语种和多语种间的不对称表达等问题。一物多语种现象如图 7-1 所示。图中是"螺栓,机械类"的波兰语、英语、荷兰语、西班牙语、意大利语、德语、捷克语等表述。一物多语种问题可通过建立多语种对照表来解决。

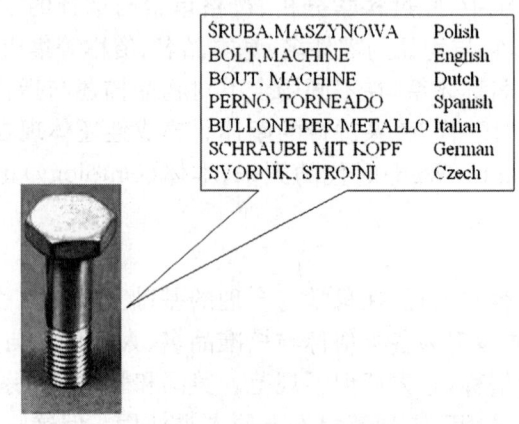

图 7-1 北约编目系统中一物多语种表示示例

多语种间不对称表达的问题给计算机识别带来更大的困难。以下实例就说明汉语与英语间物品名称表述不对称,且与一词多义的现象相交织,使之更难处理。

(1) 滚道$_①$ race(联轴器、制动器与变速器,通用零部件) 超越离合器中,内、外圈与接合元件(滚柱或楔块)接触的圆柱表面。

(2) 滚道$_②$ roller conveyer(锻压,加工工艺) 利用滚柱的滚动输送工件的一种装置,安装在支架上的滚柱由电机驱动,或在倾斜的滚道支架上靠工件自重移动。

(3) 滚道$_③$ roller path(起重机械,通用机械与设备) 供滚轮或滚子、滚珠滚动,使起重小车的回转部分转动,并承受其上的载荷的圆形钢质线路。

此 3 例说明:同一语种(如汉语)的同一词汇虽同在机械领域中,但却分属不同的大类与小类(如括号中所示);且该词汇又对应于另一语种(英语)中 3 种不同的表述,这就说明多语种对象表述中将出现形式与内容的双重不对称。

针对这些复杂情况,信息资源开发一要强调同语种中同物品的统一命名与表述。还应结合人—机系统"认知"对象的特点,注重对物品识别资源的开发与识别模型的构建。物品识别资源与识别模型,是一类高阶资源,其特性正如北约组织信息管理机构 AC/135 委员会认为的:物品名称对其正确识别的作用,是用其来确定正确的分类,并与适合的、对其进行描述的物品识别指南体系(Item Identification Guide System,IIGS)相结合。

3) 历史教训

美国在二战中曾因各类物品名称表述纷乱而导致巨量的物资重复采购,给国民经济造成重大损失。当局在总结这一教训之后,才决定将统一物品名称列为联邦编目系统建设的首要环节。

4）全球经济一体化所需

物品名称加工,既需要严格的标准化手段,对名称作统一化处理;又要实现最广泛的适用使用性,为不同地域、不同领域用户使用的各种称谓,建立集中对照体系。于是,工业信息系统中物品名称的不同表述与关联,就构成内容复杂的子系统。在全球经济一体化环境中,多语种物品名称对照系统的需求正日益迫切,而建立与维护这种系统的成本更高。但若不建设这一系统,则全社会各级各类系统在资源交换时必须要在每个系统中分别建立和各自维护无数和独立对照表系统,造成的浪费与代价将成倍翻番。

总之,物品名称数据加工与建立中央统一对照系统,是一项国家信息基础设施。美国和北约经验表明,该工程是任何企业、任何行业都无法单独实施的,只能运用国家意志,重点投入、统一建设、集中管理和维护并向全社会提供服务。所以美国将命名工作性质定义为:"联邦编目系统是一项政府范围内的工作,它由法令规定建设,其作用是:建立统一的物品识别和命名系统。"可见,物品命名是一件干系全局的国家战略信息资源开发工作,其成果不仅适于工业领域,在行政、法律、安全、公共事业与经济服务等领域也适用。

7.2 物品命名对象

7.2.1 "生产品"与"供应品"的界定

同一物品可由多家企业生产,各企业可能使用互不相同的物品名称。同一物品可以有许多用户,各用户可能使用更多的不同称谓。而作为一项国家战略信息资源,则要求物品名称的一致与统一。如《美军编目手册 H1——联邦编目系统概述》规定:"在联邦编目系统中,一种补给品只有一个品名。不论该补给品有多少不同用户,均应使用同一品名。"但国家层面上的一致与统一,又不能强制各企业、各地区的使用者放弃一切其他形式的称谓。在人类交往中,语言表达的多样化与丰富化恰恰是人类文化发达的重要标志之一。因此,要解决国家寻求物品名称表述统一化和人类生活中多样化表述之间的矛盾,就需划分不同的应用场合与各自的适用范围。在美国和北约,这一矛盾是通过对同一物品区分其是"生产品"与"供应品"两个不同的逻辑对象来解决的。

物品在生产和流通环节上,至少涉及生产方与采购方。从这两方角度出发,物品可体现为"生产品"或"供应品"。国内对"生产品"与"供应品"的理解,并无实质性区别,仅认为前者是生产方、后者是接收方的不同称谓而已。在美国与北约编目系统中,这两个概念(有时也用"物资器材"这一表述,其定义为"一个机构或单位的装备和补给品",与"供应品"同义)也确有此意,但亦另有重要区别,特说明如下。

1）美国对两者的界定与区别

在联邦编目系统中,供应品与生产品的逻辑区分如下:

(1) 供应品(Item of Supply, IoS)定义如下

① 单件生产品。

② 两种或两种以上的生产品,功能可互换,或可替换用于同一目的,或其用途相近

③ 比常规生产品更为精密(公差更小,更具特殊性能,质量更高)者,或正常生产品的改型(按用户需求进行)。

(2) 生产品(Item of Production,IoP)定义　按制造厂识别号进行分类并生产的物品或对象,它们符合相同的工程图纸、规范和同一检验规程。

2) 北约对两者的界定与区别

北约编目系统对供应品与生产品的界定为:供应品由官方赋予一个唯一的识别标志;生产品可由企业自行编码。供应品是一种生产品,由主管供应的机构确定其编目与描述数据,使之符合特定的采购与物流需求。所以,供应品可以是:

(1) 带有唯一北约物资号(NSN)的单一产品。

(2) 两个或更多的可互换产品,由一家或多家厂生产,共同拥有一个北约物资号。

(3) 经严格的质量控制,有精确公差的生产品,从常规生产中挑出并分配一个独立的北约物资号,以区别于其他的生产品,使其生产要求与质量控制比普通产品更严。

(4) 经过特殊修改生产的,赋予一个北约物资号,以区别于普通的产品。

可见,两者间的区别是:供应品是由政府按其技术和管理需求来确定其特征的生产品。生产品是企业的常规产品。供应品可以是企业的现有生产品,也可以是比现有生产品技术、质量和信息标识与命名要求更高、更严格的产品,还可以是受政府委托专门开发研制的新物品。供应品具有北约物资号,在全球范围内是唯一的。

3) 供应品与生产品的标志

名称无形,标志有形。一个生产品是否能成为供应品可从其识别标记上进行区别。北约编目系统对此下达规定:

(1) 生产品标记　如物品上可容纳下标记,则应由其生产商自行制作标记。

(2) 供应品标记　如物品上可容纳下标记,则应按特定的设计控制机构(Design Control Authority)指示,或依政府采购合同要求,作为履约的一部分打上供应品标记。由于产品提供方不一定是制造厂商,制造厂商也不一定是产品的设计单位,故相关条例规定:产品设计图纸的提供方为"设计控制机构",对产品成型负责,该机构也因此对供应品标记负责。

(3) 物品包装标记　当有包装时,应按政府采购合同要求,在包装上打上供应品标记。

(4) 供应品的北约物资号标记　供应品实体上可不用直接打上(雕刻、冲压)该物品的北约物资号,以避免北约物资号今后可能的改变(如改变分类,物品性能改变导致的北约物资号变化),或该号被取消等。

总结美国与北约的规定,可将供应品视为:一种能满足政府、军方或其他用户的采购需要,经统一命名、统一定义、带有描述数据与官方识别编号与标志,能与任何其他物品相区别,且比同类物品质量要求更高的生产品。供应品和生产品在物理上可以是同一物品,但逻辑上为两种物品,区别为:① 生产品是企业内部产品或普通商品,供应品是向政府、军方、公用机构和其他采购单位提供的生产品。② 生产品的名称、描述及分类和代码等数据,可由企业自行拟定;而供应品的此类数据,则须严格按法定编目规范进行。正是由于这一逻辑区分,就对同一物品划分出与其相关的一系列公有性与私有性信息:凡"供应品"的名称、代码、标识与描述等,均为国家/国际战略信息资源,强制统一且严格管理;而"生产品"品的相关信息则由企业与用户自行使用。生产品进入国家与军方采购供应渠道时,应先变成供应品,这一转换必须伴随相应的信息资源规范加工与对照才行。

7.2.2 统一名称的信息接口作用

同一物品,当其作为"生产品"在企业内部设计与制造时,包括名称在内的数据是私有的,其信息表述无强制性要求。但其作为"供应品"供政府采购时,就成为国有财产,具有公共品属性;其命名、识别、使用、维护等方面的数据也就成为国家信息资产,受相关的公共法约束,一致性、统一性和规范性就是对此类信息资产的基本要求之一。

供应品是加工更精准、质量更高、能满足特定需求,冠有统一名称、唯一识别代码、能向各国用户提供的生产品。政府以招标方式发布对供应品的需求,通过明确、规范、统一的基本特征描述,阐述对供应品的功能、技术、性能与经济等要求,构成了物品识别的基本数据内容。各类企业均可投标,前提是必须响应相应的技术、质量、经济与信息要求。

从这一角度来看,供应品的命名、识别、使用、维护等方面的信息,也就成为政府(包括军方、社会机构及其他企业等)与企业间的信息资源接口。它有三种模式:

(1) 国家与企业间的"生产品 N→ 供应品"信息资源提升与交换体系。

(2) 企业与企业间的"生产品 N→供应品 → 生产品 1"信息交换体系。

(3) 企业内部统一采用供应品资源体系。

第(1)种模式,多家企业的生产品数据经规范化加工后成为统一的规范供应品数据,实现企业与政府系统的信息交换,交换后的产品数据也就成为国家信息资产。第(2)种模式,许多企业的生产品数据互不一致,无法交换,但它们都是政府采购供应商,此时,就可借助供应品数据为统一接口,各方与之建立对照后,再在各家企业间交换数据。第(3)种模式中,大量企业直接采用供应品数据实现相互间的信息交换。事实表明,许多企业其实并非愿意自行建立独立的生产品数据,仅在国家统一数据缺失的情况下,它们才不得已而自行其是的。美国和北约经验表明,联邦/北约编目系统(FCS/NCS)发布后,大批巨型企业、骨干企业、新型企业和社会服务机构等都毫不迟疑地直接采用。从而给 G2B、M2B、B2B 的采购供应信息管理带来极大的便利,也给企业间的协作生产与研发带来便利。

包括物品命名在内的供应品数据,作为统一信息资源接口,对国家工业信息化水平的提升具有重要的作用。国家物品命名与识别战略建筑在此层面上,通过政府、军方及各类社会机构等的需求,带动各类企业进行物品的规范化与共享化识别。

7.3 物品命名作业

7.3.1 物品命名与物品识别的关系

国家工业信息资源系统中,命名是识别的基础。美国与北约编目规范中,物品识别有如下三种模型,前两种为最少数据模型,后一种为最多数据模型。

(1) 模型 1 由物品名称,制造厂商用的联邦物资代码(制造厂商的 Federal Supply Code for Manufacturers,FSCM),制造厂商的零件号和参考号,这两种号用来标识一种或一组产品的基本代号,代号中包括厂商零件、图纸、形式、型号、配件来源控制号、规格控制号、标准件号、图纸号等。因其由厂商(私营厂、公司、集团公司或国有企业等)编制而非国家代码,在官方系统与企业系统之间起接口作用,故称参考号。需要时,可根据参考号查询企业物品详细数据。

(2) 模型 2　由物品名称,和特定的联邦物品识别指南(FIIG)规定的实体与性能特征数据组成。

(3) 模型 3　由物品名称,特定的联邦物品识别指南(FIIG)规定的实体与性能特征数据,制造厂商的零件号和参考号,附加相关参考号等组成。

可见,3 种识别模型中位居第一的就是物品名称,它是命名的产物。在联邦/北约编目系统中,物品命名作为一个独立系统来建立、运行与维护的。概括地说,物品命名的原则是:统一命名、统一使用,兼顾习惯、建立对照。

7.3.2　物品命名内容

1) 物品名称类型及特性

国家工业信息系统中的物品命名,是为物品制定或选定专一名称,让各类信息系统都使用的统一表述。但统一命名并非要摒弃一切民间称谓,强推官方语言,而要体现科学性与公众习惯的结合,使不同情况、不同范围中的不同对象既可使用不同的习惯称谓,又能与官方的应用系统交换信息。所以,美国与北约系统中将物品名称分为:零件名、基本品名、核准品名和俗称等 4 类名称,具体如下。

(1) 零件名(Parts Name,PN)　在无核准品名时,政府采购机构或制造厂商所使用的物品名。零件名就是生产品名,也称非核准品名或未核准品名(Non-Approved Item Name,NAIN),不收入美国国家编目手册即《联邦编目手册——H6》目录中。在形式上,零件名可有多个附加术语,以进一步说明对其性能。零件名来自各类企业,所以,就有一种零件名表示多个不同产品、或多零件名表示同一产品的情况。对此,则应采取标准化措施实现一物一名。在物品标识中,采用参考法(非描述法)和局部描述法时使用零件名,因参考法主要根据厂商的产品名及标识号进行。

(2) 基本品名(Basic Item Name,BIN)　可以是一个基本名词(表明物品的基本概念),或词组(表明物品概念的最少数量词的集合)。其用途是:

① 当其能表达物品唯一概念时,作为核准品名,如"鼠标"、"光笔"。

② 作为核准品名的首词,加上界定范围的最少量修饰语,如"螺栓,机器用"。

③ 作为核准品名的一部分。如其表达的是一个新概念,则给出明确的定义。

所以,在确定物品名称时,正确选定基本品名就很重要。选择的准则是该名称应能解答"对象是什么"的问题。如能正确回答,且具唯一性,就可考虑作为核准品名,编入《联邦编目手册——H6》目录中,作为国家认可的物品规范名称。

(3) 核准品名(AIN)　美国定义核准品名为:由国家法定机构由国防后勤服务中心(DLSC)下属的"物品标识委员会"行使这一法定职能,指定"后勤信息中心主任"为其主审官,选择、甄别、批准并发布的物品的官方名称。北约定义为:被选择、定义和决定,用以精确地描述某种物品的名称。核准品名能确定一种物品的基本概念,它可以是一个基本名称,也可是一个基本名称加上修饰语,以区别同名称下的不同物品(其基本实体结构与性能相同,但规格、型号、款式各异。如:螺栓,钟表用;螺栓,电动机用)。

当物品拥有两个以上名称时,则选政府和工业部门中最常用者为核准品名。其他名称均作为参照,与核准品名建立映射,以使用户采用这些称谓时系统也能处理。在国家系统中,一种物品只拥有一个核准品名,并赋予唯一的标识代码。如联邦编目系统中,只有核准品名才拥有唯一的 5 位"物品名称代码"(Item Name Code,INC)。其他各种名称皆为非核准名(NAIN),即非官方名称,均无正式编码,一律用代号"77777"标识。使之既能被系统自动处理,又不与核准品名相混。

对象的核准品名还应包括其定义。北约编目系统中使用的物品核准品名与美国联邦编目系统保持严格的一致。显然,这是通过硬性的行政规定来实现多语种、跨地区、跨国间的物品名称一致表达与对照问题。从实践来看,舍此尚无其他成功模型可鉴。

(4) 俗称　物品除核准品名以外的任何名称(该物品必须已有核准品名)。系统既要在所有俗称与唯一的核准品名之间建立映射,又要在各项俗称后连续列出核准品名。形式如"厨师帽,见'帽子,炊事员用'"中,前者是俗称,后者是核准品名。

2) 名称界限规定

"名称界限规定"这一概念在国内信息系统中尚未见使用。欧美经验表明,它是一种简便有效的对象概念描述方法。名称界限规定用于对核准品名对应的概念,在范围与形态上作进一步的划定,以区分同一名称下的不同物品,或区分不同名称中相似物品的概念,或排除某一类物品的概念。具体地说,物品名称界限规定用以下几个方面:

(1) 表达多物品概念下的各个基本品名,用以界定单一概念。如:自行车,电动式(俗名:电瓶车、电动自行车);自行车,非电动,可折叠式,等等。

(2) 表达多物品概念下的各个基本品名,用排除法划分以界定单一概念。如:"涡轮增压器。包括:涡轮增压调节器,地面和飞机发动机涡轮增压器。不包括:与发动机集成一体的增压器"。后者就排除了某种概念。

(3) 一个基本品名或其表达的物品概念与另一个基本品名或其表达的概念有可能混淆时,用界限规定来进行区分。

3) 品名指南

品名指南是用于制定联邦物品识别定义(Federal Item Identification,FII)规定的品名数据。物品识别定义规定也称联邦物品后勤数据记录。它包含了确定物品基本特征所需的最低限度的数据,这些特征构成了该物品特性并使其区别于其他供应品。特别应注意的是,每个物品识别定义,只适合于一种、且仅仅是一种供应品。联邦编目系统中,每种物品都有一个专一对应的物品识别定义规定。参见第 8 章。品名指南是国家工业信息资源加工的规范之一,如《美国国家编目手册》即国防部编目手册 H6,就包括了对各种物品的核准品名、基本品名、零件名、俗称及其定义;各种品名代码,以及品名、物品识别指南标号之间的相互对照;各种术语与缩写的对照等。故美国的联邦品名指南就是当今世界上最大的物品名称词典,称为《Federal Item Name Directory》简称(FIND)。该品名编入中央资源库,成为一类相对独立的国家工业信息资源板块,实现对各级各类应用的支持。

4) 各种名称的使用要求

各种名称的产生有其地域、历史、社会、技术、人文甚至情感等原因。一种名称一旦形成并在社会上传播,就无法用行政手段对各类系统、各类应用中强行统一或制止其使用。但国家工业信息资源体系,是政府投资建设的国家设施,必须按统一标准运行与维护。

在美国/北约编目系统中,对几种名称的使用有以下几项规定:

(1) 政府与军方系统中,所有物品必须使用核准品名(AIN)。

(2) 建立联邦识别定义或北约物品识别定义(FII/NII)规定时,必须使用核准品名。

(3) 基本品名加上一定的附加语,用来确立物品概念,可表达某种程度上的不同。

(4) 零件品名用于无核准品名时,制定参考法物品识别的定义规定。

(5) 各类俗称均应逐一与核准品名建立对照表。

(6) 核准品名以倒置形式表述,即名称中的词序是倒置的,其优点是能按品名顺序将同类物品汇聚在一起。该结构表述特别适合于计算机排序检索,如"锯,手提式,横截,柴油机驱动"。倒置名称也适于作界限规定。

7.3.3 品名管理与扩展

1) 品名管理

为确保每项物品的名称表述一致,在其进入国家信息系统时要进行审核。根据统一命名规则与判定条件筛选或拟定核准品名,并将核准品名与其他名称建立对照表。核准品名作为国家信息资产列入《美国国家编目手册》(National Codification Handbooks,即 H6 手册)和《北约供应品名称目录》中,并给出其定义,赋予一个物品名称代码(INC)。再加上对其进行物理、化学与电气特征描述的数据。然后作为官方文件发布,供国内外的制造厂、经销商、社会实体和政府机构等使用。《北约供应品名称目录》是由北约主管信息标准化最高机构 AC/135 委员会发布的,按国际协定编制的所有带北约标识码的供应品核准品名字典。当一种供应品由多个国家生产时,就必须附上各国的标识,以作区别。NATO MANUAL ON CODIFICATION ACodP－3 与美国 H6 手册兼容,但北约各国需要对物品目录下的多语种名称用自己的语言进行维护。通过统一代码映射到各国的物品描述语言中。从而使每个核准品名均与一个或多个国家供应品代码(NSC)建立联系。

H6 手册也定义了与核准品名相参照的各类俗称。当厂商的产品名称找不到与之相对的核准品名时,才可作为例外采用非核准品名。

2) 命名系统的发展

为保证人与计算机都能一致理解物品名称,规范、完整的物品品名就由核准品名、基本品名、俗称和排除性说明、定义和不同语种间的对照表达等组成。物品统一名称目录和命名法在美国与北约编目系统中,不仅在协同供应与跨国物流中显示了不可或缺的重要性,它也成为一种新的国际物品描述标准,扩展到各类民间的工业与电子商务系统中。

近年,美国开始构建国防架构(Department of Defense Architecture Framework,DoDAFEA)系统,其中以包括物品名称在内的主题词驱动系统为其研发重点。该系统建立起各类术语和词间关系为内容的知识体系,成为向国家工业领域语义资源体系发展的核心。在民用领域,美国与北约正积极与联合国等机构合作,推出与统一标准产品和服务分类(The Unirersul Standard Products and Services Classification, UNSPCS)体系相对照的物品名称与代码体系,实现从军方与政府电子商务到民间电子商务的扩展。

[建议与思考]

我国国家工业品名称信息资源建设现况分析

与欧美国家相比,我国工业物品名称的国家信息资源的统一建设与应用基本处于缺失状态。具体体现为:

1) 国家战略信息资源观念的缺失

将工业品名称作为国家战略信息资源进行统一开发、管理与利用,这一观念目前我国仍未形成。无论学术界还是工业界,均未在此层面上深入探讨过,因其是个易被忽略的问题。历史上,美国也是经历了二战实际教训后才意识到这一点,才将物品命名与统一加工列入国家工业信息资源加工作业之首,并由此形成"国家信息资源"的观念。所开发的各类与名称相关的信息也受到相关的公共法、军事法、资产法等的保护。北约其他国家紧随其后,直接引进美国的成套经验与制度,通过行政手段,而非学术研究途径解决了这一战略问题。我国则需要先建立工业品名称、特征描述等信息为国家资产的观念,然后由国家主管部门牵头建设。同时,产业界、学术界与信息界等均应进行宣传,以建立其为国家战略资源的理念。由于国家信息资源观念的缺失,造成包括产品名称等对象在内的国家和企业两方信息资源的产权不明晰,没有"供应品"与"生产品"的区别,也就提供不出国家资源加工的各项具体要求,同时也无法明确"两化融合"的主客体问题,融合的收益、投入与回报等问题。

2) 国家信息资源与管理机制的缺失

物品名称(包括其定义)上升为国家信息资源后,可节省大量的社会成本,发挥信息的全局带动功能和整体效益。如在美国和北约集团,核准品名及其定义只需一次建立,就能在任何机构、任何国家的任何系统中使用。在我国,既没有物品"核准品名"的概念,也没有关于"供应品"的规范、统一定义的信息资源,一切放任于企业、机构与行业。信息系统建成主要是供计算机处理的,若不提供统一名称与规范定义,不从计算机处理信息的基本特点,其与人类"认知"对象的巨大差异出发,则其应用就会大受限制,特别是在信息时代的人—机融合、机—机交流与互操作的环境中。

在管理机制上,美国和北约均规定,凡希望进入政府与军方采购渠道的物品生产企业,均需先行注册,获取统一的供应品名称与代码等法定资源,并确保向官方与相关用户提供的物品资源、操作手册、维修说明、相关数据与软件等中均统一采用。而我国的政府采购条例中尚无类似的对物品信息资源的制度性要求,从而导致物品信息采集过程中的标准化管理机制的缺失。

3) 国家资源建设的战略措施缺失

比较7.3.2中描述的4种名称,我国目前各类工业信息系统中,普遍采用的是零件品名和各类俗称,这种状况正与美国二战前的情况相当。只是我国未经历过以大规模工业品生产及远洋物资供应为后盾的战争,工业信息不一致造成浪费尚未大规模显现而已。然而,这一危机的根源并未消除。

同时,物品对象统一名称、编码与定义系统若无国家作为一项基础设施投入建设,任何企业也无力解决此类问题。由于没有国家权威机构统一发布的物品核准品名及其代码与标准目录,更无一套详细完整、动态维护的俗称与核准品名的对照表,因此全国信息孤岛林立,G2B、M2B与B2B的建立难度极大,成本极高,风险较大,稳定性差。

4) 国家物品信息资源平台的缺失

美国远在计算机发明之前,就以手工作业、纸质载体和电报电话网络的原始信息条件建立物品的"中央编目档案"。扩展到欧洲后,通过北约编目系统形成全球最大的分布式物品名称信息资源平台。我国则因国家工业信息资源的总体平台缺失,造成各类企业、机构与行业的信息资源无所依托和无从整合的状态,它们间的规范化融合更无实现的。由于无法形成国家信息资源,两化融合就失去资产承载主体,融合的增值效应和总体指标均无从衡量。

上述问题均要在工业信息资源发展的国家战略层面中切实解决,才能指望我国的两化融合战略得以真正落实。

[本章小结]

本章论述了国家工业信息资源加工的第一个环节——对象命名的基础性和重要性,以及美国和北约系统建设中对各种物品名称(零件名、基本品名、核准品名和俗称)的种类与功能,相应的命名规则与处理要求,以及规范名称的编码、表述格式,非规范名称的映射,应用和管理体制等问题。

8 国家工业信息资源的识别战略

8.1 物品识别概述

工业对象指工业物品、工业过程与工业管理等,其中数量最大的是各类工业物品(简称"物品"),因其结构复杂、数量众多、差异性大,识别难度高,故本章主要以物品为代表,分析工业对象识别的国家战略。

物品识别的正确性、识别效率和识别质量直接影响工业系统的运行,也直接影响工业自动化水平。同时,不同系统的性质、规模、结构和功能等又影响到物品识别的难度与资源需求。国家工业信息资源中,物品识别的技术难度与规范要求远比企业和行业中大得多,涉及面也广泛得多,对识别资源、技术与设施的要求也严格得多。

8.1.1 物品识别的定义

英语中"识别"为"identification",有"认出、识别、鉴定、验明"等含义。"Item Identification"是指物品的认出、识别、鉴定与验明等。应当说,只有人类才具有这一能力,计算机并不具备对象识别能力,它只能借助于物品特征描述数据来间接识别对象。故物品识别对计算机而言,就指对对象特征数据的处理与比对等。信息系统中,对象的任何差异都要最终转化为计算机内不同的代码串的区分、识别与处理。

《北约编目手册》将物品识别定义为:"物品识别是由充分、明确的对象基本信息组成,它们构成描述某一物品的唯一特征集,足以将其与其他物品相区别开来"。《美军编目手册 H1》指出:物品识别,既指对一种物品描述的过程,也指描述的结果。所以,物品识别不单是一个过程,一套技术,一种能力,更是一项基础工业信息资源与设施。物品识别在国家工业信息资源的开发与利用中起着不可或缺的作用。据北约规范,国家物品识别资源由如下 4 项基本内容构成:① 物品名称命名及定义。② 物品识别模型的建立或选择方法。③ 物品类别划分。④ 国家物资号的建立。

8.1.2 物品识别的性质

从国家工业信息资源开发角度,物品识别是采用一系列技术数据,对物品进行特征属性描述,建立识别模式与识别资源的过程。在联邦/北约编目系统中,"物品识别"与"物品描述"呈现一体两面的关系。随着近年来 G2G、G2B、M2B 和 B2B 电子商务的迅速发展,以及在美国"信息战"、"网络中心战"等新军事理念推进下,国家工业信息资源中对工业对象特征属性的精细化与深入化描述的要求越来越高,描述形式也从数字与文字扩展到图形图像和流媒体。物联网时代,物品识别的内容、模型与资源积累发展很快,新需求层出不穷,技术描述日益深入。

美国与北约的各项规范中,"物品识别"常与"物品描述"混合使用,但对两者的功能理解却很清晰:物品必须经过透彻的人工"描述",才能供计算机进行良好的"识别",故"识别"以"描述"为前提,"描述"是"识别"的应用。

8.1.3 物品识别的内容与要求

1) 物品识别的技术内涵

在命名层面,人们还只能从外在名称上区别对象。识别,则依据对象的内在属性、技术特征与功能,从更本质、更深入的层面来进行区分。故命名与识别呈现互为表里、互为形式与内容的关系。可归纳出物品识别的两要点:

（1）识别的依据是对象固有属性　根据美国《联邦编目系统方针政策手册》:物品只有凭借技术研究才能揭示其客观属性。识别,是将这些属性加工成规范化的描述信息资源,供系统自动处理的过程。识别的基础是对象的技术研究,结果是获取并建立对象的一系列特征资源,目的是用于计算机系统的自动处理。识别的成果,既用于系统"认知"个体对象,也同样体现为一类相对独立的国家工业信息资源。

（2）技术特征是识别的基础与核心　技术特征分为以下两类:

① 实体特征:构成物品的因素,如其结构、材料、化学成分、声、光、电、磁与机械属性等数据,尺寸、零部件组成与公差配合等数据,工作原理等。

② 性能特征:包括物品依其实体特征提供的特定作用、功能和服务等。

2) 物品识别的技术要求

北约编目系统将物品识别的技术要求归结为"三个F",即"Form, Fit and Function"。Form 为物品形状、规格、尺寸,以及其他能唯一描述产品的各项可测量的物理参数;对软件产品,则代表语言、媒介,性能参数等。Fit 是一种产品（或零部件）与其他产品（或零部件）结合的功能与信息接口,以及机械装配性能,如形位公差与公差配合特性等。Function 指产品被设计出来所能实现的各项技术性功能等。

3) 物品识别信息资源

计算机系统中,所有描述均为数据集合。工业品千差万别,其实体特征和技术属性也千差万别,对应的数据集合更是千差万别。即使同品种、同型号、同规格的工业品,也因品质、材料和外观甚至颜色等产生区别。发达国家归纳出两个识别要点:一是对每种物品的特征属性数据进行收集与分析;二是为每种物品制定相应的识别模型,这在欧美国家信息规范中被称为"物品识别定义规定"。识别资源与识别模型结合,构成每种物品的独立而完整的识别信息资源。

从二战起,美国信息专家就与各工业领域的专家、企业用户及院校研究机构的学者合作,针对数以万计的工业品进行特征属性分析,研究了从常规工业品到高技术产品,从普通日用品到武器装备,从耐用品到农产品等各种对象的技术数据。制定出成套识别工业品技术特性的规章、标准、流程、管理、评估、确认与发布等方面的作业流程,开始系统化、规模化地开发工业品特征描述信息资源。通过政府、军方和企业探索实践了数十年,形成完善的物品识别资源与识别模型体系。再经过向北约各国输出与融合,逐渐成为西方各国国家工业信息资源中最重要、最核心、价值最高的战略性工业资源。

8.1.4 国家物品识别体系

1）建立国家物品识别体系的必要性

工业品最初源于各类企业，在无可用的官方物品识别规范与识别资源之前，各企业只能自行定义其产品特征数据与表达模型。它们间互不统一、不规范，如仅在企业内使用，影响尚不大。但如在国家层面上应用，就会对物品识别造成比物品命名更难应对的全局性混乱。

识别之所以比命名的难度更大，是因物品命名的结果仅是一个数据项或一条记录，而物品识别则需要形成一个描述模型、一系列的技术指标与图形表达等一套数据文件。

欧美实践表明：物品，特别是供应品的识别信息资源必须由国家统一开发、统一建设、统一管理与统一维护，并与国家物品命名体系、国家物品描述体系和标识体系等结合，才能发挥对国家政务、国家防务与国民经济的支撑作用。

在美国，物品识别体系被称为"联邦物品识别体系"，"联邦物品标识体系"，"联邦政府范围内的统一物品器材标识语言"等。之所以强调"联邦"，是因如仅提"政府"的话，则可能被当做州或市政府，而物品识别的信息资源必须全国统一，故美国相关法律和官方文件都用"联邦"或"合众国"这一表述。北约则称为"北约物品识别体系"，对所有参与国均有约束力。因此，"国家物品识别体系"既指一类物品识别资源体系，也指将一种识别资源拿到国家层面来发挥作用。前者指由国家直接建设资源的过程，后者指由基层单位（下级政府机构、制造厂、供应商等）在国家统一规范框架内，自行建立并经权威机构认可后进入国家工业信息系统，成为法定的物品识别信息资源的过程。

2）物品识别在国家工业信息资源加工中的地位

联邦/北约编目系统，是一套覆盖物品"设计→制造→加工→供应→使用→回收"全过程的信息系统。物品编目就是其中一项加工过程，它由5个步骤组成：① 物品命名；② 物品识别；③ 物品分类；④ 赋予物资编号；⑤ 编目信息发布。物品识别是其中第二个步骤，它包含物品标识与描述两类活动，涉及这两类的资源开发，是这一个环节中作业量最大、技术难度最高与最复杂的工作。

3）工业化发展对物品识别的影响

大规模、系统化的国家工业品识别资源开发始于上世纪中叶，是联邦编目系统建设的主内容之一。当时，计算机尚未普及，工业品在数量、品种和集成度方面还很有限，相应的信息资源加工深度和广度也就有限。

随着微电子、计算机和网络时代到来，工业品日趋复杂。尖端武器装备、高科技产品出现了光、机、电、声、磁一体化的趋势，软硬件融合、物品出现了高集成化、多功能化等特征，物品识别产生了质的飞跃。特别是以美国为首的多国部队经过几场高水平的信息战，对物资自动识别与智能化、远程化、高强度、规模化、密集化与精准化管理的要求日益提升，致使物品识别的需求越来越高，战略地位日益重要。据报道，在"沙漠风暴"战役中，多国部队因在混合作战中无法正确识别友军飞机、移动武器等造成的错误打击导致的伤亡损失，竟然达到惊人的比例。这也从一个侧面说明，信息时代，单纯的物品外在标识已不能满足识别需求，面向物品内在属性和整体特征精准快速辨识的需求与要求日趋强烈，这使描述成为对象识别中工作量最大、技术内容最高、资源加工最深、数据关联度最高的一项作业。

4)发达国家物品识别系统的建设实践

(1)美国国家物品识别体系的建设历程　美国的物品识别从一开始就作为国家工业信息资源体系中的独立子系统来建设、管理与维护。1929年起,政府各部局、各军兵种、勤务部门、陆军航空兵等开始建立独立分散与内容不一的信息系统。1945年,罗斯福总统下令建立"国家标准物资目录",主要任务之一是将上述互不一致的识别对象、识别内容与识别模型统一起来。1967年,美国在大量识别资源积累的基础上,总结出完整配套的"联邦物品识别指南"(Federal Item Identification Guide,FIIG)体系,确立了数以万计的物品识别模型,为每种物品建立单一的国家物品特征记录提供了规范化指导。这些记录采用机器可感知格式,能快速检索,形成的记录均统一保存在中央编目档案库中。1975年,《联邦物品特征编辑指南》制定完成,成为工业品识别作业规范,任何相关机构均无例外地遵守,由此将国家物品识别管理体制与资源加工模式推向社会。

工业物品识别体系与规范的建立,才真正代表了美国国家工业信息资源的集中、统一、规模化与分布式开发之始。各主管机构为每种物品建立识别资源,再对不同机构的识别模型进行研究对比,逐一选择或建立物品识别模型,获得主管机构认可后编入联邦编目系统。其后,这些资源连同其管理模式被引入北约各国,成为"北约物品识别指南"(NATO Item Identification Guide,NIIG),走向全世界。

(2)国家物品识别体系的内容　物品识别要对每种物品建立独立模型,工作量巨大,技术内容广泛。需要数十个专业的工程技术专家、政府与军方代表、信息领域专家长期协同研究,并需资金、行政和法律保障。故直到1957年底,在国家预算局的支持下,美国政府和国防部才初步完成对每项物品的标识、描述以及将原有分散的识别资源整合改造为一个全国集中的资源系统。

在识别对象、识别内容与识别模型三者之间,美国将开发重点放在物品识别模型上。联邦编目系统将模型称为"物品识别定义规定",认为国家工业信息资源开发需要重点投入、统一建设的,首先是每种物品的识别模型。之所以称为"识别定义",是其不单有指示、鉴别、标识的作用,还有特征描述的功能;之所以称为"规定",是指模型具有法定效力,一切相关机构均须遵循。

为指导识别模型的建立,上述联邦物品识别指南在以下三方面体现出重要性:① 对象识别模式建设优先于对象识别信息。② 识别模式建立对象的特征属性描述规程,解决同类对象的统一识别信息资源建设问题。③ 联邦物品识别指南的建设重点从描述信息资源上升为描述模型资源,是更高阶的信息资源。

联邦物品识别指南建立和模型,涉及对象识别信息资源、作业程序、操作规程等,从而成为在国家工业信息资源建设中分量最重、技术含量最高的一类资源。表8-1是巴西在加入北约编目系统时,对所接受的相关编目导则、手册、标准等的品种、数量、页码和语言进行的统计。可看出,联邦物品识别指南(FIIG)在卷数上和页码容量上都远超出了其他种类的规范资源,占各类文件总量的93.87%,足见其分量与重要性。

表8-1　联邦物品识别指南(FIIG)在北约编目体系中的种类、数量与页码示例

PUBLICATION	TYPE	VOLUMES	PAGES	LANGUAGE
FIIG	GUIDE	1 579	69 930	ING
FLIS	NORMA	18	3 245	ING

续表 8-1

PUBLICATION	TYPE	VOLUMES	PAGES	LANGUAGE
ACODP	NORMA	1	932	ING
HANDBOOK	NORMA	1	38	ING
MILSTICCS	NORMA	1	22	ING
CODSP	NORMA	1	72	ING
APOSTILA	NORMA	20	261	PORT
TOTAL		1 621	74 500	

5）物品识别体系的配套法律依据

物品识别系统，既被当做一项国家信息资源基础设施来建设，就要有相应的法律依据。美国最早的立法是 1952 年第 436 号公共法案，确定了物品识别的内容与范围："任何一项物品，凡重复使用、采购、储存和分发者，在从采购直到处理的全过程的各项补给业务中，均应使用专一的标识"。它说明以下问题：

（1）物品识别的对象与涵盖范围

① 任何批量生产（即可重复使用与采购）的产品，都必须采用专一标识进行识别。

② 物品使用专一标识的前提，是要先建立其识别信息资源。

③ 识别信息资源必须覆盖生产、运输与使用的全过程。

（2）物品识别体系的责任与标识

《美国法典·军事卷》第 10 编《武装力量：以及规则》第 141 章第 2 384 条"补给品：对供应商和来源的识别"，给出了识别资源的应用规定和相关行政首长的责任："国防部长应要求与国防部签订向合众国提供补给品的合同的承包商在根据合同提供的补给品上做上标志或另外的识别记号，如承包商的标志，所提供的补给品的国家物资编号以及承包商的产品识别号"。"补给品"即第 7 章讨论的"供应品"，也就是向政府和军方提供的物品，该条款明确了如下几个关键问题。

① 国防部长代表国家承担国家补给品识别信息资源的编制、制作、流转与应用的责任。

② 物品识别为向美国提供补给品的所有承包商在供货时必须履行的一项法定义务。

③ 标识对象不仅有补给品，还有厂商标志、厂商识别号、厂商零件号以及国家物资号。前 3 项为私有信息，企业可自行编制其内容与形式，但有义务在政府采购中提供；后者为公用信息，内容与格式是标准化的。由此实现国家公用信息资源与企业私有信息资源之间的对接。

④ 识别号必须制作在每件补给品上。例如，如某厂商向政府提供一批电缆，即便这些线缆装在计算机机箱内，其上也必须印有或粘上相应的企业与国家识别号或标签。

此类法律的推行，美国政府、骨干工业、军事工业及相关的制造与服务企业均要依法加工、采用和开发物品识别信息资源。法律内容也随北约编目系统扩展到北约各国，具体按《北约标准协定（STANAG）3151——物品识别的统一系统》协定，使北约编目系统成为全球覆盖面最广的物品识别信息资源系统。

8.1.5 物品识别的资源特性

物品识别资源具有广泛性、基础性、积累性、系统性、复杂性、协同性和战略性等特点，具体如下。

1) 广泛性

物品识别包涵了一切规模化生产的工业品,绝大多数农产品(如《联邦物资分类(FSC)》体系中的"87 大类——农业品"、"88 大类—牲畜"和"给养品"等)以及它们在产、供、销、使用及后处理等过程中的识别类资源。故物品识别涵盖了第一、二、三产业门类,范围广泛。

2) 基础性

识别既是基础信息技术,又是基础资源(包括识别类资源与识别模型资源)。正如《北约标准协定(STANAG)3151——物品识别的统一系统》第 2 条指出:"北约物品识别系统和北约分类系统共同构成了北约装备系统编目的基础"。基于这类资源,工业信息,特别是物品信息才能在自动环境中发挥作用。

3) 积累性

识别的前提是建立对象描述资源,依据指南建立描述物品的物理、机械、电气、化学、材料、尺寸、性能等一系列实体特征和功能属性。这些数据,加上识别模型等,均需政府、企业、相关信息机构等共同积累、长期建设,才能形成。

4) 系统性

工业品从零件、部件、组件到总成之间层层关联,相应的技术与管理数据覆盖生产、供应、销售、运输、使用及用后处理等一系列活动,体现为识别资源的系统性,它是现代生产与管理活动的系统性在虚拟空间的反映。

5) 复杂性

工业品各异,识别数据、识别模型也因物品而异。形成"一物、一模型、一套数据"的复杂模式,也必然导致识别系统建设的高昂成本。因此,任何一个企业、行业都不可能建立包罗万物的识别模型。只有国家牵头和投入,组织和建设才行。

6) 协同性

物品识别系统是跨国共享的工业信息资源,任何一个参与国的资源新建、采用或中止等均会导致物品识别数据、识别模型的变动,干系全局,需要与其他国家进行协调。《北约标准协定(STANAG)3151——物品识别的统一系统》第 9、10 条规定:"当有关签字国确认,多国生产的物品完全相同时,则应编制同样的北约物资号。这点应是北约装备系统编目的一条原则"。"任何签字国如想终止本协定,必须提前 3 个月正式通知其他签字国"。这些将信息资源提升到国家间进行管理与协调的措施,体现为识别资源使用的协同性,一个国家中的一种物品识别资源如果有变,就要进行多国协调。同样,在一个国家内,更需建立跨领域、跨行业的识别资源协同机制。

7) 战略性

识别资源建立后,所有同品种、同规格对象,就可在各级各类系统中共享。这些物品的识别数据、连同其管理数据、接口数据等,成为行业、国家乃至国际物品信息资源系统的重要内容。如果一种物体的指南内容有所变化,就会引起北约数十个国家的物品数据库的相应变化。所以,识别系统作为国家工业信息资源的基础设施来建设,其数据与模型也被视为战略信息资源,长期投入、建设与维护。

8.2 物品识别的主要内容

8.2.1 物品识别的主要功能

物品识别的主要功能可归纳为微观标识与宏观应用两类,互为手段与目的。

1) 微观标识

按产品技术规范,建立每种物品的特征信息描述模型,再按此模型对描述数据加工处理,并集成到国家工业信息资源体系中,形成统一的物品属性描述资源,支持各类应用。

2) 宏观应用

国家对工业品识别的宏观应用,均建立在对物品数量和其特征属性的规范描述基础上,主要内容如下。

(1) 建立物品识别链 国家和企业的物品供应需求确定,以及采购、生产、分发、再分发、储存、核算、检查、维修和后处理等,均需统一、配套的识别资源与模型,形成环环相扣的识别链,各类机构均依托此识别链建立应用。

(2) 特征信息资源共享 物品识别的特征数据与描述模型,在国家工业信息资源体系中为公用资源,可在统一处理与交换的基础上实现全社会共享。

(3) 优化物资存量管理 国家行政机构能从对象的技术特征数据上,准确了解国家采购物品间的等同性、替换性和升级性,实现国家、行业和企业间对物资存量的管理;支持不同机构间的物资综合调剂,能有效盘活各地各部门中的物资存量。

(4) 控制不同规格物品的增量 通过精确了解国家、行业和企业各级各类系统中各种物品的不同种类、型号、规格、尺寸,有助于管理者对同品种供应品进行标准化决策。重点发展用量大、性能优的规格型号物品,减少用量少的规格型号,防止不同规格的无序滋长。

(5) 综合节约 在了解物品特征属性的基础上,各类用户间可大幅度减少所用的技术与管理文件、表格的品种与数量、管理人员和储存场地等。动态控制物资,减少库存。

(6) 统一资源加工 通过国家建立统一的描述模型和识别资源,可避免全国乃至国际范围的物品重复标识、重复描述与重复分类编码。消除各级机构对同一物品的重复采购、重复贮存和重复发放,改进社会各级机构对剩余物资的处理工作等。

(7) 统一经济核算 为国家工业动员提供基础信息资源。国外经验表明,应用基于统一识别资源体系建立的监管与核算系统,能更好地掌握国防与民用部门的物资品种与总量,改进需求总量确定和预算编制等工作。

(8) 发挥社会效益 依照相关法律,识别数据与识别模型均为公共财产,可向民间机构与社会部门提供。根据美国信息自由交流法案,公众可以获得联邦编目系统数据。具体可取得的资料是:①《联邦编目系统出版物索引》,相关手册由各军种或国防后勤局提供,手册中的目录及编目工具均可向美国政府出版局购得;②《总对照表》;③《物品识别表》等,由编辑机构直接出售。国家机构对工业品数据进行了统一开发与管理,形成了量大面广的优质基础信息资源,任何企业和机构都可在此基础上,开发自己所需信息,在更深层面上构建应用,以进一步发挥国家信息资源的效益,将其扩展到国民经济各领域中。

显然,仅国家物品识别资源体系的这些功能,对于我国工业信息资源的开发与利用就具有极其重要的启示作用。

8.2.2 物品识别定义规定

1) 物品识别定义规定的基本概念

美国等在建立工业识别资源体系中,形成了一个重要概念——"物品识别定义规定",其内容与作用已为北约各国企业普遍接受。这一概念在我国的各种信息系统、软件工程规范和系统需求导则等中从未提出过,但它却是建设国家工业品识别资源的核心。美国称为"联邦物品识别定义规定(Federal Item Identification Definition,FIID)",北约为"北约物品识别定义规定(Nato Item Identification Definition,NIID)",其定义为:"描述一种物品的数据集合与编成","编成"可理解为编目加工与资源集成以及对象识别的信息资源与模型的组合,是一种具有法定约束力的官方信息资源加工规范。它们依照联邦/北约物品识别指南建立。

物品识别作业的第一项工作就是制定识别定义规定。识别定义,是指针对每种物品的特征属性,抽取、选择并建立对应的描述数据集合,使之足以和其他物品相区别;规定,是指这套数据集合是由政府发布、对机构和企业都有指导与约束作用的技术信息资源规范。它们均由相关领域的技术专家和信息化专家共同制定,官方正式发布,各级政府、企业与社会机构统一执行。

2) 物品识别定义规定的基本性质

可从资源、资产、存储和标识方面将物品识别定义规定的性质归纳如下。

(1) 资源属性 物品识别定义规定是一类特殊信息资源,集约性、高阶性、中间性、规范性和官方性是其主要特征。

① 集约性:国家开发物品识别信息资源,主要针对功能相同的同类产品,一般不再细分具体规格与型号。如通用滚珠轴承可有成百种不同的尺寸、规格型号和技术要求,但国家物品识别定义规定只针对滚珠轴承的基本功能、最普遍的特征,建立一般的识别模型与定型参数集合。面向具体应用的特殊技术数据,则由行业和企业按需开发。如陶瓷轴承有一系列特殊属性,但只适于在行业或企业范围内开发补充性识别资源,不宜由国家层面来统一规定。

② 高阶性:物品识别定义规定不描述每款产品的具体特征,而将同类物品的特征数据抽取出来建立统一描述模型。这种信息资源属于二次信息,它通过抽象和概括方式,反映物品最普遍的特征属性。

③ 中间性:物品识别定义规定是国家与企业工业信息资源间的接口,作用堪与系统中间件相比,为一种"中间资源"组件。它将大大减小各类工业信息资源的开发与整合难度,提升资源系统的健壮性、复用性与适应性。从近年北约东扩来看,凡采用北约编目系统(NCS)的东欧国家,在其战略工业信息资源体系整体切换时,均表现得颇为顺利流畅,关键原因就是联邦/北约物品识别定义规定(FIID/NIID)和联邦/北约物品识别指南(FIIG/NIIG)体系的直接采用。

④ 规范性:物品特征属性都用识别定义规定来规范化和固定化,形成内容与格式归一的标准资源。每种物品识别定义规定,只适用于一类物品,只能有一套官方识别资源体系,联邦/北约物品识别指南就是这种规范指导文件。

⑤ 官方性:美国与北约识别定义规定均是官方技术文件,要求各级政府机构和企业都要在信息系统中强制采用。"规定"代表了法定义务,用户只能在几种模型中进行选择,否则就无法加入到国家物资与工程项目的投标活动中。

（2）资产属性　物品识别定义规定可作为企业和国家信息资产，两者间存在相互依存与价值递增关系。在美国，这类资源被冠以"联邦"之称，强调了其强制性与其国有性。作为公用资源，物品识别定义规定的质量优劣将对全国工业品的特征识别与属性描述的充分性与完整性产生影响，故识别定义规定必须统一制定，集中发布，成为国家资源。在企业方，当国家统一了物品识别定义规定后，企业系统就能据此进行互操作，构建各类应用。企业的资源开发才有一个共同的资源平台，可直接进行信息资产增值工作。

（3）存储属性　在北约各国，物品识别定义规定集中存储于美国和各国的国家中央数据库，由专门的国家机构（美国是由国防后勤局本部、国防后勤服务中心、联邦政府各直属部、局等代表军方和政府开展物品识别行政管理工作，北约各国则由国家编码局承担类似职能。）统一管理与维护，并被分发到各级政府机构供使用。在美国，它们"作为整个联邦政府在所有各种供应管理职能中的可理解和可使用的标准语言"。为避免北约中的数据不一致，各国均按《北约标准协定（STANAG）3151——物品识别的统一系统》双边协议，将所有物品识别数据统一委托美国国防综合数据系统中心集中存贮，统一维护并提供服务，各国的中央数据库均与美国数据中心互为镜像。

（4）编码标识　美国和北约规定：一个物品识别定义规定可获唯一的国家物资号，未获此号者，不得成为联邦/北约物品识别定义规定，该物品也不拥有对应的联邦/北约物资识别指南。物品识别定义规定经权威机构审核并赋予国家物资号后，则所有参与政府、军方、公用设施与服务项目招标建设的系统，均须采用该规定模型来识别与描述物品。可见，一种物品被赋予法定编号不仅表示其拥有唯一的官方标识，同时还表示该物品拥有政府、军方和社会公用系统均须遵守的统一特征识别与描述模型。

8.2.3　物品识别定义规定的构成

1）物品识别定义规定的构成模式

物品识别定义规定在多年实践中产生了多种模式。理论上，每种物品都可以有最适合的特征识别与描述方式。为保证识别模型在有序前提下的多样化，采取了"序列组配"的标准化处理手段，将这些模型分为"最少数据模型"和"最多数据模型"两类。识别定义规定涉及国家和企业的信息资源结合。《联邦编目系统方针政策手册》指出："制造厂商的数据（即参考图纸号、零件名称、特征描述数据）对物品的确切标识来说是极为必要的。所有联邦编目系统的参与者应保证经常掌握完整的和最新的厂商数据，以支持有关编目的所有后勤职能的原则和要求。"官方规定的两种模型如下：

（1）最少资源构成模型　又有两种模型。模型一由5种要素组成。① 物品名称。② 制造厂商用联邦物资代码（Federal Stock Code for Manufacturers，FSCM），或 CAGE 号（即 Commercial and Government Entity Code，商业与政府实体号）。③ 制造厂商的零件号（PN）和参考号（RN）。参考号是 CAGE 号和零件号或制造商的物品标识号的组合。④ 参考号类目代码（Reference Number Category Code，RNCC），是一种说明参考号与供应品之间关系的代码。⑤ 参考号变化代码（Reference Number Verification Code，RNVC）是一种说明被引用的参考号是直接用于物品标识，还是提供其信息的代码。模型二由两种要素组成。① 物品名称。② 联邦/北约物品识别指南规定的实体与性能特征组合。

（2）最多资源构成模型　由3种要素组成。① 物品名称。② 制造厂商的零件号和参考号。③ 联邦/北约物品识别指南规定的实体与性能特征组合。

这些模型，均由特定元数据构成。一般信息系统中，元数据很少由官方作出强制性规定。但联邦/北约编目系统对此作出统一规定，体现了国家工业信息资源的严格性、基准性和精确性。

2) 物品识别定义规定的标准化策略

各模型有不同的标准化处理策略，具体如下。

（1）国家统一资源内容　该策略的标准化程度最高，可从形式与内容上统一对象。如物品名称因对象单一，形式简单，易于统一，故规定直接采用国家核准品名。

（2）国家统一资源格式　该策略的标准化程度其次，只统一对象描述形式。如指南只统一某类对象的识别资源格式，不对该类物品的每项内容作统一规定。

（3）国家统一资源标识　仅有两种情况，国家不对物品特征识别内容作出统一规定。一是物品技术资料涉及厂家的生产细节与知识产权；二是同类产品的生产企业之间存在竞争，不可能统一产品数据。此时，国家只统一物品标识代码，如制造厂商的零件号和参考号格式。厂商凭产品图纸、规格要求和检验规程等来控制产品的设计、生产和检验。零件号和参考号代表了厂商的零件、图纸、型式、外购件来源、制造厂商商标、规格或标准等信息。这一策略的出发点是，代码代表的内容属于企业技术资源。但代码本身只是检索标号，可采用国家统一格式。此时，标识代码属国家资源，代码指代的内容为企业资源。于是，美国就有上述"商业与政府实体号（CAGE）"，北约有"北约商业与政府实体号（NATO Commercial and Government Entity Code，NCAGE）"来标识企业或机构。这类标识码需要政府机构、商业与企业实体等在国家中央数据库注册，统一核发。这类代码是国家与企业间信息资源的标识接口。

8.3　联邦/北约物品识别指南

8.3.1　物品识别指南简介

几种物品识别定义规定都涉及前述的联邦/北约物品识别指南（以下简称"物品识别指南"），这是一种官方信息标准，两者技术内容一致，差异仅在于指南是由美国还是北约其他国家制定与发布的以及原制定国所用的语种等，主要用于构成物品识别定义规定。

物品识别指南最早由美国提出，当初用来支持机械化数据处理，能在物品管理和技术数据方面支持后勤业务。随着计算机的使用，它逐步变成一种综合物品识别技术文件，由相应的归口单位制定，国家统一维护。

1) 物品识别指南发展简史

物品识别指南对我国政府、企业和信息界甚为陌生，但在北约，却是各国工业信息资源体系中最具战略意义的内容之一。它是美国集中了工业界、政府和军方、信息界专家数十年的研究与积累逐渐形成的，北约其他国家采取拿来主义，顺利地解决了其国内与国际工业信息资源有限共享的问题。

物品识别指南源于二战。当时机械化战争达到了巅峰，一场战役动辄需要上千门火炮和坦克，无数的战车及运输工具，堆积如山的弹药辎重。美国在东西两线远程参战中，面临物资供应中3个突出问题：一是日益增加的武器弹药和供应品的远程采购与运输问题；二是消除物品和服务供应中大量存在的重复采购问题;三是减少供应链上的许多重复低效环节。而这些复杂的管理,往往不是仅有统一的名称就能解决问题的,还需要对技术含量越来越高的武器装备进行描述才行,于是,物资识别就作为物资管理的战略性需求提了出来。

物品识别指南于20世纪40至50年代成型,在军方、工业界和制造厂商之间推行。指南中的数据由国防后勤信息服务中心(DLIS,隶属国防后勤局)统一记录与维护,国防后勤局(DLA)负责组建每件指南的具体数据内容管理与更新维护。随着计算机和数据库管理系统的发展,每件指南的数据日益增加,描述内容越来越清晰丰满。

2) 物品识别指南的基本内容

物品识别指南具有技术性、标准性、法规性、独立性与适用性等特征,是工业品的国家信息内容框架,基本特征属性的规范描述模型。

(1) 物品识别指南的一般格式　图8-1是"电阻,固定与可变式"的实例(局部),取自美国国防后勤局网站(911事件后,美国防部网站中将该部分内容下线。),可说明指南的典型格式。指南的内容与形式都是标准化的,主要为:扉页、概述、品名索引、代码索引、各节技术内容、附录、应用范围、数据要求和修订规程等。

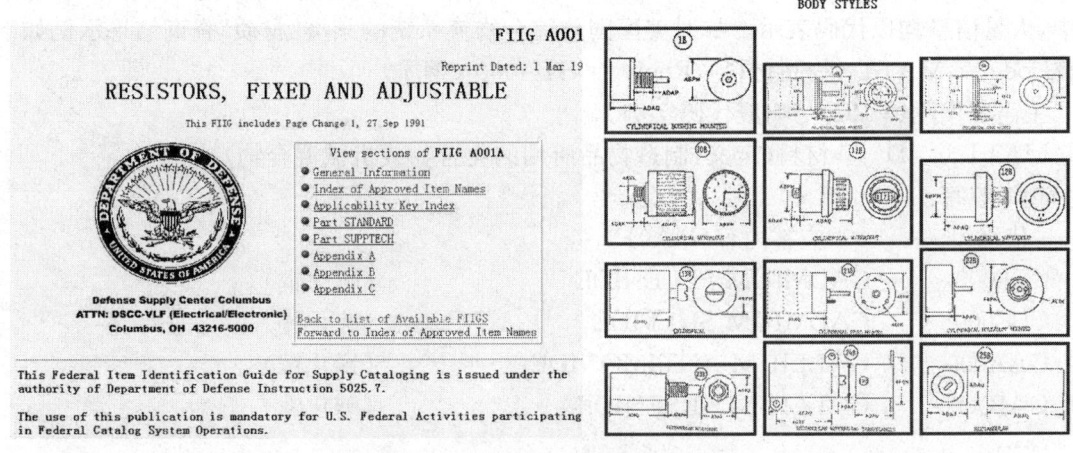

图8-1　联邦物品识别指南实例(局部)

① 指南代码:每件指南都有一个联邦物品识别代码(本例为A001A,"A"开头代表正式指南)。在联邦物品分类体系(FSC)中,电阻类目代码是"5905",包括类型为"电阻衰减器,可变电阻,电阻镇流管,变阻器,电阻安装五金件,热敏电阻;不包括:电阻丝。"

② 核准品名:指南中物品称谓采用核准品名,主题倒排格式,即"电阻,固定与可变式",以便计算机倒排叙词检索。

③ 官方印鉴、签名及声明:物品识别指南是国家法定的工业物品信息资源规范。左侧封面有责任国家机构,如美国国防部印鉴,以及责任官员签名(图中略)。法规依据和使用声明在地脚处,本例为:"本供应目录的联邦物品识别指南,系按国防部指令DoD5027.7授权制定","本指南在参与联邦编目系统运行的一切美国联邦活动中强制执行"等规定。

④ 物品行政管理机构:每种物品指南均有一个(且只有一个)专业行政主管理机构,对其技术和信息资源进行统一管理(本品由Columbus,OH的国防供应中心统一管理)。

⑤ 内容目录:作为规范化技术文件,物品识别指南由"内容概述、核准品名索引、关键应用索引、零件标准、零件附属技术"及一系列索引和如下附录组成。

附录 A:特征应答表。复杂物品的特征属性较多,往往收入附录。

附录 B:物品结构草图,示意物品特征尺寸等,不一定显示其设计特点。

附录 C:指南未列出的数据或信息。如技术参考表、转换模型、术语和定义、补充信息等。此类信息对用户而言,并不在使用现场具备,在此提供可增加其方便性与实用性。

附录 D:职能与作业索引,包括支持所列的各项后勤职能与作业的输出数据。

附录 E:物品特征检索规程。分等同查询和替换查询规程以及特定的判定准则等。

⑥ 技术规格与形式:右侧附图为该物品的实体规格式样与定型尺寸等示意。

(2) 物品识别指南的一般内容　物品识别指南作为国家标准信息资源,其一般内容如下。

① 描述定义:描述物品实体和特征性能,包含赋予国家物资号(NSN)所需的最低限度技术内容。

② 名称与规格:核准品名及其他名称等,均需输入系统,建立统一对照表。物品常有多种规格,如图 8-1 右侧所示。将它们间的共性数据、定义等列入指南。

③ 物品标识:物品特征属性代码均需列入指南,主属性代码在前,次属性代码在后。主属性通过主需求词典(Master Requirements Directory,MRD)以结构化方式显示,其代码为主需求代码(Master Requirements Code,MRC)。主需求代码用于物品特征描述,在政府和军方系统中,大量信息均以代码表示。如对美国国防综合物流系统的某类"材质"查询结果示例如下。

Code ＝ MATT（物品材料）,Reply ＝ STA000（钢质）

主需求代码(MRC)与响应代码实例。

MATT　　　D　　　材料(定义:制造物品所用的化合物或机械混合物)

查询应答:

代码	应答内容(MA01)	
CDB000	CADMIUM SELENIDE	（硒化镉）
CDC000	CADMIUM SULFIDE	（硫化镉）
GAA000	GALLIUM ANTIMONIDE	（锑化镓）
GAB000	GALLIUM ARSENIDE	（砷化镓）

……

| MTT000 | GERMANIUM | （锗） |
| GSA000 | GLASS | （玻璃） |

④ 限制条件:技术限制性说明以及政府在指南中附加的特殊技术要求。

⑤ 数据范围准则:物品特征属性中有许多定量化的描述,一些数据间存在转换公式及取值范围,要依靠指南来确定物品间的特征等同性与替换性等。所谓特征等同,是指两物品在系统查询时的应答项内容完全相同。但如数据记录中存在"无额定数据",以及"任何可接受值"一类不确定应答,就不能认为其与特定输入的对象特征等同。所谓替换性,是指如多种物品能归入一组,则组内物品可替换。但确定物品替换性需要相应的管理规程。在美国,是由国防后勤服务中心将物品间的替换性通知发给提出国家物资号(NSN)的申请单位,令其作技术审查并考虑是否接受替换性结论。

⑥ 物资号判定:企业向中央数据库提交产品数据时,要对其国家物资号关联的特征数据、参考图等进行比对,查询库内是否有编码相同者,决定是否要重新编码。

⑦ 特征等同性判定:指南对入库物品进行相同性、等同性、可替换性判定时,当有相似结果反馈时,就可判定新老产品间的相同、等同或可替换性。

⑧ 叙述性解释：指南对物品属性中公共数值的不同特征给出解释，以便技术比较。

⑨ 物品特征关联比对：国家对物品品种、数量、类目、特征等进行宏观控制时，需要中央库对各物品信息比对，对它们间的等同性、数值可接受范围、标称值、最小或最大值范围或其表达式、从一种数值转换到另一数值等给出应答，以支持主管机构决策。

⑩ 准则表达：识别基于判定，准则是判定的依据。指南将物品特征属性判定分为4种：

a. 等同准则，提供特征等同性的资源判定准则。

b. 替换准则，提供特征替换性的资源判定准则。

c. 叙述准则，提供人工决定特征等同性和替换性的叙述准则。

d. 数据范围表，为数据范围表和多种关联资源表，以支持选择型判定。

⑪ 准则制定：各项准则对于物品识别指南的水平、质量与功能起重要作用。指南中的物品描述准则，必须采用国际、国家、工业与军方标准，或工程与行业标准等。相关值包括政府和工业文件，各类所有技术功能和特征范围均需符合标准参数值。准则制定的依据如下：

a. 根据国家物品管理适用性特征收集相关事实。

b. 决定物品识别指南涉及的描述概念和原则。

c. 设定物品识别目标。

d. 制定物品描述的工作程序与判定逻辑。

e. 所需工程技术人员的支持资料。

⑫ 补充性技术描述和物品管理数据：不影响国家物资号的制定，且在其他内容中不提供，但对于生产供应和使用为必需的技术内容。例如：

a. 物品搬运（包装、库房作业、运输）作业，必须有：无包装单件重量、体积、补充特点等；还可包括防护方法、扭转负荷率、脆性因素等。

b. 设计或维修技术要求，如成品使用、速度、每缆股数、润滑材料，等等。

⑬ 应答表：针对不同权限、级别与职能的用户，指南将生成一系列的应答内容，将不同的信息内容反馈给相应用户。

⑭ 图纸与图示：许多物品要用结构示图说明其基本形状与尺寸，以提供可视化属性描述。示图应适用于尽可能多的同类物品，包含说明。图纸还应根据细节相似性分类，同一图示可包含在多个指南中。联邦/北约编目系统中，图纸与图示包括如下要素：

a. 图形：包括图纸、表格、示意图、草图、照片等，可包含附加特征。

b. 参考图纸：是描绘一种或多种物品特征变化的图形。

c. 系列参考图纸：由多种参考图组成，可在指南中引用，供拟定物品识别定义规定。同一图纸可用于多种指南，新产品指南均可按需采用附加参考图。

管理上应尽量采用系统中现有参考图纸，其尺寸、型号等则可按需调整。物品图纸多时，可按其细节相似性分类。

附录数据：指物品识别指南中未列出的信息或数据，包括技术参考表、转换表、术语说明和定义以及其他为全面、完整识别与描述物品所需的补充信息。它们对指南用户来说通常并不在使用现场具备。

3）物品识别指南的基本形态

物品识别指南作为国家信息资源规范，影响全局，其制定、发布、实施与维护颇为慎重。指南有不同版本，被冠以不同标识符，代表不同文件性质和用途。以联邦物品识别指南为例说明如下。

(1) 基本物品识别指南　是供多种后勤业务使用的统一文件,由归口专业单位制定与修订。以字母"A"标识,如上例所示,代表正式的官方文件。

(2) 临时物品识别指南　是修改文件,取代原物品编目描述方法与内容,以字母"T"标识。代表原物品性能、结构或功能等改进后,指南内容所作的相应改进。但其成熟性尚需考查,故被标示为临时文件。

(3) 其他物品识别指南　多用途文件,专为上述指南中未包括的物品提供描述框架。这些物品数量少,或为新产品,或为尚未取得核准品名的物品。这类指南的功能尚需验证,为过渡性文件。

8.3.2　物品识别指南的主要功能

物品识别指南作为特殊的工业信息资源体系,能满足国家工业品宏观调控、行业中观管理、企业微观生产经营等层面的需求,对我国极具参考价值。故需从指南功能与内容上作进一步分析。

1) 管理功能

国家开发工业信息资源时,要明确开发和管理具体到哪个层面。假如国家管理产品要直接针对具体规格与性能时,就要面对每种产品,以及每家生产企业,工作量极大。所以,除非对投资巨大且仅有少数企业能生产的大型尖端装备,国家一般只管到每种产品的信息资源模型上。识别模型对行业与企业信息资源建设具有指导意义,物品识别指南的具体目标如下。

(1) 为物品建立生产、供应与后勤各环节使用的特征描述信息资源提供指导。

(2) 将新物品的特征数据、属性值和计量单位等与中央库中的物品进行比较。如数据绝大多数重合,或主数据重合,表明其与库中的某物资相同,可能仅其名称不同,应按另外流程处理;对与现存记录、包括现有参考号不重合且不在指南规定内的数据,则应建立新物品记录并赋予新的国家物资号。主数据(master data)是指在整个业务范围的内各系统(操作/事务型应用以及分析型系统)间需要共享的数据,它们要在全系统范围内保持"3C特性"即一致性(consistent)、完整性(complete)和可控性(controlled)等。

2) 服务功能

物品识别指南的主要服务功能可归结为:支持物品识别与描述,实现识别数据标准化、描述数据架构化,识别数据模型化。

(1) 建立物品识别数据集合。

(2) 建立物品描述模型。

(3) 支持自动识别系统。物品识别信息大量用于仓库调配、物流运输、实战使用等场合,多为紧急与恶劣场所。所以,对自动识别(包括机械式光电识读系统、条码自动扫描识读与RFID感知识别技术等)系统所用的代码,将按指南编制,以支持用户扫描检索,获取相应的数据。

(4) 审核物品识别内容。确定国家物资系统中是否有实际重复或可能重的对象,严格把关类似物品或可替代物品等进入国家供应系统。所谓"实际重复"的判定条件为:(a) 两种不同物品的概念(由物品识别定义规定表述)的特征数据相同,同时没有其他参考号者。(b) 上述概念(不考虑特征数据)的参考号有如下相同情况者:① 来源控制号相同;② 参考号相同,但该参考号被另一种物品用作来源控制号,则被另一种物品用作设计控制参考号;③ 政府颁发的规格或标准的参考号相同。所谓"可能重复"的判定条件为：(a) 两种物品之间性能数据多数类似者。(b) 两种物品制造厂商的联邦供应(补给)号、物品识别参考号、参考号类别代码、参考号核实代码等，如有一个或以上号码相同者。即表明涉及同一种生产品。

(5) 建立中心识别资源系统以简化数据识读。该系统由美国由国防后勤服务中心(DLSC)承建，它还负责制定各项规程和准则，以适应各种识别技术在各种场合中的使用。

8.3.3 物品识别指南的技术内容

1) 物品信息资源加工指导

物品识别指南是国家信息资源开发指导规范，其重点技术内容如下：

(1) 定性与定量描述　指导用户对物品实体和性能作定量与定性描述。

(2) 建立特征判定准则　"识别"通过属性比较判定物品间的异同性、等同性和替换性。物品识别指南指导用户建立特征数据集以及异同性、等同性和替换性判定准则。

(3) 建立特征判定模型　同类物品的结构与性能相似，尺寸、规格与型号各异。如滚珠轴承有数以百计种规格和尺寸，要判定特征量值，对量值传递与公差配合进行比较，均需按预定模型来确定物品间的同异性、替换和关联性等。判定模型为：① 对等同于某一检索结果(即判定两物品为相同)的应答。② 在标准值范围内的检索结果(即数值比对虽然不同，但在标准范围内认为相同)的应答。③ 对标准范围量值检索结果(即通过单一数值判定异同者)的应答。④ 对最小与最大值的标称值的表达内容范围。⑤ 从一种比例转换到另一种比例值的对照，等等。如多种物品能归入同一组内，则应答是可替换的。美国国防后勤服务中心一般将替换性通知给提出国家物资编号申请的单位，由其审查并考虑是否接受。这些判定模型的制定，要求由各国政府、工业界、军方、标准化机构或工程决策机构等针对每件具体物品来逐一确定，其数值范围代表了官方统一的工程值。

(4) 建立特征资源集合　物品特征资源集的开发需要正确的方法论指导。方法论随物品而异，物品识别指南则指导用户回答如下问题，就可保证建立资源集方法的正确：① 是否按描述适用性原则收集了对象特征事实。② 是否响应了识别中必须包括的所有物品概念和技术原则。③ 是否建立了预定的识别目标。④ 是否建立了识别过程的技术程序或逻辑。⑤ 拟定需要工程技术人员在识别中需要输入的数据。

(5) 特征资源的限定　物品识别是资金密集、智力密集与作业密集型工作。每种物品的每项特征都应按两条原则建立：① 最低需求原则：对同类物品的规格、型号与尺寸等进行筛选，将能满足工业系统、经济运行和国防保障所需的物品降到最低限度，以限制进入国家供应系统中新物品的品种与规格。例如梯子可以有上百种不同长度与规格，但只能选择一定数量规格者进入国家采购、贮存与发放系统。梯子的识别指南中要规定这种供应品的功能与可接受的标准尺寸。当有某单位为非标准长度的新产品提出国家物资编号申请时，则其申请、系统中标准长度的现用产品的国家物资编号将一起退回给申请单位。如果标准产品不能被申请单位接受，则其需要提出具有"紧急理由"的国家物资编号申请供审定。② 扩大特征范围原则：物品各特征值的拟定，由用户自行决定。国家可扩大用户对特征属性规格的申报范围，再通过统计分析，确定各规格的用量分布，淘汰需求少的规格，将供应品规格动态调整到经济适用的数量规模上。

(6) 特征资源验证　物品识别指南内容的正确和充分与否，将影响政府、军方、企业与民间机构在物品设计、生产、加工、供应与使用中各系统的运行。所以要对与识别直接相关的特征描述内容进行验证：① 对物品自身,与其功能相关的其他物品的特征属性进行关联测评,使物品特征属性资源建设更为实际、充分与合理。这是由于孤立物品的特征属性,与其装配到一个组件或总成中的性能表现,往往有一定的差别。② 对各种判定准则进行技术与抽样统计审查评价。③ 发现问题时,对物品特征数据进行修正。④ 对修正后的数据再行验证。所有这些步骤在国家工业信息系统中循环、动态进行,因产品技术、性能等都在时时不断进步中。

(7) 建立服务类特征　国家物品供应中所需的,如设计与维修、贮存与运输等方面的延伸信息。具体如：① 设计信息：为工程和产品开发人员提供新应用和新产品所需的特征数据。② 维修信息：如产品应用、速率、润滑材料、防护方法、扭转负荷率、脆性因子,等等。③ 贮存运输信息：如物品无包装单位重量、体积、运输填充物要求、补充特点,等等。

2) 物品识别指南的数据要求

数据是识别的核心,严格的数据规范是指南的关键性内容,相关要求如下。

(1) 数据单一性要求　识别系统中,每项数据通常只反映一种特征。但一种特征可由数据表中的多个分项特征组成。如"尺寸"特征值,是最大与最小值限定的一个公差范围。实际尺寸就是该范围内的一个单一数据响应。

(2) 特征单一性要求　同一特征或其变异不得包括在一种以上的需求描述中。一种需求不得由于表达不同而出现一次以上。

(3) 数据需求结构　数据需求分几部分。它们的结合必须能提供对一种特征的叙述和定义,以得出不能任意解释的特定应答。可能时,应答不需要进一步的资料说明。这几部分是：① 名称：直接反映所描述物品的特征。② 定义：恰当地概括所规定的描述特征。③ 应答：检索结果应适于在物品识别定义规定中确定与来源资料相同的技术特征集合。④ 结构：检索结果应是代码、文字表述以及两者的结合。结果为多项,或定量描述时应以表格显示,供用户选择。

物品识别指南是国家物品信息资源的主体,核心内容所在,也是其他如分类、标识和编码等工作的基础。它的半个多世纪的发展历史,就是西方国家工业信息资源的探索与建设的历史。这些国家出于政治、军事与经济发展和降低国家信息风险等目的,在国家工业系统中采用建设与完善这套指南,使其成为工业信息资源共享的强制性保障条件之一。

8.3.4　物品识别指南的管理

经验表明,国家对工业基础信息资源必须统一管理,且需落实到每一产品类。对非关键性形式与规格,技术要求等一律放开,给企业创新留有空间。因此,指南管理重点就放在描述模型、描述标准与描述资源这三类资源以及管理职责体制的建立、统一资源载体的运行上。

1) 物品识别指南管理的行政体系

无论从数量规模、还是技术内容来看,指南都是庞大的专用资源体系。指南面对的设计机构、生产企业、供应渠道、信息机构、主管部门纷繁众多(如美国是按政府及专业机构职能来划分"物资统一管理部门"的,即所谓的大单位(MOE)其中如：联邦勤务总署、国防通用物资补给中心、国防工业品供应中心、国防补给器材供应中心、国防建筑器材补给中心、陆军坦克与汽车部、国防电子器材供应中心、国防人员保障中心、国防油料物资供应中心等),管理难度大且要求高,需要强有力的行政保障机制。为此,各国都对相关机构的责任进行了严格的划分。以美国为例,其行政保障机构及职能如下。

(1) 主管机构　国防后勤局为法定的物品信息行政主管单位,代表国防部统管和维护联邦编目体系。具体职责如下:

① 由负责设施和后勤的助理国防部长具体管理指南的建立与改进工作。

② 为指南改进提供一般性指导,完善相关计划和规程,确定建设顺序和方式,组织培训,开展全局性领导和监督。该职责在联邦勤务总署和各军种、国防部各直属局协助下开展。

③ 为政府和军方各供应单位提供指导和相关工具类资源。

(2) 机构责任划分　联邦勤务总署、各军种与国防部直属局的相关职责如下:

① 联邦勤务总署协助国防后勤局制定相关政策,建立指南的原则和协调方式。

② 对政府和军方的物资编目提供技术指导,制订计划与规程,组织培训,提供资源和领导。

(3) 物品识别指南发起机构　任何一种新产品均由一个单位向官方提出指南的注册申请,此即发起机构。其职责是开发、拟定、保管相应指南,与所有参与单位协调。发起单位在指南建立中应满足如下要求。

① 单位内部充分协作。

② 物品识别需经单位内部确认对各项应用有效。

③ 确保不重复制定指南,或不对客户产生负面影响。

④ 各项规章能满足命名结构及主需求规程要求。

(4) 物品识别指南需求机构　物品识别指南作为一类规范资源,必然关系一批用户。发起单位应向这些单位提交指南需求。具体提交对象与内容为:

① 物品识别指南需求客户为政府机构、军方部门、北约各国、签约供应商等。

② 提交内容应包括指南的生成需求、主需求规程、修改或删除规程等。

③ 新物品定名需求、取消某一物品名称、替换物品名称等。

(5) 数据支持机构　各编目责任单位均应制定或修订物品识别定义规定,并在通过审定后著录入国防后勤数据系统。

(6) 业务主管机构　国防后勤服务中心为技术主管单位。其职责为:

① 制定、修订与维护物品识别指南系统。

② 最终审查指南内容和其统一性,根据审查结果决定是否批准发布。终审内容为:(a) 解答所有协作方的意见和问题。(b) 对指南集作出修改、升级或取消处理。(c) 指南集被发布实施,或终止。

③ 制定和修订军事标准物品特征代码结构(Military Standard Item Characteristics Coding Structure,MILSTICCS)主需求指南及应答表。这是一套与政府和民用领域不同的编码结构,是用于识别指南中物品标识、运输、贮存、处理数据编码的编码结构。其中包括如主原址代码、格式代码、应答代码等是一类格式更严的标识代码体系。

④ 制定自动输入、筛选和输出的内容、格式与相关技术。

⑤ 编辑指南建设和计算机处理所需的数据。

⑥ 发布指南建设和运行管理的相关信息。

⑦ 为编目库中无用户的或管理者认为均已撤销的物品,拟定物品识别定义规定。

⑧ 负责提出指南的制定、修订、维护以及所有参加指南使用的单位间的协调工作。正式协调程序为:(a) 一件指南文件包需要发至所有协作机构(如相关政府机构、军事服务单位和

北约各国),供各单位以30天为周期进行审查。(b)各协作机构也许同意,或不同意,或对指南包(即成套文件)提出修改建议等。

2) 物品识别指南建立流程

物品识别信息资源的加工和使用,始终需要行政和技术双方的支持与保障,技术支持是一个上及宏观体制、下达微观数据处理的资源加工与升值过程。因位于国家层面,故有极严格的要求,结合物品识别体系的建立,相关流程如下:

(1) 发起单位首先建立反映物品技术特征属性的数据资源,填报建立指南要求的各数据项,并按标准建立特征标识代码,输入中央编码档案中心,待主管机构审批。在联邦编目系统发展史上,"中央编目档案中心"是集中收录物品名称与标识代码等信息的机构。长期以纸介质载体建立物品信息、向政府与军方提供服务。1975年导入数据库系统后,才实现全面数字化,其后逐步演化为"国防综合数据系统"。

(2) 经系统自动格式审查与主管机构审批后,将物品识别数据、物品供应方数据、使用方信息等输入综合业务数据库中,以支持政府、军方、企业与服务机构的各项业务。美国的"国防综合数据系统"数据库中,与此相关的内容有两部分:物品总记录和系统支持记录。总记录包含每种供应品的相关数据,主要有国家物品识别号,物品描述特征数据,厂商零件号、参考号,编目管理数据等。系统支持记录则包含与系统有关的数据,如数据编辑与验证表、控制数据以及保障、指示物品总记录的内容和应用的其他代码和数据等。

(3) 系统自动格式审查时,将自动比较和校对新增物品、新增供应方的标识与管理数据等,然后再流转到机构审批环节。

(4) 对新物品,主管理机构首先审核其联邦物品识别定义规定,从模式上比较是否为重复物品,若无,则建立指南。再将物品特征数据提交中央库,比对库中数据,从特征与性能上找出可能重复、类似的物品。

(5) 根据特征数据确定物品间的互换性和替代性。此类数据为"标准化关系"信息,是在国家机构主持下,经广泛协调后,认定某一"授权采购品"可作为"非授权采购品"的替代品,两类物品均编以"物品标准化代码(ISC)"。只有编有物品标准化代码的物品,才具有互换性或替代性。有些物品虽经授权采购,但若无采购需要时,可在标准化关系规定中记为"替代品"。而标准化关系数据(包括其变更、增加与删除等),均由规定的物品标准化数据上报单位上报后记入"中央编目档案"(即数据库),并由其输出提供给规定的数据接收单位,供其他用户查询时提供服务。

(6) 生成其他管理功能数据(如指南发布、统计分析、报表制作、控制数据等)。

8.4 军方与民间使用物品识别资源的经济效益

据美国和卢森堡国家编目局的资料,美国国防后勤局曾委托毕马威国际会计事务所开展专题研究,结果发现,民间企业中通过使用北约编目系统来识别和跟踪物品,能获得多方面的重要节约收益。

1) 降低库存

通过对两个公司的物资测算,精准的物品识别与跟踪使它们分别减少了价值750万和970万美元的避免重复采购的浪费,节约"高达50%"。对北约各国,虽因众多的政府仓储和军方物资派发的成本难于精确计算,但评估后的节约数额与上述企业的比例大致相当。

2) 减少冗余物资

许多物资装备都采用共同的标准零部件,在没有编目系统的精确管理之前,大量设备中零部件的装配关系、品种与数量不明,极易造成供应系统中物品组件、部件和零件的大量冗余。据美国经验,所有申报的新采购零部件中,经编目系统查核后发现30%以上均有备货。这一比例在其他国家中则要高得多。如加拿大,该数字接近60%。也就是说,在编目系统支持下,将会避免60%的物品备件冗余,这一节约是极其惊人的。

3) 降低采购价格

各国都有各级政府采购机构,采购目录中多有同样的物品。当使用北约编目系统支持各国采购业务后,管理人员就能识别各机构的重复采购并能对各地的供货价进行比较。他们将重复采购的物品集中为更大业务包,以团购方式降低价格。而这一模式升级到北约联盟来操作,其节约将更加可观。为此,北约维修和供应局(NATO Maintenance and Supply Agency, NAMSA)开发了一个"北约库存物资交换中心"系统,它支持各成员国、供应商和部队开展G2B、M2B和B2B交易。该中心由以下三个管理物资的不同模块组成。

(1) 存货与资产需求交换系统(Stock Holding and Assets Requirements Exchange, SHARE),功能是更好地开展通用物资交易。

(2) 通用物品材料管理系统(Common Item Materiel Management System, COMMIT),功能是更好地管理物品与物料。

(3) 制定文件物品(Provisioning File Items, PROFIT),更好地供给物品。

研究表明,10年间编目系统带来的节省预计高达200亿美元。

4) 统一成本核算

管理人员能在北约编目系统的辅助下实时跟踪各项支出,进行精确核算。

5) 后勤辅助作业

北约编目系统支持跨军种之间的交叉供应服务。由于历史原因,跨国军兵种间的物资供应一直是个难题,北约编目系统能帮助跨军种间的服务供应。比如,海军供应系统可向当地的空军部队提供后勤支援,因为它们都使用相同的物品识别与供应信息资源。同样,随着以美国为首的西方多国部队频频参与各地战争,这类节约在美国与其盟国间将显得更为重要。

[建议与思考]

我国国家物品识别资源建设现况分析

对象识别是自动化管理的前提,对象识别信息资源,是工业信息资源中最基础、最重要的资源之一。其规划与研发的难度高、内容构成复杂、建设周期长,是国家工业信息资源建设的重点与难点所在。在国家工业信息资源体系中,识别资源为一类具有特殊重要意义的资源,它的开发与利用,对于各层面、各类型的工业、军事和公共服务领域的自动化应用具有特殊战略价值。

在我国,规模化的国家工业信息资源开发尚待起步,人们对国家级的"物品识别"的技术内涵、资源需求与实现功能等更缺乏了解。因此,各类工业信息系统中,极少对识别类信息资源进行单独划分、设计、研发与建设。然而,高水平、标准化、通用化的识别资源,正是国家信息资源中价值最高、用途最大、需要投入人力资源与资金最多的部分,也是我国工业信息资源开发战略中最需着重开发的技术资源。

从美国与北约成员国的成功经验来看,国家对物品识别信息资源的开发,主要放在物品识别定义规定与指南体系上,即主抓资源建设的标准与规范。这对我国实现两化融合,发展工业信息资源具有重要的启迪作用。两化融合最终要落实在每种产品、甚至每种零部件的信息资源的加工与利用上。如每种规格与款式的物品识别信息资源均由国家统一开发,工作量与资金投入过大而不现实,但如放任各企业自行开发,"百花齐放",则工业信息资源就永远只能发挥局部性、微观性和个体性效益,与两化融合大局无补。欧美国家经半个多世纪探索而成的,以产品主要特征识别与属性描述为内容的国家资源加工规范与处理模式,能恰当地整合国家、企业与社会资源,为社会提供基础资源平台,满足各工业界的需求,体现了在国家主导下,最大限度地发挥物品基础资源价值与功效的信息资源开发建设模式,对充分发挥资源价值起重要的作用。

[本章小结]

本章综述了国家工业信息资源加工的第二个环节——对象识别资源的建立。介绍了发达国家将对象特征属性加工成规范化、结构化的描述信息资源的过程,以及北约系统要求在对物品的"Form, Fit and Function"等技术内容进行描述的基础上建立规范的识别资源。探讨了发达国家对识别资源的管理与维护体制、法律依据等。重点探讨了对我国具有重要参考价值的联邦/北约物品识别指南的内容、功能与法律效力等。

9 国家工业物品描述战略

9.1 物品描述需求

物品标识只能提供对其非本质性、外在符号的识别,真正的识别,源于对物品内在特征的了解。于是,对象特征属性的描述和记录,就成为一类重要的资源。从容量上看,识别通常比描述包含的信息量少得多。工业对象的识别与描述,随着信息技术的发展而在不同阶段呈现不同的需求。如联邦编目系统建立初期,主要用机械式纸卡识读设备,通过字长有限的编号来检索物品登录卡,再通过卡找到物品的完整纸质资料。即使在计算机使用后的一段时间内,系统也主要通过光电读卡机来检索物品标识数据以及对应的纸质资料或缩微胶片记录号等,系统所能直接记录与检索的信息量都很小。直到数据库系统出现,数字化技术广泛使用后,才将以外在标识为主的对象识别方式,逐步扩充为以内容描述为主的识别方式。从识别类型来看,就有人工识别、借助标识代码检索间接识别、自动识别、机读内容直接识别的演化过程。随着计算机能直接识读处理的数据量的日益增加,描述信息的数量也迅速增加。

随着大容量存储介质、信息网格、云计算和语义计算技术等的发展,描述类信息量越来越大,形态也日益多样化。另一方面,越是在多样化、大容量的资源环境中,就越要求描述的规范化与标准化。标准化是平衡杠杆,它既能满足工业识别日益详细与全面的需求,又不至于让描述资源过于庞杂,描述模式无序增长,成本负担过重。

总之,物品描述是国家工业信息资源开发的又一个基础领域。随着G2B、M2B和B2B等电子商务的蓬勃发展,高性能计算机和多媒体数据库系统的日益强大,原先基于指示性代码的物品识别就显信息量小,功能有限。于是,国家工业信息资源建设,在对象描述内容上就突破了传统编目架构的限制,向深度、广度、容量和多形态上迅速扩展。

9.1.1 物品描述的基本概念

1) 物品识别与物品描述的关系

早期的西方国家工业信息系统中,"物品识别"笼统地包括了"物品识别"与"物品描述",其实两者间存在着互为表里、互为先后、互为因果的关系。前述的联邦/北约物品识别指南既是识别导则,也是描述导则,内容越来越偏重于对物品特征属性的描述,识别模式也就逐步增加和丰富起来。所以,识别是描述的子集,描述信息比识别信息更为详细和全面。

2) 物品描述的基本功能

物品识别指南要求物品描述实现的功能为:支持物品生产、采购、供应、储存、运输等作业中各类用户与应用。具体的识别要求与需求相关,如采购方关注物品的各项理化性能与基本特征,而运输商则关注该物品是否易碎,是否为毒害品,是否易燃易爆,是否需有特殊的机械防护,是否有温湿度要求等。描述就需要事先综合考虑各方需求,建立完整的描述资源体系。

物品描述的信息资源开发要求为：拟定工业系统需求，在制定指南时，所有参与单位经协商建立共同的物品描述规范，覆盖各方资源需求，用户通过系统获取相关的识别资源。

在内容与形态上，物品描述应符合以下规则：

(1) 描述顺序　首先要表述描述对象"是什么"。其次展现对象是"如何"被描述的。

(2) 描述内容　包括物件部件描述、结构描述、位置描述等。

(3) 描述形态　描述资源的形态为各类结构化数据串，通常为前缀词、后缀词、主词、前缀槽、后缀槽、间隔词，等等。

3) 物品描述的基本对象与要求

物品描述有两种方式，一是针对每种对象进行直接描述。二是对工业品的一般特征再作分类描述，BAE Systems 的 Howard Mason(2009)将工业物品归纳为几类抽象特征，分别是：① 几何外形；② 产品结构；③ 制造界面；④ 图纸；⑤ 有限元分析；⑥ 印制电路板；⑦ 线路布局；⑧ 机械设计；⑨ 结构工程。这9个部分，再加上广泛的 IT 支持，如 ASCII、XML、微处理程序、数据库技术以及过程建模等内容，就构成信息环境中的物品描述基本内容。

第一种方式是针对传统制造加工的物品；第二种方式扩展到产品运行与服务，在确定产品功能要求和配置，包括对多个零件、部件和组件之间的结构关系描述的基础上，包括设计、建造、维护和后处理以及运行控制等方面的要求，涵盖了定义、证明、批准、计划和捕获反馈活动和行为与状态描述，并最终涉及设施、人员、组织和环境等因素。

4) 描述资源质量评估

参与国标标准 ISO 8000 系列制定与推行的 Pilog 公司在与北约信息系统长期合作的过程中，归纳出"好的"物品描述应满足如下标准与具体特征。

(1) 5C 标准　"Clean、Categorized、Complete、Customised、Current"的标准，即"清晰、分类、完整、可定制和现行有效"。

(2) 具体特征为　① 良好的描述特性；② 可读性与清晰性；③ 机器可识别；④ 可搜索性；⑤ 可区分性；⑥ 动态升级；⑦ 正确性；⑧ 精确性；⑨ 及时性；⑩ 可用性；⑪ 柔性；⑫ 可维护性；⑬ 一致性；⑭ 标准性；⑮ 可分类性；⑯ 属性集合性，等等。

(3) 描述质量标准　目前，物品描述资源质量尚只有经验规范，具体为：① 通过可检索的关键词建立规范化描述格式；② 保持数据完整性和所有权；③ 描述标准均为开放的；④ 多语种环境中必须有代码检索回复；⑤ 描述资源一旦发布，就可在任何地方使用；⑥ 避免重复物品数据进入数据库；⑦ 可用程序对物品数据进行比较和聚类；⑧ 可以统一的描述资源操控各 ERP 系统；⑨ 能减少数据控制风险；⑩ 减少因数据错误导致的供应商退货。

目前，描述资源质量标准体系尚未形成，只有一些经验性的规则。如 Hjalmar(2008)提出"好的"物品描述资源应满足这些条件：① 能更快地访问符合质量的对象特征数据；② 能快速与国家物资号标识的其他资源适配；③ 提供更完整的对象记录；④ 提供更好的检索方案；⑤ 库中冗余较少；⑥ 物品导入系统更简便；⑦ 更高的用户满意度；⑧ 减少设计时间生命周期成本；⑨ 缩短采购时间；⑩ 提高系统和设备的支持性和安全性。

9.1.2　物品描述提供的基本服务

1) 建立物品描述模型

物品描述以指南为基础，以统一模型向设计者、工程方和管理者提供对象特征描述模型，供用户建立产品特征属性库，与国家和其他企业交换物品数据时使用。当产品进入国家工业信息系统时,物品识别指南向用户提供官方的规范描述信息框架,按目录分类,列出相关要求,给出适用范围与限制条件等。这些功能对维护国家工业信息资源的可用性、规范性、一致性和共享性起重要作用,图9-1是一则物品描述信息示例。

```
                        Update Reference
      CAGE Code         62983        NSN         4320000001602
      Reference Number  97700        Item Name   PUMPING UNIT,HYDRAU
      Non-Proprietary Characteristics
         - MAXIMUM OPERATING PRESSURE: 3000.0 POUNDS PER SQUARE INCH
         - MOUNTING TYPE: BASE
         - HYDRAULIC FLUID FLOW RATE: 117.4 GALLONS PER MINUTE
         - PUMP QUANTITY: 1
         - PORTABILITY: NONPORTABLE
         - PUMP TYPE: AXIAL PISTON
         - PUMP DRIVE TYPE: ELECTRIC MOTOR
         - HYDRAULIC FLUID RESERVOIR: NOT INCLUDED
         - ACCUMULATOR: NOT INCLUDED
         - FLUID FILTER: NOT INCLUDED
         - MANIFOLDING HOSE SET: NOT INCLUDED
```

图 9-1　物品描述信息示例

物品初始信息通常由企业维护,以源头维护为原则。更新数据项通过物品识别指南模型筛选后进入国家物品资源库。图9-1表明,描述信息包含了多项识别信息。如 CAGE Code、NSN、Reference Number、Item Name 等。CAGE Code 是商业和政府实体代码。NSN 是国家物资号,所有北约国家中统一格式,代码唯一。Reference Number(参考号)是企业赋予该产品的技术资料索引号,通过与 CAGE Code 的组合,可查询到具体产品描述。Item Name(物品名)采用核准品名,以倒排形式"泵单元,水工"表述。Non-Proprietary Characteristics(非专用特征),给出水泵的一般技术属性,这11项数据,连同前几项数据均由该水泵的联邦/北约物品识别指南设定,构成描述该水泵技术性能的规范信息资源模型。

2) 建立物品处理描述模型

除物品识别指南建立的基本技术特征外,物品还有一些生命周期中的过程属性。这些属性,如是微观、局部和个性化的,则由企业或用户自行建立和使用。但许多产品,其运输、使用与后续处理涉及国家与公众利益,需对这些过程建立描述模型。如对放射物、易污染品、危险品、毒害品、易燃易爆品、贵重物品等的使用、运输和后续处理的描述等建立描述资源体系,甚至包括应急处理描述资源。有的军品,还需描述其转换为民品使用时的处理条件,因为许多国家的物品供应系统中,政府采购的民品与军方采购的军品有许多不同要求。以美国为例,为便于系统区别,军品采用了"军事标准物品特征编码结构(MIL STISCCSS)"体系,用于识别指南中军品标识、传送、贮存、处理等的数据编码的编码结构。投标单位在提交给国防后勤服务中心审批的物品识别指南中,应包含对各种要求的主原地址代码、格式代码、应答代码等,以便军方能及时查询企业系统中的各项参考技术资料。相关管理要求均由国家主管机构(如在美国,该机构是国防财产处置服务署(Defense Property Disposal Service,DPDS)确定。

3) 提供物品特征信息表

指南为每种物品提供了描述模型,每种模型包含不同的特征数据。无论是数值型还是字符型的,多以表格表示,即物品特征属性表。该表由国家工业信息系统集中维护和提供,给出物品描述所需的最少数据——即为满足国家管理、系统间互操作、单位间资源共享所需的物品特征描述的最少种类数据,这些数据也都映射到国家标准物品分类体系中。其他数据项则由企业自行选择与使用。

4) 核对并减少物品数目

描述模型能规范并减少国家信息系统中的供应品品种与规格。工业社会中,政府系统要面对无数的企业和机构,它们随时都可能向国家供应系统中添加物品数据。稍有不慎,就会导致不必要的新物品、新规格或新型号等的无序滋长。国家供应品管理中,首先要比对物品各项特征数据,查找系统内是否存在相同物品,判定其是否为新品,再决定是否按作业流程和管理模式,建立新物品及其特征属性数据。这一流程是先查询联邦/北约物品识别指南体系,找到对应的物品特征属性描述表,向其中补充缺失数据,最后进行判定。显然,这种作业仅靠识别资源已不充分,必须同时使用描述资源才行。

5) 维修服务描述

为国家供应品维修提供所需信息,包括各类国家物资在储存期内的定期检修,规定使用周期中的保养,直至各类润滑剂、易耗品、辅助品等的更换、补充与供给等作业数据。此类资源也以繁琐杂乱著称,只有在物品应用类资源中才能详细描述。

6) 物品包装描述

包装是物品不可或缺的部分。包装的特征描述数据,包含基本实体特征(如重量、体积、脆性、总体尺寸等),特殊防护要求(如危险品、易燃品防护)以及其他重要数据(如贵重品的防窃性、可跟踪性),特定温度与湿度控制要求等,均为与物品不可分割的描述资源。

7) 采购描述

供应品采购,需按采购文件提供指南规定的各项特征属性信息,描述数据模板往往按国家和企业的需求组合而成。

8) 贮存描述

确定合适的物品贮存条件所需信息,内容为基本实体特征(如重量、体积、脆性、总体尺寸等),特种材料(如贵重材料、放射性物质)以及特殊贮存要求(如贮存温度范围和贮存寿命)等。

9) 运输描述

确定运输所需的特征信息,内容为基本实体特征(如重量、体积、脆性、总体尺寸等),特殊搬运要求(如危险品、有害品搬运,冷链,物品吊装或移动中的特殊要求)等。

10) 使用支持

这也是量大面广的特征描述资源。许多物资装备为高科技物品,其使用本身是一个知识密集的过程,系统应提出预期的用户使用所需的信息或知识,对于政府与军方所需信息,均由权威机构认定。

9.2 物品描述方法与模型

上世纪70年代起,随着计算机技术与数据库管理系统的发展,物品识别与物品描述就体现出一体两面、独立发展又互为依存的关系。识别规范以描述为识别的基础方法与内容,并以标准将其固定,由此开始规模化的物品描述信息资源建设。同一时期,美国和北约其他国家对约40万种物品赋予了核准品名(AIN),并对其中绝大多数物品建立了描述模型,从而为西方国家工业信息资源建设打下了基础。

9.2.1 物品描述方法

在美国与北约工业系统中,物品描述采用"物品识别定义规定"方法。它主要有两种模式:

"描述法"和"参考法",以及两种模式的组合,生成系列化的物品描述资源模型。

工业化和信息化的发展,促进全球物品品种、规格和款式爆炸性增长,带动其描述信息资源也爆炸性的增长。对此,经过信息专家长期研究与实践,最终归纳出"物品描述模型",通过几种彼此关联的序列化描述模型,在最大限度上满足国家对物品描述之需。这些两种方法及其组合方式说明如下。

1) 描述法

通过直接描述物品的有效特征,即其物理、化学、机械、电气、材料、尺寸、性能等属性来界定对象。描述法记录这些特征属性,使它们能在系统中与别的物品区分开来。

描述法有四种模型,即 1~4 型;两种方法,即完全描述法(Full Describing Method,FDM)和局部描述法(Partial Describing Method,PDM)。前者用于制定 1 型物品识别定义规定(即"1 型描述法"),内容包括物品的全部特征;后者用于制定 4 型物品识别定义规定(即"4 型描述法"),内容包括物品的部分特征。局部描述法用于描述对象内容不充分,还需采用参考法进一步提供资料的场合。

描述法的用途如下。

(1) 建立物品的完整描述数据资源。

(2) 物品自动识别。完全描述法中,物品特征可与物品识别定义规定的诸项特征直接比较,如其具有完全描述内容中的所有特征,则认为其就是目标物品。局部描述法按识别定义规定的特征与目标物品特征比较后,尚无法认定目标物品是否就是所需物品,还需要参考资料来进一步判定。

(3) 通过物品识别定义规定与物品特征比较,以确定它们间的相似性或差异性。由此还可:① 按既定目标选择最佳物品。② 对物品属性进行分类。③ 查询并选择物品类群,进行信息标准化处理。④ 对物品供应职能分类。

描述法和参考法比较,以描述法为佳;完全描述法和局部描述法比较,以完全描述法为佳。所以,工业对象的信息资源加工首先采用描述法,其次采用局部描述法,再次采用参考法。

2) 参考法

参考法不直接描述物品特征,而是通过媒介来间接获取对象的技术数据。参考号即制造厂为产品编制的零件号,也就是产品技术资料(如图纸、规程、技术文件等)的标识,但参考号需按规范格式编制。用户借助这些标识来查询技术资料,从而间接获得物品特征信息。参考法不如描述法,故仅当无法应用描述法时,才采用参考法。

参考法仅适用于某些特定物品,或所记录的物品特征数据没有实质价值,或政府无法获取厂商的技术数据(如图纸、规格、标准等)而无法建立物品识别指南时才使用。个中原因有多种:如物品技术信息属于厂商专利,或属于保密资料,或购买数据的费用过高,或厂商拒绝提供等。参考法要记录制造厂商所用的联邦物资代码(FSCMC)或"商业与政府实体代码"(CAGE),北约为"北约商业与政府机构实体代码"(NCAGE)。通过此代码可获得厂商名称、地址、零件号及有关管理数据等。

参考法的主要种类与功能如下。

(1) 建立物品标识/描述资源索引,以此与其他物品相区分。

(2) 利用制造厂商代码(CAGE/NCAGE)、参考号(RN)、参考号分类代码(Reference Number Cutegory Code,RNCC)、参考号格式代码(Reference Number Form Code,RNFC)、参考号变化代码(Reference Number Variety Code, RNVC)、参考号状态代码(Reference Num-

ber Status Code,RNSC)、参考号验证代码(Reference Number Judgment Code，RNJC)、参考号活动性代码(Reference Number Action Activity Code，RNAAC)、文件可用性代码(Data Availability Code，DAC)等，为物品描述提供规范资源比较。

(3) 作为国家与企业系统间的资源接口。诸参考号均为联邦/北约编目系统中的标准资源，这些资源为各国制造厂普遍采用，与企业内的各项图纸、技术资料、信息资源对接，成为国内外系统间互操作的基础。

9.2.2　物品描述模型

描述资源比识别资源拥有更多的内容、更深入的技术内涵，代表从物品外在特征向本质层面深入；内容也从代码向文字、数据、图形图像、流媒体等形态发展，建模的要求也更高。以联邦/北约编目系统为例，描述建模要求对每种物品的技术数据进行透彻研究，结合对其管理、使用和维修的各环节的需求，制定出物品识别定义规定，成为具有法定意义的物品描述模型。

建立物品描述模型需要收集物品性能、可靠性、功能和管理等方面的诸多数据，为国家物资供应系统、管理部门、生产企业和使用单位等提供指导。

美国及北约经过长期实践的优化淘汰，生成如下 2 类资源加工系列，共 7 种描述模型。

1) 物品描述模型分类

如前所述，物品特征属性描述有描述法和参考法，两种方法通过不同程度的结合，生成 7 类，7 类又分为 3 型，即 1、2 与 4 型。1 型有 3 种：1 型、1A 型、1B 型；4 型有 3 种：4 型、4A 型、4B 型，这 6 种为描述法；2 型为参考法。在制定物品识别定义规定时，应尽量采用完全描述法，因其提供的对象数据齐全，适用性强，可提高描述质量，共享价值高；其次采用局部描述法，最后才用参考法。

2) 7 种描述模型

物品描述模型即所谓的"物品识别定义规定"，7 种模型如下。

(1) 1 型(完全描述法)模型　无论物品是否为单一产品，只要能直接、完整地描述其特征属性时，均应采用 1 型模型。它用 3 类元数据来描述其特征属性。

① 核准品名：此为物品最基本特征，故为物品特征描述第一要素。

② 关键词、核心数据：对物品特征属性作进一步描述，对同一品名下的多种属性再作区分。当描述不能很好表达特征时，可引用文件或其他数据作为补充。此类特定文件与补充数据通常是政府或厂商的规格或标准，引用的资料应为政府文件、官方技术资料或业界公认的现行技术规范等。

③ 物品(或其特征)图形：图形是描述法各模型中广泛使用的数据。

(2) 1A 型(完全描述-参考法)模型　采用 1 型模型，加上产品制造商号与产品标识号，后二者为参考号。1A 型适于单一来源，即仅有一家厂商提供物品的场合。该模型结合了 1 型模型的所需数据以及反映单一产品的 2 型模型的所需数据。当制造商零件号或参考号作为单一产品标识时，必须使用本模型。

(3) 1B 型(完全描述-参考-描述法)模型　适用于专用供应品。1A 型模型不足以描述物品，即直接描述加上制造厂的参考号仍不能描述产品(因产品包含制造厂商定型产品中所没有的特点，或厂商同时包含多种可供应的产品)时，就需再补充一定的特征描述，才能充分识别该物品。例如：某种电动卷扬机，厂商零件号只表明其特定型号，而采购单位对其电机功率和电压另有要求,此时就需用1B型模型,以用于比一般产品更特殊、需补充描述数据的物品。该法不但记录厂商名及零件号,还要记录区分各项特征属性的参考号。

(4) 2型(参考法)模型　此模型用于用描述法不能识别物品的场合,即物品无法用文字或数字直接描述,只能提供厂商名、零件号以及某些技术和管理数据的场合,具体如下。

① 记录一种或多种产品的一家或多家制造厂商的产品标识、参考号(RN)、参考号类目代码(RNCC)、参考号变化代码(RNVC),形成2型物品识别定义规定的基本标识数据。

② 有核准品名时使用之,否则采用政府机构或制造厂商使用的该物品名称。

(5) 4型(部分描述法)模型　4型与1型基本相同,即所描述物品不限于一种产品,描述数据中不包括厂商名及其零件号。基本物品描述要素为:核准品名,联邦/北约物品识别指南要求的物品特征描述数据,或物资补给业务所需的技术数据。但这些数据用库中技术数据主址码来指示,而不直接显示其内容,同时还要加上其他补充资料等。

(6) 4A型(部分描述-参考法)模型　与1A型原则上相同,即所描述物品只限单一来源产品,但须同时记录厂商名和零件号。同时,描述的资源要素与4型相同。

(7) 4B型(部分描述-参考-描述法)模型　与1B型原则相同,即所描述物品只限单一来源产品,且厂商零件号不完全反映此物品特征。描述中应包括厂商名、零件号及区分该物品特征的参考号,物品描述要素要求与4型基本相同。

3) 物品描述程度

物品特征描述的7种模型,是从国家与企业的资源接口角度建立的。Dr. Gerald Radack 和 Dr. Salomon de Jager 则从物品供应渠道与信息需求角度,将国家物品描述程度分为如下4级,与7种模型相对应。

(1) 1级　物品按供应源识别,且有充分的参考资料,使政府能成功订购物品。这种情况适用于单一来源的供应品,如一些尖端装备,只有个别企业能提供,物品信息属于企业技术机密,或受知识产权保护。此时,系统只能提供一个供应源数据,用户的一切具体要求,均由此直接与企业联系。这是一种不作物品描述只作最小识别的情况。

(2) 2级　物品按其分类(类目名称和代码)与供应源来识别对象。比1级拥有更充分的识别资源,可供政府物品订购和对识别信息进行分析。许多初级产品,拥有大量供应商的场合,采用此种分类加货源识别的方式,例如:各种农产品,如水果和蔬菜、烟草、肉类(家禽和鱼类)、感性消费品,如香水、化妆品,以及大量未加工和低技术工业品,如矿石、原油、钢材之类。这些物品无需建立严格的识别定义指南(农产品卫生指标除外),同时又有大量企业可供货。这是一种不作物品描述只作分类识别的情况。

(3) 3级　物品按模型和部分描述信息来识别,即不仅拥有分类信息,还有根据联邦/北约物品识别指南来描述的数据,还有客户来源数据。这是最普遍的工业品信息资源模型之一,绝大多数物品,既有国家统一的描述模型,又有企业内部数据,作为参考信息供用户使用。这是一种既有分类识别、又有部分物品描述的资源模型。

(4) 4级　物品采用完全描述法,根据联邦/北约物品识别指南来建立信息资源。这些信息足以获取物品最完整、最充分的数据资源,是一种以描述为主,识别为辅的资源建设方法,也是所有规范中一致推荐的首选模型。

以上7种描述模型和4级描述程度,代表了美国/北约政府、军方、工业界和信息界自二战后,对数百万种工业品(包括同一产品的不同规格与型号),长达数十年的特征描述信息资源开发的技术与经验总结。这7种描述模型,是运用信息标准化工具,实现以最少数量模型建立覆盖最多产品对象特征属性描述的成果。每种描述模型均包含了数以千计的物品、众多的企业、政府和军方的系统记录。这些模型作为高阶信息资源，指导了数十个国家中数以千计的企业开展了产品特征描述资源体系的建设与利用。目前，以美国为首的北约诸国的物资生产与协作链均建筑其上。

9.3 物品描述实例与分析

9.3.1 物品描述实例

物品描述模型过于纷乱复杂，国内业界对其亦较陌生，故以几则实例辅助分析之。

1) 物品描述实例一

国家物品描述资源，从大量产品数据中抽取并经规范化和结构化处理而成。产品不同，企业各异，故各物品的描述资源加工也千差万别。图9-2为一实例，其上部为产品原始信息，

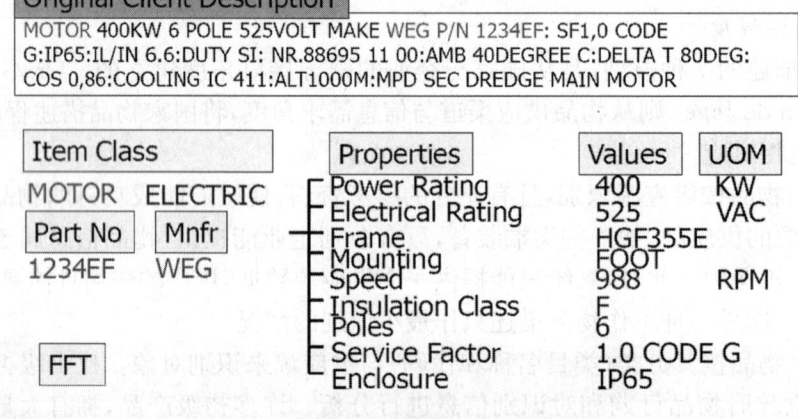

图 9-2　物品描述数据资源建立实例

内容为最常见的文本描述形式，特点是自由格式、非标准表达。Lehigh 大学承接美国后勤信息服务中心"Taxonomy Mapping Using Ontology Structures"项目研究的主持人 Donald Hillman 认为，ERP 系统（国家编目系统与之类似）中的文本数据均为"低质量数据"，因其内容不一致性、无法验证、无法关联分析，因此，需要将其按物品识别指南转换为国家编目系统中的规范描述数据。

图9-2下部是转换后的标准结构化描述形式。从左侧起：物品分类，如企业称"发动机"，国家编目需加上"电动式"，以与汽、柴油式发动机相区别，成为核准品名。零件号"1234EF"、制造厂商代码"WEG"亦从文本中抽取。9项特征（Properties）为电动式发动机的联邦/北约物品识别指南规范内容，这部分数据为物品描述资源建立的重点，需要逐一从文本中抽取。凡企业忽略的表述均需补充，如原文本中"400KW"前需要补充数据项"Power Rating"，数值"525"前补上"Electrical Rating"等。凡省略者均需还原，如原文本中的"SF1,0 CODE G"需要还原为"Service Factor 1.0 CODE G"。凡未填报者，需按指南补充，如"Frame HGF355E"，"Mounting FOOT"，"Speed 988 RPM"等数据，均需向企业核实填报。右部为与各项特征对

应的属性值(Values)以及对应的统一计量单位(UOM)。

图 9-2 说明了将企业原始数据加工为国家规范描述资源的过程,也部分说明了依据每种物品的国家物品识别指南加工信息的一般要求(图中产品图纸、详细技术参考资料等省略)。从企业的自由文本数据,加工为国家规定的结构化规范资源,完成了从私有数据到公用资源的转变。该过程至少抽取出"类目、参考号、制造厂商、技术特征、属性值、计量单位"等一批数据项。图 9-2 是一则部分描述法实例,其中"零件号(Part No., PN)"为参考号,即需要时,可据此向企业查询相关技术数据。

2) 物品描述实例二

表 9-1 为按联邦编目系统中压缩螺旋弹簧之物品识别指南生成的描述数据,是一则完全描述法实例。

表 9-1 压缩螺旋弹簧描述实例

联邦物资分类号	国家物品识别号(NIIN)	编码单位代码	上报单位代码	日期	序号	识别类型	文件代码	识别指南号(FIIG)	品名代码(AIN)
5360	01-234-5678	98	98	770826	4Z3301	I 型	LNR	7251-A	04226
	NAME	品名					压缩螺旋弹簧		
	MATL	材料					钢		
	STYL	形式					圆柱形		
	AARX	内径					0.500 英寸(标称)		
	AGEK	弹簧自由长度					0.656 英寸(标称)		
	AXJP	材料尺寸					0.095 英寸(标称)		
	AXJQ	弹簧压缩长度					任何可接受值		
	AXJR	压缩时弹簧外径					任何可接受值		
	AXLQ	自由伸长时弹簧外径					0.690 英寸(标称)		
	AYAB	弹簧外筒直径					任何可接受值		
	AYAC	弹簧杆外径					任何可接受值		
	AXLH	簧圈螺旋方向					左旋		
	ACWB	底座形状					圆形		
	APCN	簧圈数					任何可接受值		
	AXLK	有效簧圈数					任何可接受值		
	ALME	材料硬度					未定		
	AXLN	负荷承载力					压缩至 4 英寸长度时承受 8 磅		
	AXLP	弹簧挠曲率					未定		
	AXLR	喷净处理要求					不含		
	……								

注:左侧第一列字母代码是第二列规格对应的代码,为系统主址代码(MAC)。

表中描述数据为：

(1) 联邦物资分类号　4位数代码，前2位为大类号，后2位为小类号。5360中前2位53代表"五金和磨料"大类，后2位60为"盘簧、板簧和钢丝弹簧"类。

(2) 国家物品识别号　9位代码，前两位为国家编码局代码，"01"代表美国；后7位为无含义代码。

(3) 编码单位代码　为负责编制与维护某物品代码的责任机构的代码。98代表美国"国防工业品补给中心"。

(4) 上报单位代码　向负责编制与维护某物品代码的责任机构上报数据的机构代码。本例中编码与上报为同一单位。

(5) 日期　本物品描述表发布的日期。

(6) 序号　为系统为上报物品自动生成的唯一流水码。

(7) 识别类型　为物品描述类型。本例采用1型即完全描述型，表中给出其所有特征数据。

(8) 文件代码　LNR。

(9) 识别指南号　即该物品的联邦物品识别指南(FIIG)代号。

(10) 品名代码　物品核准品名和对应代码，拥有正式核准品名的物品才拥有此代码。

(11) 正表内容　第一列为描述数据项代码，第二列为描述数据项，第三列为对应属性值。

此表进入中央库后供全国用户使用，可在各类政府机构与所有企业中交换，并能进入后勤物资服务业务及全球供应链中。

9.3.2　物品描述的技术要求

识别资源具有的广泛性、基础性、建设性、系统性、复杂性、协同性和战略性等特点，同样也体现在描述资源上。同时，物品描述又有一些针对性的要求，特别在描述质量方面。根据Douglas Daniels，好的物品描述资源应满足如下要求：① 可识读性与内容明确性；② 机器可读性；③ 可检索性；④ 可识别性；⑤ 及时性；⑥ 正确性；⑦ 精确性；⑧ 适时性；⑨ 有效性；⑩ 可用性；⑪ 柔性(选择性与组配性—作者注)；⑫ 可维护性；⑬ 一致性；⑭ 可给出对象的特性、统一计量单位、交换性、属性值、限制性要求等；⑮ 分类恰当；⑯ 符合相关标准。

显然，原始文本资源并不具备这些属性，按图9-2过程加工成规范的结构化信息，才能达到这些要求。

9.3.3　物品描述需求的发展

物品描述模型，代表了20世纪70年代前，工业领域以电气化为特征，军事领域以机械化为特征，计算机技术以大型机为特征，通信以电报电话为主体的工业信息资源开发水平。自80年代起，人类社会进入知识经济发展的快车道。三大因素促使物品描述资源系统发生了质的飞跃。一是前苏联解体，北约东扩，加入北约编目系统(NCS)的国家数量持续增长，致使采用该系统的企业用户数大幅增长。促使物品信息在描述功能、描述对象和管理方式上发生变革。二是人类进入互联网时代，信息技术、通信技术和计算机技术蓬勃发展，导致电子商务与电子政务融合一体的G2B、M2B和B2B的出现，将工业品的跨国设计、跨国生产与远程物流引入全球范围,使物品描述与识别方式向全新方式变革。三是以美国为首的多国部队经历了海湾战争、科索沃战争、美伊战争之后,"信息战"、"网络中心战"等概念日趋清晰。远程物资精确供给、单兵定位跟踪、数字化武器装备的应用等,都对物品描述的内容与方式产生了新的变革需求。

在这些因素驱动下,物品描述技术迅速发展,描述内容大幅扩充,用户数量与系统应用迅速增加。图9-3为2006、2007财年美国国防后勤信息服务的相关统计数据[1]。

图9-3中,2006财年,被查询的参考号为137 886笔,数据库添加的不同对象记录84 807笔,新增商业和政府实体号(CAGE)1 785个;2007财年,被查询的参考号为180 970笔,数据库添加的不同对象记录141 068笔,新增商业和政府实体号(CAGE)5 735个。三种数据一年中分别增长了31.25%,66.34%,222.41%,说明系统被查询使用次数、系统中物品数量的增加和系统注册实体的数量都有明显增加。通过系统中各类实体代码、参考号等的增加,也说明物品描述资源的数量与种类在同步增加。

9.3.4 物品描述资源的管理

物品描述资源在国家工业信息资源体系中,行使一种基础性、平台性、框架性和战略性的职能。所以除各项技术性要求外,物品识别定义规定即物品描述模型还有一系列严格的行政管理要求。主要涉及如下领域:

(1) 物品描述模型的制定、修改和处理。

(2) 物品描述模型间的转换。

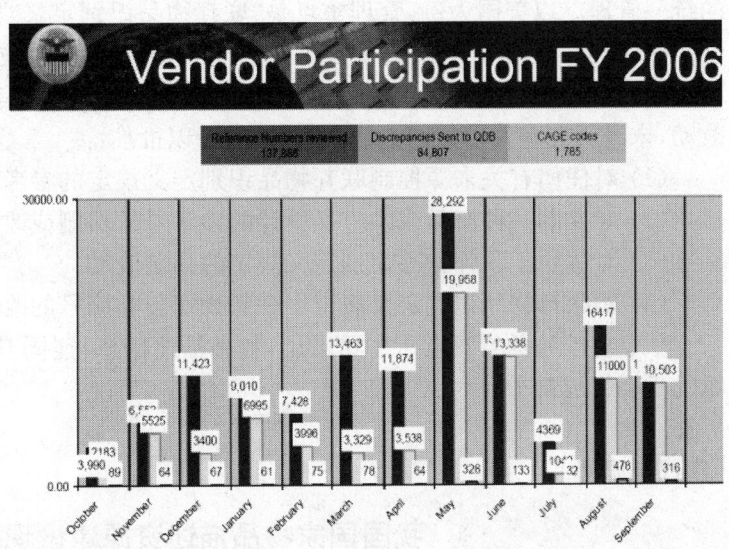

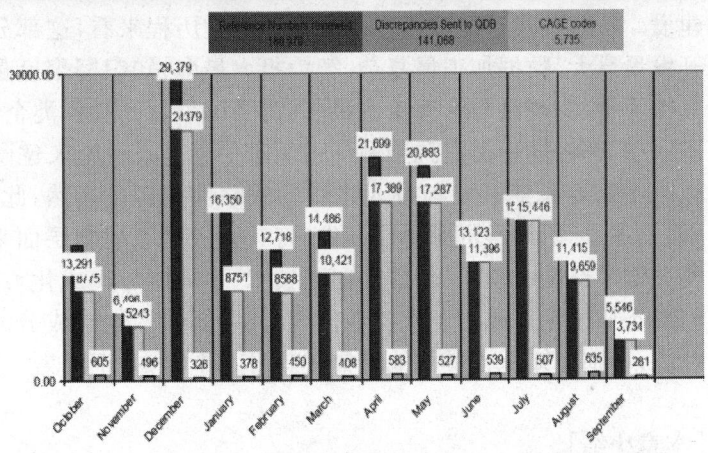

图9-3 2006、2007财年美国国防后勤信息服务统计数据

---

[1] Vendors Data Integrity, Douglas Daniels, GIRDER Program Office Defense Logistics Information Service, October 16, 2008, www.dla.mil/dlis.

(3) 物品描述模型的废除。
(4) 已废除物品描述模型的恢复。
(5) 物资分类号的修改。
(6) 物品描述模型的质量控制与质量保证。
(7) 物品信息档案记录的质量管理等。

这些管理规定的最大特点，是国家对描述信息源、加工中心、传输渠道和用户等进行宏观的统一管理。以美国为例，管理重点是"联邦物品识别定义规定"，即各类描述模型，任何技术性修改、变动、撤销等方面，都要在国家层面上，由各相关单位取得共识才行。

仅以物品识别定义规定的制定、修改和处理为例，其中有"下列对参考号和品名的增删或改动，未经所有有关单位的一致同意，均不予以批准：
(1) 对任何有关来源控制联邦物品识别定义规定的参考号的增删或改动。
(2) 对控制一种产品或供应品设计的参考号的增删或改动。
(3) 对适用于联邦物品识别定义规定的品名改动。
(4) 对联邦物品识别定义规定中联邦物资分类编号的改动"。

从这些严格的管理要求中可看出，物品描述信息，连同其管理模型，均为国家工业信息资源的重要组成部分。

[建议与思考]

我国国家物品描述资源建设现况分析

国家工业信息资源体系中，对象描述资源为内容最丰富的资源。在我国，国家物品描述信息资源开发尚待起步。各界普遍对"物品描述"的技术内涵、资源需求与各类标准等缺乏系统的了解。各类工业信息系统中，也极少对工业对象描述信息资源进行单独划分、设计、研发与建设。从欧美发达国家工业信息资源开发历程来看，这部分内容其实是国家工业信息资源中开发量最大、数据加工最复杂、智力投入最多、知识凝聚度最高、价值升级也最多的一道工作。其作业量、协调量与管理量也最多，需要国家、行业、各类企业与知识机构等协同共建。在发达国家中，都将描述类资源当做一项国家信息基础设施来建设。因此，这也是我国实施两化融合战略中需要长期开发与投入建设的战略性资源。当然，此类资源应和其他类型的信息，如识别、描述、标识等类资源协同开发，将其列入国家战略层面来统一规划和设计。随着工业品及其关键零部件、核心零部件等向高技术、多功能与集成化方向发展，许多物品对象的理化与几何形态描述越来越居于次要地位，而其中知识构件或成分的比重越来越大，于是，对物品内在性能，特别是知识含量的抽象描述就日益重要，并正成为一种新挑战。

[本章小结]

本章探讨了国家工业信息资源加工的第三个环节——对象描述资源的建立。研究了发达国家从早期电报通讯到互联网时代中，对象描述资源的长期积累与演化的过程，综述了描述资源在从产品生产、存贮、运输、物流、使用到后续处理中的识别链中所起的作用，以及相关的工业品直接描述与参考描述之7种模型。介绍了对象描述资源在国家工业信息资源体系中的法定地位以及物品描述的技术要求和管理规程等，并简要介绍了互联网时代，发达国家对工业品描述资源的需求新趋势等。

10 国家工业信息资源标识战略

10.1 标识资源概述

10.1.1 标识资源的战略价值

标识是一种特殊的战略信息资源。互联网时代,全球 IP 标识问题尚未完全解决,人类又将应对物联网时代天文量级标识需求的挑战。标识对象通常为实体、过程和概念等,这需要巨大的标识资源、严格的标识体系、新型的标识载体、先进的标识技术、科学的管理体系、统一的标识模型与标准等,这些都显示标识资源的开发与利用须纳入国家层面来进行。

信息时代,大量物品、过程和管理对象都需要标识。这涉及标识资源的开发、分配与管理,与标识密切相关的对象间互识别与互操作以及各类标准与协议等问题。在全球经济一体化背景下,国家概念表面看似淡化,其实在标识空间中展开了更深层、更激烈的博弈。如 IP 资源的控制与分配权,通用商品条码(EAN/UCC)中"国家—企业—产品"标识码位的划分权等,皆因标识资源具有唯一性、排他性和集中性等。所以,标识资源的规划、设计与开发等,就成为各国在信息领域争夺的一个资源制高点。

产品、过程与管理标识,属于新技术领域。传统的联邦/北约编目系统,在从纸载体到磁载体记录的发展之初,对这一领域尚无突破性需求。网络时代,各类新型标识技术、标识载体与标识模型及算法的出现,既带动了一批应用的兴起,也改变了信息资源结构。本世纪初,美国在发展以"信息战"、"网络中心战"等为新形态的高科技战争需求驱动下,出现了"网络中心后勤"的需求,对大量物品、人员、资产、过程等进行标识以实现实时跟踪、动态指挥、精确控制等的需求明显,促使新型标识技术迅速发展,标识种类及其细致程度日益深入,其战略价值日益显现。

10.1.2 标识与识别的区别

标识源于编码,用于识别。早期的识别技术,通过信息技术的发展和应用的深入,分别向识别内容、识别形式和识别载体三方面发展,遂使编码、识别与标识三者分离,也形成各自独立的资源。工业领域,标识与识别的差别体现为两者在识别深度、数据容量、工业化发展阶段、服务深度、技术背景、资源形态和信息载体等诸方面的不同。

1) 识别深度不同

根据《北约编目手册》定义:"物品识别是由充分、明确的对象基本信息组成,它们构成描述物品的唯一特征集,该集合足以将其与其他物品相区别开来。"这说明,识别的最小对象,或最小颗粒度是类,即具有相同特征属性的对象集合。因此,在识别层面上,凡具有同样理化特性,同样结构、规格与款式的对象是无区别的。网络时代以前，信息化程度不高，标识只满足于对物品类的识别。这不仅体现在联邦/北约编目系统等官方系统中，在民用领域，通用商品条码也只识别到商品类，不再区分同类物品下的每件单品。

随着信息化的深入，许多应用均要求区别同样特征属性类下的每件单品。如以鼠标为例，传统识别只区分不同企业生产的不同款式与价格的鼠标，但并不区别同企业、同品种、同款式与同价格下的每一件鼠标。但当新型识别要区分同企业、同品种、同价格下的每件鼠标时，就超出传统识别模式，因它们的理化特征完全相同。此时，只有采用标识代码来区别了。

2）数据容量不同

以北约编目系统为例，识别主要通过北约物资号来实现。这13位码中，前4位是北约物资分类（NSC）码，中间2位是国家代码，后7位是物品识别号（IIN）。识别容量可区分1万个类，100万种细目，数据容量有限（2位国别码不计容量）。再以13位EAN通用商品条形码（EAN体系）为例，前3位为国别/地区号，中间4位为企业号，后5位为产品码，最后1位校验码，去除不计容量的国别号与校验码，数据容量亦较有限。物联网时代，要在全球范围内标识每种物品下的每件单品。仍以鼠标为例，如对全球每件鼠标都赋以唯一代码，就突破了上述识别体系的结构与容量。标识体系，如选择EPC[①] 96位产品电子编码，就能满足这一要求；而EPC 198位码则可满足更多的工业单体识别，因其拥有天文量级的容量。

3）工业化发展阶段不同

传统识别技术是工业时代的产物，新兴标识技术是信息时代的产物。工业时代以机械化大规模生产为特征，流水线上的产品要求质量稳定、性能无差别。同样，机械化战争时代，战略家们只关注一场战役中双方投入的总兵力、火炮口径与门数、战车的性能与数量、飞机出动的架次等，并不强调单件武器的作用（战略武器除外）。消费品领域亦如此，一种款式单一的新产品上市就能让企业获得数年的丰厚回报，如当年的卡式录音机、Walkman等。

变革始于上世纪70年代，仍然发端于军事领域，标志性事件是美军对越南清化大桥的轰炸。此桥位于河内以南，是铁路与公路交汇的一条战略通道。1965—1968年，美军曾出动数百架次飞机，投下数千枚炸弹，不仅未将其摧毁，而且损失了飞机10多架。1972年，美军仅出动了几架飞机，投掷了十几枚激光制导炸弹就彻底炸毁了该大桥。仍以美国空军为例，二战中，要摧毁一个钢筋混凝土永备工事需要10 000枚炸弹；越战中，要用300枚炸弹；而伊战中，只用一枚激光制导炸弹从工事的排气管道进入就彻底炸毁了目标。

该事实表明，信息技术与传统工业的融合会导致产品性能发生飞跃。数量取胜时代已让位于性能与质量取胜时代。数量取胜是工业化时代的特征，它强调产品间的无差异、无区别、同质性等。性能取胜是信息化时代的特征，它强调产品的优异性、功能性、差别性和独特性。演变的动力源于信息资源、信息技术与信息基础设施对工业的引领。同时，工业进步又反作用于信息领域，体现为重视产品性能与质量的融合上，产生了对每件物品独立标识的需求。这一趋势很快传导到消费品乃至社会生产与生活的各领域，导致精确标识需求的增长。于是，一人一标识、一物一标识、一位置一标识、一过程一标识、一概念一标识等就成为社会信息化全面深入的时代特征。

---

① Electric Product Code，直译为电子产品代码，易被误解为仅是电子类产品的代码。故我国国家标准机构将其定义为产品电子代码。其结构由标头、厂商识别代码、对象分类代码、序列号等数据字段组成。

4) 服务深度不同

现代服务业朝精准化、个性化和交互化方向发展,要求服务过程具有可辨别性、可记录性与可跟踪性,对象标识是其前提。伴随现代社会对卫生、安全、保健等方面要求的提高,人们对产品质量保证的要求日益提高。同时,企业社会责任意识也在提升,企业不仅对最终产品,也对其中的关键零件、部件和组件等打上标志,实现对上下游供应件的精确记录与跟踪,形成标识链。一旦发生质量、卫生或安全等问题,就可立即分清对象、界定职责,召回产品,更换问题零部件,开展顾客安慰等。这些服务的实现,要对产品或零件作类别、批次与单件标识,以便掌握每件单品及零件的组装情况及销售去向。

5) 技术背景不同

识别技术在北约编目系统中就已成型。在产品管理上,用于对质量稳定性与同质性的监控。相应技术采用数理统计、偏差控制、计量分析等无差别个体分析。而标识技术源于自动识别领域,是一门新型技术,要求以信息资源与技术实现对大量生产而又具有个性化、特征化、多样化、差异化特征的物品进行管理。在信息时代,每个物品都被视为信息源,在全球各地都可被唯一地识别、跟踪与管理。

6) 资源形态与载体不同

识别是描述物品特征的信息集合,形态为数据记录,通常由多个字段组成,存储在系统远端数据库中。标识则为代码串、图形(如一维与二维条形码)、机械点阵、电子芯片等形态,并以包装印刷、外挂标签、金属铭牌等为载体附在物品或装备上。标识内容通常仅为一个字段(二维条形码除外),通过识读设备读取标识数据,由此访问并读出库中对应记录。

以上6点说明识别与标识的差异。应用系统中,标识与识别之间存在着互为前后台的关系。在任何情况下,识别都是标识的基础,系统需要先识别"类",再识别"品"。同时,大量基础工业品并无必要标识到单一对象。如紧固件中的螺栓,除非特殊场合才需要对每件对象进行标识。

10.1.3 标识与识别的技术差异

识别与标识的另一区别,是实现技术不同。识别采用数据库技术,内容为数据记录,且无实体形态的载体。标识是综合信息技术,Rob Leibrandt认为,它涉及以下几种技术:

(1) 一维与二维条码技术　属于自动识别及数据获取领域,涉及条形码码制与编码,扫描识读与解码技术等。

(2) 唯一标识技术　用于物品、包装、地点与运输各环节。

(3) EPC-RFID技术　EPC是Electronic Product Code,译为"电子产品编码",但其本意是产品的电子编码之意,故我国标准化管理机构将其定义为"产品电子编码"。EPC-RFID以微芯片记录标识信息,无线射频读取信息技术。

(4) 实时定位(RTLS)技术　对象动态定位技术等。

其中(1)和(3)都是有形实体,承载标识信息。

物联网时代,标识资源、识别资源与特征描述资源等,都可能从后台库记录变成前端电子标签直接粘贴、悬挂在物品上,嵌入物品内部。可供前端识读设备直接处理,大幅减少后台运算压力。同时,这些标识也可以是指针,指向远端的数据云。这两种模式结合,改变了信息系统的架构与柔性。

10.2 EPC 标识体系

标识既是技术,更是数据体系和标准以及配套的管理规则。据估计,15 年后将有 500 亿件电子设备实现移动互联,加上载有电子标签的普通物品,全球互联物品的总量将达万亿数量级。面对如此数量的物品,标识将成为极其浩繁的工作。

要使每件物品在生产、流通与使用中的信息被精确记录与传输,使世界各地的企业、商家、流通渠道、服务机构等都能时刻精确地获取,为此,以 EPC 技术与 EPC 标准为代表的国际标准标识资源体系就应运而生。

10.2.1 EPC 概述

1) EPC 的定义与特点

EPC 是以产品为对象、以电子芯片为载体的代码体系,由美国麻省理工学院 MIT 自动识别研究中心开发,通过采用新型编码、算法、芯片载体、RFID 识读系统、有线与无线互联网技术等,可构造覆盖全球物品、开放的,能为各种应用共享的统一标识体系。为物品生产、仓储、采购、运输、销售、使用和后处理等过程提供唯一标识,相当于给每件商品赋予一个唯一的"身份证"。

EPC 载体可在面积不足 $1 mm^2$ 的芯片上,实现二进制 128 字节的信息存储。标识容量上限为:全球 2.68 亿家公司,每公司生产 1 600 万种产品,每种产品生产 680 亿个单件。如此庞大的容量可逐粒标识全球每年生产的谷物,足够给全球每类产品中的每件单品都赋予唯一代码,形成巨大而稳定的标识空间。与传统条形码系统相比,EPC 体系有如下优点:

(1) 通用商品条形码只能识别商品的"类",无法识别类下的"品";EPC 可识别同类型、同规格、同批号产品下的每件单品,做到一物一码。

(2) EPC 比通用商品条形码及磁卡等其他载体的信息量大。

(3) 条形码标签只能一次生成,EPC 标签可多次读写,可开发多种应用。

(4) 条形码识读时,扫描仪必须"看见"条形码才能读取它,EPC 利用无线感应,可在一定距离外非接触式识读。

(5) EPC 可识别高速运动物体,并能同时识别多件物体,条形码系统则不能。

(6) EPC 标签具有抗污染、抗干扰、保密性好等条形码标签所不具备的性能。

虽有这些区别,EPC 体系仍与通用商品条形码体系兼容,因此,该技术既可用于物品流通、销售与贮运环节,又适于物联网中的物—物互连环境下的对象标识。

2) EPC 系统构成

EPC 作为标识系统,在工业标识资源应用中可标识物品、时间、作业步骤、状态、识读点、交易数据和其他信息,实现系统-系统、物-物间的识别与互操作等。

EPC 系统的构成要素如表 10-1 所示。

表中三类要素的功能为:

(1) EPC 编码体系 系统采用唯一物品标识(Unique Item Identifier,UII)为标识资源来标识对象,参见表 10-2。

(2) EPC-RFID 标识资源载体与采集装置,由 EPC 标签、识读器等组成。

表 10-1　EPC 系统构成

系统构成	名称	说明
EPC 编码体系	EPC 编码标准	标识目标的特定代码
EPC-RFID 系统	EPC 标签	附在物品上或内嵌于物品中
	识读器	识读 EPC 标签的设备
信息网络系统	EPC 中间件	EPC 的软件支持系统
	对象名称解析服务(ONS)	物品及对象信息解析
	EPC 信息服务(EPCIS)	提供物品信息接口,采用 XML 描述信息

（3）信息系统　由 EPC 中间件、对象名称解析服务（Object Naming Service,ONS)服务器、EPCIS(EPC Information Service)服务器以及基于互联网的众多数据库组成。工作流程如图 10-1 所示。

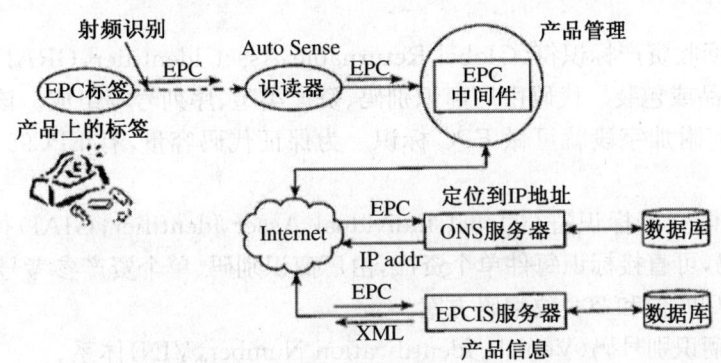

图 10-1　EPC 系统工作流程示意

互联网中,联网对象为不同 IP 地址的计算机。物联网中,联网对象扩展到任何拥有可解析名称的 EPC 标识对象。ONS 为对象名称解析,类于域名解析(DNS),是联系 EPC 中间件和 EPCIS 服务器的枢纽。它以互联网为主干,使 EPC 延伸至各类应用。EPC 业务应用采用 XML 语言,用于描述物品、存货跟踪、自动处理、供应链管理、物-物通信与控制,故在物联网中演化为物理标记语言(PML)。PML 数据存储在服务器上,由产品制造企业生成与维护,服务器为 EPCIS 服务器,通过中间件交换企业内外应用数据,经 ONS 解析后,实现各厂商与机构间的物品信息互联互通。

10.2.2　EPC 代码体系

三大因素推动了 EPC 体系的产生与发展。一是物品标识资源的全球化,标签容纳的信息越来越多；二是承载信息的微芯片越做越小、价格越来越便宜且容量越来越大；三是无线传感技术的发展,使物品间交换数据的应用越来越普及。原先内容有限、应用有限、使用次数有限的标识系统朝"标贴式数据库"发展,成为融合对象、过程、作业标识等于一体的新型分布式信息系统。

EPC 体系的管理机构 EPCglobal 管理委员会提出了如下几种在现代工业与社会各领域

具有普遍应用的 EPC 标识体系。

（1）通用标识符（General Identifier，GID）体系。

（2）全球贸易货物代码（Global Trade Item Number，GTIN）体系，更多使用的是序列化全球贸易货物代码（Serialized Global Trade Item Number，SGTIN）体系，两者均基于 EAN/UCC 规范。GTIN 标识到货品类，SGTIN 标识到每件货品。代码由指示码、厂商识别码、物品参考码和序列号等组成。

（3）序列化运输集装箱代码（Serialized Shipping Container code，SSCC）体系，基于 EAN/UCC 规范的代码，可直接标识每件个体，由扩展位、厂商识别码、序列号等组成。

（4）全球位置码（Global Location Number，GLN）体系，同时也代表一个逻辑实体，如一个执行某项业务（如下订单）的机构。

（5）序列化全球位置代码（Serialized Global Location Number，SGLN）体系，基于 EAN/UCC 规范的代码，用于标识不连续的、唯一的物理位置，如一个码头门口或一个仓库箱位；也可标识一个集合物理位置，如一个完整的仓库等。代码由厂商识别码、位置参考号、扩展代码等组成。

（6）全球可回收资产标识符（Global Returnable Asset Identifier，GRAI）体系，用于标识每件可回收的物品或包装。代码由厂商识别码、资产类型、序列号等组成。该代码是为单品分配的，不需要任何附加字段就可做 EPC 标识。为保证代码容量，有 EPC96 位和 170 位编码方案。

（7）全球个体资产标识符（Global Individual Asset Identifier，GIAI）体系，基于 EAN/UCC 规范的代码，可直接标识每件单个资产，由厂商识别码、单个资产参考号等组成。为保证代码容量，有 EPC96 位和 202 位编码方案。

（8）汽车车辆识别号码（Vehicle Identification Number，VIN）体系。

（9）电子序列号（Electronic Serial Number，ESN），用于移动电话号，等等。

这些 EPC 体系与统一资源标识符（Universal Resource Identifier，URI）结合，可为全球实体提供唯一标识，用于生产、仓储、运输、使用以及回收等过程管理。

10.3 新型标识体系——UID 标识体系

标识与识别是一体两面的技术。如条形码是为满足商品自动结算销售，产品及零部件标识等需求而产生的，它导致了自动扫描识别技术的诞生。所以，条形码也是最早在联邦/北约编目系统中使用的技术之一。但因其受容量、载体和结构的影响，用途和寿命有限，如通用商品条形码只是为零售通关结算一次性使用的，随着自动化管理要求的提高，就出现了标识容量更大，代码结构更合理，用途更广，能在物品生命周期中起作用的新型标识体系。

1）UII 体系与 AIDC 相关概念

工业对象标识由"类"发展到"件"，从互联网发展到物联网，从计算机后台到 RFID 前端处理等，导致了的如下几项关键概念的产生。

（1）唯一标识（Unique Identification，UID）为物品建立并指定唯一标识符，供系统自动区别与其相似或不相似的任何物品。

（2）唯一物品标识（Unique Item Identifier，UII）标识类数据元素集，它们通过连接组合为对象构建全球唯一的标识符，含有包括供自动识读方式的数据载体。

(3) 自动识别与数据获取技术(Automatic Identification & Data Capture Techniques, AIDC)通过机械接触、光电扫描、电磁感应等方式获取数据的技术。

(4) 企业识别符(Enterprise Identifier, EID)由发布机构分配给实体(企业或机构)的唯一标识代码,使之能与其他机构相区别。各实体均有义务为其合格产品提供唯一物品标识。

(5) 发布机构代码(Issuing Agency Code, IAC)标识代码发布机构的代码。该机构按 ISO/IEC 15459-2 的规定程序,负责分配代码。在北约集团,该权威机构为荷兰标准局(NEN)。

(6) 发布机构(Issuing Agency, IA)为协同管理上述标识,按 ISO/IEC 15459-2 规程建立的诸标识官方管理机关。

这些概念代表了一个金字塔管理体系:由核心机构管理各级代码发布机构(如 EAN/UCC 体系中的各国国家编码机构,北约编目系统(NCS)中的国家编码局等),并赋予它们一个机构代码;这些机构再为其管辖范围内(通常为一个国家或地区)的各企业或机构赋予一个标识代码;这些企业或机构再按规则为其每件产品编制标识代码。这种严格的分段赋码管理体制,能确保全球范围内的物品代码唯一性。

2) 配套标准

自动识别技术从实验室到全球范围的普及,除技术与管理因素外,另一个重要保障就是标准建设。发达国家的政府和军方历来都是先进技术的最大用户。为推行统一标识体系,北约 AC/135 委员会与 ISO 和 IEC 结合,相继出台了如下国际标识标准。

(1) ISO/IEC 15424-数据载体与标识符。

(2) ISO/IEC 15418- EAN. UCC 应用标识符和 ASC MH 10 数据标识符。

(3) ISO/IEC 15434-大容量 ADC 媒体语法。

(4) ISO/IEC 15459- 唯一标识 UID 系列标准:

ISO/IEC 15459-1:信息技术,自动识别技术和数据采集技术—物品管理唯一标识符——第1部分:运输单元;

ISO/IEC 15459-2:信息技术,自动识别技术和数据采集技术—物品管理唯一标识符——第2部分:注册标识符程序;

ISO/IEC 15459-3:信息技术,自动识别技术和数据采集技术—物品管理唯一标识符——第3部分:通用标识规则;

ISO/IEC 15459-4:信息技术,自动识别技术和数据采集技术—物品管理唯一标识符——第4部分:供应链管理要求的唯一物品识别;

ISO/IEC 15459-5:信息技术,自动识别技术和数据采集技术—物品管理唯一识标符——第5部分:可重用的储运工具运输;

ISO/IEC 15459-6:信息技术,自动识别技术和数据采集技术—物品管理唯一标识符——第6部分:物品生命周期管理,零件与产品分组唯一标识。

(5) ISO/IEC 15961- 数据协议:应用接口。

(6) ISO/IEC 15962- 协议:数据编码规则和逻辑记忆功能。

(7) ISO/IEC 15963- 射频标签形式的唯一标识 UID 等。

除国际标准外,还有一些专业机构标准,如北美国际汽车工程师协会标准 SAE AS9132《用于零件标记的数字矩阵质量规则》以及欧洲航空工业协会标准 AECMMA EN 9132《零件标记的数据印铸质量规范》,等等。相关标准仍在开发制定中,从标识符号、语法、接口、编码规则和记录载体等方面建立从零部件到成品的标识体系。应当说,这些标准解决了全球产品内部构成、产成品包装运输以及后续使用与回收中的标识链的构成。

3)建立基于UID的标识链

(1)生产—包装标识链 UID的作用之一是建立生产—包装标识链。包装,是指生产到物流中不同数量物品的集合单元,它们并不限于拥有成型外包装的成品,包括大量零件、部件和组件等。对于产品,UID是指从其内部各项零部件到装配而成的总成,再到各组运输单元。全球物品生产—包装标识链的相关标准是上述ISO/IEC 15459 UID系列,如图10-2所示意。

图10-2描述了产品从零件、成品单件再到群组间的分层包装与运输标识关系,构成工业领域常用标识链。左侧从下向上分为四层:底层为零部件和成品,即右图中的Layer 0层。各层既代表包装层级,又表示标识层级。0层中的零部件、成品标识按ISO/IEC 15459-4、15459-6编制。Layer 1层为单元包装(Individual Packaging),标识应符合ISO/IEC 15459-4。

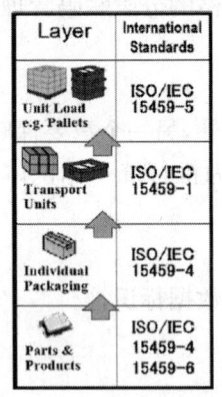 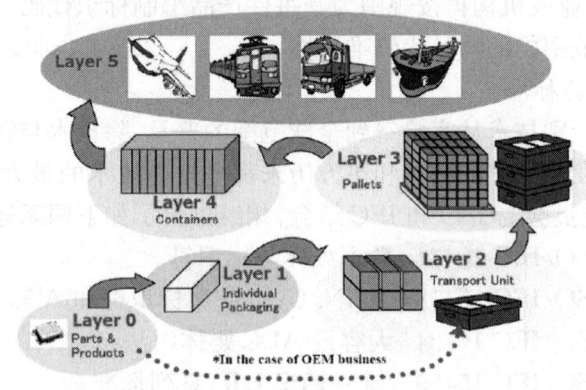

图10-2 产品UID标识与全球生产-包装贮运体系

单元包装不一定只有一件物品(零件、组件或成品),而是达到包装要求的物品数量(如单件、双件、四件装等),包装内可有多件标有不同代码的同类或不同类物品。Layer 2层是运输单元(Transport Units),由多个单元包装组成,标识标准为ISO/IEC 15459-1。该层还有另一种形式包装,即OEM生产中的托盘,以图中虚线表示,此时无Layer 1层。托盘比正规包装简单,能直接上流水线组装,以大宗数量供应总装厂。Layer 3是货架即装载单元包装,由多个运输单元组成,标识标准为ISO/IEC 15459-5。Layer 4为集装箱包装,集装箱内可有多个装载单元。该层不指定相应的标识标准,因为集装箱内可由不同品种物品、不同数量的装载单元拼装而成。Layer 5层是海陆空铁运输,可按整倍数运输集装箱。从Layer 0到Layer 3,每级包装标识之间呈简单倍数关系,标识链构成较简单;Layer 4到Layer 5可能出现异类货物拼装关系,标识链就略显复杂。

还应说明,除货物(Layer 0层)有标识外,Layer 1层起的各级包装体也有独立标识,包装标识与货物标识之间呈简单倍数关系。货物配运时,从箱内货物上读取的标识总数,应与各级包装上的标识逐级累计的货物总数一致。

(2)货物配送链 图10-2上部进入运输流程,远程货运通常要经过陆、海、铁、空等多环节。特别是每到一个枢纽站都可能对货物按运输工具、运输目的地等进行重新编排、重新配货后形成新的标识链,此即配运标识链,其重组过程示例如图10-3所示。

图10-3左侧为EPC体系的GLN 1~3全球位置码表示的3家发货方,右侧GLN 5~8

号为4家收货方,货物为载有不同SSCC(Serial Shipping Container Code)1~7号序列化集装箱代码。货物从发送到接收要经过图中虚线框所示的中转配货,作业有直接转运物流单元(Homogeneous Logistics Units)与配货重装物流单元(Heterogeneous Logistics units)两种模式。从GLN1到GLN5为直接转运模式,集装箱不变,SSCC 1就不变。SSCC 2~4需要配货重装,货物总量不变,但集装箱内货品重配后,SSCC 2~4号序列化运输集装箱代码就变为SSCC 5~7,发送至GLN 6~8收货方。货物配送后,Layer 3包装标识与Layer 4集装箱间的标识发生变化,再与变换后的运输工具标识重新组合。

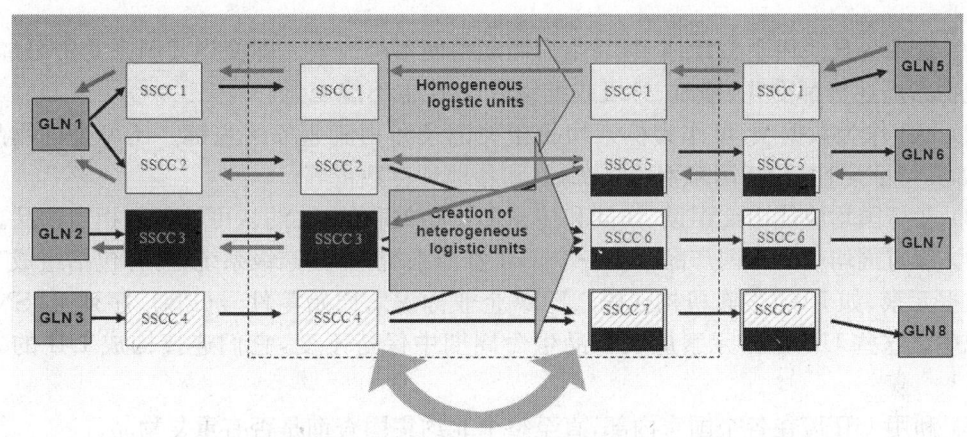

图10-3 货物配送的EPC体系标识链

(3) 货物跟踪链 货物跟踪链以货物交付参考号UCR(Unique Consignment Reference Number)为基础,进出口商之间签订销售合同时,用此UCR号,为交易中货物的唯一标识号码,以EPC-RFID标签粘贴附加在货物上。世界海关组织规定,UCR必须采用ISO/IEC 15459标准,所有供应商、客户和运输业界都统一采用此号来配合各SSCC码来跟踪标识货物。UCR号仅用于运输跟踪,货运全程管理,与生产过程和其后使用过程中的标识质量控制等无关。

(4) 装配标识链 图10-2中Layer 0层如是成品,由各种零部件装配而成,形成零件—部件—组件—成品的分层装配体系,构成复杂的装配标识链。复杂性体现在产品结构上,不仅仅存在同类零部件间的倍数关系,更多的则是不同零部件之间的标识。如F15战机就有17万余种零件,理论上就有17万件标识,装配标识链比运输标识链要庞大复杂得多。因此,货品从零部件到成品的标识及其采用的相关技术就至关重要。

10.4 标识资源开发与利用的国家战略

为在北约各国推行物品唯一标识(Unique Item Identification,UII)体系,北约标准局(NATO Standardization Agency)2010年10月发布了北约标准化协定(STANAG)2290号,规定了UII的结构,指导企业在物品上制作机器可识读的矩阵式数据物理标记,在标签或外包装上印制PDF-417(这是一种二维条形码,拥有"标贴式数据库"之称,目前广泛用于北美及西欧诸国。)的内容,或在零部件表面上直接印铸机械式矩阵形数字标识。

北约标准化协定是所有北约参与国都须遵守的条例,STANAG 2290解决了各国统一

UII 标准的问题。它不仅是国际技术标准,还体现了一系列的国家标识资源管理与利用政策。

10.4.1 推行 UII 体系的策略

1) 推行 UII 的相关规定

北约标准化协定(STANAG)2290 对各国采用 UII 体系制定了如下一系列规定,构成国家间以 UII 为核心的标识类信息资源管理策略,以确保物品标识在世界范围的唯一性和非重复性。

(1) 物品一旦采用了 UII 体系,其生命周期中便不得改变。即使当其国家物资号、零件号及相关物品描述等都变化、修改、升级或维修后,UII 也不能变化。

(2) UII 作为数据项,可作为检索物品相关记录和物流业务的主键。还可查询物品关联数据,如其特征属性,包括国家物资号、命名和各地现存数量等。

(3) 参与国均应能由此识读、访问和传输 UII 相关联的,北约认可的各种相当物品。

(4) 参与国均应为本国产品维护一个 UII 资源系统,为国家级系统,内容包括组成 UII 的多种数据元素,如 IAC(发布机构代码)、EID(企业标识)、原始零件号(PN)、序列号(SN)等组成标识串。这些 UII 数据元素应在物品生命周期中保持不变,它们连接构成 UII 的方式也不变。

(5) 利用 UII 可在各个国家内部,直至整个北约集团查询是否有重复物品。

(6) UII 一旦指定给某物品,即使原物品已经废弃后,此号码也不能转用于其他物品。

(7) 实施本协定时,各参与国均应出台必要的政策或指令,使国内各机构和部门均能贯彻执行相关标准化协定中的政策与标准。

2) 推行 UII 的技术要求

(1) 各企业均应按标准采用 UII 数据元组成物品唯一标识。

(2) 在北约范围内,当要采用序列化方式构建 UII 标识时,有如下两种结构:

① EID(企业标识)下的序列号:由每个企业自行编制其产品的序列号,这种序列号在每个企业是唯一的,但总体上这些序列号可能重复。如多国的多家企业均可为其生产的同类产品编制本企业的唯一序列号,但大家都可能采用流水码,从"00~01"开始编,就会产生相同品种、相同规格与相同款式产品对应于相同的序列号,此时就通过不同的企业标识 EID 来彼此区别产品。

② 按 PN(零件号),或 PN 与批次号(Lot or Batch Number)组合的方式构建序列号:有三种方式:

(a) 零件号序列:企业中,在原始零件号的基础上给每件产品编制一个唯一的序列号。当原产企业未按联邦/北约编目系统(FCS/NCS)标准编制零件号时,这种原始零件号不能进入标识系统。这就需由一个技术权威(Technical Authority,TA)机构,或注册供货商,或注册采购企业等为其另外编制一个符合标准的零件号(PN)。并且当其不同于原始零件号时,还需要用使用新序列号。企业须先保证每个零件号唯一,才能保证序列号下的物品唯一性。

(b) 批次号(Lot or Batch Number)序列:批次号是企业按生产批或货次,指定一个在相同生产条件(相同控制与管理条件)下生产的不同产品组号。序列号,既可按零件号后的附加标识来制作,也可按批次号加序列号模式来替代零件号。当序列号中有反映某种新批次的重复标识段时,就必须采用这第二种结构的序列标识。形成零件号、批次标识加序列号段的标识结构。

(c) 在同一 EID 下使用唯一序列号标识各批次号下的每件物品时,可采用这两种结构之一。

3) UII 的组成与表示

(1) UII 的组成

标准的 UII 由一系列固定的数据元素按规定顺序排列而成,如表 10-2 所示。

表 10-2　UII 的结构

UII 组成	码段 1	码段 2	码段 3	码段 4	码段 5
结构一	EID 下的序列化	IAC	EID		序列号
结构二	零件或批/次号下的序列化	IAC	EID	原始零件号或批/次号	序列号

表 10-2 中,从左至右为其构成数据元素。为保持 UII 体系的唯一性和稳定性,特别规定:当 UII 指定后,当批次号要改变时;或采用北约标准化协定 STANAG 4281(2009,NATA Standard Marking For Shipment And Storage),在物品和包装标识上必须包括产品批次号时;即使批次号更新后,以上结构 2 的 UII 却不能改变。

(2) UII 表示法

当表中 UII 数据元素分段表达时,IAC 并不需要标记在物品上,因其能从 EID 数据标识符中推导而出。IAC 的 GS1 公司前缀,因其按序列组成 UII 时已包含其中,无需重复。而 EID 其实是 NCAGE,北约 AC 135 委员会是其发布机构。各国欲获得 NCAGE 号的实体可从北约各加盟国的国家编码局(NCB)处申请获得,该管理体制可保证 EID 的唯一性。

当零件号(PN)变化时,对 UII 的处理有严格的规定。当现行零件号与原始零件号不同时,现行零件号就需要一个物品结构标识,现行零件号应作为一项新的或附加零件标记元素,与其他 UII 数据元素一同排列显示。

如当零件号的改变导致新标识段(称为 Part Number Roll)出现,现行零件号就应作为分立标识包含在代码系列中,用于追溯性管理。而 UII 始终保持不变,即便现行零件号标注在物品之上。指定一个新零件号并不应改变 UII。

10.4.2　UII 体系的构建规则

1) UII 构建的技术规则

UII 仅使用表 10-2 中的数据元素构建。所有数据标识符,如应用识符,数据标识和文本元素标识符等均不出现在此数据串中。

所有构成 UII 数据元素中的空格均应删除。

EID 中的所有特殊字符均应删除。

所有特殊字符,除去"-"和"/"外,均从原始零件号和序列号中删除。

UII 应只包含大写英文字符 A-Z,数字 0-9,以及特殊字符"-"和"/"。不鼓励字母 I,L,O 和 Q 在将来使用。

串联的 UII 的总长度不得超过 50 个字符。

UII 一旦被连接,各标识段的原始元素和构造就不得分解。

标识序列号中应有一个标识符,标明 UII 是按表 10-2 的结构 1 或结构 2 构建。

2) 相关管理机构

UII 中有一些与管理相关的机构，具体如表 10-3 所示。

表 10-3 发布机构代码

发布机构代码	发布机构	企业标识
0-9	GS1 全球办公室	GS1 公司前缀（标识）
LB	Telcordia Technologies, Inc	ATIS-0322000
UN	Dun & Bradstreet（邓白氏）	DUNS
D	北约 AC 135 委员会	NCAGE/CASE
LH	European Health Industry Business Communications Council	EHIBCC
LD	国防部	DoDAAC

3) UII 中的标识符结构

UII 构建物品唯一标识（IUID-Item Unique Identification）体系时，涉及多种数据元素段，每种元素有多种数值，表示不同的序列、功能与结构含义，具体如表 10-4 所示。

表 10-4 IUID 使用的数据标识符

数据元素	数据标识符（DI） ISO/IEC 15418	应用标识符（AI） ISO/IEC 15418	文本元素标识符（TEI） ATA CSDD
企业标识符 CAGE/NCAGE DUNS GS1 公司前缀 DoDAAC 其他管理机构	17V 12V 3V 7V 18V	- - - - -	MFR, SPL 或 CAG DUN EUC - -
企业标识符中的序列号	-	-	SER 或 UCN
原始零件号中的序列号（或批/次号中的序列号）	S	-	SEQ
原始零件号	1P	-	PNO
批/次号	1T	-	LOT, LTN 或 BII
使用一个单一数据元素的 IUID 完整的 UII 不包括 IAC（CAGE 中 CAGE+序列号）的 UII IUID 等价标识	25S 18S I	- - -	UID USN 或 UST -
VIN	288	-	-
ESN(Electrical Symbol Number)	-	8002	-
GRAI	-	8003	-
GIAI	-	8004	-

续表 10-4

数据元素	数据标识符(DI) ISO/IEC 15418	应用标识符(AI) ISO/IEC 15418	文本元素标识符(TEI) ATA CSDD
通常包括不用于构建 UII 的数据元素			
现行零件号	30P	240	PNR
其他可追踪号(当批/次号不是 UII 的部分时)	30T	—	—

表 10-4 中相关标识符说明如下：

(1) 数据标识符(DI)18V 由 IAC + EID 排列而成。该数据标识符用于 EID，由发布机构(拥有注册 IAC 号的机构)指定。

(2) 数据标识符 25S 定义为业务(由数据标识符 18V 标示)标识部分，其后为供应商序列号(对 UII，该号在 EID 中是唯一序列号)。因此，当用于 UII 时，25S 必须按以下秩序排列：—IAC+EID+EID 中的唯一序列号。

(3) 数据标识符(DI)18S 当 EID 是 CAGE 码时，可用数据标识符 18S。18S 的构成按 CAGE 码(EID) + CAGE 码序号排列，该数据元素不包括 IAC，它必须在企业中形成结构化的 UII。

(4) 应用标识符 8004 全球个体资产标识符(GIAI)可达 30 字符，且由 GS1 公司前缀(由资产所有者指定该前缀)和一个独立资产参考号联合组成。序列化全球贸易标识号(GTIN)使用 GS1 程序后可转化为 GIAI。

(5) 数据标识符 30P 现行零件号不是 UII 的一部分时，用此标识符。它是附加数据元素，按 ISO 15434 结构编制，可在物品上以独立的数据矩阵块表示，或当物件表面积有限时，可采用相同的数据矩阵与 UII 数据元素一同编码(参见美军标准 MIL-STD-130)。当原始零件号是 UII 的一部分时，则用数据元素 1P。

(6) 数据标识符 30T 当批/次号不是 UII 的一部分时，用此标识符。它是附加数据元素，按 ISO 15434 结构编制，可在物品上以独立的数据矩阵块表示，或当物件表面积有限时，可采用相同的数据矩阵与 UII 数据元素一同编码(参见美军标准 MIL-STD-130)。当批/次号是 UII 的一部分时，则用数据元素 1T。

(7) IUID 等价标识 北约信息系统不仅管理实体物品，还涉及其他几类标识，均视为 UII 的等同代码，具体为：① 全球个体资产标识符(Global Individual Asset Identifier,GIAI)；② 全球可回收资产标识符(Global Returnable Asset Identifier,GRAI)，当这些财产是序列化的；③ 汽车标识号(Vehicle Identification Number,VIN)；以及用于移动电话的电子序列号(Electronic Serial Number,ESN)。为满足自动识读系统的需求，这些 UII 等价标识均应按 ECC 200 Data Matrix 标志要求编码、制作和显现，并与北约数据中心和各国的国家 UID 数据库兼容。

(8) 单一数据元素的 IUII 串联 当识读含由 10 个单独数据元素标识符(如表 10-4 中第 6 行)组成的数据串时，识读器会假设具体标识符后的数据就是 IUII，而不再去构建 IUII。

以上规则，规定了 EID/零件号(PN)/序列号(SN)的串联组合，形成全球唯一的、规范的 UII。

10.5 标识的形态与语义

10.5.1 物品标识形态

物联网时代,除智能设备有 IPv6 标识外,大量普通物件,或其一级包装上均需载有表达 UII 数据元素、语法和语义的物理标志,成为供各类机器自动识读的 UID。UII 应作为一个整体制作标志,但如需要分段标识时,也可将分开部分作为附属部分另行制作。但作为企业的 UID 标识,其必备内容如表 10-5 示例,这些内容不能再分离。

表 10-5 EID 必备数据标识符

数据标识符类型	数据标识符	企业标识符	编码数据串
数据标识符	17V	NCAGE(ADBCB)	17VADBCB
文本元素标识符	DUN	DUNS(234098744)	DUN 234098744

10.5.2 标识的语法和语义

1) 相关规定

(1) 凡将 UII 的数据元素转为机器可读标志时,必须使用语义标识符,其选择当从 ISO/IEC 15418 或 ATA CSDD 的数据标识符中。

(2) 对序列化零件号(结构 2 型),应在物品生命周期中都保留该数据标志。

(3) 如不提供 IAC 的话,应能从 EID 标识符中导出,IAC 不必独立印制标志。

(4) 编码数据字符串应符合 ISO/IEC 15434 语法规则,UII 标志使用格式代码 05(AI-应用标识符),06(DI-数据标识符)或 12(TEI-文本元素标识符,包括传统的 DD)。

2) 相关实例

(1) 实例一

设原始数据:(一) CAGE 码:OCVA5,(二) 原始零件号(PN):42023435,(三) 序列号(SN):10936。根据表 10-4 加语义标识后转换为:(一) CAGE 码:17VOCVA5,(二) 原始零件号:1P42023435,(三) 序列号:S10936。根据语法顺序,按 ISO/IEC 15434 规则将其封装成如下形式的单一数据字符串:

[)>R/S06G/S17V0CVA5G/S1P42023435G/SS10936R/SEoT

该 UII 数据串经编码后为二维数据矩阵,加上校验算法并编译和图形化后,成为二维码。各类字符串的封装和排列如下:

数据串以"[)>R/S06G/S17V"开始,06 表示数据标识符。IAC 由数据标识符确定,本例为"17V",IAC 的具体值由表 10-3 确定。字符串中的"R/S"、"G/S"和"R/SEoT"为起始符、分离符和终止符。编码加上封装符后就成以上完整的数字串。

规定的三段数据串联(IAC + EID + 序列号)如下:

D0CVA54202343510936

UII 串就为:UII = D0CVA54202343510936

(2) 实例二

原始数据的 CAGE 码、原始零件号(PN)和序列号(SN)格式同上例。如数据串以"[)>R/S06G/S12V"开始，06 表示数据标识符，IAC 由数据标识符确定。"12V"就指 DUNS 号，表 10-3 的 IAC 值为"UN"。一则完整编码并封装后的数据串实例如下：

[)>R/S06G/S12V077991289G/S1P42023435G/SS10936R/SEoT

规定的三段数据串联(IAC ＋ EID ＋序列号)的 UII 就成：

UII＝UN0779912894202343510936

(3) 实例三

如数据串以"[)>R/S05g/s8003"开始，05 表示采用 GS1 规则(参见表10-4)，于是 IAC ＝EID＝GS1 公司前缀。一则完整编码并封装后的数据串实例如下：

[)>R/S05G/S8003654321142023435R/SEoT

对应的 UII 串为：65432142023435

(4) 实例四

如数据串以"[)>R/S12G/SCAG^"开始，12 表示使用文本元素标识符，IAC 是 CAGE 或 NCAGE 码，IAC 是"D"，一则完整编码并封装后的数据串实例为：

[)>R/S12G/SCAG^0CVA5G/SSER^10936R/SEoT

规定的三段数据串联(IAC ＋ EID ＋序列号)为：D0CVA510936

对应的 UII 串就为：UII ＝ D0CVA510936

本例中，R/S，G/S 和 EoT 是不显示的十六进制字符，字符"^"代表强制空格符。

10.5.3 UID 与 NSN 的融合

1) UID 与 NSN 编码融合的重要性

传统的北约物资号(NSN)有两点不足，一是其只能识别不同类别，不能识别同类物品下的每一件物品。二是 NSN 体系中，零件、部件、组件与产品总成均被赋予相同格式的编号，不表示它们间的装配关系。但企业若不采用 NSN 体系，其产品就无法与国家和国际工业系统融合。于是就从标识体系入手，采用 ISO/IEC 15459 UID 系列与 NSN 结合，编制零件、部件、组件和总成的融合规范。图 10-3 代表传统标识与 UID 和 NSN 结合的标识体系，以及新型标识载体。

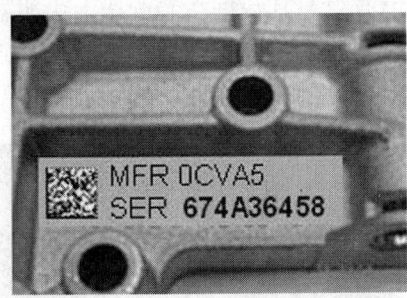

图 10-3 传统物品标识与 UID＋NSN 序列标识示例

图 10-3 为汽车发动机的机体，NSN 的分类号为 2805，北约各国发动机制造厂生产的同类发动机均为此号。企业为区分每一类发动机，为其加上图中左侧所示的序列号

(T0909RH),该号在某一汽车厂中是唯一的,但在全球范围中未必唯一,因为另一家汽车厂也可能给出相同的编号。图中右侧为采用北约编目系统的 UII 结构,它结合了 EID 企业标识、分类号和序列号等,具体如下:

(1) 企业标识符(MFR):0CVA5(CAGE/NCAGE)。
(2) 源零件号(图中未显示):1234。
(3) 序列号(SER):674A36458。

3 种数据皆以左侧二维条码表示,这种二维条形码是由机械点阵组成。可供机械识读装置自动读取。

2) 生产线上的 UII 标识体系
(1) 两种 UII 标识形式

唯一物品标识 UII 由 UID 与 NSN 体系组成,它有两种结构,总体结构如表 10-2 所示。本例的具体结构如表 10-6 所示。

表 10-6 UII 的两种形式

项　目	UII 结构一	UII 结构二
使用环境	UID 在企业内部能唯一标识物品时使用	当 UID 在零部件号中唯一,但在各企业标识符中可能非唯一时使用
标识示例	D0CVA5674A36458(即企业标识符+序列号)	D0CVA51234674A36458(即企业标识符+源零件号+序列号)

UII 结构一由制造企业标识符(MFR)加序列号(SER)组成,在确保企业内部就能唯一标识物品时使用。此时,产品为单一货源或仅有少数企业提供的产品,各产品(包括其零部件之间)不可能出现重号的场合下使用,如图 10-3 右侧所示。UII 结构二由 UII 结构一加上源零件号组成,此时可能有大批生产企业提供同一产品,重号产生的可能性较大,故加上货源标识码段以示区别。

(2) 生产线上 UII 的生成与应用

UII 以一物一码为特征,决定了代码以单件为对象进行编制,而不像通用商品条形码以批量印刷方式生成,故其多在生产线上生成。图 10-4 表示福特汽车的某发动机生产线,对每件自动生产的零件,在通过检测后自动生成 UII 结构二型数据矩阵标识码,同时给出二维条形码。特点是其不采用附加标签,而以特殊工艺直接在零件表面生成,形成永久性标识,在产品全生命周期中有效。其数据在装配线上由机器人直接读取后操作,将其与相配合的各零部件 UID 数据整合,形成发动机总成的完整标识链。再与其他用同样方式采集的各种零部件、子系统数据集成,最终形成整车的完整装配标识体系。特点是一车一套,互不相同。

图 10-4 福特汽车零件 UII 标识示例

(3) UID 在产品生命周期支持(Product Life Cycle Support, PLCS)中的作用　产品生命周期在工业信息资源管理中呈现日益重要的作用。

① 产品生命周期中,用户需要对三类主要对象进行标识:单件物品(成品、零部件);地点位置;人员。

② 用户标识需求,如美国国防部"智能 UID(DoD IUID)"就要对三种对象建立唯一标识:组织机构;序号;源零件号。

③ 虚拟对象 UID 号,许多信息资源、活动过程等虚拟对象,通过建立虚拟 UID 号;通过对象标记读取其中信息资源;与其他大单位(MOD)共享资源。

10.5.4　UII 与 AIDC 技术的结合

图 10-4 中的数据,已不仅用于标识零部件,还可以针对工艺过程、管理性作业等。UII 的自动生成,必然与 AIDC(自动识别与数据获取)技术相配合,图中的数据和字母供人识读,但右侧的二维码,就是供自动识别装置获取数据的。机械人在读取其中数据后,就按相应的工艺过程和管理指令进行后续加工,选择正确零件进行装置。根据国外先进经验,UID 代码和 AIDC 技术结合,至少给工业生产与管理带来如下的好处。

(1) 大大降低与因遗漏识别而产生的不良质量的风险。
(2) 消除因无法辨识对象而产生的各类问题。
(3) 可供无纸化系统运行。
(4) 改善数据传输的速率与精度。
(5) 不会产生错误的数据记录。
(6) 标识国际互认。
(7) 改善了工业信息系统的如下性能:
① 改善全球范围内的零件可跟踪性。
② 减少了企业内部处理程序。
③ 捕获数据的精度,达到"如其建立"之水平。
④ 自动校验"应当建立"的数据。
⑤ 减少数据再输入成本。
⑥ 自动生成电子记录文档以及各类智能系统间能互相识别与操作的记录形式。

UID 与 AIDC 结合,代表了标识与识别技术由合到分,再由分到合的螺旋式上升过程以及标识体系从"设备—人—设备"到"设备—设备"的发展模式。而这一模式,正是物联网中对象间互识别、互控制与互操作的前提。

10.5.5　工业标识资源的技术发展方向

当今信息技术领域,对象标识,从标识技术、标识载体、标识资源、标识质量到关键应用等的发展都很迅速。而在信息资源开发与利用领域,也没有哪一个领域如标识更容易受到技术发展的影响。信息领域的影响是全球性的,这就必然反映到国际标准化组织的工作中。目前,ISO/IEC 第一联合技术委员会(JTC1)中第 31 标准化委员会(SC31)即"自动识别与数据俘获(AICD)技术委员会",分如下工作组开展相关国际标识标准的研究与制定工作。

(1) 数据载体(Data Carriers)工作组(WG1) 一维和二维条形码标识。其主要任务是研究：① 条码印刷技术测试规范；② 条码校验符一致性规范；③ 条码扫描器与解码器操作性测试规范。

(2) 数据结构(Data Structure)工作组(WG2) 制定标识对象标识符的数据结构标准。主要为：① 制定运输单元(Transport Units)的唯一标识体系；② 制定对象登记注册规程；③ 制定标识对象通用规则；④ 研制可返回运输物品(Returnable Transport Items, RTIs)的唯一标识；⑤ 制定产品分组标识规范。

(3) 一致性(Conformance)工作组(WG3) 研制数据一致性标准。

(4) 物品标识的 RFID 工作组(WG4) 主要任务是：① 制定 RFID 编码规则，码制标准；② RFID 设备操作性的测试方法；③ 物品管理用 RFID，各种应用场合。

(5) 实时定位系统(Real Time Locating Systems, RTLS)工作组(WG5) 制定与物品识别相关的各类定位应用。

[建议与思考]

我国工业信息国家标识资源建设现况简析

从信息系统建设来看，对象标识信息资源的开发和利用是自动化与信息化管理的前提。标识资源也属于信息资源中最基础、最重要的底层资源之一。工业领域标识资源的开发与利用，对于国家各行业、各类型的政府、军事、企业和公共服务机构的信息应用具有特殊战略价值。两化融合战略最终要落实在每种工业品、包括基础零部件(标准件、通用件等)以及每个工业过程与管理作业的信息资源的加工与利用上。根据欧美经验，这些对象的标识资源，均应与其他类型的国家工业信息资源一样进行统一规划、统一标准、统一建设、统一应用，整合国家、企业与社会资源，建立公共的基础标识平台，才能使我国的国家工业信息资源开发提升一大步。

标识资源建设是信息化建设的一个部分，该领域的构成仍然由标识资源、标识技术与标识基础设施三要素构成。我国目前面临的主要问题是：由于国家层面的工业信息资源总体处于缺失状态，规模化、系统化、集成化的标识资源就不可能单独存在。这样，国内虽有先进的标识技术、载体技术、感知与传输技术以及与国际接轨的编码方案等，但都无法在国家工业全局领域中发挥标识资源应有的战略价值。

[本章小结]

本章对资源加工的第四个重要环节——对象标识资源的建立进行了研讨。分析了对象标识与识别在识别深度、数据容量、工业化发展阶段、服务深度、管理需求以及资源形态和载体等方面差别。特别指出了物联网时代，标识资源、识别资源与特征描述资源等，都可能从远程后台库记录延伸至前端电子标签直接粘贴、悬挂在物品上，或嵌入物品内部，极大地改变系统架构与性能。同时，标识类资源将如互联网中的 IP 地址一样，成为各国在虚拟空间中的资源争夺重点。

11 国家工业信息资源的分类战略

11.1 工业信息资源分类概况

分类是依据对象特征的类及其子类间稳定、固有的关系，按一定的分类法与分类模式（classification scheme），对对象进行划分与组织的方法。对象特征可为其来源、构成、特征、结构和功能等，分类模式就是划分和组织这些共性特征的方法。在国家工业信息资源加工与建设中，分类是对象组织、加工与管理中的重要内容。

在工业信息资源的开发和利用中，分类对象可为物品实体、工艺过程、管理服务、资源要素等。分类是基于对象特征以集、子集和集隶属关系的概念，或分类单元的展开的层次结构。现代工业品结构日益复杂、零件内聚度越来越高，部件与组件的集成度也越来越高，从零件、组件、子系统到总成的特征属性分类日趋庞大，分类法也日趋复杂。

11.1.1 国家物品分类范围与环境

1) 物品分类范围

在全球经济一体化的环境中，企业、机构和政府部门都不希望碰到格式过多、分类各异的信息系统。但现实却与此相反，不同的分类体系在企业、行业与社会中漫延滋长。因此，国家工业信息资源的分类管理与协调战略就日显重要。由于工业领域中，物品实体、工艺过程、管理服务等在分类模式与结构上相似，故本章仍以物品分类为代表进行分析。

国家层面的物资分类范围极广，可覆盖各级政府机构和社会单位的一切供应品。分类系统的结构和相互关系，体现了现行和未来的物品国家管理需求。分类结构可根据国家供应品的发展（如不断有新品产生、旧品废止）作出相应修改，如增加新类别，细化现有类别，修改或删除类别及其定义等，以满足工业品更新换代的发展和管理的变化。国家统一分类的立足点，是满足常规管理的需要，使各部门内部、部门之间在上报、核算、财务管理、物资管理、预算管理等工作中，达到相互统一。

2) 物品分类环境

国际经济一体化环境下，物品分类趋于复杂。如北约物资库存品种内容庞大，它源于联邦编目系统。同时，在与联邦编目系统全兼容的基础上，它既为以美国为首的多国部队联合作战提供一致的物资支持，更为各国借助该系统完善其国内物资生产管理提供支持。

国家或国际分类体系通常由权威机构负责管理，如北约编目系统的分类结构及其定义，由北约编目管理委员会(AC/135)统一管理。它以北约分类规范 ACodP-2（联合编目出版物第2号）为依据，作为北约后勤主分类参考（NATO Master Catalogue of References for Logistics, NMCRL）资料列入各国分类供应目录。

11.1.2 国家物品分类的法律依据

在美国与北约,国家工业品分类由联邦/北约物资分类(FSC/NSC)体系实现。它建立在物品识别基础上,所以分类与识别、描述和编码工作一样,也受到相应的公共法、标准化法与资产法等支持。如根据《美国法典——军事法》中第 10 篇,145 章《编目和标准化》的规定,政府和军方的物品统一分类均授权由国防部长实施和管理。联邦物资分类(FSC)就是由国防部长办公厅按《联邦编目计划》对物品分类后发布的。北约其他国家则通过《北约标准化协定 STANGE 3150 号——物资分类的统一系统》,实现与美国联邦物资分类系统的全兼容,并在北约各国统一使用此分类体系。

11.1.3 国家物品分类的战略目标和基本原则

1)物品分类的战略目标

物品分类体系是一种战略信息资源,各国都有国家级工业分类体系。如美国联邦物资分类,就是政府为统一物资供应而设计的一种分类法,适用于不动产以外的所有物品,范围极广,是一个基础分类体系。特别应注意的是:分类是一个以对象特征属性科学描述为基础的组合划分的过程,分类依据对象最主要的特征属性进行。因此,分类本质是上对对象描述与归纳的必然成果。所以,那种脱离了对象描述的分类,是缺少科学根基的。

信息系统中的分类,都通过分级代码来表示,并往往与其他描述类代码与标识代码组合使用。如联邦物资分类号合成于美国国家物资号中,与国家物品识别号(National Item Identification Number,NIIN)相加后构成完整的国家物资号,成为物品唯一的、全球通用的法定识别码。

国家物品分类体系通常与应用系统相关联,但分类体系本身也具有明确的目标。如联邦物资分类的应用目标有以下 5 点:

(1)建立并控制联邦物资分类结构,使其与联邦编目系统相符。
(2)协调与解决联邦物资分类结构中的矛盾。
(3)有序地改进联邦物资分类结构,以满足相关单位的发展之需。
(4)保证联邦物资分类系统的各项规则能够统一实施。
(5)解决物资分类中的技术分歧。

这 5 项目标可追溯到上世纪之初,在最早的物资管理信息系统建设时就已提出。

2)物品分类总体原则

美国制定了物品分类原则:"联邦物资统一分类的基点,是满足常规管理之需,为各级政府、军事部门及民用机构的各项物资供应工作,提供一致的、便于管理的物资分类,使政府和军事部门及民用机构内部以及它们相互间在上报、核算、财务管理、物资管理、预算编制等工作中,达到高度的统一"。可见,统一规定和严格贯彻是国家分类体系的两个主要特征,统一才能获得最大实用效力。联邦物资分类适用于各种单位,包括美国政府、军队及民用单位,北约各国及其他国家;与物品编目作业中的命名、编号、识别和描述等一样,分类及其成果的实施均受相关法律的支持并有强制性效力。

11.2 国家物品分类体系

11.2.1 国家物品分类原则和规定

在编目系统中,对象描述、识别、分类、标识与编码是一体化的业务。描述是分类的基础,根据物品识别定义规定选择物品的描述模型,建立特征属性资源后,分类就是水到渠成之事。但识别与分类最大的不同是,识别是唯一的,分类则可能存在多重性。

1) 国家物品分类原则

美国与北约编目系统中,主要遵从以下分类的原则与规定。

(1) 每种物品归入一个类别　原则上,一种物品只归入一个类别。对一种供应品编定分类号时,不受其识别方法及识别定义规定类型的影响。

(2) 零部件在有专门类别下的分类　零部件最显著的特征是其结构的配合性与功能的从属性。通常,当某一零部件在联邦物资分类中有适合的类别时,就应归入该类,而不随其上一级组件归类。但如专门设计的零部件,在联邦物资分类没有明确规定的前提下,则应随其上一级组件或成品分类。

(3) 零部件在无专门类别下的分类　分类中如无适合某一零部件的类别,则该零部件随上一级组件或成品分类。

(4) 多用途零部件的分类　当通用零部件能用于多个不同的组件,这些组件又分属两个以上类别时,则分类按如下原则进行:

① 如使用该零部件的多个上级组件(每种组件均有不同用途)已经归入了不同类别,则按以下原则对零部件分类:(a) 按该零件最重要的用途归类;(b) 归入过时可能性最小的类别;(c) 归入零部件使用最多的类别。

② 多用途零部件归类后,如其原来的用途已不再需要,则应另行分类。

③ 零部件根据其与某一组件的从属关系分类后,如发现其还可用于其他组件时,原分类不变。

(5) 成套装置、工具的分类　成套装置、工具如由多个不同物品组成,这些物品可能属于某一大类中的某一小类或若干小类,或属于不同大类的不同小类,则应归入最适合该成套装置、工具的用途、作用的大类的相应类目中。

2) 物品分类的依据与状态

从科学性与管理性出发,分类的依据有两条:一是物品本身性质(以物品识别定义规定为依据);二是其用途。

根据这两条依据,分类与物品之间存在三种关系以及三种状态码:

状态码(1)——物品只能归入一个类别中。

状态码(2)——物品可同时归入两个以上的类别中。

状态码(3)——物品可依"多用途"或"专门设计"归入任何合乎逻辑的类别中。

这表明多种分类不可避免。这是客观世界的复杂性反映到系统中,产生多面分类的特性。另一方面,多个应用系统整合后,也会产生多重分类体系的并存。目前,基于内容描述的多类目分类机制发展迅速,代表了工业信息资源分类的一种新趋势,但传统分类模式依然是其基础。

11.2.2 国家物品分类体系结构

1) 总体结构

信息系统中,基础分类体系多采用金字塔结构,即类目分多层,所含内容逐级增加。以美国(及北约)为例,联邦物资分类体系结构上分为"大类"和"小类"。大类用2位数字标示,大类下再分小类,也是2位数字。故类目编号总共4位数。联邦物资分类的理论容量为10 000类,目前共设78个大类,619个小类。

2) 大类

联邦/北约物资分类体系的15~23大类实例如下:

15大类——飞机和机身构件。

16大类——飞机部件和附件。

17大类——飞机起飞、着陆和地面搬运设备。

18大类——航天器。

19大类——舰、船、趸船和浮船坞。

20大类——舰艇设备。

21大类——未定。

22大类——铁路设备。

23大类——气垫船、汽车、挂车和摩托车。

3) 小类

以16大类为例,其下小类的部分内容为:

1610小类——飞机螺旋桨(包括螺旋桨调速器、螺旋桨整流罩、螺旋桨同步器、螺旋桨毂、叶桨和叶桨根套箍、螺旋桨动力装置、螺旋桨整体滑油控制器)。

1615小类——直升机旋翼叶片、传动机构和部件。

1620小类——飞机起落架系统部件。

1630小类——飞机机轮和刹车系统部件。

1650小类——飞机液压、真空和除冰系统部件。

1660小类——飞机空调、加温和增压设备。

1670小类——降落伞,空中钩取、发送、回收系统和货物系紧设备。

1680小类——飞机其他附件和部件。

……

4) 分类特点

上述分类体系的口径颇为宽泛。如其1660小类就包括了机内空调、加温和增压设备专用部件、机上用氧气呼吸系统专用部件。下一层再包括:座舱增压设备、滤毒罐、气瓶、面罩、呼呼管、固定氧气系统、专用阀门、座舱压力调节器、热交换器、空气膨胀涡轮、飞机加温器、通风系统部件、热除冰设备、座舱和客舱增压设备、空气扩压器、座舱压力选择器、液态氧转换器,等等。

宽泛的类目设置,可保证分类体系的稳定性。如上面1660小类向下分出"飞机空调、加温和增压设备"三个细类,每个细类还可充分划分。因为联邦物资分类作为国家级分类体系,架构上宜粗不宜细。同时,在国家物资编号中,4位数的分类代码下还有一个7位数的代码(另有2位国家编码局代码是不可变更的),可供用户编码时自行调节。但宽泛的分类体系也给物资查询带来某种不便,如上述1660小类下就有十余种不同物品。此时,可采用分类体系与对象特征属性组合的方式,形成多个描述面,以实现宽分类口径下的细粒度对象描述。

5) 分类属性

分类体系本身需要描述,主要通过特征属性数据元来描述。任何组分的分类信息可涉及如下属性元素:

(1) 分类组分标识符(如58-10)。
(2) 分类组分名称(如通信安全设备和部件类)。
(3) 分类模式类型(如分类法—线分类法)。
(4) 分类模式名称(如国家物资分类法)。
(5) 分类模式版本(如V2.1.2)。
(6) 分类模式项类型(如大类单元标识)。
(7) 分类模式项值(如59—电气和电子设备元件大类)。

这些分类的属性数据元素,均应在国家层面上严格统一,才能保证国家工业品的分类信息资源的一致性。

11.2.3 国家物品分类体系管理

1) 分类体系的修改

国家物品分类体系的管理涉及对象内容、架构、国内与国际协调等工作。分类体系的内容相对简单,仅为类目代码和类目名称。管理内容主要分以下两方面。

(1) 分类结构的修改　分类结构的修改是对物品分类中任何大类或小类进行变动,此类变动较大,主要有:

① 增设新大类或小类。
② 取消大类或小类。
③ 修正大类或小类的范围,扩大或缩小其范围。
④ 修订分类原则。

(2) 分类条目或细节的修改　此类修订的变动较小,仅影响物品分类的细节,其修订内容如下:

① 增添新品名。
② 修改物品对象的内涵。
③ 物品概念发生重大变化。
④ 某物品出现新用途。
⑤ 重新考虑某物品的分类。

2) 国家物品分类体系的修改规程

分类体系的修改影响面广、范围大,故管理规程较为严格。如美国和北约物品分类体系由美国国防后勤服务中心统一管理,该机构还统一协调北约分类体系,均按经各国一致认可的严格规定进行。当修改分类体系时,《北约标准化协定3150号》规定:"由美国提出的修改分类结构的建议,在批准前应分送北约成员国,北约各成员国在60天内考虑并予答复。并视情况采取以下行动：

(1) 如全体北约国家同意，或大多数国家同意，美国（国防后勤服务中心负责）即予批准，并规定生效日期。

(2) 美国考虑北约国家的意见，如能接受时即对原修改方案加以修正。

(3) 如北约国家多数不同意或提出重大修正意见时，则由美国负责解决分歧。

11.3 物品分类体系的发展

11.3.1 物品分类体系的发展规模

现代社会中，无论民品还是军品，工业品的品种都在不断增长，而各品种下的规格、款式和系列增加翻新得更快。以北约为例，到 2009 年，包括美国在内的北约编目系统已成全球最大的工业品分类体系，支持全球电子政务与电子商务一体化的业务运行。各种新型 G2B、M2B 和 B2B 业务快速发展，加上以美国为首的多国部队参与的几次局部战争，促使这一系统在容量与功能上迅速发展。单从北约物资分类参考目录（NMCRL - NATO Master Catalogue of References for Logistics）中，就可看出该趋势，如表 11 - 1 所示。

表 11 - 1 北约物资主参考目录内容

项 目	内 容
物资类目数量	1 700 万件北约物资号
参考号数量	3 400 万个制造厂或供应商参考（零件）号
供应方数量	超过 200 万家制造厂和供应商（NCAGE，名称与地址）
用户数量	2 600 万个登记用户
带物品属性的物资类目数量	1 000 万件带有物品属性信息的北约物资号
带用户码的物资编号	900 万件带有用户代码的北约物资号

如此庞大的系统，必然给分类体系的内容与结构造成压力。同时，全球经济一体化和网络化的发展，也从用户需求方面给传统分类体系造成严峻挑战。特别是许多面向中观与微观业务的信息系统，采用的分类体系内容就更为细致、庞杂，造成口径宽窄不一的分类体系间相互对照与映射的难题。在此情况下，分类体系的直接融合是困难行的。

11.3.2 国际分类体系间的整合尝试

知识经济时代，有如下两大因素促使工业对象分类体系产生新变化。

1) 现代工业品的发展

传统分类原则是"物以类聚"，即物品按其结构、性能与用途等特征分类。但这都基于一个前提，即对象的主要特征是单一的。现代工业的发展，促使物品朝多功能、多用途、复杂结构的方向发展，导致工业品的单一类属特征日益模糊。如手机早已超出通话功能，变成集微电脑、网络终端、录音机、照相机、摄像机、收音机、MP3、MP4、导航仪、游戏机、小额支付工具、二维码识读器、电子书等功能于一体的全新物品。其他工业品也都普遍出现了这种功能泛化的趋势,这就导致物品分类的泛化。这种飞跃就动摇了传统工业品的特征分类基础,瓦解了物品单一特征分类体系。

其实,这一问题在早期的国家工业品分类资源体系中就已存在,当时的分类原则是"下级零部件随上级物品分类"。如柴油发动机和汽油发动机总成中都有机油泵,则机油泵可分别分在两类发动机之下。而两类发动机总成的功能单一,不会对分类体系造成混乱。但上例中的手机就是独立产品,其功能繁杂且无上级总成,这就突破了单一功能分类体系框架。

2) 现代分类体系面临的挑战

在全球高科技产品蓬勃发展的背景下,国家工业信息分类体系面临着两方面的挑战。一是工业品功能的多元化与复杂化,使单一分类越来越难于进行,或难被各界一致接受。另一方面是各种国际上各类综合性与专业性分类体系逐渐增加,彼此间难于交互映射,如图11-1示意。

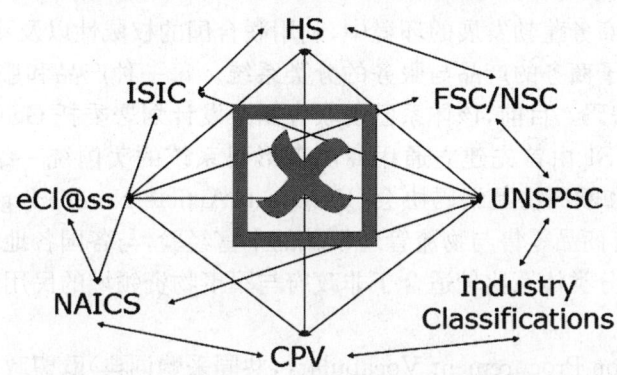

图 11-1 全球各知名分类体系间无法融合示意图

图11-1为全球各领域中知名分类体系,曾有过多种将其整合的尝试,但均未成功,主要是因为分类结构不同,适用领域不同等。这些分类体系的特征如下。

(1) ISIC(International Standard Industrial Classification,国际标准产业分类体系) 联合国制定并维护,是国际上最有影响力的产业分类体系之一。二战后,为促进世界统计工作的发展,1946年联合国成立了隶属于经济及社会理事会的统计委员会,并于1948年发布了ISIC。其后,于1958年推出了ISIC1.0,1968年推出ISIC 2.0,1990年推出ISIC3.0,2002年推出ISIC3.1,2006年推出了ISIC4.0版等。该分类体系主要在宏观经济和统计分析领域使用。

(2) eCl@ss 是一种工业物品和服务项目的分类与描述的国际标准。由德国多个行业的领导企业共同参与研制,并兼容欧洲诸国标准及部分国际标准,覆盖了25个专业范围,4层分类级,包含约75 000主题词。特点是不仅有对象的分类、代码,还包含对产品和服务的描述属性集,支持多语种电子商务。由于机械、电气、化工、精密仪器等行业在德国具有传统优势,加上如西门子、大众汽车、宝马、奔驰-戴姆勒、巴斯夫、奥迪、安龙、博斯、施赖德电气、德国铁路、魏德米勒、蒂森克房伯等国际大公司的参与、支持和采用,使 eCl@ss 体系在欧盟中颇具影响力。

(3) NAICS(North American Industry Classification System,北美工业分类体系) 源于标准工业分类(Standard Industrial Classification,SIC)体系。SIC 是美国沿用了百余年的工

业分类统计核算体系,经历了从手工作业到计算机时代的每一步信息技术变迁,成熟度和普及率极高。不仅在美国,也在西方各工业国的政府、军方、企业与社会各机构中拥有众多用户。有三大原因促使其从 SIC 升级为 NAICS 体系：

① 知识经济时代,催生了大量传统工业时代没有的产业门类,SIC 在经历了多次结构性调整后,已无法承受新增产业造成的更大的变化。

② 科技发展使原有的产业门类发生了多次调整,最著名的如 1997 年,美国将"计算机制造"从"高科技领域"调整至"一般制造业"类目,引发了一系列相关产业门类的调整,导致了 SIC 的彻底变革。

③ 在全球经济一体化趋势下,北美自由贸易协定（North American Free Trade Agreement,NAFTA）的签订,美、加、墨三国放弃此前各国的产业分类系统,统一使用一套官方的商品和服务分类系统,终于促使 NAICS 体系诞生。

（4）UNSPSC（The Universal Standard Products and Services Classification,通用标准产品和服务分类体系） 是由联合国通用编码体系 UNCCS（Common Coding System）和邓白氏的标准产品与服务分类 SPSC（Standard Products and Services Classification）两系统合并而成。这是在全球电子商务蓬勃发展的环境中,利用联合国的权威性以及邓白氏在全球的影响,建立起比较适合于电子商务的产品与服务的分类系统。每一种产品和服务在 UNSPSC 体系中,都有一个唯一的编码。目前,该体系已由联合国开发计划署委托 GS1（全球第一商贸标准化组织）进行维护。GS1 由首先建立通用商品条形码系统的美国统一编码委员会（Uniform Code Council,UCC）和欧洲物品编码协会（European Article Numbering Association,EAN）两机构合并而成,拥有商品零售与物流管理领域的丰富经验,与各国各地区的编码机构有着官方联系等优势。这套分类体系比较适合于非政府与军事物资领域的民用商品与服务项目的电子商务。

（5）CPV（Common Procurement Vocabulary,共同采购词典）欧盟政府采购时使用的官方商品和服务分类系统。

（6）Industry Classification（产业分类标准） 由富时集团及道琼斯指数公司于 2005 年 1 月合作推出,该体系基于透明管理规则进行管理,所有 ICB 数据库中的公司及证券按照管理规则进行四级行业分类。行业分类基准为交易及投资决策提供了一个最全面、最有效、最易于使用的行业分类系统。该分类从投资者的复杂需求出发,为金融行业提供了一个统一而全面的行业分类系统,对全球范围内的 4 万多家公司及 4 万 5 千种股票进行分类管理。该体系共分四级,包含 10 个产业、18 个跨行业、39 个行业及 104 个从属行业,可以帮助用户在监控宏观行业趋势的同时,也关注小型细分市场,并进行定量和定性分析。该体系独立的管理及全球研究团队的支持确保了其准确的代表性、持续的增长性以及对市场监控的连续性。

（7）FCS/NCS（联邦/北约编目系统） 这是历史最悠久的分类体系,也西方国家政府和军方工业信息资源的主分类体系。

（8）HS（Harmonized System,协调制度） 该系统为全球各地的海关广泛使用,HS 编码涵盖了《海关合作理事会税则商品分类目录》（CCCN）和联合国的《国际贸易标准分类》（SITC）两大分类编码体系,是系统的、多用途的国际贸易商品分类体系。它除了用于海关税则和贸易统计外,对运输商品的计费、统计、计算机数据传递、国际贸易单证简化以及普遍优惠制税号的利用等方面,都提供了可用的国际贸易商品分类体系。该分类体系的基本长度为 6 位,一些国家在其基础上进行了码位扩充,以扩展其在国内经济运行与社会管理中的功能。如美国人口普查局、统计局和税务局等就使用拓展至 10 位的 HS 体系,称为 US Customs Export Codes (10 digits)。

这些分类体系虽然都在各自国家或各自领域,但多源于早先的封闭业务系统,未曾考虑到当今全球经济一体化的发展以及互联网带来的全球产业大融合。许多机构都在考虑将这些分类体系融合一体,但如图 11-1 所示,各分类体系因其涵盖领域不同、分类结构不同、代码长短不一、分类口径各异等,不仅无法将其整合在一个统一体系之中,甚至无法建立完整的映射。

3) 北约分类体系的融合尝试

全球经济一体化不仅要求产业链实现跨国融合,也要求信息链的跨国融合。北约编目系统作为全球最大的 G2B+M2B+B2B 体系,必然要探索信息链的融合。但上述纷乱的工业信息资源分类体系是一个绕不过去的问题,为此,北约开始对国际上几种最具代表性的工业分类体系开展了整合与对照的尝试。

(1) 分类融合模式 北约 AC/135 委员会希望将上述各知名工业分类体系进行横向融合,再从纵向对不同体系中不同层面的分类资源进行垂直融合,以期建立多功能分类体系。具体如图 11-2 所示。

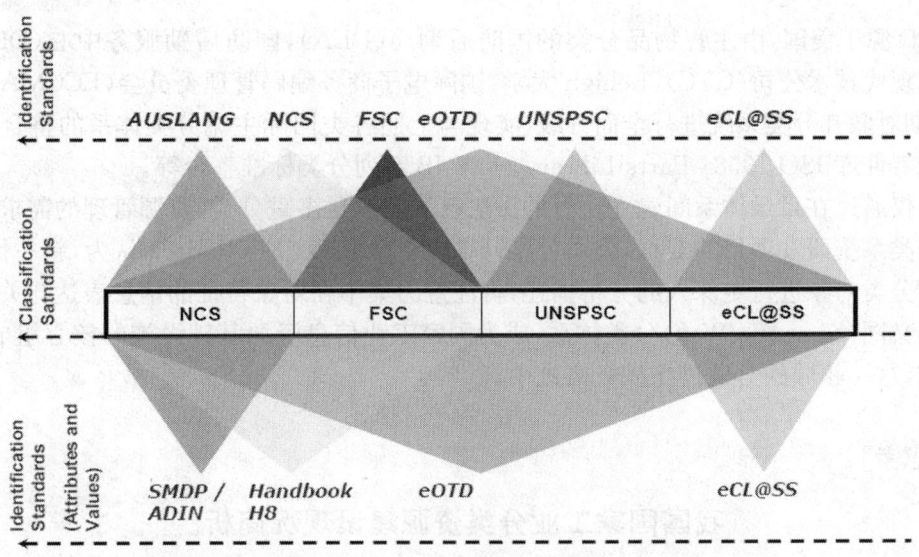

图 11-2 世界知名工业品分类体系间的纵横向整合示意图

图中横向以 NCS(北约编目系统)、FSC(美国联邦物资分类)、UNSPSC(联合国标准产品与服务代码分类体系)、eCl@ss(德国标准物资与服务分类体系)等几种知名国际分类标准为代表,试图将它们整合起来。NCS 和 FCS 实际是一个分类体系,图中既用两个小三角形代表其为独立体系,又用一个大三角将二者统一起来。这两种体系与另外两种(包括其他未列出的分类体系)上下各用一个大三角覆盖,代表它们间的横向整合。纵向分三层,上层为识别标准(如 AUSLANG,一种采用属性结构表方式进行属性定义的物品分类法)等,代表物品分类体系与物品识别体系间的互为支持的融合关系;底层为基于物品特征属性和数值描述标准的识别标准(SMDP/ADIN 以及美国国防部 H8 手册),代表物品分类体系与物品描述体系间的互为支持的融合关系。

(2) 分类体系整合途径 由于采用传统的数据映射方式已难于将各种分类体系整合一

体,故北约整合各分类体系,是通过"ECCMA 电子开放技术词典(ECCMA Open Technical Dictionary,eOTD)"这一新的资源组织、加工与整合工具来实现的。ECCMA 是"电子商务代码管理协会(Electronic Commerce Code Management Association)",该组织成立于 1999 年,由世界各国数以千计的工业、信息与管理领域的专家协作组成,是一个公平、开放的机构,致力于建立和维护全球性的、开放的工业信息资源词典的组织。ECCMA 的主要研究成果是电子开放技术词典,用于在人机系统中无歧义、不含混地标识信息,力图在各系统间产品与服务项目信息共享的前提下,实现全球 G2B、M2B 与 B2B。eOTD 是综合了对象分类、对象识别与对象描述于一体的新型信息分类工具,代表了一种全新的信息资源加工与整合理念。

同时,ECCMA 还与多种专业研究机构合作,致力于国标标准 ISO 8000 信息资源质量系列、ISO22745 主数据资源开发与管理领域标准的制定,为跨企业间供应链提供资源分类,主数据业务交换以及相关的语法、语义与数据需求规范等。2011 年,北约通过 ECCMA 开始研发北约实用本体(NATO Preferred Ontology,NPO)系统,使其信息标准研究领域扩展到下一代万维网——语义网的应用领域。目前,ECCMA 正致力于航空系统设计、汽车工业、国防工业、保健产业、自然资源产业、石油与天然气工业、服务业等重点领域的统一信息资源开发与分类标准化工作。

eOTD 源于美国,由主管物品分类的国防后勤局(DLA),国防后勤服务中心(DLSC),专业机构如现代技术公司(CTC),Lehigh 大学,国际电子商务编码管理委员会(ECCMA)等联合研发,以期对联邦分类系统进行全面升级,实现与上述各类国际主流分类体系的整合,并与如国际标准零件库 ISO 13584 Parts Library - PLIB 系列分类标准整合等。

由于仅通过在目录体系间建立映射的做法已不能满足多重分类、资源管理的需求,承担新型联邦分类系统研发项目的 CTC 公司首席计算机科学家 G. M. Radack 认为,新一代分类系统需要对分类对象进行更深入的分析描述,将注意力集中在对象特征的信息表达与关联上,建立基于语义网(Semantic Web)分类体系,成为国家工业信息资源基础设施的核心组成部分之一。目前,这一领域的尝试仍在积极推进中。

[建议与思考]

我国国家工业分类资源建设现况简析

近 20 年来,我国在信息分类编码领域制定并发布了许多独立标准。如 GB 4754《国民经济行业分类与代码》,GB 7635《国家工农业产品(商品)分类与代码》,GB 12905《通用商品条形码》,以及标准件分类与编码,专用零部件分类与代码,工艺装备信息分类与代码,国际单位制代码,量和单位代码,设计文件分类编码,工艺文件分类编码,生产计划分类编码,设备档案分类编码,加工工艺分类编码,生产工序、工位分类代码,工号(生产任务号)代码,单元生产(工作中心或生产单元)信息分类编码,CAD 信息分类编码,工艺特征信息分类编码,等等。但从国家层面开看,这些标准未解决两大问题:一是这些独立标准都只解决具体对象事宜,解决战役层面的资源问题,均不在战略层面上。二是我国的国家工业信息资源尚未开发,总体架构缺失,所以这些单行标准并无国家资源层面上整合之基础,处于"绕树三匝,何枝可依"之态。

从我国现况来看,由于缺少顶层工业信息资源系统的设计,所以上述各标准只是行业性的,只在战术层与战役层面上发挥作用。故我国工业信息资源的开发需要先从总体规划与建设入手,建立起门类齐全、层次完整的工业信息资源体系,然后才能开展合理的工业信息资源分类体系的规划与建设,与国际各类知名工业信息资源分类体系整合,并建立包含中文的多语种分类对照与转换体系。

[本章小结]

本章对国家工业信息资源加工的第五个环节——分类资源的建设与战略价值、法律地位等进行了分析,探讨了国家工业信息资源分类在各级政府、军事部门及民用机构的各项物资供应工作中,如数据上报、经济核算、财务管理、物资管理、预算编制等工作中的战略作用。介绍了工业品分类的一般规则,国际各类著名分类体系以及发达国家的最新研究方向等。

12 工业信息资源编码的国家战略

12.1 编码概述

代码是数字、字符、符号等用于表示对象的有限形态的组合,它具有指代性、唯一性、格式统一性、形态规整性、内容无歧义性、表达单一性、含义简洁性、理解一致性和超越语种性等关键性特征,因而是最好的信息载体,最适于自动处理的资源形态。编码是代码的生成方式、规则和过程。

在信息领域,代码具有特殊的优点与效能。以唯一性为例,虽然名称也有识别作用,但其往往不唯一。如无论中外,都有大量同名同姓的人,但各自的身份证代码则是唯一的。然而,代码并不反映对象内容,而作为其外在指代体。故多数情况下,代码作为对象标识、检索、特征描述、信息组织等指代性工具,必须和文字、图形、图像或流媒体等内容记录结合使用。信息资源中,标识多以代码形式出现,但代码并不仅限于标识。

编码的历史几乎与人类开化史一样悠久,尽管上古时期的结绳记事中就有了编码的意识,但真正意义上的编码则是从近代的莫尔斯电报码开始的。因为只有当莫尔斯码出现时,信息、信息技术和信息基础设施才出现了三位一体实用的雏形。代码具有超越语种障碍的特点,故工业信息领域越来越视之为一类跨越国界的战略资源。

12.1.1 编码的重要性

"编码"的英文为"coding"与"code",既表示编码过程,也表示编码成果——代码。对象编码、过程编码和管理编码,构成信息资源的基础。不仅编码信息,编码方法和编码规程等也是具有特定功能的资源。北约编码机构负责人 Steven Arnett(2012)以北约物资号(NSN)为例,表明其在工业管理各领域的核心作用(图 12-1)。

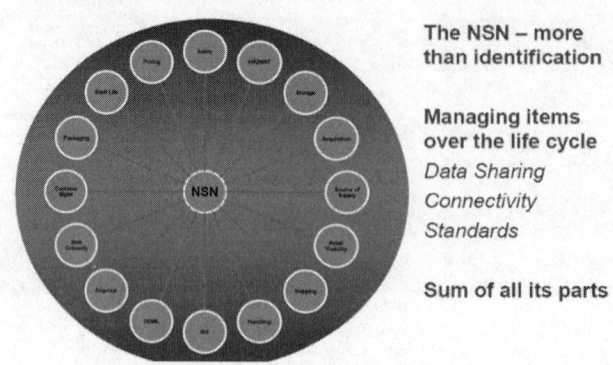

图 12-1 北约物资号在对象管理信息中的核心作用示意图

北约集团数十个国家,十多种语言、数百万个供应商,均以北约物资号为唯一主标识,在跨国物资的安全性、危险材料和物品管理(Hazardous Materials and Items,HAZMAT)、获取、供应源检索、财产可视化、加工、包装、存储、运输、保质期控制、工业解决方案和服务(Industrial Solutions & Services, I&S)、军品民用(DEMIL)、后期处置、关键物品管理、客户管理、供货询价等活动中,构成一致的业务链。企业内部在产品设计、加工、制造、装配、检测、调试等环节中,也使用对象代码,或直接引用北约物资号,或用内部代码与之映射,从而使其产品能在北约各国实现无障碍交易与管理。

随着信息化的深入,编码也从对象的附加标识向独立形态的资源发展。代码组织、代码结构、代码分类、代码表述和代码管理等日益成为一个新领域。发达国家将编码作为国家信息资源来设计、加工、编制、管理与维护,在国家层面统筹规划、统一设计、集中管理,形成覆盖全局的战略性资源。

12.1.2 编码的特性与接口

编码的唯一性、代码结构的科学性、代码表述的一致性、代码内容的指代性、代码组织的逻辑性与排列的顺序性等,都是代码体系设计的一些基本要求。这些要求随系统和应用的不同在实现难度上也有很大的不同。如代码唯一性,在一个企业或机构中较容易实现;但在一个行业中,较难实现多企业间的代码结构一致与表达一致;在国家层面,当涉及许多不同行业与不同领域时,就更难实现代码的一致性与唯一性。

以行业为例,北约编目管理委员会 AC/135 2011 年对一种最简单、使用最普遍的工业零件——平垫片作了简单调查,发现目前欧洲几大知名公司的内部零件号即零件代码互不统一,如表 12-1 所示。

表 12-1 欧洲知名企业中的平垫片的零件号示例

国 别	企 业	平垫片零件号
德国	博世-罗伯特公司	PN:2000102621
	道依茨服务国际公司	PN:01289919EY8776-22
	梅赛德斯-奔驰公司	PN:0001513052
	曼恩商用汽车公司	PN:81907010687
法国	雷诺汽车公司	PN:7701007414
荷兰	范多尔斯商业制造公司	PN:057343
瑞典	卡尔斯科朗阿凡维公司	PN:23310163041

设对表 12-1 中的各家企业建立代码共享体系,就出现如 PartNET 公司 CEO Don R. Brown 以图 12-2 模型说明的情况:小火车代表各家信息系统,包括其中的代码资源。

不同系统间信息交互,通常以如下三种模式进行。

1) 各系统代码形态与内容一致

此为理想模式,相当于各用户都在同一系统中,彼此间无需资源转换,该模式正是国家信息系统建设的目标。但这类资源多限于基础类信息,如居民身份代码信息等;各系统可添加内容构建自己的应用,如公安警务通系统等。国家工业信息的基础资源,如物品名称、编码和分类与描述等信息均应按此要求建立,才能统一,如美国的联邦编目系统。

2) 代码不一致,彼此间互建接口

这是最普遍的情况,如表12-1中同一对象在不同企业的结构与表达不一致。如各企业间建立资源接口,开展互操作,必将如图12-2所示:N个不同系统间,两两成对"信息整合"所需的接口数为N×N。每新增一个信息源,所需接口数呈(N+1)平方的量级增长,而建立与维护这一接口系统的成本将呈指数量级增加。图12-2证明:在国家工业领域,"百花齐放"的编码方式根本无法实现资源整合,即便在少量系统间勉强整合后,也是不可持续的。

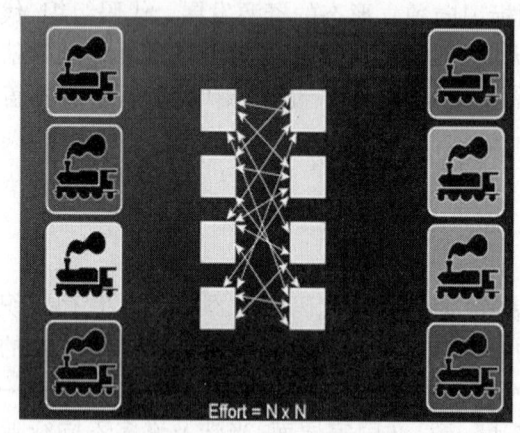

图12-2 不同信息源转换所需资源接口数示意

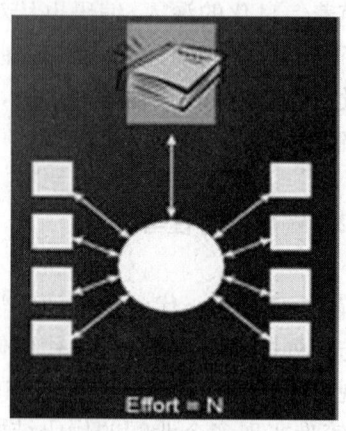

图12-3 统一信息资源交换平台示意

3) 代码不一致,建立中央接口池

这是一种既现实又经济的资源整合方式,模式如图12-3所示。各企业间无需两两成对建立接口,只需与一个中央接口池相连,彼此间就能交换与共享资源。各单位只需面对一套接口,成本较低。对中央接口池而言,N家企业采用同一接口标准,成本将按不超出算术级数的规模增加。考虑边际效应,加入企业的数量越多,总成本就越低。如表12-1中各企业,只需与一套标准代码建立映射,就能彼此检索信息。图12-3上部代表一个统一的第三方资源中心,中部代表标准资源接口池。在北约集团,资源接口池体现为联邦/北约编目系统及相关管理体制,有再多企业的数据彼此不一,都可借此模式转换共享。显然,这是处理包括代码在内的信息资源最实际、成本最低的模式。

4) 国家代码资源中心与企业间的信息交换模式

早期工业信息系统,由各企业自发、分散、独立建设,其中代码结构不一、编码规则不一、指代内容不一。联邦编目系统试图提供统一的第三方接口,通过代码字段桥接,实现异构资源内容的交互。企业可通过两种方案实现信息互操作:一是与国家代码系统建立对照表,企业对外的信息交换,通过对照表转换为国家代码,实现与其他采用同样对照表的单位信息交换。二是企业内部直接采用国家代码,这就无需再建对照表。虽然后一方案更为简洁,但出于三种原因,企业更愿意采用前一方案:① 新产品与新过程最先形成于少数企业,此时尚无国家代码,只能由企业先编制内部代码。② 国家代码的分类较少且口径过宽,往往不能满足专业企业对物品品种规格详细管理的需求。③ 如表12-1所示的许多历史悠久的大企业,其代码资源(编码方案、代码结构及码位长度等)早已定型,加上企业内部安全保密等需要,不会轻易改动代码体系。同时,仅建立与维护一套国家物品代码对照表的成本不高。所以,第一种方案是既满足国家工业信息资源管理,又满足企业经营之需的模式,已为绝大多数发达国家企业所采用。

这样,各企业内部使用的种种代码,对于国家代码体系而言,就属于"参考码"或"参照号",参考码与国家代码建立对照与转换,就成为国家代码资源管理的战略性议题。

12.1.3 国家物品编码范围

国家编码是由国家主管机构主持制定的官方编码,编码对象、代码用户与管理体制均有严格的规范约束。这种代码的性质,如同居民身份代码性质一样,具有唯一性和法定性,而居民的其他各类代码,如工作证号、借书证号、岗位证号等,只能在某个特定范围内起作用。目前在我国,国家工农业产品、服务项目等的统一代码体系尚处空白[①]。这对于我国工业信息资源体系的建立与应用存在十分不利的影响。对此,我们必须从国家编码的对象和用户范围两方面来略作考察。下面仍以工业物品为代表进行分析。

1) 物品编码对象

美国与北约规定,绝大多数政府采购品,除极少数特殊者,均应赋予国家编码,并对应当编码、无需编码以及需要同时编制国家与企业代码的对象作出如下规定。

(1) 必须赋予国家编码的对象　在美国的国家物资供应中,凡重复采购与供应者,均需统一命名、识别、分类、编码后纳入联邦编目系统,具体如下:

① 凡政府(及军方)采购、储存和管理的物品。

② 官方存贮的物资,供官方组织、公用机构、社会单位与公众等申领使用的物品。

③ 联邦勤务总署、各军种和有关单位认为需要编码的其他物品,等等。

(2) 不需赋予国家编码的对象　不需编码的仅为如下一些特殊情况中的特殊物品:

① 科研、修建、维护等工作中只使用一次的物品。

② 合同供应的耗材,在使用过程中就消耗殆尽,不进入供应系统者。

③ 舰船、飞机及其他的大型装备,它们另有专用识别系统。

④ 在海外采购且仅供海外机构使用的物品。

⑤ 由非政府经费采购的物品。

⑥ 就地制造且仅供当地生产机构使用的物品。

⑦ 仅供某种特殊病人使用或要求特殊的装置(如矫形用具)、动物血液制品等。

⑧ 尚待批准但尚未获批准的物品等。

凡此之外,均应编制国家代码。

(3) 既需赋予国家编码,又需企业编码的对象　工厂内部的生产装备器材,只编制工厂设备代码(PEC)。但如该装备器材用于政府物资生产时,则需要既编制国家物资编号,又编制工厂设备代码。并在联邦编目系统数据库中同时记录这两种代码的对照资料。

一个对象编制两套代码的情况,与政府或军方对物资生产的管理与控制需求密切相关。如当企业为政府定制某种物品,需要国家拨款购置某种加工设备与器材时,这些设备器材无疑应编制国家代码。但这些设备器材进入企业生产线,它又必须符合各企业生产系统中对装备

---

① 我国虽有国家标准 GB 7635《全国工农业产品(商品)分类与代码》,但它与联邦/北约编目系统存在很大的差距。后者是一个包括对象命名、分类、编码、识别与描述等功能在内的大型应用信息服务系统,有较高的资源适配性、接口与转换功能。

器材的标识、工序标识与管理标识等,所以,它又需按企业信息系统的要求来编码。这就不可避免地出现一物两码的情况。但这并未给国家和企业造成混乱,而是使同一设备器材在逻辑上区分所属主体和不同的信息系统,完善双方的管理体系。

2) 物品编码用户

国家物品编码作为特殊资源,不仅代码本身,连同编码方案、管理政策、编码标准、工作规程与校验算法等,均为一切官方机构统一采用,如美国的联邦勤务总署系统、各军种、国防后勤局、国防部其他机构(如国防核子局、国家安全局等)以及参加北约编目系统的世界各国。凡与物品生产、供应、运输、服务和后期处置(包含回收、分离、治污、再生等)有关的一切政府与民间机构、企业和其他单位等,也需在业务活动中采用国家物品编码。这就使代码的使用具有强制性。

12.1.4　国家物品编码的法律地位

在欧美,国家信息系统的建设与运行,均需相关法律支持。美国国家物品编码的依据是第436号公共法案,《武装力量及其附则》第145章《编目与标准化》2451条"国防补给品的管理"第二款具体规定:"国防部长在编目时应将国防部经常使用、购买、储存或分配的每一项补给品列出名称,加以说明、分类和编码,以便在整个国防部内对同一物品只有用一些字母或一些数字或两者的与众不同的一种组合才能识别。对于从购买到在战地或其他地区进行最后处理的一切补给功能的每一项补给品,只可以使用一个识别标志。"为根除军方与政府间的扯皮,《联邦财产管理条例临时条例E-6号(权力的授予)》(1967年)规定,联邦勤务总署署长授权国防部长统一管理联邦政府的编目系统,国防部指令DoD 5030.47号《国家补给系统》(1971年)为此提供了更多的指示与原则,在贯彻国家物资补给系统方案,执行联邦编目系统功能等方面,进一步明确了联邦勤务总署和国防部的委托关系与职责分工。所以这一条款也适合于政府系统与民用物品,涵盖一切产品编码,成为法定意义的国家标识资源。此即图12-1所示的北约物资号(NSN)。

原北约主体国与东扩后的诸国,均通过与美国签署双边协定——《北约标准协定(STANAG)3151号——物品识别的统一标准》实现各国间物品编码的一致。该协定中第2条声明:缔约国均同意遵守下列各条款:其中;第(1)款:"《美国联邦物品识别系统》被确定为北约物品识别系统的基础";第(8)款:"缔约国均使用北约物资号(NSN)来标识补给品"。此代码结构与美国国家物资号(NSN)完全相同。编码成果,即物品代码体系和编码规则与管理体制等,构成国家战略信息资源,其官方性、权威性在各国间得到一致的遵从与维护。

12.2　国家物品编码体系

12.2.1　物品编码的结构

完善的国家物品编码对象包含各类物品,覆盖其生产、运输、保管、使用与后处置等所有环节。

编码按代码结构、编码元素与应用范围划分如下:

(1) 按代码结构划分　代码结构可分为单一结构和复合结构。如物品名称号、组织机构号等为单一结构,为一段不可分割的代码串。联邦物资分类(FSC)号则分为大类与小类两码段;国家物资号(NSN)由联邦物资分类号(FSC)、国家编码局号(NBC)、物品识别号(IIN)等代码段组成,为复合结构代码。

(2) 按编码元素划分　编码元素分为单一元素与复合元素。如代码由纯数字或纯字母组成,为单一元素代码;如由数字与字母混合组成,则为复合元素代码。在编码容量上,当码位相同时,字母元素比数字元素的容量大,混合元素的容量更大。但实践中得出一条经验规则:当数字与字母元素混合编码时,字母"I"与"O"不参与编码,因其易与数字"1"与"0"混淆,近年的相关规范进一步提出字母"q"与"z"也不参与混合编码,因其易与数字"9"与"2"混淆。

(3) 按编码范围划分　按使用范围分为内部码与公用码。如代码仅在机构内部用,为内部码;如为系统中各参与方共用,则为公用码。国家工业系统中的代码均为公用码。

国家工业代码资源中,公用码的开发、推广与应用具有全局性。根据各国经验,公用代码也须纳入国家信息发展战略中统筹规划,集中开发,统一使用,共同维护,才能从国家、行业与企业层面上发挥其应有作用。

12.2.2　物品编码的功能

系统化、集成化、复杂化和多功能化是现代工业品的主要特征,其流通和使用的管理也日益复杂。这些特征反映到编码领域,体现为代码的功能性、多样性、复杂性和配套性。通过对联邦/北约编目系统分析,可看出国家物品编码体系包含了物品识别代码、用户识别代码、参考代码、识别状态代码、技术特征代码、制造/供应厂商代码、标准参考代码等,每类代码又由一些子代码组成。这些组成了国家物品编码功能,形成具有标识、记录、区分、对照与管理功能的基础资源体系。

12.2.3　物品识别代码体系的构成

对象编码,识别是其主要功能之一。这类代码说明"物品是什么",此为北约编码体系中的 A 段(NATO Codification Segment A)。A 段中的主要代码字段有:国家/北约物资号(NSN)、物品名称代码(INC)、物品核准(或非核准)品名称(AIN/N－AIN)、物品识别类型代码(IITC)、参考法或部分描述法原因代码(RPDMRC)、北约文件维护序列号(NFMSN)以及日期和国家物品识别编号(NIIN)。具体如下:

国家/北约物资号(National/NATO Stock Number NSN)为物品标识法定代码,美国为 National Stock Number;北约为 NATO Stock Number,缩写均为 NSN。两者代码结构、码段含义基本相同,其核心功能如图 12-1 所示。

1) 美国国家物资号

国家物资号由联邦物资分类号(Federal Stock Class,FSC)、国家编码局号(National Bureau of Code,NBC)、物品识别号(Item Identification Number,IIN)、国家物品识别号(National Item Identification Number,NIIN)4 个功能码段,13 位数字,共 6 种逻辑代码组成,如表 12-2 所示。

表 12-2　美国国家物资识别编号(NSN)"5305-01-345-6789"实例

代码	5305	01	345-6789
含义	联邦物资分类号(FSC)	国家编码局号(NBC)	物品识别号(IIN)
代码		01-345-6789	
含义		国家物品识别号(NIIN)	
代码		5305-01-345-6789	
含义		国家物资号(NSN)	

表中各码段的名称、结构与含义为：

① 联邦物资分类号：前 4 位码，标明物品类别。前 2 位为"组别"(group)即大类码；后 2 位为"类别"(class)即小类码。

② 国家编码局号：第 5、6 位码，标识该物品出自于北约哪个国家。数值 00 或 01 代表美国国家编码局(美国"国防后勤服务中心编目处"对外代表美国行使国家编码局职能。北约其他国家也以相应机构对外行使本国的国家编码局职能，有时其正式名称不一定为国家编码局)，其他数值为北约其他国家，参见表 12-4。

③ 物品识别号：最后 7 位数字，为无含义代码。

④ 国家物品识别号：最后 9 位数字，即国家编码局号加物品识别号。北约物资管理采用分布式体制，各国均可自行编制物品识别编号，故各国国内这一代码唯一，但国家间则有可能重复。但加上国家编码局号，形成国家物品识别号后，就可避免重复，同时也标明了各国的国家物资代码主管机构。

⑤ 国家物资号：为全部 13 位数字码，或国家物品识别号加上联邦物资分类编号。

⑥ 永久性系统控制号：由于国家物资号(NSN)的严格性和法定性，当某种物品达不到赋予该代码的条件，但又属于政府或军方采购范围时，则编制"永久性系统控制号(Permanent System Control Number, PSCN)"后进入国家物资系统。既表示其与正式国家物资号的区别，又能让计算机正常处理业务。凡载有国家物资号或永久性系统控制编号的物品，才能进入美国与北约系统。美国是唯一使用"00"与"01"两个国家编码局号的，采用"00"时，就表示该物品尚未纳入国防综合数据系统，代码为"永久性系统控制号"；"01"则表示该物品是已纳入国防综合数据系统的，有正式的国家物资号。这是美国与北约其他国家的唯一区别之处。

国家物品识别号与国家物资号的区别如下：

美国为物品设置"国家物品识别号"，又赋予其"国家物资号"，两者仅差"联邦物资分类号(FSC)"，做法看似繁琐，但管理上确有必要。美国法律规定，凡政府和军方采购的物品，都要赋予一个永久的"国家物品识别号"，该号由美国物品标识委员会、国防后勤服务中心和国家编码局共同制定。此码一经赋予，永久不变；如物品退市，从政府供应品目录中删除后，该号就废止，不再续用，亦不得转用于其他物品。

物品在联邦物资分类体系中可能因业务之需，出现多重分类，这就导致国家物资号对象的非唯一性。所谓国家物资号的唯一性，严格地说只是代码唯一性，而非物品唯一性。不同代码对应的，可能是不同类目下的同一物品，随着产品的多功能化，"一物多类"的情况不可避免，"一物多码"的可能性越来越大，真正实现"一物一码"的，只有国家物品识别编号(NIIN)，因其与分类无关。

2) 北约物资号

北约其他国家与美国相同,当一个物品被确定为唯一时,就赋予一个永久性的北约物资号,具体由各国的国家编码局(NCB)实施。北约物资号也是13位代码,逻辑上分3部分:前4位是"北约供应分类号"(NATO Supply Classification Code,NSCC),完全采用联邦物资分类号;后2位是国家编码局号,如表12-4所示;最后7位码相当于美国物品识别号,为无含义代码,仅要求在一个国家中,唯一指定给某供应品就可。这7位数被分配在物品原产国的供应品编目数据库中,然后被复制到其他北约系统用户国的总物品记录(Total Item Record,TIR)库中,供全球各国用户选用。北约物资号实例如表12-3所示。

表12-3 北约物资号"1005-13-123-4567"实例

代码	1005	13	123-4567
含义	北约物资分类号(NSC)	北约国家编码局号(NBC)	无含义代码
代码		13-123-4567	
含义		北约物品识别号(NIIN)	
代码		1005-13-123-4567	
含义		北约物资号(NSN)	

从表12-3可看出,北约物资号的码长与各码段含义均与美国国家物资号相同。最后9位为北约物品识别号,是北约物资号中的固定部分,相当于美国的"国家物品识别号",它与供应品的生命周期相关。前4位数字为北约物资分类号,这段代码则可能改变,如当一个供应品的分类调整后,它可能被重新分配到另一类目下。

3) 国家编码局号

美国与北约物资号中第5、6位为国家编码局号。它是北约中,代表各国行使物品代码管理职能的法定机构(如美国国防后勤服务中心对外行使美国国家编码局的职能),在北约中被赋予一个唯一的两位数字码。仅美国除外,美国拥有代码为"00"与"01"的两个国家编码局号。部分国家编码局代码如表12-4所示。

表12-4 部分国家编码局号

国别	代码	国别	代码	国别	代码	国别	代码	国别	代码
澳大利亚	66	法国	14	意大利	15	新西兰	98	英国	99
比利时	13	德国	12	日本	30	挪威	25	美国	00
加拿大	21	希腊	23	荷兰	17	葡萄牙	26	美国	01
丹麦	22	以色列	31	卢森堡	28	土耳其	27		

表12-4中代码既是国家标识,更反映了各国间信息共享与协调机制,具有国家间职责界定与协同管理的作用,构建了一种分布式国际信息管理行政体系。其影响深远,在其后的通用商品条形码体系以及GS1体系中,国家/地区代码就源于此架构。

4) 配套功能代码

仅有国家/北约物资号,尚不足以支持系统运行,必须有其他代码配套。几种主要的辅助代码如下。

（1）物品名称代码（Item Name Code，INC）　每种物品通常都有一个以上的名称，系统将为每个名称赋予代码。在包括美国在内的北约系统中，为便于自动数据处理与交换，为每个核准品名（Approved Item Name，AIN）赋予一个唯一的 5 位数"物品名称代码（INC）"。而每个非核准名（NON AIN）一律用代号"77777"标识。使之既能被系统处理，又不与核准品名相混。

（2）物品识别类型代码（Item Identification Type Code，IITC）　如第 8 章所述，物品识别分为描述型与参考型两类模式。当物品名称代码、国家物资号确定后，需用此代码来指示描述物品的技术模式。

（3）参考法或部分描述法原因代码（Reference or Partial Descriptive Method Reason Code，RPDMRC）　标识系统中采用参考法还是部分描述法来说明对象特征属性的原因代码。

（4）北约文件维护序列号（NATO File Maintenance Sequence Number，NFMSN）　凡与编码和维护管理相关的活动，均按规定形成文件，报送各国的国家编码局。此代码为检索号。

（5）日期及国家物品识别编号（NIIN）　此为指定日期数据。

上述几种代码与国家物资号配合，能在国家工业信息系统中形成代码资源链，发挥代码在管理与信息组织方面的系统性作用。

12.2.4　国家物资号的作用与特点

1）国家/北约物资号的使用

国家/北约物资号的作用，是以其为主标识，将分散于各企业、行业间零散的业务数据资源，统一整合为国家乃至国际统一的物品号，如图 12-1 所示。图 12-4 提供了具体实例。

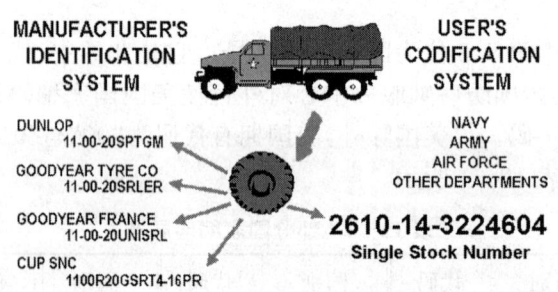

图 12-4　国家/北约物资号与企业码的交换

图 12-4 为企业标识代码和用户标识代码的交换，说明国家物资号的接口作用。图中左侧是如邓禄普、固特异等厂商的系统代码，这些分散不一的代码在各企业，甚至同一企业的不同公司内起作用（如固特异轮胎公司和固特异法国公司对同一轮胎的标识都不一样）。右侧表示通过统一的 13 位国家物资号 2610-14-3224604，各企业代码经转换就能向北约各国的陆海空军和其他部门提供统一代码，体现了国家物资号桥接企业与政府和军方机构间信息资源的核心作用。国家/北约物资号也就实现了图 12-3 中部的资源中心接口功能。从其国家编码局代码"14"看出（见表 12-4），此物品的赋码与管理是由法国国家编码局实施与负责的。

2）国家/北约物资号的特点

（1）适应性　用于政府与民间系统中物资补给的各项作业与管理，覆盖从产品采购到用后处置的全部业务。

(2) 兼容性　既可用于人工处理,又可用于从传统的机械、电子数据和新型的感测处理设备。满足人—人、人—机、机—机环境下的物品识别、控制与操作管理。国家/北约物资号及其关联数据可用手工和自动处理方式记录和传输,且可用于一切类型的自动数据处理(ADP),通过固定格式的北约数据交换规则(NATO Data Exchang,NADEX),与大量的生产系统、供应基地、跨国物流系统、战区供应系统等对接。

(3) 可扩充性　编码体系拥有充分冗余,允许用户扩充代码。包括在空余码位上插入一定的代码,在已有代码的下属位置上分出更细的类别,或延长码位,标识规格更细、款式更多的产品。

(4) 简单性　国家/北约物资号的代码结构明确,编码规程简单,编号方便,修订灵活。

(5) 稳定性　代码分多个码段,除分类段外,还通过各国的国家编码局将代码的使用和管理权限分配给各成员国,实现分布式管理。国家/北约物品识别号对应唯一的供应品,即使分类号改变,此号也不会改变。

(6) 统一性　编号的组成、字长、结构和用法全球统一。

3) 编码资源的宏观作用

除不同信息系统间的资源桥接作用外,工业编码资源还有其宏观性作用。仍以国家物资号(NSN)体系为例,它能起如下作用。

(1) 宏观控制物品需求　采用国家/北约物资编码体系,能使各国系统均能精确了解各基地的物资总量和各类品种、数量、各地分布的情况,以准确掌握物资供需的脉动。

(2) 提升物资协同供应水平　以美国为首的北约多国部队近年开展了多轮高科技局部战争,特点是高强度、高效率、大规模、远距离、精确化、多品种的后勤物资供应。国家物资号在跨国物资生产、供应与配送等活动中起到物资主导标识作用。

(3) 提升管理效率与效力　跨国的统一物品编码体系,能使各国对物品信息形成一致理解,扩大信息应用深度,整体提升北约各国的物资协同供应管理效率与效力。

(4) 消除重复物品　政府和军方的采购,量大且案值高昂,若无法准确代码识别,可能导致物资重复采购。统一物资编码,可有效消除系统内物品重复采购。

(5) 改进物流运输　各类运输与仓储设备也是物品,参与国家编码后,可与被运输与储存的物品形成格式统一且内容衔接的标识链,再扩展到覆盖各国政府、军方、企业与服务机构的标识网。从运行效果看,标识网对于改善物流起到了核心作用。

(6) 更好地推行信息标准化　在北约中,信息标准具有法律效力。国家物资号由诸多标准代码段或元素组成,这些元素可与其他信息元素组合,将信息标准化扩散到其他领域。

(7) 简化作业　国家物资号以有限的数码,适于一维或二维条形码、磁条、标准凸字、OCR(光学字识识别 Optical Character Recognition)和 RFID 等为载体,可通过机械、电磁、光学等扫描装置自动识别,大幅简化现场数据输入工作。

(8) 在统一理解的基础上,改善政企关系　传统采购中,政府与军方难于和企业自动交流。原因是双方系统对物品的描述,即名称、规格、型号与代码等表述不一致。采用国家编码后,能在对代码一致理解的基础上,形成自动业务链。当然,要使双方系统的各项记录表述均达到一致有较大难度,但代码一致,就为建立资源桥接带来便利。

(9) 扩大自动数据处理范围,使系统更容易处理、检索、访问与关联　编码最适于各种智能设备自动处理,从手持式到固定式装置、移动终端到计算机,都能方便地与后台数据库建立联系,特别能适应从生产一线到战场等恶劣环境。

12.2.5 制造厂商用联邦物资代码

在国家工业信息资源的编码链中,政府、企业和机构间的信息关联至关重要。国家物资号用于国家统一标识,但企业研发、生产与销售活动中也使用大量的编码。对于企业私有编码,不能强求统一,但需相应的接口代码来实现国家与企业间的代码链结合。

为此,美国提出"制造厂商用联邦物资代码(Federal Stock/Supply Code for Manufacturers,FSCM)",并按如下要求管理。

(1) 产品进入联邦编目系统,需要提供各种参考号(参见12.2.8)。企业参考号与国家物资号关联,政府就能对物品信息源识别与管控。为此,凡进入联邦编目系统的参考号,均赋予一个标志其来源的制造厂商用联邦物资代码。

(2) 在企业零件号或参考号存入国家中央数据库前,制造厂商用联邦物资代码就指定给厂商。使用时,该代码与企业诸参考号关联,供系统识别这些参考号源于哪家企业;采购时,政府就可对生产厂商或设计机构进行信息控制。

(3) 制造厂商用联邦物资代码为5位数字码。采用"注册-赋予"体制发放给制造厂、经销商或设计公司等,为其内部参考号对外使用时的官方标识。

(4) 制造厂商用联邦物资代码由国防后勤服务中心(DLSC)集中管理。当企业发生变化,如某产品停产,企业破产、并购、出售时,国防后勤服务中心将对其制造厂商用联邦物资代码进行重新设定、撤销、转变拥有者、收回等处理。

(5) 国家对制造厂商用联邦物资代码的管理是集中和强制性的,"当一个单位(制造厂商或设计机构)被两个或两个以上的现有单位所占有,或者一单位已出卖其一个或几个部门的财产后,国防后勤服务中心可不经协商就决定原先由被占用单位制造的哪种零件编号品改用现占有单位的代码"。

制造厂商用联邦物资代码和国家物资编号两者结合,分别从企业一侧和国家一侧,满足了国家工业信息资源的统一管理与企业信息多样化两方面需求的结合。

12.2.6 用户识别代码

对象标识链上,信息资源用户不同,需求不同。如制造商、物流商和产品用户所需的信息各有资源偏重。用户识别对于信息资源供给十分重要。用户识别信息中最主要的是用户识别代码,此类标识说明"谁在使用物品",此为北约编码体系中的B段(NATO Codification Segment B)。它包括北约和非北约国代码、商业与政府实体代码以及另需着重说明的大单位代码。主要内容如下。

1) 北约和非北约国用户代码

北约及东扩各国均为北约标准协定(STANGE)3151号的签署国,其政府与企业(制造与服务型)都是北约编目系统的用户。非北约国企业,可通过与美国国防部签订协议使用该体系。凡使用该编目系统机构,均要先注册并取得美国商业与政府实体代码(CAGE)或北约商业与政府实体代码(NCAGE)，成为系统用户。经认可后可使用这套代码资源，来组织与管理生产、标识其产品和企业，参与北约供货。同时，代码相关数据也将收录在美国国防后勤信息中心，以及各国的国家编码局数据库中，成为各国政府中央编目库中供官方备选供货商信息。

2) 商业与政府实体代码

商业与政府实体代码(CAGE/NCAGE)是5位代码，用来标识政府机构、供应商、承包商、院校和制造商等参与政府、军方、社会机构和企业间开展物资供销业务的实体。

根据协定，商业与政府实体代码由美国国防后勤信息中心统一维护。美国商业与政府实体代码主数据库是联邦物流信息系统(FLIS)的子系统，目前包含超过170万个商业与政府实体代码，覆盖了参与后勤业务的所有实体。资源分布上，商业与政府实体代码数据转发给各服务与管理机构、北约维修与供应局(NATOMaintenance and Supply Agency, NAMSA)以及其他国家的编码管理局。

当一个商业与政府实体代码被取消，或另行指定给一个制造商，或出于物品信息资源管理之需时，国防后勤信息中心可直接将一个关闭企业的代码转发给可供货的一家或多家制造厂商。当一家企业的所有参考号都已被撤销时，国防后勤信息中心才取消该企业的商业与政府实体代码。国防后勤信息中心维护中央合同商登录(Central Contractor Registration, CCR)的系统。凡与美国和北约做生意的公司都须在CCR注册，获得商业与政府实体代码。企业进入系统，按系统要求维护公司数据，每年一次。当系统收到某国的某制造厂要求更改物品数据的通知时，将以北约维护与供应局(NAMSA)的名义发出回执，接收方接收后并处理后，应更新其商业与政府实体代码文件。

12.2.7 资源管理机构及其代码

1) 大单位概念

各国都有一批机构被称为"大单位(Major Organizational Entity, MOE)"，它们是业务归口管理单位，代表国家对特定种类物资行使管理职能。美国的大单位指联邦政府各直属局、各军兵种、国防后勤局、各专业主管机构等[①]，它们对本系统的下属机构拥有行政管理权。如国防建筑器材补给中心（管理铁路用建筑和养路设备、牵引车、车辆驾驶室、车身和车架、土地平整机械、吊车、起重机、压缩机和真空泵、预制器及活动房屋等），国防通用物资补给中心（管理数控机床、镗床、拉床、车床、铣床、磨床、刨床、金属焊接与切割设备、各类二次金属成型及冲压设备等），联邦勤务总署（管理包装机械、自动售货机、服务及商用机械、园艺机具和工具、手工工具、润滑及燃油分发设备、建筑及有关金属产品、各类建筑材料、家用器具、办公室家具、家用和商用通用容器、厨房设备及用具、记账机与计算机等）。所有的大单位既是各类代码的使用者，也是编码政策决策的参与者，是经授权可提交或接收编目数据交换业务的责任机构。表12-5即为美国部分大单位示例。

---

① 美国国防后勤信息中心统一管理美国和北约CAGE/NCAGE数据、物品编码数据等，故美国也视北约各国为大单位。

表 12-5　美国各类物资及其信息归口管理机构

序号	联邦物资分类号	物品名称	物资归口管理机构	机构代码	单一上报机构类别
1	2230	铁路用建筑和养路设备	国防建筑器材补给中心	AX	B
2	2420	牵引车(轮式)	国防建筑器材补给中心	AX	B
3	2630	轮胎(实心与半实心)	陆军坦克与汽车部	AZ	A
4	2640	轮胎翻新及内外胎修补材料	陆军坦克与汽车部	AZ	A
5	2815	柴油发动机及其部件	国防补给器材供应中心	AX	B
6	2850	汽车转子发动机及部件	国防补给器材供应中心	AX	B
7	3110	轴承(减摩型、未装配)	国防工业品补给中心	KZ	B
8	3120	轴承(普通型、未装配)	国防工业品补给中心	KZ	B
9	3416	车床	国防通用物资补给中心	CX	B
10	3417	铣床	国防通用物资补给中心	CX	B
11	3540	包装机械	联邦勤务总署	75	B
12	3590	各种服务及商业设备	联邦勤务总署	75	B
13	5805	电话和电报设备	国防电子器材补给中心	TX	B
14	5962	微电子电路	国防电子器材补给中心	TX	B
15	6505	药品、生物制品及试剂	国防人员保障中心	KX	A
16	6508	药物化妆品和梳妆用品	国防人员保障中心	KX	A
17	9130	石油基液体推进剂及燃料	国防油料补给中心	KY	A
18	9140	燃油	国防油料补给中心	KY	A

表 12-5 中第 2 列为联邦物资分类号,前 2 位为大类,后 2 位为小类。第 3 列为对应的物品,第 4 列是其归口管理机构,第 5 列是各机构在系统中的字母代码,它的使用,使系统管理和运行更为快速便捷。第 6 列是单一上报机构类别代码。

该表代表了美国传统的物资行政管理体制。国家工业信息资源既要建立在这一行政管理体制之上,否则会因脱离实际业务而毫无意义;但又必须打破这些独立机构之间的界线,进行资源的统一规划与设计。国家工业信息资源的开发与利用,由大单位牵头就能方便地进行管理。但同时,由于各大单位间缺乏必需的沟通机制,很容易形成信息孤岛。美国二战前国家信息系统建设失败的原因就在于此。因此,大单位主建体制一定要以同步资源整合机制为支持。所以,美国与北约,各大单位在代码体系建设、维护管理、存贮与发布上,均由美国国防后勤信息中心统一承担技术实现与维护管理。它是拥有行政管理与协调权力的责任机构,对外以美国国家编码局名义与各国的国家编码局联系,对内代表国防部和联邦勤务总署统一协调、规划管理各大单位的编目资源。技术上履行如图 12-3 上部的资源中心与中央数据交换中心职能,所以是一个统管各大单位信息资源的特殊的大单位。

2) 大单位管理职能

国家工业信息系统中,大单位率其下属机构对编码系统的参与、使用和管理起重要的影响。相关法规赋予大单位相应的管理职责,要求其建立各种供应品的管理、发布编目机构(包括数据接收单位)以及管理类型的详细记录。具体包括：

(1) 建立大单位管理职责表　国家赋予各大单位对信息开发与管理的行政职能项目以及资源加工的技术目录。表内包括数据元定义、各类物资归口管理机构权限编码、批发和零售机构的管理职责表、大单位管理职责分解的具体负责单位明细。

(2) 大单位管理职责编号　各大单位均有一个管理职责规定编号与相应规定职责对应。北约各国家的大单位管理职责均由美国国防后勤服务中心统一提出。

3) 大单位上报职能

表 12-5 中第 6 列中有两类单一上报机构，以代码 A、B 表示，具体职能如下：

(1) A 类机构　负责国家物资分类体系中某一类别所有物品管理的物资统一管理部门。这类机构同时也是：① 提出采用新编目方法、物品识别定义规定或对旧方法与旧规定进行修订的建议的归口上报单位；② 提出采用有关现行物品识别定义规定的新数据，或修改现行数据(如增减用户、变更物品状态码、增减参考资料等)的建议的归口机构。

(2) B 类机构　指负责国家物资分类某一类别中某些物资(按单项物品划分)的管理和编目工作的物资统一管理部门，它们是提出修改所管理的供应品的现行物品识别定义规定数据的建议的归口上报机构。这些修改包括增减用户、变更物品状态码、增减参考资料等，但不包括修改原始的或恢复使用的物品识别定义规定，也不包括变更编目工具。

4) 大单位在物资管理决策方面的责任

大单位体制按垂直系统将信息资源的开发与系统业务融合，其横向整合则是一项极艰巨而又繁琐的工作，细致而缜密的机制建设十分重要。其中包括对大单位在物资管理决策方面承担的具体责任，特别是以下管理与协商机制需要建立：

(1) 联邦政府各直属局、各军种、北约及其他国家，均要制定和修订本机构的大单位信息管理职责规定。

(2) 联邦政府各直属部门与各军种应指定本系统的一个单位为物资信息管理的归口联系单位，它有权上报修改物资管理职责规定表的建议。建议均上报给国防后勤服务中心，由该中心统一协调。建议内容为：职责变更生效日期，协调过程说明，要求变更的具体条目与内容，变更类型等。

(3) 建立协调渠道，凡涉及其他政府机构与军方的种种变更建议，发起单位在上报前均应与相关单位进行充分协调。

以上虽以美国为例对大单位进行说明，北约各国也都采用了相同管理体制与运行机制。

5) 国防后勤局的职责

国防后勤局及其下辖的国防后勤服务中心、国防信息服务中心等在管理、协调与实施各大单位信息系统建设与资源开发方面起核心作用。法律授权国防后勤局协调和统管各大单位的物资信息行政事务。具体如下：

(1) 作为物资管理职责规定表中相关事宜的归口联系单位。

(2) 解决政府各直属局、各军种、国防后勤服务中心所不能解决的问题。

6) 国防后勤服务中心的职责

法律授权国防后勤服务中心对各大单位的物资信息处理事务提供统一业务服务与管理。具体如下：

(1) 接受并处理政府各部、局，各军种有关变更物资管理职责规定表的建议。

(2) 确定所提出的变更是否符合规定的方针，并尽可能地与提出建议的单位直接协商解决分歧。

(3) 不能解决的分歧,提交国防后勤局本部仲裁。

(4) 在物资管理职责规定表中附上政府部门、军种的归口联系单位表。国防后勤服务中心是北约及其他外国的业务归口联系单位。

(5) 随时修订物资管理规定表,使其反映最新情况。

7) 北约各国大单位识别码段

为对北约遍布全球的大单位进行统一管理,北约对各国的大单位进行了代码分配,使各国政府都能对其所辖的大单位进行独立编码,并将赋码结果报美国国防后勤服务中心及信息服务中心。

表 12-6 为北约最高信息主管机构 AC/135 委员会为各国分割的部分大单位代码码段。第 1 列为国家目录;第 2 列为国名简码;第 3 列为参与国大单位标识符;第 4 列为国家编码局代码;第 5 列为北约商业与政府实体代码的划分格式,由 5 位字符代码构成,除第 1 与第 5 位字符为固定搭配外,其中 3 位由各国自行赋予本国各类机构,虽然仅有 3 位,但代码由罗马字母和其他特殊字符集混合组成,故编码总容量依然可观。还应说明,大单位也是北约商业与政府实体,当其加上大单位标识,就成为具有管理职责的实体。

表 12-6 北约部分大单位代码码段

NATION	CTR	MOE	NCB	NCAGE
AFGHANISTAN	AFG	VF	67	A*** Q
ALBANIA	ALB	YH	59	A*** H
ALGERIA	DZA	none	none	none
ARGENTINA	ARG	YF	29	W*** #
ARMENIA	ARM	none	none	none
AUSTRALIA	AUS	ZA	66	Z*** #
AUSTRIA	AUT	WB	41	#*** N
AZERBAIJAN	AZE	none	none	none
BAHRAIN	BHR	OW	none	none
BANGLADESH	BGD	none	none	none
BELARUS	BLR	none	none	none
BELGIUM	BEL	ZB	13	B*** #

12.2.8 参考号

参考号(Reference Number,RN)种类繁多,此类代码说明"谁在制造或销售物品",为北约编码体系中的 C 段(NATO Codification Segment C),其内容包括制造厂商零件号、图纸号、类型编号、来源控制号、规格控制号、商标名称、采用标准与规范号,还包括北约物资号、规格号、标准号以及规格标准中的零件号、图纸号和类型号等。其形式上有:参考号(RN)、零件号(PN)、参考号格式代码(RNFC)、参考号类别代码(RNCC)、参考号变更代码(RNVC)、参考号状态代码(RNSC)、参考号判定代码(RNJC)、参考号活动性代码(RNAAC)、文件有效性代码(DAC)等。

参考号作为企业方的检索或引证标识,可让用户在需要时找到这些设计图、技术标准、加工工艺等相关信息。这些对象均由企业自行设定,但其一致性差,对其处理、管理、协调与使用的复杂性和难度大。美国等经过长期研究与实践,统一设计了参考号的品种、用途、代码结构,使用户能尽快找到相应产品,或确定一种新供应品。参考号可单独使用或与其他参考号联合使用。参考号实质上是国家信息与无数企业、机构的信息间的接口代码,也是不同层次、不同需求、不同作业范围的资源界面。它是协调国家信息一致性需求与企业间数据多样化增长之矛盾的产物。从这一角度出发,可将参考号视为"生产品(IoP)"同拥有国家物资号的"供应品(IoS)"之间的代码关联。

参考号是一类特殊资源,它们既涉及产品,也涉及制造厂与供应商,更涉及各种特殊设计与要求的产品需求以及对其的控制等。参考号支持各系统间的资源共享与互操作,种类多且颇为复杂,形式为系列代码。

1) 资源接口性能

各国制造厂商数量众多,企业系统中拥有不同的零件号。如表12-1所示的平垫片,在联邦/北约物资分类体系中分在"53 五金和磨料"大类下"5360 环、垫隙片和间隔器"的小类中。显然,能生产此产品的企业数以万计,企业内部代码也数以万计,必须与统一分类与代码体系转换后才能进入国家物资采购系统。

国家物资号格式规范、内容统一,但承载信息量有限;企业零件号(PN)虽然格式与内容互不统一,彼此间难于直接交换,但却与丰富的生产、管理与交易数据对应。为能与国家物资号代表的官方代码间建立联系,实现国家与企业间信息"有序多样化"对应,美国和北约制定了一系列的标准参考号规范,使之能与各企业零件号(PN)形成如图12-3模式的代码接口池,中央圆形为官方参考号库,与大量企业的零件号对应。

国家物资号与多种参考号组合,形成基本参考号和辅助参考号。每种参考号还有对应的分类与描述代码,还与商业与政府实体代码和零件号或制造商的物品号组合。同时,参考号还用于区别原产品制造商(OEM)、原设计活动(ODA)以及官方来源渠道,供应商数据完整性标识,政府工业参考数据编审(Government Industry Reference Data Edit Review,GIRDER)等活动。

2) 参考号的类别

企业内生产技术与管理模式各不相同,对应参考号多种多样。北约将其归为两类:一类为"基本参考号",用于决定物品的基本概念,其他则为"附加参加号"。作为资源接口,参考号有"国家对企业的技术数据进行参考引证"之含义,故参考对象包括以下几类:

① 制造厂的零件号。
② 制造厂的图纸号。
③ 制造厂的型式或类型规格号。
④ 制造厂的货源控制号。
⑤ 规范控制号(标识不同版本的加工规范)。
⑥ 制造厂的商标名称(当制造商为其产品指定唯一商标时)。
⑦ 规格和标准编号。
⑧ 其他代号。

这些代码进入国家物资系统,提供对制造厂、供应商物品的检索功能,实现快速、有序地找到相关技术资料,供用户更详细、细致地识别物品。还能在企业间形成供应物品的质量责任链。如第④项,可让制造厂对其采用外购件(包括材料)进行溯源性标识控制,以便需要时分清质量责任。

3) 参考号效力

参考号效力即物品识别状态/删除数据。由于工业品更新换代的频率较高,故需要一个代码来标识"物品是否依然有效",此为北约编码体系中的 K 段(NATO Codification Segment K),包括三种标识。

① 删除的北约物资号(Cancelled NSN)。

② 更换的北约物资号(Replacement NSN)。

③ 北约物品识别号状态代码(NIIN SC)。

4) 参考号的格式

北约将参考号分为常规码与超长码。常规参考号长度为 32 个字符,32 个字符以上者均为超长参考号(ELRN)。简单格式为:前 31 个字符为常规内容,第 32 个字符为短杠"-",其后为加长内容部分。

5) 主要参考号代码

经数十年发展,参考号已形成品种、内容和格式繁多的种类。几类主要参考号如下。

(1) 参考号分类码(Reference Number Category Code,RNCC) 参考号种类繁多,需用参考号分类码来标识。几种主要类型为:

① 基本类目参考号:功能分类代码为:

(a) 源控制参考号 RNCC 1-:标准物品参考号的来源。控制是对技术资源的品种与数量的选择,由设计最终成品的公司与政府机构间共同商定。该号决定:物品的相关图纸与资料的数量与品种;物品图纸的来源,由此确定具体的供应商。这些约束代表政府对企业设计资料的提供范围,以确保所采购物品在满足技术需求条件下最小的技术资料需求。相关要求在美军标准 MIL-STD-100《源控制图纸》中定义。

(b) 官方规范或标准号 RNCC 2-、4-:表示在物品技术要求完全确定的前提下,企业按其标准生产时,其部分风格、类型或要求的开发生产系按政府的官方规范或标准进行。此代码也标识直接按政府规范或标准生产,但不包括反映零件号、款式的数字或类型等。当代码为 RNCC 4-时,表示其参考的是非权威的美国规范或标准。而 RNCC 2-就表示采用的是美国政府的权威规范或标准。在 RNVC 1-标识产品对象时,再使用 RNCC 4-时就表示其为非关键零部件号、非关键类型和式样等。

(c) 制造商参考号 RNCC 3-:用于标识一种和一系列的产品。而产品的设计、生产和各项特征的形成是由制造商或个人、企业、商号、实体或政府方等提供加工图纸、技术规范和验收规则等具体实施的。

② 辅助类目参考号:用于描述采购状况、技术文件、资质条件、数据格式与编号、跟踪代码的修改情况等。

(a) 引用参考 RNCC 5-:次要参考号。为主参考号(即后缀码 1-,2-,3-,4-),信息参考号(6-)或供应商图纸参考号(7-)之外的,由商业实体或政府机构赋予生产品或供应品的一种附加代码。它在主参考号 RNCC 1-,2-,3-,4-,6-或 7-相同的情况下,标识物品其他非关键性的差异。

(b) 信息参考号 RNCC 6-:一类特殊的参考号。CAGE 码为 99995,生产设备码为 CAGE 99998,是美国国防部弹药码为 CAGE 99999 时的北约物资号(NSN),而这些 CAGE 码均应使用 RNVC9 标识。

(c) 供应商产品图纸参考号 RNCC 7-:此号原为规范控制参考号。该号不用于标识物品,而标识图纸所反映的设计活动。同时表示在不需要供应商实施一些额外的、他们通常也不开展的测试与工程处理的情况下,现行能采购的或企业能加工的物品就可满足所有的工程与测试规定要求的情况。但此时,所有这些图纸均须满足美军标准 MIL-STD 100 中"供应商物品图纸"的要求,即供应商物品图纸参考号是其内部管理控制号,不得用作零部件标识号。

(d) 再生产品参考号 RNCC 8-:一种物品,可由北约中任何一个国家最先设计生产并获得一个 NSN 号。使用该号时,就表示包括美国在内的其他任何北约国家已得到该原始国家的许可,授权生产该 NSN 号的物品。此时,再生产的物品视同与原始生产物品完全相同。

(e) 包装及相关物流数据参考号 RNCC A-:表示与物品的包装和物流数据要求相关的设计文件的编号。

(f) 描述物品生产和物品供应关系特殊关系参考号 RNCC C-:同一种物品,逻辑上可作为供应品(Item of Supply,IOS)或生产品(Item of Production,IOP),只有供应品才能获得对应的 NSN 号供政府采购。原先的供应品,当其被重新设计,或其生产装备经改造或替换过以后,其再生产的物品就为生产品,需与原供应品建立参照关系。此时,供应品的标识就需要用此 RNCC 参照关系来进行限定。这时 RNCC 只能与 RNVC1 关联使用,参考号也不直接与 NSN 关联,而与一个服务或代理机构相关联。

(g) 其他无法用 RNCC 1-/3-/5-/7-或 C-描述的图纸参考号 RNCC D-:一种由设计活动指定给图纸或其他技术文件的代码,但它所标识的供应品或生产品的图纸或文件与指定给 RNCC 1-/3-/5-/7-或 C-的条件不同。故参考代码 RNCC D-不用于确定供应品。

此类代码通常与其他各类参考码结合,表示特定的数据管理与标识功能。

(2) 参考号格式代码(Reference Number Format Code,RNFC) 描述各类参考号格式的代码,有不同后缀,主要几类如下:

① RNFC 1:指格式化的企业原始文件的数据配置。

② RNFC 3:指格式未知的数据。

③ RNFC 4:指格式完全清晰的企业数据资源,即制造商在最初指定商业与政府实体机构代码时就按规范定义的参考号。

④ RNFC 5:指示参考号源于零件号,功能是实现各国的语言互换,内容由企业所在国的国家编码局定义,转换方法按照 ISO 标准(ISO/TC46/SC2 书面语言转换)进行。

参考号格式在"企业—国家"、"企业—国家—企业"间信息交互中是极其重要的,只有 RNCC 1-,4-和 5-才能进行国际数据交换。

(3) 参考号变更代码(Reference Number Variation Code,RNVC)

① 参考号变更代码的功能:用于区别物品与非物品,或仅用于某类信息的标识。通过代码的相应后缀来区分,具体内容如下。

(a) RNVC 1:设计控制参考或其他(如规范、零件、型式等)参考号,无附加信息时不能识别产品。

(b) RNVC 2:设计控制参考或其他(如来源控制规范、标准零件、型式等)参考号,用于产品识别。

(c) RNVC 3：供应商参考号，用于物品源控制，标识产品通过迁移、交换、安装等工艺组装到组件或成品的过程。相关的源控制文件号也用此代码反映，仅限于 1B 型或 4B 型物品识别。

(d) RNVC 8：非物品识别号，标识被取消的国家物资号，仅用于识别原始供应品与取代物品，不用于编目用途。

(e) RNVC 9：与 RNCC 4-/5-/7-同时使用时，用于指示规范、标准或其他参考号为已被取代、取消、过时或停产的产品；当与 RNCC 6-结合时，参考号仅表示信息；当其与 RNCC 2-或 3-结合时，又表示控制参考号的图纸；或当其与参考号 RNCC D-结合时，表示图纸号。

② 参考号变更代码的使用场合：国家工业信息资源体系中，代码识别起基础性作用。不同代码标识不同物品的不同状态，同一代码的不同前标或后缀，也用于标识物品的不同状态与其关系，跟踪某一对象的演化过程，说明代码之间的关系等。它们用于标识物品、信息资源时与识别模式组合。具体如下：

（a）RNVC 2：制造商产品源数据控制或设计控制参考号。当 1，2 或 4 型物品识别时，使用该标识；1A 或 4A 型物品识别，标识"设计控制参考"时也使用该参考号。

（b）RNVC 1：在 1A，1B，4A 或 4B 型物品识别中，标识非物品描述规范或参考号时，使用该标识；对 1B 或 4B 型物品识别，标识"设计控制参考"需要补充数据才能描述产品时，也应包含 RNVC 1。

（c）对 2 型物品识别，"设计控制参考"应包含其中，参考号识别应使用 RNVC 2。附加代码为"设计控制参考"，标识物品生产时，参考号（含 RNCC 5-时）可能包含 RNVC 1 或 2 等，具体组合视识别模式而定。

③ 参考号变更代码和其他代码的组合：RNVC 常和 RNCC 组合使用，才能在物资后勤支援中发挥作用。常用的部分 RNCC／RNVC 组合如下：

（a）RNCC 1／RNVC 2：确定物品，其源控制参考号（Source Control reference number，与能提供某一物资的来源相关。如普通物品可以有数量众多的企业提供，但一些尖端武器装备，只能由少数企业甚至独家企业提供。）不可变更。此时，编目规则要求该物品至少还需一对附加参考号 RNCC 3/RNVC 2 来标识。

（b）RNCC 1／RNVC 3：确定一种物品，其源控制参考号可变更。此时，编目规则要求国家物资号还要与一对附加参考号 RNCC 3/RNVC 3 来标识。

（c）RNCC 2／RNVC 2：表系统按物品识别的政府规范或官方标准来确定其参考号。

（d）RNCC 3／RNVC 1：不用于物品识别的设计控制参考，由制造厂、专业协会或标准制定者为产品指定代号。

（e）RNCC 3／RNVC 2：用于物品识别的设计控制参考号，是由制造厂、专业协会或标准制定者为产品指定的代号，有时也称基本购买物品代号。

（f）RNCC 3／RNVC 3：设计控制参考号，用于产品源控制，由制造厂、专业协会或标准制定者指定给产品的代号。

（g）RNCC 3／RNVC 9：设计控制参考号，指示已取消的过时产品，用于物品信息追溯性管理，为信息管理目的而保留的代号。

（h）RNCC 4／RNVC 1：按政府规范或标准生成的一种非定义型参考号。需要附加信息，如类型、类别、等级、风格、大小和材料等数据，才能识别物品。

（i）RNCC 5／RNVC 1：辅助参考号，不用于物品识别。

（j）RNCC 5／RNVC 2：辅助参考号，用于物品识别，亦称辅助购买物品代号。

（k）RNCC 5／RNVC 9：过时或已取消的参考号，仅为系统参考（提供审计线索、可视化和业务跟踪等功能）保留的信息。

（l）RNCC 6／RNVC 9：指示在国家物资号中无法分入任何一个类目的物品的参考号。

（m）RNCC 7／RNVC 1：指示供应商物品控制图（Vendor Item Control Drawing，VICD）号，不用于物品识别。该码对还需与 RNCC 3／RNVC 2 供应商控制参考号匹配。

（n）RNCC 7／RNVC 2：指示物品识别的供应商物品控制图号，该码对用于官方管理控制，不用于零件识别。该码对还需与 RNCC 3／RNVC 2 供应商控制参考号匹配。

（o）RNCC D／RNVC 9：标识供应品的图纸或技术文件，仅用于信息管理，不用于确定供应品。用于标识产品组装图，更高一级的装配图纸或部件图等包含在此类中。

（4）参考号状态代码（Reference Number Status Code，RNSC）　企业零件号与国家参考号有多种对应关系，用于标识物品采购状态、物品代码属性、物品交易属性、物品制造源等。不同状态可通过代码、代码后缀、代码间的组合等形式来标识。参考号状态代码用于标示各类不同情况，具体示例如下：

① RNSC A：标志制造商的参考号用于授权采购。拥有此号的物品，只能从拥有商业与政府实体机构代码的制造商处采购。拥有此代码的制造商，其产品图纸、标准资料等均受知识产权保护。

② RNSC B：标志制造商的代码或参考号未被授权用于采购，标识过时产品，为仅用于提供某种定义、规范的参考号。

③ RNSC C：标志源产品的描述性技术文件，标明其是一个不受限的采购文件。此参考号指定商业与政府实体机构代码的企业或机构，说明供应品来源。此代码分配给参考号来自一般规格的产品、标准或图纸，或政府对其拥有独立产权，或源标准、图纸与规格的拥有者不对其主张知识产权；或产品研发方、制造商的编号对应的采购权并未受限。虽未受限，但使用此参考号时需要检查其采购权。

④ RNSC E：产品源参考号。此参考号代表拥有商业与政府实体机构代码的政府机构为技术文件的发起人或持有者，是对用户权限而非产品来源进行标识。也就是说，此代码标示的技术类文件，在签署采购合同时，它代表采购方的权利，而非供货方或制造厂商的权利。

⑤ RNSC F：标志产品技术文件的参考号。此类文件规定了资质条件，表示对应产品只能向资质合格的制造商采购。所以，该类代码标志产品有安全性或质量要求，且是否达到相关标准需经专门机构认证。该要求也适用于相关供应品来源。

⑥ RNSC G：标志制造商及其参考号未经采购授权，是识别原产品制造商的参考号，这些制造厂通过其他机构经销产品。

⑦ RNSC H：参考号源于产品技术描述文件，该文件仅在特殊条件下用于制造商采购。与本参考号对应的商业与政府实体机构为技术文件的发布方或用户，但不是原产品之源，用于识别原设计制造商与原产品制造商。本代码标识的规格与技术数据主要包括受版权保护者，如图纸版权等，只能从单一制造商获得采购授权。

（5）参考号判定代码（Reference Number Justification Code，RNJC）：在参考号的含义与格式一定的情况下，还要对代码的使用情况进行判定。本代码用来判定其他参考号是新增的，重新使用的，或一种现存物品的重复标示，还是指定给一个新物品的参考号标识等。

（6）参考号运行活动性代码（Reference Number Action Activity Code，RNAAC）：参考号

既是标识类资源,又是管理性资源,其运行情况亦需动态跟踪。本类代码用于跟踪管理各类参考号的运行情况。

(7) 文件有效性代码(Document Availability Code,DAC):在联邦/北约编目系统中,"文件"不仅指一般信息系统中的各类业务与记录对象,还包括各类代码文件,本代码标识文件的可用性、密级等状态,还用于国家物资号的启用、转变、取消与复用等。

(8) 物品识别状态/删除代码:此种代码为北约编码体系中的 K 段(NATO Codification Segment K),说明物品的有效性,指示"这是否为有效物品",主要有以下几种:

① 取消的联邦/北约物资号(取消的 NSN)。
② 替代的联邦/北约物资号(替代的 NSN)。
③ 联邦/北约国家物品识别编号(NIIN)的状态代码(NIIN SC)。这种代码的应用实例如表 12-7 所示,它以简洁方式标明物品的各种管理状态。

表 12-7　北约物品识别状态代码(NIIN SC)

状态代码值	代　码　含　义	NSN 号
0	物品标识有效,且物品可得。	提交 NSN
1	物品标识有效,但物品不可得。即该物品由北约其他国家生产。	提交 NSN
3	原物品因被替代而取消。	替代 NSN
4	原物品被取消且无替代。	无
5	原物品已停止使用。	无
6	物品失效,即无有记录的大单位计划号。	无
7	物品是被取消的重复品。	重复品 NSN
9	物品标识失效(物品在本国不可获得,而其他北约国家亦无兴趣登记此物品)	提交 NSN

6) 技术特征数据

此类代码说明"物品的技术内容是什么",此段代码为北约编码体系中的 V 段(NATO Codification Segment V)。说明物品的各项特征数据(需与非代码数据结合)。用于对产品设计、生产中的各项特性的一般特征进行描述,内容多且杂,通过为特征数据建立参考号,就能较好地组织与管理物品信息资源。

7) 制造商和供应商资料

此类代码给出制造商或供应商的法定联系方式,回答"谁提供物品",此段代码为北约编码体系中的 8 段(NATO Codification Segment 8)。主要为:

① 美国 CAGE 码(北约 NCAGE 代码)。
② 美国 CAGE 状态指示符代码(北约 NCAGESD 代码)。
③ 美国 CAGE 替换代码(北约替换 NCAGE 代码)。
④ 组织实体 OE(Organizational Entity)类型代码。
⑤ 制造商名称及地址,等等。
⑥ 与制造厂或供应商相关的分类代码。每种产品或零部件等均与相应的分类体系(参见 11 章)相关联。特别是和以下几种著名的分类体系关联后,达到军民共用、全球数据共享的目的。

(a) UNSPSC(通用标准产品和服务分类体系)。
(b) NAICS(北美工业分类体系)。
(c) NACE(Classification System of Economic Activities,经济活动分类体系,系由欧盟发布)。
(d) NIDN(National Identification Number,国家标识号)。

其他类似的功能代码不一一赘述。

8) 参考号间的关系

联邦/北约编目系统中,各种参考号在各国政府、军方业务系统,企业生产系统中大量使用。图 12-5 显示了北约应用系统中的参考号(数据)使用界面实例。

图中使用的代码有 NCAGE、Part Number(PN)、RMVC、RMCC、DAC、RMAAC、RMSC与 MOE 等。从图中可看出,诸代码中唯有零件号的格式不一,因其出自不同企业,是非标准格式。其他各类代码的格式则在美国和北约数十个国家、数以百万计的物品生产与供应系统的终端上显示一致。正是这些大量使用的编码资源,支持并实现了西方国家工业品信息的高度共享。将互不一致的企业零件号,通过与其他各项标准代码关联,聚合成一个方便可用的资源体系。完善而丰富的代码体系,也为系统升级到物联网环境打下了良好的资源基础——大量传感器中最适合使用的资源形式正是代码。

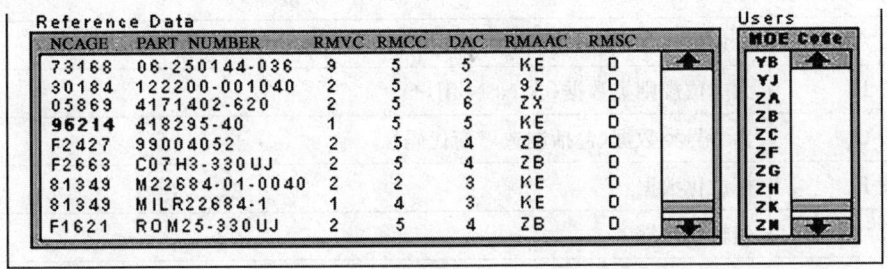

图 12-5 北约系统中参考号应用示例

12.2.9 国家间互换性标识

跨国间物品与过程代码标识的交换,产生了一类互换信息代码,在北约代码系统中为 RNCC 6。当一国物品和另一国物品的代码经两国的国家编码局认可并交换后,可在两国系统中以如下方式表示。

(1) 各国的北约物品识别号根据物品北约物资号,按国别记录在"信息参考编号"文件中。

(2) 该参考号随一个北约商业和政府实体代码进入记录,指示交换单位。

(3) 追加相应的 RNCC 6,RNVC 9 和 DAC 9 代码。

(4) 发起交换连接的国家同时显示反向互连接的物品数据。物品数据互连在未取消的国家物资号之间建立。当一个物品被取消时,对应的互换性标识符必须进行相应的修订。

各国应用系统中,大量业务建立在代码互换的基础之上,而各种代码的解释、对照与关联信息则分布在各国的政府机构、行业与企业系统中,通过调用本地库进行解释。这样,就在用户端出现如图 12-5 所示的简洁界面。这种以代码为主导的信息系统的优越性至少有三点:一是代码含义明确、简洁,传输量小,适于在战争环境中以及物联网环境中使用;二是代码保密性好；三是代码体系由国家统一建设维护，能严格保证其一致性、实时性与统一性，以此为核心构建国家工业资源体系，能很好地形成跨语种、跨平台、跨应用的数据架构。

12.3 代码维护、使用与管理

上述种种代码仅是众多参考号中的一小部分。在代码维护体制上，各国的国家编码局负责维护本国的每种物品总记录（Total Item Record，TIR），并向其他国家提供格式统一的数据。这种以物品数据为基础的多国联合共建共管机制，就成为跨国工业信息资源维护的成功模式。

12.3.1 物品总记录

物品总记录以国家物资号为标识，加上一串数据段构成。各段中均包含独立的物品数据、管理数据与业务数据，按类型与功能划分。主要数据段如表 12-8 所示。

表 12-8 物品总记录中字段内容结构

字　段	功　能
字段 A	标识类数据（包括物品名称）
字段 B	大单位规则类数据（含 NSN 用户）
字段 C	参考号类数据（包括制造厂商代码）
字段 E	标准化数据
字段 G	运输类数据
字段 H	管理类数据
字段 K	删除数据
字段 M	文本字符类数据
字段 V	代码特征类数据
字段 W	包装类数据

表 12-8 看出，北约编目系统发展到现阶段，早已不是单纯的物品类目数据，还包括了物品对象、使用单位、国家与企业资源接口、包装与运输、标准化及管理等领域信息，并逐步深化成如"代码特征类数据"之类的高阶信息。各字段均为结构化资源，大量使用代码。

12.3.2 代码使用

工业品代码种类繁杂，为便于使用，北约编目体系将其分为两大块进行组织，以便于全球用户从产品和生产厂商两条途径进行搜索。查询结果先以代码表形式呈现，再提供进一步的详细数据。

1）物品相关代码与数据

用户查询物品时，显示的基本代码如下。

(1) 美国/北约物资编号(NSN)。
(2) 美国/北约物品识别号(NIIN)。
(3) 国家编码局号(NBC)。
(4) 参考号(RN)。
(5) 美国 CAGE 号/北约 NCAGE 号。
(6) 物品名称。
(7) 物品名称代码(INC)。
(8) 制造厂/供应商名称。
(9) 物品识别类型码(IITC)。
(10) 参考号分类代码(RNCC)。
(11) 参考号变更代码(RNVC)。
(12) 文件有效性代码(DAC)。
(13) 管理方代码(MOE)。
(14) 技术特征关联码。
2) 生产厂商相关代码
与生产厂/供应商相关的代码与数据如下。
(1) 美国 CAGE 号/北约 NCAGE 号。
(2) 制造厂/供应商名称。
(3) 国家。
(4) 城市。
(5) 邮政编码。
(6) 国家代码(如国家编码局号(NBC)等)。
(7) 通用标准产品和服务分类(UNSPSC)体系代码。
(8) 北美工业分类(NAICS)体系代码。
(9) 经济活动分类(NACE)体系代码。
以上两类代码供用户搜索时,都应提供布尔型检索和互动式检索方式。

12.3.3 代码管理

总体上看,代码管理似乎仅涉及国家和企业二级机构,但实际中却复杂得多。以美国为例,"联邦政府物资采购机构"为大量应用代码的业务部门,也是各政府机构,如联邦勤务总署及其下属各局,国防部下属各系统等,数以百计。它们虽为代码的名称发放者与行政管理者,但实施技术管理的是国防后勤服务中心,资源支持是该中心管理并运行的国防综合数据系统及中央编目数据库。该中心直接管理国内每家企业的代码发放与变更等具体工作。如当一个制造厂商用的联邦物资代码被取消,中央数据库就要立刻更新记录,并另行指定给其他相应的制造厂来重建与该代码对应的货源。当一个企业被两个或两个以上的现存实体所拥有,或一个企业出售其相关的一个或几个部门的财产(涉及产品生产及相关知识产权等)时,"国防后勤服务中心能不经协商就决定原先由被占用代码单位制造的哪种零件编号变更为现有占用单位制造……并更新中央数据库记录"。更改结果即刻通知各"联邦政府物资采购机构"。单个企业可有多种零件或总成获得多个对应的制造厂商用的联邦物资代码,仅当该企业的所有编号都被收回后,国防后勤服务中心才撤销该企业的制造厂商用的联邦物资代码。

在管理上,所有代码均纳入《联邦编目手册 H4——制造厂商用联邦物资代码》,作为政府与企业间的专项资源接口来发布。代码数据也作为专项资源在中央编目数据库中维护。

当一个政府机构控制产品设计(即企业为政府定制产品)时,制造厂商代码按该手册的规定,被标以标识符"G",表示此产品由政府控制。其代码就应选用控制设计的最低一级政府机构的代码。当控制产品制造或设计的单位尚未列入该手册时,生产或设计单位就应向国防后勤服务中心所属的"物品标识委员会"提出制造厂商用联邦物资代码的申请,其中包括准确详细的机构组织名称、地址、联系方式、厂商产品说明,等等。申请的提交、审查与批准等,均按《国防综合数据系统程序手册》进行。可见,严格的制度才能保证严格的信息加工处理以及代码资源的质量。

12.3.4 军品代码向民品的扩展

联邦/北约编码体系在欧美发达国家的军方与政府系统中发挥了巨大的作用,众多机构就将其扩展到民品领域。最具代表性的是联合国、欧洲和美国的民间物品编码机构。图 12-6 表示联合国发布的通用标准产品和服务分类(UNSPSC)体系与欧洲物品编码协会和美国统一代码委员会(EAN-UCC)推行的全球产品编码(GPC)体系的结合的一例实例。UNSPSC 按分类结构将其分类"段"、"簇"、"类",其下的 8 位物品代码与 GPC 的"块"、"特征"和"数值"代码段结构,构成对物品的系统化属性描述。

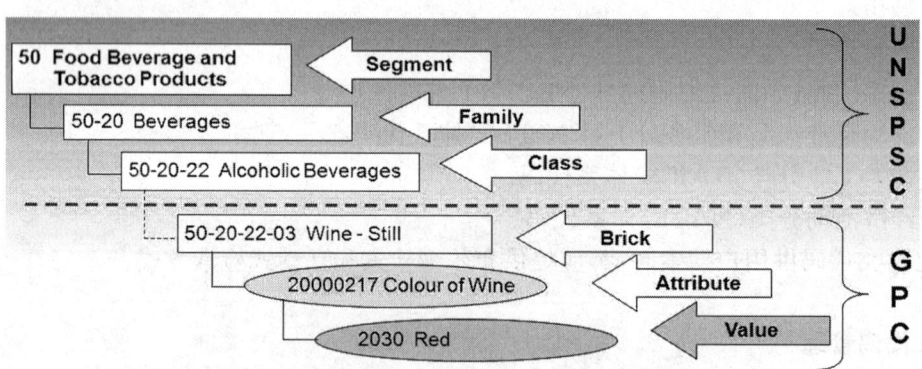

图 12-6 UNSPSC 和 GPC 的代码结构与关联示例

几种物品代码体系,看似彼此无关,其实都与联邦/北约编目体系兼容。但这些体系都是某个专业领域的拓展或重新构建,以满足许多新兴领域突飞猛进的发展。

[建议与思考]

我国工业编码信息资源建设现况简析

目前在我国,国家工业产品、服务项目的统一编码与管理机制尚处于空白。我国虽有国家标准 GB 7635《全国工农业产品(商品)分类与代码》,但这仅属于单一标准,与同时带有行政管理机制、法律保障、完整数据资源和统一平台的联邦/北约编目系统的体系化编码存在很大的差距。这对于我国工业信息资源体系的建立与应用存在十分不利的影响。如从代码配套机制角度上看,如北约集团通过制造厂商用联邦物资代码和国家物资编号结合,能满足国家工业信息资源的统一管理与企业信息多样化两方面需求的结合。这对于我国构建编码资源体系,特别是对国家与企业两类工业信息资源的有机结合具有重要的借鉴价值。

特别是美国/北约体系中出台了一系列的参考码及其诸多组合。这些参考号组合的繁杂性与多样性,是国家信息资源与企业信息资源融合过程中,对所碰到的一系列极其复杂与琐碎的问题进行处理的结果。正是对这些细节问题的解决,才能将工业信息化的一个个问题落到实处。

从欧美建立国家工业物品编码资源的经验来看,管理一个国家级的庞大工业信息资源系统,首先要对分布各地各行业的、具有信息管理与保障机制的责任机构(大单位)进行协调,构建有效的管理网络。美国和北约的国家工业信息资源开发与利用之所以能获得成功,与法律赋予各大单位纵向责任、核心机构横向协调的权限密不可分。法律授权可突破行政级别的限制与种种扯皮和不便,同时,法律赋予的权限也很明确,故被协调单位均能在规定范围内密切配合,从而不仅使美国全国,甚至跨国间的协调变得顺通与流畅。这些对我国构建合理的国家工业信息资源开发与利用的行政管理与法律体系等,均具很高的参考价值。

[本章小结]

本章对资源加工的第六个环节——对象编码及其资源建设进行分析。各工业系统在产品设计、加工、制造、装配、检测、调试、运输、贮存、使用和后处理等所有环节中,均无一例外地使用各种格式的代码。对象编码、过程编码和管理编码等,形成了一类特殊资源,不仅编码信息,编码方法和编码规程等也成特定功能的资源,在国家工业信息资源体系中起重要作用。物联网时代,大量感知对象的信息也都将以代码形态表述,各发达国家也都对此进行了统筹规划、科学设计、集中管理,以形成战略资源。同时,政府和企业大量的自有代码信息,也通过国家标准编码资源实现在各类编码中的转换与接口作用。

13 零部件信息资源开发的国家战略

工业产品以零件、部件、组件、子系统等(简称零部件)为基础。制造业中,产品加工、设计功能和性能要求等,都体现在各种零部件及其装配关系上,这些对象与工序过程反映到信息领域,就是产品零部件信息资源开发与利用的内容。我国工业化发展的关键,是用信息手段提升现代制造业的总体水平。现代制造业以产品设计、生产、装配、测试、运输和服务为中心,所以,产品及其零部件、组件的信息资源的深入开发与利用,就成为工业信息资源开发与利用的国家战略的基础。

13.1 零部件信息资源概述

13.1.1 零部件信息资源的概念与属性

1) 零部件国家信息资源的概念

零部件信息资源的开发利用,以往研究多以企业、行业为对象。研究也主要从计算机软件如 CAD、CAM、CAQ、CASE 等"CAx"系统,以及从企业应用如 ERP、MRPⅡ等角度出发。我国在该领域也有较高水平的研究成果,如霍国庆《企业战略信息管理》(2001)、《企业信息资源——集成管理战略理论与案例》(2004)等。同时,也引进了一些产品数据管理(Product Data Management,PDM)领域的先进理论,如祁国宁翻译的德国约瑟夫·萧塔纳的《制造企业的产品数据管理——原理概念策略》(2003)等。

然而,从国家层面推进零部件信息资源的开发,在我国尚属空白。主要问题在于"零部件国家信息资源"这一概念是否成立?如成立,则其内涵是什么?普遍认为:零部件(包括成品)的生产主体是企业,生产是市场行为,国家无需干预;零部件的信息资源属于企业资产,也与国家无关。因此,将零部件的信息资源开发变为国家行为,集中开发与利用,不仅没有必要,而且也难于管理。

但联邦/北约编目系统的发展历程和作用表明:将零部件信息作为国家基础工业信息设施来统一开发与建设,不仅在概念上早已成立,也是美国百年工业信息化实践的主要内容。1945年罗斯福指令和1952年的436号法案,确立了"任何一项物品,凡是重复使用、采购、储存和分发者,在从采购直到处理的整个过程和各项补给业务中,均应使用专一的标识"的条款,将工业信息资源的开发与利用定为国家行为。零部件正是大量重复使用、采购、储存和分发的物品;而能将无数企业生产的零部件分门别类、有条不紊地赋予统一的专一标识的行为只能是政府行为,能组织并实现这一目标的主体也只有国家。

2) 零部件信息资源的双重资产属性

从第12章可看出:零部件信息既有属于企业资产的部分,也有属于国家资产的部分。其基础部分的开发可以是国家行为,开发的信息作为公共资产集中管理与利用,这样才能充分发挥边际效益,降低社会重复劳动,大幅减少基础资源间的不一致和系统间接口数量无序增长的情况,对提升国家整体信息能力和工业信息化水平起重要作用。因此,零部件信息资源具有私有性与公共性双重特征,两者结合,才能使这一资源发挥应有作用。

13.1.2 零部件信息资源的特点

1) 资源内容日趋复杂

信息化对工业领域的推动是空前的。微电子、微程序、微数据等技术使工业品的结构复杂度、功能集成度大幅提升,相关工业品信息资源的形态与内容也日益复杂。任何一个企业都可能成为零部件信息源,甚至企业中的每项应用系统都可能成为零部件信息源,导致数据不一致普遍产生。著名零部件数据公司卡迪那斯的 Timothy Thomas 指出,PDM 系统、CAD 库、物料数据库、ERP/MRP 系统,文件管理系统等在企业的普及,极大地提高了设计与作业效率,但因这些系统中都有不同的零部件信息,导致使用者迷失于"零件丛林"之中。工程师、设计师、买方、企业主等不得不花费大量时间在各类系统的后台库中没完没了地穿梭查询。

Aberdeen Group 的研究量化了这一人力资源浪费情况:"当工程师们需要某种标准零部件时,他们首先要进入现有系统中去检索查找,于是,其常规工作中有平均 27% 的时间花在对各类数据库的检索上;18% 的时间用于反复进入一个个的数据库,重建那些都已存在但却不容易找到的零部件信息上。因此,工程师要花掉 45% 的时间去查找零部件!"更糟的是,当他们以自己的方式找不到相应对象或失去耐心时,就往往自行生成一些既不规范又互不一致的零部件信息,存入数据库中。这些数据进入系统后更增加了其中的混乱,后来者就要花更多时间与工作量,往返穿梭于不同库与网中去查询零部件,消耗越来越多的无效时间,生成越来越多的不规范的冗余数据,导致资源网再度无谓扩张,形成所谓的"蜘蛛效应"。

这种惊人的浪费,促使一些大公司和零部件数据服务商之间开始结盟,建设共享零部件数据资源平台,其中之一如图 13-1 所示。

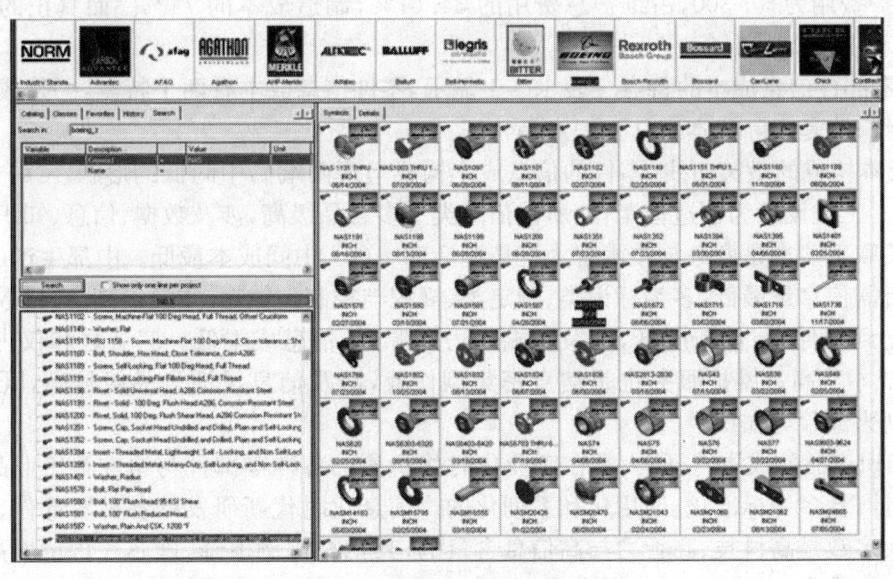

图 13-1 企业共享零部件系统示例

图 13-1 上部为部分共享零部件数据的企业目录，下部左侧为零部件分类目录，本屏为紧固件产品目录，中部为波音公司的各种螺栓的数据资料入口，点击每种规格螺栓右上的公司标志，就显示具体技术标准与数据。这些资料供波音的各家供应商采用，在其 CAD、CAM 与 PDM 等系统中使用。图 13-1 系统代表了当前零部件信息资源的加工模式与水平。

2) 信息成本日趋高昂

(1) 零部件信息的加工成本　工业品复杂度与集成度的提升，导致其开发成本增高，相关零件的信息资源开发、使用与维护成本也随之提高。该成本即零部件信息加工成本，由于国内未见这一成本的实际测算，故以表 13-1 说明其基本构成。该表是美国国防后勤局 1995 年统计对代工生产模式下新零件成本构成所作的统计。如考虑通货膨胀与人力资源费用上涨等，目前各项数值可能更高。

表 13-1　新零件的成本构成

成本构成	开支	排序	占比%
工程设计	$9 300	1	46.1
测试	$700	6	3.48
制造	$1 750	4	8.68
关联采购	$3 800	2	18.8
仓储	$875	5	4.34
维护	$3 750	3	18.6
新零件生成总成本	$20 175		

表 13-1 的各项成本中，占比最高者为工程设计项，几乎为新零件成本的一半，这是信息资源（包括各种数据与智力资源）最密集的一项。如为原始设计制造模式，则不仅有工程设计，还有相当成分的原创设计，其成本将更高。其次为关联采购项，也是信息密集型作业，占成本近两成。第三是维护项，其实，新零件的信息一经建立就进入维护期。据统计，每件零件的信息年均维护费用为 $1 300，占维护总费用的 34.67%，制造成本的 74%。而真正的制造与测试两项之和仅占 12.16%。

(2) 零部件信息成本的特点　表 13-1 显示，零件信息成本有两个特点：一是成本构成遵从微笑曲线；二是边际成本遵从知识产品特征。

① 成本构成的微笑曲线：零件的信息成本构成呈现两端高中间低的形状。(a) 前期研发成本最高。工程设计为创造性工作，所需信息类型多且品级高，涉及数据、信息、知识与智慧四个层面，关联采购也是商务与技术智力密集型活动。(b) 中间成本最低。中部生产、测试与仓储作业，所需信息量最低，多为标识类、判定类、规程与控制类数据，重复度高，大量数据融合到软件、固化到硬件中，创新度低，涉及高端人力资源少，信息成本低。三者之和仅占 16.5%。(c) 后期成本次高。维护服务也是信息密集型作业，涉及信息灵活且品级较高，既有各类数据，更多则为经验与知识。

② 知识产品的成本特征：人类在工业化时代积累的各种零部件与组件等工业品，类型已数以百万计，且多为标准化、通用化和系列化的。信息化时代新研发的各种零部件、组件与产品等，绝大多数是高科技、高智力与高信息含量的，其钢材比例下降，硅芯片含量增高，零件中软资源（如微程序、微指令、微数据库等）含量增加，产品价值不按其重量和体积计算，而以其中

包括硬软件和资源的性能、版本与容量来衡量,如 iPhone 手机、iPad 平板等。表 13-1 中成本最高的工程设计,成果就是一批数字文件、创意设计及软件等,导入成本占零件总成本近一半。

3) 零部件成本控制难度加大

表 13-1 代表零部件成本演化的三大特点。① 新型零部件研发的总成本逐年上升,这是产品竞争日益体现在高端智力层的大趋势所致。② 总成本中智力资源的占比上升,对"软成本"的控制将显得越来越重要。③ 新型零部件普遍具有知识产品的特征。尽管这三点已成共识,但本书认为,人类知识创新与知识共享之间存在一定的固有矛盾,这也导致国家与企业间零部件信息资源的开发与利用产生一些问题。

当我们将零部件视为信息或知识产品时,如使资源最大限度共享,就能降低工程设计成本,使总费用下降。但创新与共享是一对矛盾,创新意味着独特性、新颖性、不兼容性、利益独占性;而共享则意味着普遍性、共有性和利益均沾性。这对矛盾在个别零部件实体上尚不明显,但在信息领域,一旦信息差异过大,互不兼容,又会导致重复劳动大幅增加,系统交互需要新增接口成本、提升维护成本等,导致总收益下降。从这一角度出发,创新者又希望能有一个共享环境,使他们的创新能在总体共享基础上的适度创新。且一旦创新成立并获公认,就需要能以低成本实现大面积普及,迅速转化为经济效益。如创新过度,用户接受成本过高,就会阻碍其推广普及。所以在产业界,多数创新都是走功能集成、性能延伸的路线。而多数零部件都是规格化、通用化、标准化的,仅在几种关键件上进行创新,零部件也在尽量保持原有形态与接口的前提下对核心性能进行改进与提升。这样,就能降低零部件的研发与设计成本,这也就体现了基础零部件国家工业信息资源的开发与共享的必要性。

13.1.3 零部件国家信息资源建设的必要性

1) 零部件信息资源的发展趋势

零部件信息资源的内涵,在工业化与信息化时代有着本质的变迁。工业化时代,零部件信息主要作为实体对象的特征记录与加工过程指令。信息化时代,零部件信息已从实体对象的附属品,发展成一类"自在"甚至"自为"的独立资源。在功能上,超出记录与反映实体对象的范围,成为可以能动地创造或提升实体功能与性能的要素。在范围上,超出流水线进入到零部件运行进程,并在其生命周期中发挥作用。在价值上,许多产品的价值差异,体现在其关键零部件的内置软件或数据资源的型号与版本级别上。在同样的硬件环境下,许多产品只需及时上网更新软件资源,就能获取新型功能,实现新用途。

可见,当前零部件信息资源的性质,已从记录性、控制性作用扩展为功能性、要素性和创新性作用,从而给产品形态带来质的变化。台湾学界认为,许多新型产品已出现了"硬带软"和"软拉硬"的特点,"硬带软",是指产品以硬件为平台,承载各类软件与信息资源来实现功能增值。如亚马逊的电子书、苹果的 iPhone 手机,大量可下载内容的 MP3、MP4 数字播放器等。"软拉硬",则指以软件资源为主,带动专用硬件设置组成新型服务。如由语言学习而出现的专用学习机,可即时上传照片、视频志地图日记的专用手机,等等。即软件与信息资源已在包括零部件在内的工业品中占据主导地位,甚至作为产品存在价值的体现。这已形成一种发展趋势。

2) 传统制造业的零部件信息资源建设是工业信息化的切入点

虽然在新型产品中,信息资源可体现为创新要素。但绝大多数零部件依然存在于传统产品中,且多数皆非核心件或智能化零件。因此,传统制造业中零部件信息资源的建设,就具有基础性地位。为此,我们以图13-2为例,说明波音公司这一传统制造企业是如何构建其零部件信息资源开发战略的。波音公司认为,工业信息化的切入点,在产品标准化与信息化上。一是产品(包括零部件)是融合的载体;二是只有标准化的对象,才能体现融合的普遍价值,而非标产品与过程均不具备普遍性。波音总工程师、产品标准数字化数据(Product Standards as Digital Data,PSDD)项目技术负责人 Ross Downing 从标准与数字化角度以图13-2进行了如下划分。

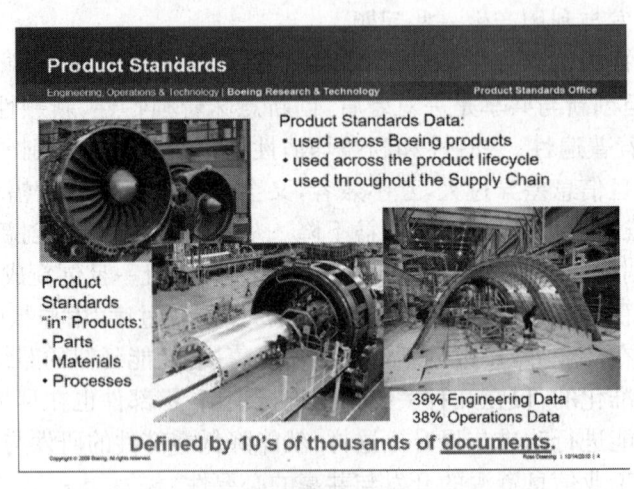

图13-2 波音公司的产品标准功能

(1) 成品中的产品标准 包含:① 零部件(包括螺栓、螺母、电连接器、液压件等在内的标准件以及各类智能零部件)标准。② 材料(金属合金、复合材料、密封材料、绝缘材料等)标准。③ 制造工艺(密封、涂装、热处理、紧固件安装等)标准。④ 各类工模夹具标准等。⑤ 试验方法,其他对象的标准等。工艺过程和试验方法不是实体对象本身,但却是实现和验证实体性能的必要过程与手段。故将其划分到产品标准中。

(2) 产品标准数据 包含:① 所有波音公司产品(包括其中零部件)信息。② 整个产品生命周期中的信息。③ 整个供应链中的信息。此外,它还覆盖了39%的工程数据,38%的操作数据,产生数以万计的文件。

从 Ross Downing 提出的这两点可看出:① 波音为实现零部件信息化,提出在全公司推行"产品标准数字化数据"工程。旨在将所有产品,凡制造、使用和支持过程中使用信息资源实现标准化,再在标准化基础上开展数据化。主要对象为标准件、标准材料和标准流程三大领域。最终产品的标准虽然由原设备制造商、行业协会、政府或军方提出,属于外在需求,但产品标准数字化数据(PSDD)则不单是使产品、材料和流程数字化,也使文件格式、描述模式、资源内容等标准化。传统的标准,都是纸面文本,供操作者随时查阅与遵守。但产品标准数字化数据工程要使标准全部变为数字化的数据对象,深入分解到各项工序与质量控制点上,融合到生产线的各道工序指令中。这才是工业化与信息化融合的真正体现。② 产品标准数字化数据工程不仅是零部件实体的数字化,它要求过程性对象也实现数字化。其中,(1)的5项内容都包括在(2)的第①项中,(2)的第②项纵向延伸到产品使用及后处理的全过程,第③项则横向拓展到其他相关领域。这一现象显然是"信息资源增值效应",它来源于工业领域与信息领域的功能与价值的不对称性。正是这种不对称性的存在,才出现了信息资源对工业实体的价值差异,产生了信息领域对工业领域的拉动空间以及两者间融合的需求。

3) 零部件信息的标准化是企业信息化的核心

波音公司实例说明：标准是工业和信息两类资源成型的范式，两化融合只能在特定范式中进行。但两个领域的范式互不相同，Ross Downing 认为，标准化对工业的支持虽已是"十分久远的故事"，但在当前，它具有了全新内涵。从信息化角度看，数据标准化是企业信息化的核心，零部件信息标准化是数据标准化的主要内容。如波音公司有约 114 000 件标准，17 个标准制定与采集点，其中，零部件信息资源标准、信息加工标准与信息集成类标准是近年来发展最快、需求最迫切的标准。

信息时代，国家和企业间的信息标准出现了直接对接与互为依托的关系。需求可从图 13-1 上部的知名制造企业中看出，它们和波音一样，均拥有数量众多的零部件标准。倘或这些标准在供应链中互不兼容，必然给各方带来损失与浪费。于是，众多企业希望国家能起到统一资源、统一结构、统一格式与统一接口的作用，这就是零部件国家信息资源建设的直接动因。这也是早期工业时代，美国启动联邦编目系统建设的直接需求在信息时代的深化，当然，这些需求都已螺旋式上升到新产业背景、信息环境与技术条件之中。

13.1.4 零部件国家信息资源改进的动力

1) 北约零部件信息资源的深化

尽管联邦/北约编目系统中零部件占据很大一部分，但从上本世纪末到本世纪初，包括美国在内的北约系统在新战争理论的推动下展开了大规模的改造。由设立在卢森堡的北约国际标准化工作组（NATO Workshop on International Standards）负责指导实施。具体目标如下：

（1）零部件数字化　始于上世纪 80 年代中叶的 CAD 和 CAM 等，带动了企业零部件数据的规模化建设。北约首先将数以吨计的零部件图纸，转换为以光和磁为载体的、能在网络中传输的数据，称之为"to switch from documents to data"，该内容恰与波音的产品标准数字化数据工程相同。再按零部件功能、结构与特征分类，生成计算机可感知（Computer-sensible）和处理的数字化对象。零部件数字化是企业信息化的基础。

（2）作业平台化，支持零部件设计与电子商务应用　20 世纪 90 年代全球电子商务蓬勃发展，政府、军方和企业之间进入动态供应链运行阶段，产生了以产品特征而非产品实体为单元的信息对象，提供可多重查询和分析比较零部件作业需求。这一阶段要求计算机能按模型进行零部件描述与分类，以 2D 及 3D 形式呈现零部件，在跨国协作中开展产品设计。

（3）描述深入化，提供更多的对象特征与性能资源　数据库中零部件数量在增加，其特征属性信息更以几何级数积累，出现了特征属性与零部件对象既互相承载又彼此分离的现象。国家和企业系统双方都有了需求，一是能俘获与识别具有相同语义（the same semantic meaning）的编码特征对象；二是建立零部件分类库，设计者能从库中获取零部件族的内容、支持智能筛选、对象性能判别等。

（4）标识全球唯一化　计算机在全球网络中的地址唯一性，手机号的全球唯一性等，代表了识别对象从"类"细化到"类"下的每个单件"品"的发展趋势。这就突破了原先北约物资号的限制。同时还要求零部件的特征值具有可测量、可编码、可分级、可整合与可抽取等要求；属性应能被系统区别，应支持信息交换等。

根据这些要求，北约提出"从物品数据库迁升至零件库（to migrate from item database to

component repository)"，"从信息编码转换至格式化信息模型"（to switch from information encoding to formal information modeling）的要求。将原先以对象数据表为特征的记录，深化为能逐级分层的关联零部件检索与呈现形式。北约通过与 ISO、IEC 合作，提出以通用件、标准件等基础零件信息支持 CAD、CAM，以及建立如 ISO 10303（STEP）《工业自动化系统与集成——产品数据表达与交换》系列，以及 ISO 13584《工业自动化系统与集成——零件库》系列，IEC 61360《电气元器件的标准数据元素类型及相关分类模式》即 EXPRESS 字典模式、字典模式扩展等，以建立通用零件库（PLIB）词典系列（参见第 15 章）。

2) 工业信息资源开发重点的下移

伴随零部件信息资源升级建设，北约工业信息资源开发出现了两个重点下移，即从成品向零部件下移，从实体对象向抽象特征属性描述下移的过程。这实际是信息资源加工的深入与细化过程，在这一过程中，信息资源的功能产生了质的飞跃。传统的编目系统诞生于工业化时代，信息作为工业品的附属，其编目完全按工业品划分，不合理性逐渐显现。如联邦/北约编目系统分类中，"39"大类为"物资运输设备"，"47"大类为"水管、管子、软管和配件"，"48"大类为"阀门"。显然，"39"大类下的物品，如"3910"为传送机（包括气动管道系统，移动式、固定式、有动力和无动力传送带，传送带装货机等），每种设备都包括了各种规格与型号的管子和阀门。这种将成品与零部件分在同一层级、按同样识别规则赋予同样结构代码的方式就不合理，如仅用于对象外在标识，问题尚不大。信息时代，物品信息资源早已超出外在标识范围，进入对象内在结构描述阶段，此时涉及对象内部加工与装配层级问题，矛盾就此显现。编目系统要从标识细化到描述，就必须突破粗放式信息资源加工模式，采用更深入细致的层次加工模式，将信息资源加工重点落实到零部件层面。

而当信息资源加工由产品外在特征转向其内在属性时，就导致了信息资源建设重点的再一次下移，即从零部件下移至其特征属性上。这是一个量变到质变的过程，到 2005 年时，北约编目系统已对 35 000 种拥有核准名的物品归纳出 20 000 余种不同的特征，由此提出了基于全球统一描述对象的物品电子商务系统建设构架。

从两次下移中可以看到国家工业信息资源加工的两次飞跃。正是一线设计师们一再将各类零部件的功能从其原先的承载主体上分离出来，集成并重现于其他产品实体上，推动了工业品的不断创新，不断朝着集成化与轻薄短小化方向发展。于是，产品及零件特征属性资源的细化、分离和集成、载体的变异等，就成为国家工业信息资源开发的一大内生动力。

13.2 零部件国家信息资源的建设内容

13.2.1 零部件信息资源的开发变革

1) 北约零件信息资源开发的变革

在分析包括美国在内的北约工业信息资源发展历程时，我们既将其作为一个统一平台，又将其当做各国独立的信息系统看待。这固然是因为各国使用不同语种，出现了以国家为界的多语种国家工业信息资源体系版本，更因在这一平台上各国所作的资源二次开发的水平不一所致。同时，当面对拥有百年建设与实践历程的编目系统时，我们既将其中的零部件作为工业品，更将其作为信息体，将两者当做自在客体来分析，认识两者间发展过程，特别是信息体从依附到独立的发展过程,才能理解两者将如何融合。

北约系统的变革,是在对象命名、编码、分类和描述等基础上进行的资源二次开发,时间起于上世纪90年代。此轮革新中,北约充分利用国际标准平台,积极将各类信息资源的加工内容与模式上升为国际标准,为多国协同应用提供基础。特点主要体现在以下四方面:

(1) 以零部件为对象进行资源开发。
(2) 建立零件库(Parts Library,PLIB)。
(3) 建立和采用产品数据交换模型(Standard for Exchange Product Data,STEP)。
(4) 建立产品寿命支持(Product Life-Cycle Support,PLCS)系统。

2) 英美的发展计划

英美等近年在零件信息资源开发上走在了前列。如英国国防部提出了"集成后勤支持标准系统"建设项目,其建设、管理与运行模式与美国模式基本相同,它以PLIB、STEP和PLCS系统建设为主,实现如下三项技术目标。

(1) 在产品的寿命周期内实现跨企业信息共享。
(2) 能让各类软件公司以统一标准开发出合适的零部件信息资源管理与使用工具。
(3) 提供超过50年周期的数据。

这三点切中了信息化带动工业化的关键:① 内容上覆盖了从零部件到产品的设计、从加工到组装、从物流到销售、从使用到回收处理等全过程中的信息资源。② 数据时效超过绝大多数物品的寿命周期,使产品责任跟踪管理延长到更长范围,丰富了产品性能与服务溯源所需的信息。③ 在统一资源规格、内容与模型的基础上,为众多软件与服务企业提供了规范的开发与业务增值空间。所以,这三点代表了国家、生产企业与服务机构三类主体,在工业信息化中发挥各自积极性,体现各方利益,履行三方职责的要求。美国也在这三方面提出了明确的发展规划(类似的还有法国、挪威、德国等)。

图13-3代表了美英等国近20年内工业信息资源开发与应用的基本历程。从1990年到现在,主要为对象研究、标准制定和开发应用三阶段。第一阶段,研究主要集中在零件数据资源开发,产品(包括零部件)的描述模型、属性抽象等领域,目标为工业自动化系统的实现与集成。时间从世纪之交开始,成果以一批国际工业信息标准为代表,例如:ISO 21308《道路车辆—底盘和车身制造商之间的产品数据交换》系列,ISO 13584《工业自动化系统与集成——零件库》系列,ISO 14258《工业自动化系统——企业模型的概念与规则》,ISO 14649《工业自动

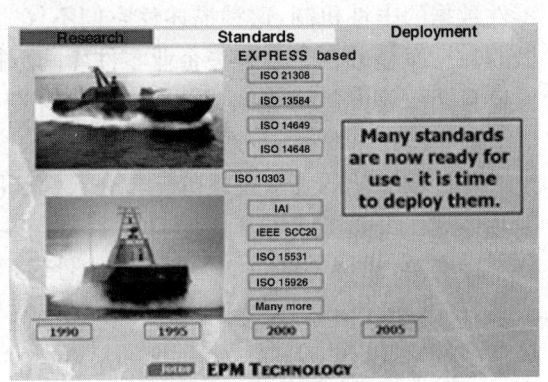

图13-3 美英在STEP与PLCS领域的开发与应用规划示意

化系统与集成——物理装备控制——数据模型计算机数据化控制器》,ISO 14048《环境管理——生命周期评估——数据文件格式》,ISO 10303《工业自动化系统与集成——产品数据表达交换》系列,ISO 15531《工业自动化系统与集成——工业制造管理》系列,ISO 16100《工业自动化系统与集成——制造软件互操作性能力建模》系列,以及ISO 15926《工业自动化系统与集成——制炼厂用生命周期数据的集成(包括油气生产设备)》,等等。

这些标准代表发达国家的工业信息、信息技术、信息设施与制造业全面融合的基本内涵。

这些标准的制定,不仅在世界工业信息化发展史上是划时代的,在世界标准化发展史上也是划时代的。它们是各国工业、信息和标准领域专家多年协作研究的成果,技术含量极高,内容极丰富。仅以 ISO 10303(即 STEP)系列为例,该标准结构上分为 10 个子系列,规划发布的子标准数量多达 1 999 件,最终出现一类物品一套信息标准的情况。

13.2.2 零件库(PLIB)

1) PLIB 的功能

PLIB 是被标识的数据和程序的集合,用于生成零件信息。根据 ISO 13584-1:2001 零件是"组成不同产品构件的物质或功能元素",是工业的基础,各类 CAx 系统的作用对象,也是工业信息资源加工的核心。本质上,PLIB 是特征字典的拓展,但字典仅定义了类的层次和与每个类的相关特性,PLIB 还包含了每个定义类的实例集。

北约编目系统在完成产品命名、分类、编码、标识和功能定义等资源内容建设后,就向设计与制造领域扩展。电子商务将北约的 G2B、M2B 和 B2B 推向更高层面。G. Pierra 指出:编目系统发展的两项关键需求是:① 能明确描述任何零件的特征属性;② 能分类定义计算机处理的信息模型(computerized information models)。于是,统一零件信息表达,零件数据能交换、使用和更新,建立维护机制等,就成 PLIB 的目标。数字化建模与交换,是 PLIB 的核心,这种交换可在与使用零件和产品生命周期(设计、制造、使用、维护、报废和后处理)相关的不同计算机系统和应用环境之间进行。

PLIB 在企业和国家的资源层面上各有不同的含义,企业需要定义完整的、详细的、面向设计与制造的 PLIB 系统,如图 13-1 所示。国家则为这些企业 PLIB 提供通用结构,构建一个计算机可解释的 PLIB 数据表达和交换的标准资源环境,提供一种独立的资源平台,建立描述零件数据的中性机制,这种描述使它们不仅适合零件文件的交换,也构成实现和共享 PLIB 数据的数据库基础。它是解决企业零件库间数据交换和集成的核心信息技术。因此,国家在零件信息资源建设上,更多地提供了方法论和工具论层面的支持。

2) PLIB 标准

零件数字化的难点是规范化与一致性。所以,PLIB 建设重点,在资源标准化上。PLIB 标准化体现在 ISO 13584《工业自动化系统与集成——零件库》系列标准中。它面向多平台信息共享和交换,强调零件库结构信息的中性表示,是产品设计的知识积累。目前,它已成为建立、表达、维护零件信息资源,在多应用系统中共享统一零件信息资源的基础,其子系列标准数已达 599 件(2008 年)。库资源按面向对象法分为如下三类,内容可用规定的结构和格式交换。

(1) 通用模型类　使库数据供应商能提供零件族(相似零件集合)的定义。

(2) 功能模型类　使库数据供应商能提供同类零件集合的不同表达。

(3) 功能视图类　可对不同功能模型类提供的表达进行详细描述,将功能视图类的交换协议进行标准化处理,库数据供应商还可提供特殊的功能视图类定义。

这三类标准的作用如图 13-4 所示。

为规范这些内容,标准按功能分为 7 个子系列。

(1) 概念描述　定义全局性零件数据交换和更新的概念描述架构和机制,实现各类企业、零件数据供应商和具有多种表达的 PLIB 的内容交换与维护。零件描述的任务通过彼此分割的若干逻辑进程来实现,逻辑架构必须一致,才能实现零件数据的交换与共享。

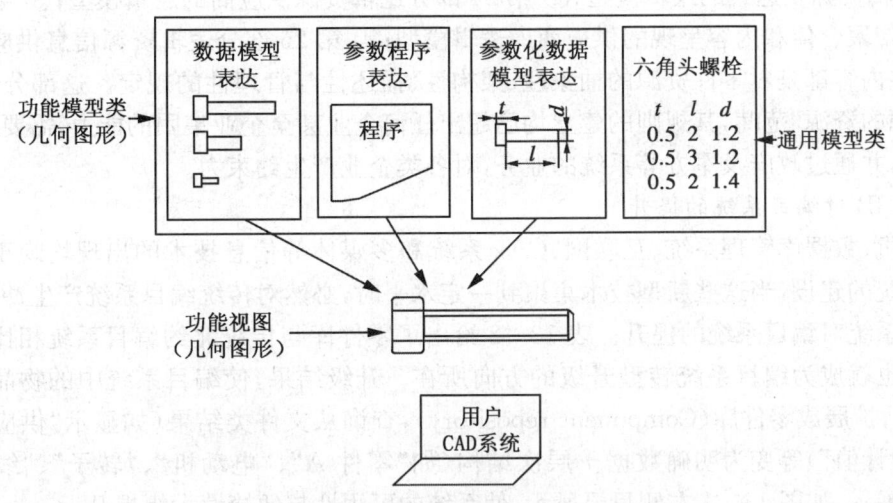

图 13-4 零件库三类标准的作用示意图

(2) 逻辑资源 是一组 PLIB 信息模型资源。各资源由一组被称为资源构造的 EXPRESS 数据描述组成。它是一种数据规范语言,用于描述产品数据特性,由用于一种无歧义对象定义的语言素和对定义对象限制的规范所组成。该语言包括了 TYPE 和 ENTITY 声明、约束规定和算法描述等。一个组的定义依赖于其他组。一些 ISO 10303(STEP)系列的资源构造被用于定义 PLIB 的资源构造,所有 PLIB 资源构造均被定义为逻辑资源系列中的标准,用于视图交换协议,不能被修改。

(3) 实现资源 每一个表达分类都要求有一个能在 CAx 接收系统中被实现的表达传输接口,以便能解释零件信息模型和生成零件视图。这部分标准规定了标准的、可被视图交换协议引用的表达传输接口。每个部分按其实现需求规定接口,或按在其他标准中规定的接口该实现需求。

(4) 描述方法 为库数据供应方提供各项规则和指南,它们可以是标准化机构、零件供应商或功能模型供应商等。这些规则是为确保用户 PLIB 的一致性。

(5) 一致性测试 是确保不同机构与用户共享零件信息的基础。这部分标准对库数据提供了测试项,给出实现系统在接受一致性测试时应满足的一系列要求。

(6) 视图交换协议 这部分标准为零件表达分类的交换规定了一组要求,通过几个视图交换协议可以引用一个表达分类。每个视图交换协议的内容为:① 与视图交换协议引用的表达分类组相一致的视图定义;② 交换零件模型的库外部文件结构,该零件模型与视图交换协议所要引用的表达分类相一致;③ 在接收系统中实现的、用于解释零件模型的一个或多个表达传输接口;④ 从 STEP 规定的一组实现方法中引入一个或多个实现方法;⑤ 接收系统语义字典需要的标准化字典条目;⑥ 任何与视图交换协议相一致的系统应能识别的标准实例数据。

(7) 零件字典 这部分标准分别规定了表示实体的应用域的本体、其描述特征和值域。每个实体,特征或值域构成了一个字典条目,成为正式的和计算机可解释的特定本体的表示,它把计算机可解释的和人类可认知的定义相关联。字典条目的定义和标识包括定义在公共字典模式中的 EXPRESS 实体数据类型的实例。

其中每个子系列标准再由具体的功能性标准组成。如(2)中就有如下一些子标准;① 第

20部分逻辑资源表达式的逻辑模型;② 第24部分逻辑资源供应商的逻辑模型;③ 第25部分逻辑资源带聚合值和内容呈现的供应商库逻辑模型;④ 第26部分逻辑资源信息供应商标识。可见,这些内容都是对零件资源的抽象性、架构性、描述性与管理性的规定。这部分信息属于零件"资源的资源"范畴,其规则的建立均已超出任何企业甚至企业集团的能力,需要在国家层面上构建,并通过政府及军方等系统的业务,对各类企业产生约束力。

3) PLIB 对编目系统的提升

计算机、数据库管理系统、互联网、CAx 系统和多媒体等信息技术的出现均晚于联邦/北约编目系统的建设,当这些新型技术集聚到一定水平时,必然对传统编目系统产生冲击。这就是零件库系统对编目系统的提升。表13-2给出了零件库与传统北约编目系统相比的优势,这些优点也就成为编目系统转型升级的方向所在。升级结果,使编目系统中的物品库(Item Database),扩展成零件库(Component repository),查询从文件类结果(如显示"供应商"、"零件号"、"设计值")等变为明确数据+层次结构(如"零件A"、"电动机"、"转子"、"线包"、"螺栓")逐级展示,如图13-1左侧目录所示,使系统的可用性与便捷性大幅提升。

表13-2 传统北约编目系统与零件库的比较

项目	NATO NCS	PLIB
结构	结构化+巨量内容	不足:仅有结构;很少内容
语言	不足:依赖于具体语言,模型与系统,成本高	优点:标准语言(EXPRESS),模型(PLIB)和格式(STEP)
成本	不足:通常使用具体的信息编码,成本高	优点:仅有明确的数据模型
维护	不足:同时涉及数据和文件,成本高	优点:信息=计算机+可感知数据
应用	不足:工业中使用有难度,成本高	优点:产品模型与数据相一致

表13-2也同时表明,编目系统和零件库不是互相取代,而是互相补充的关系。

4) PLIB 标准和 ISO STEP 标准间的关系

PLIB 和 STEP 标准间互为依存,才能满足现代生产条件与模式下的信息化需求。如一个汽车厂往往有好几百个零部件供应商,这些企业可能采用不同的 CAD 系统,数据交换的工作量非常大。采用 CAD 系统之间点对点的交换模式早已不可取,此时,只有:① 采用标准零件库;② 通过统一的方式来表达数据,统一的文件格式来输入和输出数据以实现大规模的零件数据交换。前者是 PLIB 标准的作用,后者是 STEP 标准的功能。

两者间也有所不同。PLIB 标准源于北约和国际标准化组织对 ISO10303 STEP 标准的不同认识。北约认为:零件和产品(整机)对 CAD 来说,存在不同的特性。因此,对产品模型进行描述的 EXPRESS 对零件来说应作相应扩充,但 ISO 当时未予接受。于是,北约就自行开发了 EXPRESS 扩充版,实践证明,EXPRESS 扩充是必要的。

如何建立信息模型,如何交换这些模型实例,如何定义共享集成的数据库等,PLIB 与 STEP 标准之间存在下述不同之处:

(1) 信息源不同　企业产品信息源于各企业,零件信息则多来源于零件供应商。

(2) 信息大小和描述方式不同　零件数是产品数的几百甚至几千倍,故零件信息的组织方式不同于产品。STEP 对产品的精确实例和属性值进行建模和交换,即对单个产品实例进行描述和交换,其高层次的语义描述能力较弱;PLIB 能对零件库中多个具有相同特性的零部件类（或产品类）进行隐式描述，并对属性类型建模和交换，能实现产品的多视图、多级表达。所以，描述单个产品的实例和描述零件族（类）的要求是不一样的。

（3）信息获取方式不同　设计人员获取产品信息前，已明确他所要的产品是什么，而 PLIB 中的零件则不依赖于具体产品，独立于产品而存在，所以查询零件时，往往只知道一些功能和性能方面的线索。

当然，PLIB 与 STEP 同为 ISO/TC184/SC4 工业数据分技术委员会制定的关于产品数据技术的国际标准，它们间的共同点和关联如下：

（1）使用 EXPRESS 中性描述语言，ISO 10303 第 11 部分《描述方法：EXPRESS 语言参考手册》，从面向对象的方法出发，分别对产品信息模型和零件库信息模型进行描述。

（2）具体实现方式都采用 STEP 中性的物理文件格式，ISO 10303 第 21 部分《实现方法：交换结构的纯正文编码》。

（3）具有相同标准数据访问接口，ISO 10303 第 22 部分《实现方法：标准数据存取接口》。

13.2.3　ISO STEP 系列

1）零部件的数字化

采用 ISO STEP 的前提，是零部件的数字化，这是导入 CAx 的基础。零件数据的交换与共享，关键有三个步骤。

（1）将描述数据从具体零部件实体上抽象出来。两者分离后，才可针对包括零部件在内的各种产品建立独立、中性的规范描述模型与资源标准。

（2）建立零部件产品基本特征描述标准、系统平台与零件库。应将其当做一项国家基础信息资源设施来建设，在规模化、集约化建设与维护的基础上，发挥基础信息设施的平台功能，实现边际效益最大化，节省社会成本。

（3）以企业为主体，在国家资源平台的通用零部件基本特征基础上，开发设计企业内部需要的、与其核心业务与技术相关的、无需共享的信息资源。

2）特征描述模型化

ISO STEP 描述零件的抽象特征属性，是更低层面、颗粒度更细的资源。将特征属性和零件分离，需以相当数量的特征属性资源积累为基础。根据零件信息服务公司 PartNET 首席执行官 Don R. Brown 博士在《一致性创造价值》，以及北约 AC/135 首席技术官 Peter Benson 在《AC/135 的信息标准化工作》（2006 年）中对北约系统内的零部件及其描述对象的统计，零部件特征属性的资源数量已如表 13-3 所示。

表 13-3　北约系统中零件特征属性资源统计

资　源　类　别	数　　量
分类数	66 740
特征数	47 727
特征值数	92 819
属性	115
计量单位	2 461

续表 13-3

资 源 类 别	数 量
全球物品描述	58 898
全球特征描述	34 083
属性值描述	11 442

表 13-3 的"分类数"是指零件抽象特征属性,所以它比实体对象的分类更细腻、更缜密。而数量庞大的特征、特征值与属性可直接在虚拟平台上组合,极大地简化了零部件设计。

3) ISO 10303 系列标准

ISO 10303 是一个庞大的零部件信息系列标准,分为数据模型和工具标准两类。数据模型包括通用集成资源、应用集成资源、应用协议等;工具标准包括描述方法、实现方法、一致性测试方法和抽象测试套件。其中数据模型定义了开发应用协议基础的数据信息,包括通用模型和支持特定应用的模型。产品数据的描述格式独立于应用,并且通过应用协议实施。应用协议定义了支持特定功能的资源信息模型,明确规定了特定应用领域所需的信息和信息交换方法,提供一致性测试的需求和测试目的。具体内容架构如下:

(1) 描述方法类 如第 11 部分:EXPRESS 语言参考手册;第 12 部分:EXPRESS-I 语言参考手册等。

(2) 实现方法类 如第 21 部分:交换结构的纯正文编码;第 22 部分:标准数据存取接口规范;第 23 部分:C++语言联编的标准数据存取接口;第 26 部分:接口定义语言联编的标准数据存取接口等。

(3) 一致性测试方法学与框架类 如第 31 部分:一致性测试方法学与框架:基本概念;第 32 部分:测试实验室与顾客要求;第 34 部分:抽象测试方法;第 35 部分:SDAI 实现的抽象测试方法等。

(4) 集成通用资源类 如第 41 部分:产品描述与支持原理;第 42 部分:几何与拓扑表达;第 43 部分:表达结构;第 44 部分:产品结构配置;第 45 部分:材料;第 46 部分:可视化显示;第 47 部分:形状变化公差;第 49 部分:工艺结构与特性等。

(5) 集成应用资源类 如第 101 部分:绘图;第 104 部分:有限元分析;第 105 部分:运动学;第 106 部分:构建结构核心模型等。

(6) 应用协议类 如第 201 部分:显式绘图;第 202 部分:相关绘图;第 203 部分:配置控制设计;第 204 部分:使用边界表达的机械设计;第 205 部分:使用曲面表达的机械设计;第 208 部分:生命周期管理——更改过程;第 209 部分:复合材料和金属结构分析以及相关设计;第 214 部分:自动化机械设计过程的核心数据;第 231 部分:工业工程数据——关键设备的工艺设计和工艺规范;第 232 部分:技术数据封装核心信息与交换等。

(7) 抽象测试套件类 如第 301 部分:显式绘图;第 302 部分:相关绘图;第 303 部分:配置控制设计;第 304 部分:使用边界表达的机械设计;第 305 部分:使用曲面表达的机械设计;第 308 部分:生命周期管理——更改过程;第 309 部分:复合材料和金属结构分析以及相关设计;第 314 部分:自动化机械设计过程的核心数据;第 331 部分:工业工程数据——关键设备的工艺设计和工艺规范;第 332 部分:技术数据封装核心信息与交换等。

(8) 应用解释构造类 如第 501 部分:基于边的线框;第 502 部分:基于壳的边线;第 503 部分:几何边界的二维线框;第 504 部分:绘图标注;第 506 部分:绘图元素;第 513 部分:基本边界表达;第 517 部分:机械设计几何表达等。

其中每件标准又为其针对领域提供完整的信息资源内容框架。以集成通用资源类中的第 45 部分：材料为例，其内容由材料特征定义、材料特征表达、受限测量等三部分组成。

STEP 标准的组成结构如图 13-5 右侧所示，STEP 的层次组织结构如左侧所示。

由于产品（包括零部件）由材料制成，材料特征属性对其生命周期十分重要，故包含的信息资源内容为：① 产品设计；② 产品制造；③ 产品处理；④ 材料选择；⑤ 材料测试；⑥ 产品性能分析；⑦ 工艺计划；⑧ 工艺控制；⑨ 产品维护；⑩ 故障分析；⑪ 零部件替换，等等。这 11 个子领域，将产品材料的特征信息与其他的资源关联结合起来。

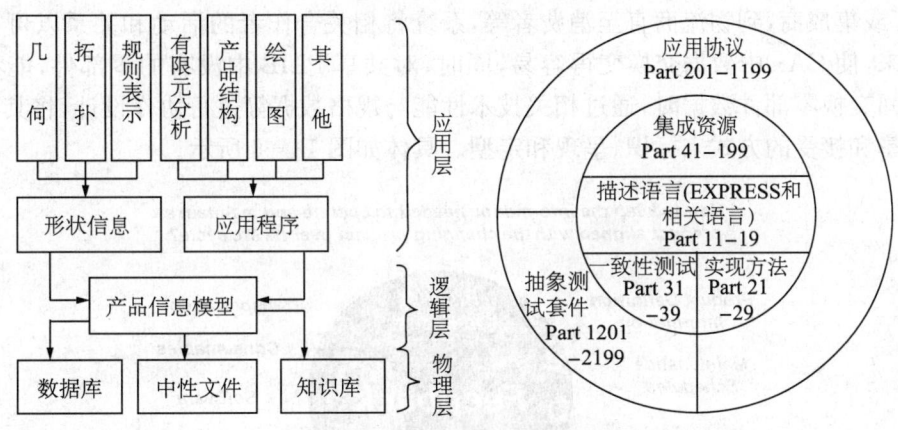

图 13-5　STEP 标准结构图示

从图中可看到 ISO STEP 系列标准的战略价值，这套标准从工业实体角度出发，实现对其生命周期中产品的一切相关信息资源进行系统化加工与描述，这正是工业领域信息化的关键点所在。为此，英国国防部在 2003 年下令，将 ISO 10303 系列标准作为 M2B 与 G2B 的强制性工具。这又是一则运用国家权力，统一开发与推广工业信息资源的实例。

4) ISO STEP 的实施效益

据统计，实施 STEP 可使产品开发时间减少 40%，成本节约 30%，显著改进流程和数据管理。STEP 加工后的零部件信息资源，可在设计和制造复杂产品，如飞机、汽车、船舶等的过程中，甚至其整个使用的生命周期的 10~20 年及以上的时间中重复使用。美国军工企业雷神（Raytheon）评估后认为，如果公司在其导弹研发计划中全面实施 STEP TDP 计划，每年可节省 900 万~16 000 万美元的工时劳力，为其供应商节约 200 万美元。

在波音公司，通过共享数据交换可节省复杂结构零部件设计约 50% 的过程，通过物料系统（MPS-Material property systems/ERP）节省约 27%，通过 CAD 与 CAM 节省 38%。因此，"STEP 已经作为波音公司的产品数据交换标准。波音将只考虑购买符合 STEP 标准的产品。所以，波音要求其合作伙伴和供应商均采用 STEP 体系以保持与波音的一致"。同样，由于该技术在 BAE 公司系统中起着重要作用，所以其 100% 项目都采用 STEP，从而节省了 50% 的设计生命周期，降低了 30% 的设计成本。

13.2.4　产品寿命周期支持（PLCS）系统

1) PLCS 系统产生背景

PLCS 系统覆盖零件生命周期的数据资源生成、构建、配置、维护与反馈等管理活动。产品制造信息是产品生命周期的基础,它由原材料向半成品、零部件向成品的转化,故制造管理涵盖了从下料到成品交付的各项活动。近年来,随着全球对环境问题的关注,以前的产品生命周期管理在产品失去其功能时为止,现在则延长到其回收与后处理中的各个环节。特别是近年强调可持续发展,建立环境友好型社会,提倡物资回收与循环利用,采用信息技术与信息资源来提升服务水平的同时,实现对物品后处理的跟踪管理是至关重要的。

2) PLCS 系统内容

PLCS 系统首先管理生产环节原材料供应和制造过程,从供应商开始,通过零部件制造厂、组装厂或集成商,到物流商直至消费者等,系统将相关合作者的活动和关系以可视化的形式确定下来,使 CAx 中数据交换变得容易,同时,对共享 PLIB 中没有的零部件,能在多家企业与机构间交换零部件数据时,通过相关技术性能与规格数据等进行协作设计,将其以能被各合作方共享和接受的方式来标识、呈现和定型。具体如图 13-6 所示。

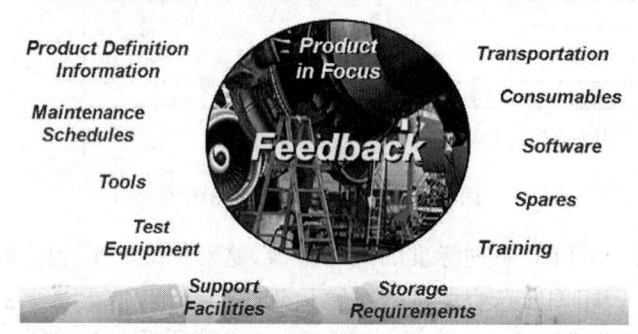

图 13-6 PLCS 系统内容框架

图 13-6 代表了 PLCS 系统的基本内容,同时也提示了一个重点,即高技术产品的使用、服务与维护也是在高技术环境中实施的。这些特征反映到信息领域,体现为丰富产品后续运行中的资源内容,提升资源加工的深度。该图说明了 PLCS 的三个事实。

(1) PLCS 的重要性 包括零部件在内的产品服役周期中,运行和维护数据是在不断变化的,因此,信息就如资金一样,在不断地流转中增值。

(2) PLCS 的内容 对象生命周期中通常生成如数字化技术文档、维护方案、相关工具、测试设备、辅助装备设施、存贮要求、人员培训、备品备件、相关软件、消耗品和运输中的各类信息资源。大大扩展了传统联邦/北约编目系统的内容。

(3) PLCS 的核心 各项活动均以产品(包括零部件)为核心,每个环节都产生资源。

这三点代表现代工业环境中,工业信息资源从以设计与制造为中心的不断延伸,将 PLIB 与 STEP 扩展到产品生命周期(PLCS)的信息资源开发利用上。

3) PLCS 与 STEP 间的关系

根据 OASIS(Advancing Open Standards for the Information Society),PLCS 和 STEP 之间的关系如图 13-7 所示。图中右上角 LOGO 以"支持工程、资源管理、配置管理、维护和反馈"表示 PLCS 的基本功能架构。左侧 8 项功能为产品结构、产品呈现、产品实施、支持实施、支持环境、失效分析、维护分析、任务资源数据等,均属生命周期数据库的内容。其中前 3 项属于 STEP 范畴,加上其后 5 项数据资源以及后期处理数据、标准商贸业务等,均属于 PLCS 资源,加上维护与处理等功能,构成 PLCS 系统。由此看出,PLCS 系统包含了 STEP 与 PLIB,是内容最全的产品及零件信息资源系统。

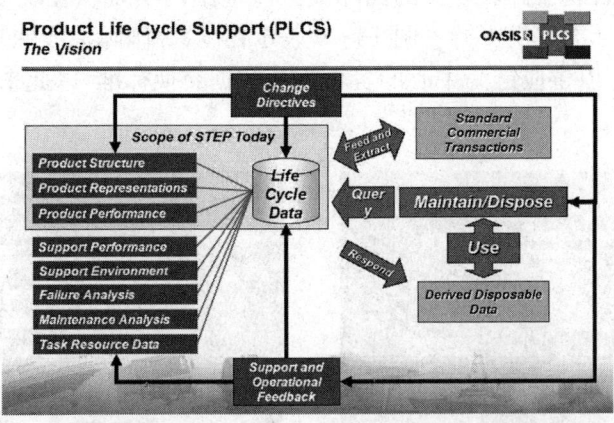

图 13-7 PLCS 与 STEP 系统间的关系

4) PLCS 等系统导入的国家战略

PLCS、STEP 和 PLIB 等系统,正在美国、英国和北欧诸国中系统导入。以英国为例,出台了一系列相关政策:

(1) 从 2003 年 1 月起,政府和军方均要求 G2B、M2B 中强制采用 ISO STEP 系列来统一开展产品数据模型交换。

(2) 所有新建项目,都必须导入电子数据设计与建模方式,与政府方签约;在建项目也需要逐步迁移到 STEP 环境中。

(3) 国防部和工业部以作业包为单位,联合知名企业开发 PLCS 系统接口;配置管理先在国防部系统内部进行推广,各企业开展相关的应用资源整合,为系统导入作准备。

(4) PLCS 迁移战略。国防部先将相关系统信息转换为公共中性格式(Common Neutral Format)标准 Def Stan 00-60,再建立 PLCS 数据交换集,将其转换为 PLCS,等等。

通过这些工作,最终构建功能完善的 STEP/PLCS 资源体系,大幅降低各类设备的支持成本。2006 年最大的 PLCS 项目是挪威护卫舰建造,其中价值 2 亿欧元的舰体由西班牙 IZAR 造船厂制造。其他 PLCS 项目还有洛克希德·马丁公司的 NE&SS 武器系统,欧洲战斗机产品数据交换系统,波音公司-RR、GE 和 P&W 的配置管理、预装配管理数据交换体系,空客 A380 和其发动机的接口,IBM 全球电子采购设计数据交换系统,电气船实体模型交换,美国和英国海军的 RAMP 程序,日本建筑业 SCADEC 方案,福特汽车的 CAD/PDM 数据集成系统,美国宇航局(NASA)工程信息,等等。

13.3 零部件信息资源的层级

13.3.1 零部件信息资源层次模型

根据国际知名零部件数据企业卡迪纳斯的分析,零部件信息资源开发的战略层次分为国家、企业、行业、零件库,直至 CAD 与工艺制造文件等。具体如图 13-8 至 13-11 所示。

图 13-8 表示在国家与国际层面上,如美、德、法、意、瑞、联合国和欧盟等国和国际组织制定的产品(包括零部件)设计和制造国家标准,这些标准不仅在国内政府、军方和企业等范围内彼此统一,而且也试图在联合国、欧盟的国际或区域范围内实现相互统一、彼此兼容。为企业层面的产品数据资源标准提供支持。图 13-9 表示在国家/国际标准的基础上,欧美各国知名公司在企业层制定的,以供应链为中心的各项产品数据交换标准,以此来组织跨企业间的协同生产。

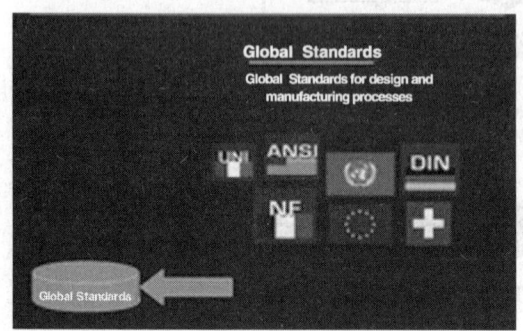

图 13-8　国家层标准示例

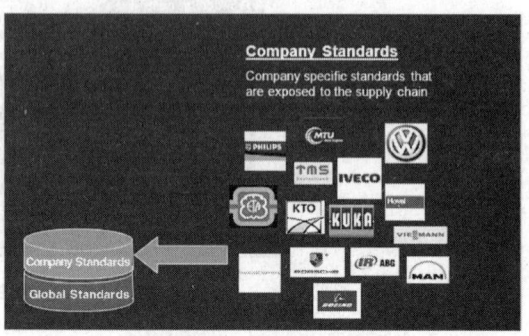

图 13-9　公司层标准示例

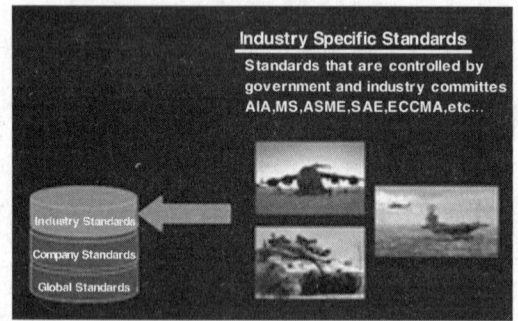

图 13-10　行业规范标准

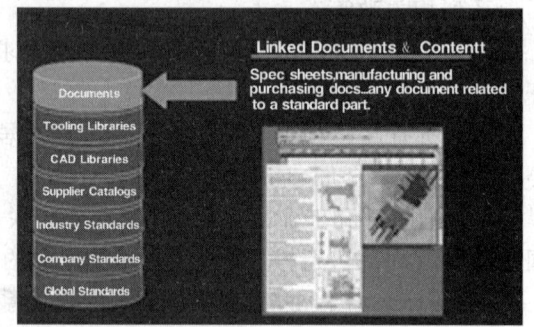

图 13-11　供应商目录

图 13-10 为各类专业标准,均为政府和各工业委员会制定和维护的行业标准,特点是从专业技能角度(如美国工程师协会,ASME)和专业服务角度(如电子商务编码管理协会,ECC-MA)等为行业规范提供支持。图 13-11 表明在行业标准上供应商目录,表明在此目录内的供应商均在国家、公司、行业规范等标准架构上提供货源目录。在供应商目录的上部为 CAD 库,通过在此标准体系架构上的 CAD 库和进行零部件多库查询与定位。CAD 库的上部为工具库标准体系,内容为产品制造中所需的各项加工工具。工具库的上部是相关工艺文件、制造规程、采购技术标准以及与标准零件相关的信息等。

图 13-8 到图 13-11 构成了零部件数据资源的战略层级架构。如把图 13-11 中 7 个层级自下而上地进行属性划分的话,最底层的就是战略层资源,其上 3 层即公司、行业和供应商为战术层资源,再上 3 层即 CAD、工具和文件为战役层资源。此 7 层架构模式充分说明了各层面的零部件信息资源的地位、彼此间的相互作用,尤其是国家级零部件资源开发建设的必要性。若无国家层资源,公司与企业的信息均将处于基础缺失、无从依托的境地,彼此间无法兼容,国家与企业的资源融合与增值更无从谈起。

13.3.2 国家与企业零部件资源的结合

图 13-11 的 7 层模型的 1、2 层之间存在着一个飞跃,它体现为国家资源与企业资源在统一性与多样性、基础性与延伸性、通用性与专用性、普遍性与特殊性等矛盾的综合解决上。国家零部件资源最主要的功能,体现在其对企业与行业资源的架构与接口功能上。

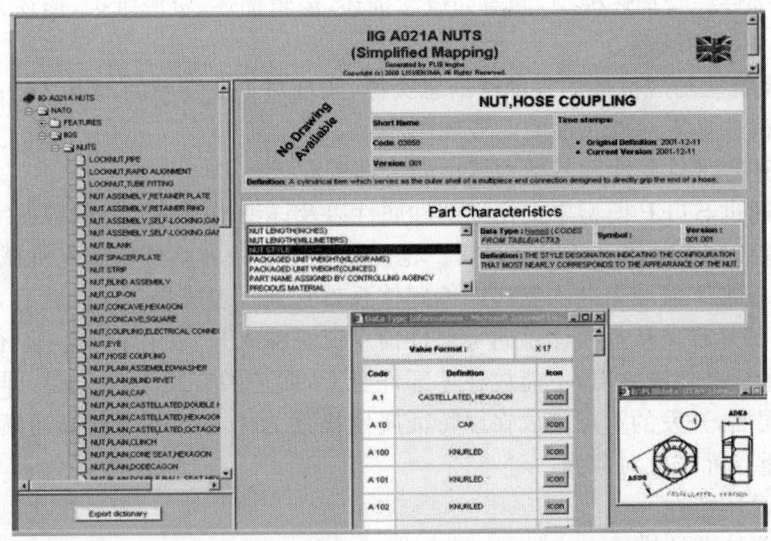

图 13-12 英国的北约零部件资源系统示例

1) 英国零部件系统界面实例

仍以前述英国系统为例,在 PLIB、STEP 和 PLCS 体系中,PLCS 的实施内容最广也最具难度,故英国政府制定了分步实施的目标。起步阶段:在图 13-6 的各项专业服务之间,建立政府与各企业与机构之间的信息交换管理体系。国防部提供统一的资源配置管理界面,再对企业的设计、制造、物流与服务中的诸多应用系统提供一体化数据导航与内容支持,实现政府与企业间的业务对接。

图 13-12 显示了基于北约编目系统的英国零件数据库中"螺母"类零件的资源界面。这是基于零件库网络的实用系统,零件描述遵从北约物品识别指南(NIIG)。政府、军方与企业均以其编码原则、分类体系、识别指南和描述架构等开发了不同内容与界面零部件数据库,供各类企业 CAD 系统使用。图 13-12 左侧为树形目录体系,根节点为编码"A021A"的螺母,其下为 NATO 系统中该产品的特征属性目录以及物品识别指南的必备内容。其下为该指南包含的各种螺母的规格型号目录。右侧为每种规格的具体数据内容,如核准名、短名、代码、图像、文档建立时间、版本号、特征与规格目录、对应定义、数据值、细部特征选择入口,等等。可见,国家级资源平台统一了零部件的基本技术特征表述、基本特征呈现、基本结构与基本性能描述等,主要对两类实体的应用起支撑作用:一类是大型骨干企业的零部件信息中心,如图 13-1 所示的波音公司的各类螺栓,就可与图 13-12 所示的英国零部件数据库系统互操作,图 13-1 上部所示各家公司的零部件资源也在此交换。二是政府、军方和国家机构的众多设计、采购与服务系统的应用信息,依据平台实现数据交换、协同设计与制造。

2) 德国国家零部件标准体系

(1) 德国零部件标准体系架构　德国素以优异的产品设计、精良的制造工艺和可靠的品质领先欧洲。该国的国家零部件信息资源开发方略概要如下：

① 在计算机统一识别零部件信息的基础上实现产品、技术与业务文件的传输。

② 建立共享零部件数据库，将零部件数据抽象为功能有序、层次分明的族群资源。

③ 建立描述零部件组装关系的零部件族群特征元素字典。

④ 建立零部件综合描述模型，涵盖如概念描述、逻辑描述、资源维护、描述方法、一致性测试、呈现与交换协议领域等。

通过这些系统性与规范性的零部件信息资源，实现对工业领域的如下支持：

① 建立正确选择零部件属性的业务规则。

② 建立描述零部件属性和其系列属性的数据资源。

③ 企业间通过STEP模型来交换零部件属性以及详细说明其属性的数据字典等。

(2) 德国零部件标准体系的发展过程　德国从上世纪中叶就开始研究机械加工领域的数据编码研究，机械加工领域著名的奥匹斯编码体系就是其代表成果之一。其后，德国虽加入了北约编目系统，却是最早从这一体系向零部件信息资源深入开发的国家之一。德国人意识到，这一领域的信息标准化着力点，不能放在零部件身上，而应放在更细的一层，即其特性属性资源上。在国家层面，开发的重点就放在以特征属性描述为中心的零部件描述模型上。这些模型的建立涉及重点标准化对象为：

① 零部件总体特性。

② 零部件具体特征描述。

③ 零部件应用属性。

④ 零部件各类描述参数。

⑤ 零部件族群描述。

⑥ 通用零部件族群目录。

⑦ 族群属性。

⑧ 简化零部件族群等。

每种要素又用标准字典数据来描述，字典数据应能通过通用字典Schema进行交换。零部件之间还有装配关系，这种关系常以树形结构展开，下层继承上级的分类结构。描述分两部分：层次类特性与非层次类属性。德国标准对零部件装配关系描述归纳出如下规则：

① 确定零部件结构的展开范围。

② 明确分类层级，从总成到子系统、再到下级类展开其特征属性描述。

③ 结构描述的细致程度要与应用需求一致。

④ 零部件简单复用原则（在功能满足的前提下，力求在任何层级上尽量重复使用相同的零部件）。

⑤ 最大适用性原则（即尽量使用通用件规则），又分为：(a) 主导特征分类原则（在满足零部件主要特征前提下，选用通用件）；(b) 主导功能分类原则（多功能通用件可分在不同类目下，但其主导分类应依据其主功能）。

⑥ 特征选择：零部件特征作为最小信息单元供使用者检索；同时，当检索组件中的零部件时，应指出相应的层级作为识别定位。

⑦ 属性的语义识别：当不同零部件语义相关时，要辨别它们是否为同一纲目、同类对象

时,需按如下准则作属性判别:(a)互换性准则:在一些环境下零部件是可互换的,且交换后二者的特征属性均显同值;(b)工艺一致性准则:在零件组中,相关属性对于相关工艺流程、自动或非自动过程均起相同的作用。

⑧ 继承属性的适用性:当两个属性在两个零部件系列中具有相同语义时,就可将属性视为具有互相传承关系的特征要素。

(2) 代表性的国家标准　德国以制造业发达著称,在零部件信息资源开发与利用领域积淀深厚,成果以德国标准 DIN 4000、4001 与 4002 系列等为代表。图 13-13 代表了德国零件信息资源标准体系,由 5 大功能板块组成,具体说明如下。

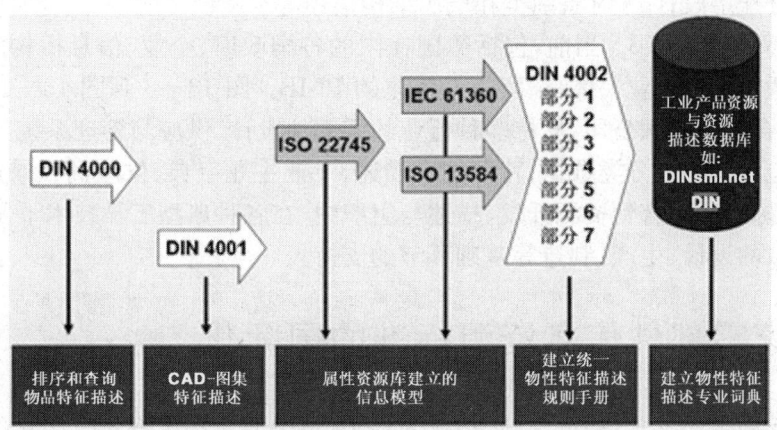

图 13-13　德国国家零部件信息资源标准架构示意

① DIN 4000 系列:支持零部件特征描述、排序与查询。已发布了数百件,对机械、电子、电器元件等特征属性制定了一系列描述模型,部分标准如表 13-4 所示。由于零部件数量巨大,DIN 4000 必须收集各种基础工业品的技术特征,逐一建立概念模型,转化成数据模型,再进行标准化处理,已开发了 20 多年,目前仍在不断研究与制定中。

表 13-4　DIN 4000 零部件特征属性描述标准示例

标　准　号	标　准　名　称
DIN 4000-11-1987	弹簧物品特性的表格设计
DIN 4000-93-2006	产品特性表-第 93 部分:弹簧夹头、夹紧套管和单头卡套
DIN 4000-41-1983	焊片、焊接销、接线柱产品特性图表
DIN 4000-141-2005	特性表-第 141 部分:圆柱形齿轮用带孔或柄的滚刀
DIN 4000-27:1982	特性表-第 27 部分:齿轮机构产品特性
DIN 4000-59:1987	特性表-第 59 部分:齿条、圆柱齿轮、小齿轮轴、伞齿轮、圆锥齿轮轴、蜗杆和蜗轮的产品特征

② DIN 4001 系列:CAD 图集特征描述。图形是设计语言,DIN 4001 系列是在 DIN 4000 基础上将零件图形资源进行标准化处理,以实现 CAD 规范化作业。因其先进性和实用性,许多国家都将其引进,其后又上升为国际标准。

③ ISO/IEC 标准系列:属性资源库建立的信息模型。即 ISO 13584《工业自动化系统与集成零件库》系列,IEC 61360《电气元器件的标准数据元素类型及相关分类模式》系列,ISO

10303《工业自动化系统与集成——产品数据表达与交换》系列标准等。由于德国在这些领域的研究与实践均属先进,故这些标准也大量吸纳了DIN标准的内容。

④ DIN 4002系列:建立统一物性特征描述的规则手册。除DIN 4000、4001系列建立零部件特征与图形信息资源规范外,还需建立模型规范。这是更高一层的抽象资源,因而更具概括性与规约性。它建立的描述规则将直接指导各种零部件信息的开发与使用,并为建立零部件层次结构字典提供可行的方案。DIN 4002的7套标准提供了:(a) 总体理念、方法和实施概要;(b) 基本术语及定义;(c) 结合内容和信息技术来描述对象特征并确定其属性结构;(d) 规定属性、对象和分类相关的术语;(e) 定量属性(名称、符号、意图等)的单位;(f) 界定对象的特征类和属性分配手段;(g) 对象别类和层次结构描述等。

⑤ 建立国家标准PLIB。当前,包括德国在内的各国政府、企业、信息机构等均投入大量人力财力建立适合全球产业一体化、贸易一体化的PLIB。图13-8到图13-11就展示在多语种环境下,整合多家跨国公司,支持多种行业的零部件设计、供应与管理系统,可共享或可互操作的PLIB,包含其物性分类数据、特征技术描述、专业主题字典、供应商目录库等在内的系统资源库,各类标准已融合到资源开发、描述与组织中,在各种典型工具技术下发挥各项功能,实现对工业领域的设计、生产、制造等基础环节的支持。

13.4　国家零部件信息资源标准的国际化

现代工业品朝结构复杂、集成度高、功能综合、光机电通一体化的方向发展,反映到零部件信息资源上就是其系统性与综合性,形成高密度与高知识含量的零部件信息资源开发与利用标准集成支撑体系,如图13-14所示。

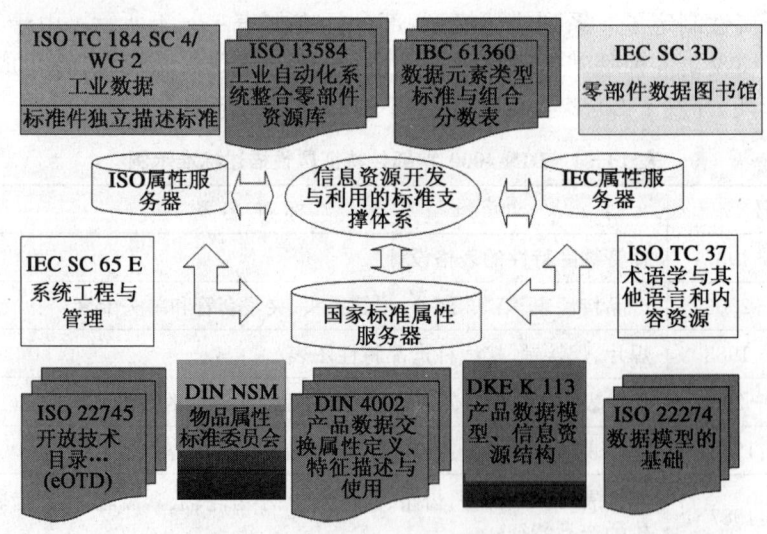

图13-14　零部件信息资源开发利用的综合标准资源支撑环境示意图

图13-14以"国家标准属性服务器"、"ISO属性服务器"及"IEC属性服务器"为中心资源,形成信息资源开发与利用的标准支撑体系。这一架构描述了零部件资源集成体系的三大特点:规范化平台环境、专业化知识组织、集成化标准体系。

1) 规范化平台环境

网络条件下,分布广泛、结构各异、多载体、多格式、分散化的信息资源增加了工业资源整合与支持的复杂度。该领域面临的两大课题是数字资源的标准化和标准资源的数字化。

2) 专业化知识组织

零部件千差万别,其数据标准一直是技术规范的研究前沿,各国技术领域专家与 ISO、IEC 的各专业分技术委员会专家都在开展持续研究。这些专业组如图 13-14 所示,有标准件独立描述标准、零部件数据库、系统工程与管理、术语学与其他语言学内容资源、物品属性标准委员会,产品数据模型、信息资源结构专家组等,研究成果都以国家或国际标准形式发布。

3) 集成化标准内容

标准集成化体现在两方面,一是资源加工标准间的配套性增强;二是单件标准的内容日趋系列化、精细化。对于前者,图中仅列举了几件资源加工与管理标准,代表性的有 ISO 22745《开放技术目录 OTD》、ISO 13584《工业自动化系统与集成零件库》系列、DIN 4002《产品数据交换属性定义、特征描述与定义》等。

[建议与思考]

我国国家零部件描述资源开发现况简析

当前,先进国家工业零部件信息资源的开发已超越了对象标识范围,也超越了命名、定义、识别、描述与集成阶段,其发展内容始终处于工业信息化的先导地位,涉及的信息技术与系统软件和数据资源也是最密集的。发达国家经数十年的积累,国家零部件的资源越积越多,成为国家工业信息资源的基石。

对我国而言,两化融合的重点是推进先进制造业与装备业的信息化,零部件信息资源的建设就是这一领域的核心。从美、英、德等国的建设历程来看,建立国家级零部件资源平台,以统一零部件的基本技术特征表述、基本特征呈现、基本结构与基本性能描述等,形成对国家基础工业信息资源的支撑作用。在此领域,我国许多企业虽然引进和采用了诸多 CAD、CAM 等 CAx 系列软件,但在零部件信息领域却呈国家资源总体缺失的状态。为实现两化融合的国家战略,我国需要从基础零部件数据入手,建立完善的资源体系,方为当务之急。

[本章小结]

本章对资源加工的第七个环节——零部件信息资源的开发与建设进行研讨。零部件信息资源是工业信息资源的基础,反映零部件的实体结构、加工过程、功能设计和零部件之间的装配与功能关系等,就是零部件信息资源开发的主要内容。

14 国家工业信息资源的质量战略

14.1 信息资源质量管理概述

信息资源质量管理既是信息领域也是质量管理领域的一个全新课题,它与传统的、针对实体产品的质量管理有本质的不同,因其针对的是虚拟对象。这一领域的研究具有重要意义,Tom Redman 指出:"劣质数据造成的损失是巨大的……折算成运作金额,我们认为(以一个小范围的但专门的研究为基础)这些损失约占一个普通公司收入的 10%。"从全局来看,这一浪费是极其惊人的。本书首次将信息资源质量问题引入国家战略层面进行探讨,希望能引起各界的关注。

14.1.1 国内外信息资源质量管理概况

国内外传统质量管理概念中,从未涉及数据或信息领域。如 ISO 8402—1994《质量管理和质量保证——术语》中定义:产品质量"是指产品反映实体满足明确和隐含需要的能力和特性的总和"。ISO 9000—2000《质量管理体系》中定义质量为"一组固有特性满足要求的程度"。我国商务印书馆辞书研究中心 2000 年 12 月修订的《新华词典》将质量定义为"产品或工作的优劣程度"。这些定义均未将数据或信息包含到质量控制领域中。

另一方面,一些专著又从纯信息角度进行定义,如"信息质量(Information Quality)是指信息和数据可作为规定应用的可信资料来源的程度。就是在正确的时间、正确的地点,将正确信息的正确集合提供给正确的人员,以用来做决策、执行业务,并实现公司目标。"该定义提出信息作为资料对特定应用之可信程度为衡量依据,揭示了信息质量的一项重要特征。然而,可信仅是信息质量诸多要求中的一项内容,并不代表其所有的特征。所以,该定义也未完全反映信息内容层面上的本质关系,只强调了信息传输的时间与地点等特征,显得片面,亦过于宽泛和理想化,不适用于对工业信息质量的实际描述。

信息质量管理领域,国内系统性研究尚未起步。国际信息质量管理的一般性研究以国际数据管理协会(The Data Management Association International,DAMA International)的专著《The DAMA Guide to The Data Management Body of Knowledge:DAMA-DMBOK Guide》之第 12 章 Data Quality Management 为代表,其内容系统论述了数据质量管理的一般途径、发展和数据质量意识的提升,数据质量管理需求,数据质量管理文件、分析工具和评估体系、设计与实施数据质量管理流程,数据质量工具等。初步形成了数据质量管理体系,但也并不专门针对工业信息,特别是工业品与工业过程的信息管理。

14.1.2 ISO 8000 系列标准

国际上工业信息质量的领域研究成果当以《ISO 8000 主数据质量标准(Master Data Quality)》系列为代表,主数据包括人员(如客户、雇员、卖主和供应商),地点(如位置、销售区域、办公地)和事物(如账目、产品、资产、文件)等。这些数据均用于多种业务流程和信息系统,故系统中主数据格式标准化和主数据数值与质量同步对于成功地进行系统集成极其重要。主数据常包括关联参考数据的主记录。因此,主数据和交易数据、参考数据、元数据及历史数据等构成系统数据。该系列的主要标准如下:

Part 1:概述,原则与一般需求。
Part 2:术语。
Part 100:主数据质量:概述。
Part 110:主数据质量:语法,语义编码和顾客一致性需求。
Part 120:主数据质量:起源。
Part 150:主数据质量:管理体系。

该系列标准与工业信息资源质量有如下几个重要而独特的关联:

(1) 提出信息质量以数据质量为基础的观点 该标准在业界普遍认同的"数据→信息→知识→智慧"之金字塔模型基础上,提出"数据元素值的质量,是决定信息质量以及后续信息、由信息产生的知识之精确性与可靠性质量的主导因素"观点。这一观点,将信息质量建筑在数据质量基础之上,再将数据质量建筑于各种数据元素的质量基础之上。按此标准,信息资源的质量就有层次之分。在数据层下,还有一些影响资源质量的元素。主数据就是其中最重要的元素之一。

(2) 数据质量的提出动因 工业信息资源仅是驱动信息资源质量理论形成的主要动力之一。北约在互联网时代,由 AC/135 委员会主持,以"通过提升主数据质量国际标准实施性来增进主数据质量和降低成本"为目标,成立电子商务代码管理协会(electronic commerce code management association,ECCMA),开展信息资源质量研究,以管理北约各国政府、军方与企业间庞大的信息资源质量。具体需求为:

① 供应商和制造厂多已意识到:数据资源整合已成各类实体间的长线业务,企业具有向顾客提供符合质量水平的信息资源之能力,这已形成一种竞争力。

② 各供需方通过 Web 发布信息,资源质量的网络标准化程度已越来越重要,因此,各企业都在尽己所能提升信息资源质量。

③ 在此趋势下,企业要求按 ISO 9000 系列质量标准范式开展信息质量管理,于是,ISO 8000 系列标准因此诞生。

14.1.3 工业信息资源质量概念的形成及其战略意义

1) 信息质量模型

近年,北约 AC/135 委员会、电子商务代码管理协会和 Leeds 大学合作研究,联合提出图 14-1 的"信息质量特征"模型。

图 14-1 模型提出信息质量的基本特征内容为:准确度、成本/收益、关联度、清晰度、可及

性/安全性、一致性、来源、及时性/完整性等8项属性,构成信息质量的基本内涵与评估架构。它们与2009年起陆续发布的ISO 8000系列标准相结合,标志信息质量研究正形成一门独立的应用学科,将对信息资源开发利用中的质量管理起基础性作用。

2)工业信息质量概念的形成

尽管以图14-1模型和ISO 8000系列为标志的信息质量理论正在形成与完善中,但"工业信息质量"作为一个独立概念来研究是否成立,尚需探讨。这方面最系统的实践依然来自美

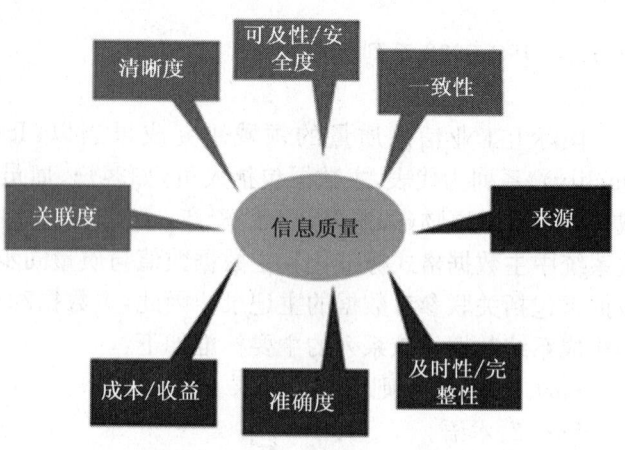

图14-1 信息质量特征模型

国,时间至少不晚于上世纪70年代。在1975年版的《联邦编目系统方针政策手册》中就已将质量定义为"数据、器材、服务特性(包括性能在内)的组合"。该定义虽针对特定领域,但却是最早将数据对象、实体对象、服务过程等三者并列,作为信息质量的定义。该定义虽然迄今仍未成为"质量"的主流定义,但却代表了美国政府与军方早在40年前对信息,特别是工业信息质量给予的特殊关注。这一概念传播到北约,在数十年的实践中受到普遍认可。也许因美国文化长期受实用主义影响,上述观点既然早已形成国家规章,并下发到各级机构和企业参照执行并取得成效,美国人也许就不再对其进行理论探讨了。

正如传统产品质量管理理论形成于美国,产生了以休哈特为代表的数理统计质量控制理论,戴明、朱兰的面向实际作业分析的质量管理理论等,但全面质量管理(TQC)却真正光大于日本,再风行于世界一样,工业信息资源质量概念也最先发萌于美国,但却由欧洲将其上升为ISO 8000系列标准,成为工业信息资源质量管理的实用规范,形成该领域的基础。

3)工业信息资源质量观念的战略意义

信息经济时代,国家间的质量竞争从实体领域扩展到了虚拟领域。信息资源、特别是工业信息资源质量一旦产生缺陷,就如美国国防后勤信息服务中心执行主任Richard B. Maison指出的:从企业到国家机构都要:① 花费大量额外时间重新审核与梳理数据;② 系统内会彼此失去信任;③ 产生额外成本;④ 导致众多用户不满;⑤ 信息不一致还会引发的一系列更严重的后续问题等。

由以上诸点可看出,工业信息资源质量成为国家信息战略的关键内容之一。

14.2 工业信息资源质量成本及影响因素

14.2.1 工业信息资源的质量成本

工业信息资源质量对国家和企业,从宏观和微观层面来讲都至关重要。但因质量的本质是衡量对象对一组要求的符合程度,而这些要求通常为确保对象正常发挥功能而设置,并不体现在直接增效上,故常态下,人们觉察不到它的效益。但当对象的情况一旦与既定要求发生偏

离,质量就以明确的损失体现出来。统计数据表明,工业信息资源质量损失对于企业和国家,都是十分巨大的。

据估计,处理故障和不良信息的成本,仅在美国就高达1.5万亿美元或更多,这一数字高于金融危机时期我国政府救市的4万亿元人民币的总量,足见劣质信息造成的损失之巨!一项针对一批大公司(其中大部分年营业额均超过10亿美元)研究表明,31%的被调查者认为企业中不正确的数据成本竟达每年100万美元或者更高。

David Waddington,在2008年对112家公司(其中65%年收入超过10亿美元)仅针对信息差异性这一项指标调查的基础上,就得出"劣质数据成本"的统计结果十分惊人,调查结果如图14-2所示。图14-2中,除37%的企业未计算数据质量损失外,凡计算者均发现存在这一损失,且其中最大损失额在100万到1 000万美元之间,如这些企业年收入为10亿美元,则劣质数据造成的损失竟高达其年收入的0.1%至1%,更有10%的企业损失远超出这一数字!从国家层面看,各种形式的信息孤岛是更大规模与更大范围的信息质量缺陷之源,导致的损失总量更大。所以,无论企业还是国家,都必须从战略层面认识信息资源质量的重要性。调查中37%的企业未统计过数据质量损失这一事实又表明,即便是美国的许多大型企业、知名公司,也有3成以上的企业不重视信息质量。这一比例在中小企业中显然更多,而我国的国家信息资源开发程度与水平、企业的信息化水平等均远低于美国,国内这一领域的调查研究尚未开始,但能推断,我国的数据质量损失在总量和比例上,当不低于美国。因此,当前的重要工作,是唤起国家和企业的信息质量意识。这也应当成为两化融合的重要内容之一。

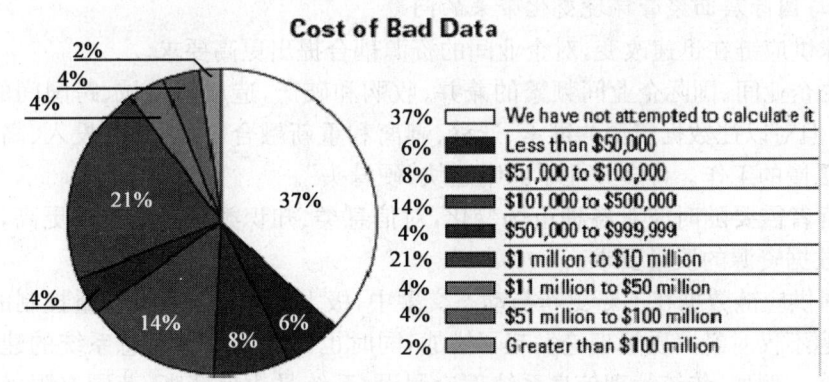

图14-2 企业中劣质数据造成的额外成本

14.2.2 工业信息资源质量的影响因素

信息资源质量之所以具有战略性地位,源于虚拟质量具有实体质量所不具备的传导性和渗透性,底层质量缺陷传导到高层,就越具有扩散性,越难于纠正,且负面影响将成倍放大。因此,传统质量管理中"一线质量为重点"、"工序质量控制"、"PDCA循环"等观念和工具在工业信息资源领域,仍具指导意义。

1) 企业产生低质数据的部分原因

(1) 没有集中式数据存储与管理中心,不同部门均可任意多次地添加数据。更坏的情况是,同一数据会以不同格式、不同称谓与描述方式自由输入,而不受到任何的一致性审查、对照性过滤与加工过程的检验控制等。

（2）相关组织，包括供应链上的企业、管理链上的政府与行业主管机构中多个部门、多个业务均以不同方式处理数据，这些数据又因跨机构间的业务分割、标准分离而无法建立统一基准，难于实施信息资源一致性检查。

（3）根据信息传导的特点，每使用一次低质数据记录，潜在问题就会加倍翻番；系统规模越大，错误传播越广。

（4）企业分布全国甚至全球的经营信息，缺少一致的质量要求与控制规程。同时，全球化生产中，缺少统一的多语种表述对照与统一描述资源。

（5）企业并购、关闭以及产权更迭后引起信息迁移，但资源发送到新企业的数据库中后，新企业往往又未能对其业务数据和内容按统一质量标准进行重新梳理与整合，等等。

2）行业中影响数据质量的因素

（1）产业链上存在多渠道的低质数据源，短板效应制约了资源链整体功能的发挥。

（2）同业企业间存在多种格式互不兼容的业务数据。

（3）企业级应用中使用多种不一致的数据。

（4）跨国产业链中信息资源缺少规范的多语种对照体系。

（5）各企业中对影响信息质量的各种元数据、数据元、叙词表、本体及概念模型等缺少的统一、集成的表达。各企业对这些资源要素的加工深度与精度亦不相同。

（6）产业链在快速扩展，但相关行业间、上下游企业间的数据在内容定义、语义表达、记录格式等诸多方面无法支持动态业务整合，等等。

3）国家与国际层面经营环境变化带来的问题

（1）全球供应链在迅速改变，对企业间的资源耦合提出更高要求。

（2）国内企业间、国际企业间频繁的兼并、收购和破产，造成跨地域、跨国间的业务转型、重组和再造，但对以往数据资源的继承、迁移、剥离和重新融合等，都是高投入、高难度和大作业量且见效缓慢的工作。许多企业不愿啃这块"硬骨头"。

（3）经营者需要随时应对各种市场变化，对信息类、知识类资源的需求更高，也就一再提升了对底层数据资源的质量要求。

（4）各国供应链数据在不断更新与动态交融中，极大地增加了资源质量控制的难度。

以上问题不仅对经典质量理论发起了挑战，同时也对传统管理信息系统的建设与运行模式发起了挑战。例如，传统管理信息系统理论假设，系统是边界清晰、范围有限、结构常态、运行稳定的对象，系统内资源可用关系数据库来描述的。而基于互联网的大批工业信息系统早已突破这一理论的限制。

14.3 工业信息资源质量控制与保证

工业信息质量管理最先由美国提出并付诸实践，逐步形成以工业信息资源质量控制和业务质量保证为中心的系统概念与作业模式。2005年以来，随着美国军事全面转型升级，美国更将"企业架构"理论导入国防信息资源建设，从而使信息资源质量管理与信息系统产生更深入的融合。北约则根据其不断东扩提出在信息资源整合背景下的质量控制课题，相继在国际信息标准的框架下提出了 ISO 8000 Data quality 系列、ISO 11179 Information technology—Specification and standardization of data elements 系列、ISO 22745 Industrial automation systems and integration—Open technical dictionaries and their application to master data 系列、

ISO 10303 STEP the Standard for the Exchange of Product Model Data 系列等国际信息标准,力图从基础数据、基础模型、基础规则、基础单元等角度上控制质量资源,使之成为当前快速发展的一个质量管理新领域。

尽管如此,信息资源质量问题依然是传统质量理论中的两大难题,即资源质量控制与资源质量保证。传统的基于数理统计控制理论、传统的质量缺陷理论、质量标准理论等均在虚拟领域中受到挑战,新理论、新方法与新标准则有待诞生。

14.3.1 工业信息资源质量控制

1) 工业信息资源质量控制的作用

工业信息资源开发利用中,质量控制是质量管理的基础。质量控制通过相关的规程,检验和验证等多重职能来实现。这些职能可保证实体、数据和过程的质量,确保资源加工所需的数据生成、采集、传输、接收、贮存、检索和发布达到标准。

此处的职能,既指职责,又指模式、技术与管理等多方面综合。在生产中,重要工位往往要设质量控制点,该工位上,每完成一次作业都要将操作工的工号、工序代码或关键零部件的唯一标识、质检员号等一并输入产品记录,作为质量责任溯源的存证。这一模式是以管理手段保证产品质量,同时也可保证相关的数据质量。

2) 信息资源质量控制与实体质量控制的区别

信息资源质量控制与工业产品质量控制有很大不同。生产中的质量控制主要针对同一工艺与生产路径下的质量波动,通过统计分析来寻找系统缺陷或偶发性缺陷,然后采取针对措施改进质量。而信息资源质量控制则主要针对信息的格式、内容与数据模型设计而言——在计算机系统中,当处理模式一定、程序一定时,信息处理和利用过程应无波动产生。所以,信息质量控制的重点主要在资源结构与形态设计上,控制的主要内容在数据一致性上。

3) 信息资源质量控制架构

以目前陆续发布的 ISO 8000 系列标准为例,它确立了"信息质量源于数据元素质量"、"设计先导、架构为重、整合后续"以及"抓住主数据质量管理将取得最佳的投入/产出比"等核心控制观念,然后从如下方面建立信息质量控制架构。

(1) 质量管理　定义信息质量治理方针、信息质量战略与作业模型、信息质量计划与合规判定准则,建立信息质量通信机制,等等。

(2) 方法与标准　建立信息质量政策与控制构架,企业信息质量推进方法,企业信息质量架构标准,数据质量标准,等等。

(3) 企业架构　企业架构(EA)是近年来日益受关注的一个领域。信息质量管理领域,具体涉及企业组织(与信息质量相关的职位、信息质量控制的角色与责任定义等);业务过程模型(涉及质量系统的独立处理过程、质量系统指标、自动处理质量);信息架构(关键实施因子、关键控制对象、关键质量控制点、逻辑控制模型、物理控制模型、企业数据模型、整合工具等)以及信息处理(信息质量报告、质量相关业务、参考数据和界面作业)等。

这些内容代表当前国际信息资源质量控制的基本发展方向与内容框架,目前正日益丰富和细化。伴随网络时代各国信息系统的发展,还进一步将日显重要的系统资源信息质量问题提了出来。

14.3.2 工业信息资源质量保证

1) 工业信息资源质量保证的目标

质量保证与质量控制是一体两面的工作。质量保证更强调被控制对象的能动性以及对用户的质量承诺。信息领域中的质量管理还具备一系列的新特性,但均与系统功能和结构相关。以联邦编目系统为例,其框架依然在政府、军方与民间应用范围内,但资源由国防后勤信息服务中心统一维护,履行质量保证义务。相关作业受相应的行政法规支持(如美国国防部指令 DoD41551 号《质量保证》),目的是保证全国物品供应系统的信息资源质量符合以下目标:

(1) 质量符合性 联邦编目系统中的物品、数据和服务均符合联邦编目工作要求,满足国防综合数据系统履行其职能,达到相关规程的要求,符合国防部初始供应品和其他采购品审核手册的规定。

(2) 质量可行性 保证联邦编目系统中的物资、数据和服务的特定要求均是可行、可实施的。

(3) 质量效果性 使联邦编目系统用户的不满和工作低效得以预防或消除。

这些目标,提供了从国家、行业到企业的信息资源质量保证的总体框架,具体质量指标则在此基础上分解而成。在美国及北约各国,质量保证的目标是由符合性、可行性与效果性综合而成,建立质量指标体系时,也由此三方面分解而成。资源质量考核,也从此三方面进行综合评判。

2) 工业信息资源质量保证的内容

信息资源质量保证是技术与管理的结合。技术因素相对单纯与成熟,管理复杂性和难度较大,且越高的层面,如行业与国家范围中,涉及因素就越多,也就越难管理,行政保障甚至法律保障就越显重要。如《美国法典军事法卷·第 10 篇武装力量以及附则》第 2320 条"关于技术数据的权利"中就有"(七)要求承包商在交付技术数据或提供支持数据使用权时作出书面保证,确认此类数据是完整的、精确的和符合合同中有关技术数据之要求的"。

技术要求是信息质量保证的先导,资源的技术性目标要求整个资源系统内数据无差错,能实时提供,能对中央数据库的记录实时维护,保证新的合格资源能不断输入,并及时发布供用户使用。

在管理上,信息质量保证涉及每项作业的质量规划与质量方针。这些工作都围绕提供表明物品、信息和服务符合既定规范,达到满意性能的合适性证据。具体包括:

(1) 制定(或修改)资源质量标准,按这些标准测定和比较质量控制性能。

(2) 制定和评价质量检验方案。

(3) 在实测数据或性能偏离可接受的质量水平时采取纠正措施,以及针对可能出现的错误采用预防性技术措施,同时还要进行多种因素间的平衡等。

具体实例如 QR 码(即快速响应码 Quick Response Code,目前采用最广的一种二维条形码,由日本 Denso 公司于 1994 年推出),当其在记录数据内容,生成二维码图形时,就有不同等级的纠错能力供编码时选择。如 L 级:约可纠错 7% 的数据码;M 级:约可纠错 15% 的数据码;Q 级:约可纠错 25% 的数据码;H 级:约可纠错 30% 的数据码。使用者要根据设计数据识读性方案,按照质量符合性、可行性和效果性三者综合权衡之原则,在数据纠错等级、条码尺寸大小和阅读响应速度之间慎作平衡。

3) 工业信息资源质量保证的步骤

在信息资源系统的建设中,质量保证主要由3个步骤组成。

(1) 制定信息质量符合性标准　合格的信息资源是按科学合理的规程采集与加工出来的,这些规程通常由各种加工标准、判定模型、作业流程、既定目标等组成。它们在各个环节上形成符合性标准,其要求明确,陈述简洁,彼此形成配套保障关系。

(2) 确定质量偏离标准　信息资源被判为不合格时要以相应标准为依据,且不合格的情况可能多种多样,有内容上、格式上的偏离。而偏离多大时才被判为不合格,均需要按系统需要制定相应的标准。因此,偏差状态可用一系列的代码来标识,这些代码同时又可统计不同状态的质量偏离情况,从而为进一步判定对象为系统性偏离,还是随机性偏离提供依据。

(3) 研究质量整改措施　对信息质量偏离情况进行记录与统计,可对不符合性的起因进行分析判断。由于工业信息系统也是人—机系统,在计算机一端,偶发性信息质量偏离较少(由物理故障导致的除外),通常为系统性故障,如由程序或算法等问题引起。而在人员一端,则可能出现随机性质量偏离。如信息质量偏离是系统性的,则要对资源采集与加工流程,甚至作业标准等进行修改,其改正措施多为寻找错误起源,修正bug,版本升级等。而随机性偏离在统计分布上难有规律可言,只能从管理规章,提高参考者的能动性,结合系统建立各种纠错与提醒机制等方面入手。

4) 工业信息资源质量保证的对象

无论在企业还是国家层面,工业信息资源质量保证需要一系列基础性技术措施来实施。基础性,是指各项保证措施从底层资源开始。在联邦编目系统中,仅以数据一致性的质量指标为保证对象,就设计了如下保证措施:

(1) 质量保证范围　国防后勤服务中心总物品记录(TIR)中的每条记录。

(2) 质量保证对象　每种物品的信息档案数据,以及来自各物资统管部门、大单位的分级档案。

(3) 质量保证应用　国防自动检索系统(DAAS)档案中的每条数据记录等。

实施质量保证要求按常规的设定时间、设定内容进行数据质量比对,以保持全国乃至全球各参与国中,同一物品及相关对象记录的统一性与一致性。

5) 工业信息资源质量保证的制度规定

信息资源质量管理是确保国家工业信息资源可用性的关键,国家工业信息资源质量干系重大,任何错误都可能影响全局。因此质量保证需要相应制度给予保障,这些规章中有一部分是针对信息资源进行主动抽样检查比对的。以联邦编目系统为例,相关法规规定要每隔120天对中央编目库中的数据资源进行一次统计抽样检查;要将联邦物资分类体系(FSC)中大类和小类下的全部物品数据记录至少每年轮检一次。

抽样批量的值依据联邦物资分类中的物品总数、美军标准MIL-105 D规定的每个国家物品标识编号的数据元数量。抽样检测主体单位,则由国防后勤服务中心和各主管单位轮流按管理类目与物资类别总量抽样,对所抽取的资源样品作质量指标检测。此类抽样轮检重点还只针对数据一致性进行,图14-1中的其他各项质量指标还需按相应的技术规程来进行。

基于数理统计的资源质量控制措施,可确定人-机系统中对业务影响较大的问题,而持续的质量轮检监控,则能发现一些潜在性、关联性质量偏离。特别是关联性分析,能发现一些表象上无关,却存在统计相关意义的资源质量缺陷。同时,统计监测还可看到纠正措施是否取得了预期效果。更重要的是,在这些分析中可能会发现一些重要的质量逻辑信息。例如,某个异常数据值的出现可能反映了作业流程中的不适当;而某种设备失效数据可能反映了某个供应商为不合格供货者的情况,等等。

6) 工业信息资源生命周期与信息质量保证

信息质量保证将覆盖工业信息资源生命周期全程。该周期也被视为信息生命周期、数据生命周期。按质量管理要求,对象质量管理周期往往不低于其生命周期,而对象信息的生命周期往往长于对象的实际生命周期。这由三点使用与管理因素所致:

(1) 许多工业品信息,如其代码、设计和描述性资料等,往往需要长期保存,即使其对应的产品已停产,其资料也需永久存档。

(2) 满足质量溯源之需。一些产品或服务过程,虽然其已经停产,或已不在市场流通,或服务过程已经中止,但已售产品为客户所使用,或服务已为需求方接受,一旦发生质量纠纷时,生产方、销售方、运输方和服务提供方等均可能被要求进行质量责任鉴定与责任划分,此时就需要产品或服务的完整溯源性信息。

(3) 信息资源已是数字化的,其复制与永久保存的成本极低。

工业信息资源生命周期也称为工业信息生命周期、数据生命周期、信息价值链或信息链等,可分为多个阶段,如规划(Plan)、获取(Obtain)、存储与共享(Store & Share)、维护(Maintain)、应用(Apply)与报废(Dispose),简称 POSMAD 信息资源生命周期,具体内容如下:

(1) 规划 这是资源质量需求准备阶段,内容为确定质量目标、规划质量指标构成、确立质量标准和定义。该作业存在于业务定义、模型设计、流程定义、数据库建设、软件开发、运行组织等环节,许多环节都被当做信息质量规划的一部分。

(2) 获取 是创建记录、购置数据、加载外部文件等环节。质量保证体现为对资源获取的正确性、完整性、一致性等方面的要求。

(3) 存储和共享 信息资源以电子形式存储在政府、军方与民间系统的数据库或文档中。通过网络、应用等方式实现资源流转共享,质量保证体现为资源接口,保证各参与方资源能成功对接并转换为内部资源。

(4) 维护 目标是确保资源的持续有效性与正确性。质量保证针对内容更新、变更、操作、解析、标准化处理、校验、核实、数据清洗、数据转换、消除重复、资源定位、资源链接与匹配的正确性等。

(5) 应用 这一领域的保证是使资源达到运行目标。内容如检索数据、支持管理、流程自动运行等环节中的质量。

(6) 报废 放弃不再有用的资源。内容有数据归档、删除数据或记录,等等。

生命周期模型与管理对象与系统规模相关,如企业和国家对工业对象生命周期的管理在各自的规模、复杂程度、业务范围、管理目标等方面有较大差异。但共同点是:工业信息资源生命周期管理无论对企业或国家,都是战略层面的。

14.3.3 工业信息资源质量目标

质量目标与质量保证目标有所不同,质量保证目标是为确保实现既定质量而建立的相关目标。在国家层面,工业信息资源质量控制,是使各类资源在质量指标一致的前提下实现多种应用。如联邦编目系统自建成以来,不断在内容和应用上发展,为政府和民间各种机构、供需业务、物品对象和物流过程等提供服务,其资源质量内容逐步扩充,目标日益明确和丰富。

工业系统中,信息资源的质量目标都是具体、明确的。以联邦编目系统为例,2009年,系统根据其互操作性、资源集成性、物流支持性、企业信息系统对接性等要求,结合各级政府机构和各军种、远程基地及联合作战人员、国际合作伙伴等需求,提出如下规模的系统运行的常规质量目标:

(1) 确保日均交易额达$601.9万的国防电子集市(eMALL)的购销活动(不包括飞机、舰船、战车等大型军事装备)。

(2) 针对445 862种产品进行内容管理,开展FEDLOG(联邦电子数据后勤在线治理)。

(3) 支持148 446种在线财务与金融业务。

(4) 从总容量109亿条数据记录中抽取9 334种数据内容。

(5) 维护联邦后勤信息系统中690万个活动的国家物资号。

(6) 维护军事工程数据资产定位系统(Military Engineering Data Asset Locator System, MEDALS)中4 170万条技术数据的资产管理。

(7) 支持每年28.6万次业务呼叫。

(8) 支持97种应用中的52项关键应用。

(9) 支持26个北约成员国和28个"NCS赞助"国的编目系统,等等。

从上述目标看出,信息资源质量目标可能覆盖信息系统目标的各方面。所以,工业信息系统的质量目标制定是一项庞大和复杂的工作,并随系统功能与内容的增长而增长。如美国军事信息化自2005年以来发生了重大变化,从以工业物品信息资源管理为中心的联邦编目系统向BTA(Business Transformation Agency)系统扩展,其核心业务将回答如下问题或满足如下需求:

(1) 人力资源管理 管理包括士兵在内的所有人员,连同其知识与技能,实时知道他们所在地点何在。

(2) 武器系统生命周期管理 谁是某种武器或装备的生产企业与维修机构,他们间的业务关系如何。

(3) 物资供应与服务管理 即传统的联邦编目系统内容,目标是实现当年巴顿将军对后勤物资管理的总体要求:即"在恰当的时间、恰当的地点、将恰当的物资送给恰当的使用者"这一最基本的要求。

(4) 国家资产和装置寿命周期管理 这部分包括了大量在系统中不涉及的不动产,基础设施和工程项目等的信息资源管理。

(5) 财务管理 从国家层面上对上述四方面涉及的财务资金项目实现统一管理。

BTA系统涉及一批关联系统的运行与要求,如联邦后勤信息系统、军事工程数据资产定位系统(MEDALS)、国防后勤信息服务系统(DLIS)、国防回收利用与营销服务系统(Defense Reutilization and Marketing Service, DRMS)等巨型信息系统。信息质量保证则覆盖对象的全生命周期,具体保障领域有:网络、信息架构、CM/测试,数据集成(数据链集成、业务链集成、架构集成、元数据集成、主数据集成等);环境适应要求,如有害物资信息资源系统(Hazardous Materials Information Resource System, HMIRS),环境报告与后勤保障系统(Environmental Reporting Logistics System, ERLS),等等。

14.4 工业信息资源质量指标体系

指标是特定领域中某种功能维度的体现。工业信息资源质量指标是对其作为资源的品质进行综合度量,该度量又与具体领域的业务规则相关。实用中,还可根据需要,对度量指标进行细化。如人们作数据一致性质量评估时,可将其分解成数据值、数据元素、数据记录和数据表等方面的质量单元,通过对这些单元进行一致性控制来确保总体的资源一致性。

本书从一般层面角度研究国家工业信息资源的质量指标体系。这些指标是根据传统工业品的质量指标体系与国外最新的信息资源质量研究进展,结合我国两化融合的需求提出的。

14.4.1 准确性和完整性

1) 准确性

准确性(Accuracy)是信息资源反映其描述对象特征属性正确性的测度。有数值准确和语义准确两方面。数值准确通过比较实际数据与正确参照数据之间的一致与否提供度量。具体如将实际数据值与基准数据库,或其他数据源中的正确数据进行比较,检查工业信息系统中自动产生或手工生成数据量值的准确性。而语义准确则要求在对象描述时消除各种同语异义,同物异语,以及特征表达不充分、不完整等现象。准确性既是信息资源的个体性指标,也是其集合性指标,涉及如下要点:

(1) 确定哪些数据元素可进行准确性评估。
(2) 确定使用哪些评估方法。
(3) 确定谁将进行准确性评估。
(4) 确定资源采样方法(如针对数据总量的样本抽取大小,对象稳定性等)。
(5) 确定调查工具、调查记录处理和更新方式。
(6) 确定调查或检验流程(确定调查流程、时间周期、评估准则、记录处置、判定标准和归档依据)。
(7) 调试报告和报告结果的流程。
(8) 对分析流程、调查工具、目标设定、评估方法和评估结果进行调整。

2) 完整性

完整性(Completeness)指信息资源反映其所描述工业对象特征属性的完备程度。从个体上说,完整性对对象特征属性描述的充分性进行衡量,宏观上则衡量一个资源集的不同约束属性应用所具有的完备性。如对象取值的必填属性,有条件可选值的数据元素,不适用属性值的产生条件等。还可将完整性视为数据值的可用性和适当性。Danette McGilvraye 认为:完整性特征是数据的存在性、有效性、结构性、内容和其他基本特性(如数值与频率分布、格式、范围、最大值和最小值以及参考完备性等内容),显然,这些特征在工业信息资源中极其普遍。

14.4.2 数据覆盖性和一致性

1) 数据覆盖性

数据覆盖性(Data Coverage)将工业对象资源作为一个整体,衡量其可用性和全面性,是一种规模性测度。覆盖性、易用性和可维护性之间也存在一定的联系。由于该指标要考虑各方利益,故其与作用对象的范围,与实施质量控制的成本相关。如对任何质量监控对象,对其特征属性的普查就比抽查的成本与工作量大得多;全部质量指标的全程监控就比对关键性质量指标按某种时序模型监控的开销大得多。覆盖,原指对应用中采集资源百分比的评估,通常要作如下评估:

(1) 业务对象涉及的数据范围和目标。
(2) 评估需要提供保障的数据总量。
(3) 分析总体资源规模。
(4) 计算资源覆盖面。

这几点因素,对评估国家级的工业信息资源体系至关重要,因其涉及的工作量、成本、时间和管理难度等均随系统规模的增长而呈几何级数,甚至指数级数增加。故设计者应慎重权衡此类指标保证的范围、流程与覆盖对象,要对成本与风险之间进行平衡测算。

2) 一致性

一致性(Consistency)指一个工业资源集的内容与另一个资源集内容等价性的测度。当一致性表现为使不同存储地的资源等价过程时,它就体现为资源同步,即"使数据相等的过程"(Larry English,2010)。一致性概念内涵丰富,包括来自不同数据集的两个数值的非冲突性,或在预定义的一系列约束条件内,定义的一致性等。可将一致性约束作为一系列定义一致性关系的规则,这些规则可用于属性值之间、记录或消息之间或某一属性的全部信息内容之间。

一致性可定义同一记录中的一个属性值集与另一个属性值集之间(记录级)的一致性;或定义不同记录中的一个属性值集与另一个属性值集之间(跨记录间)的一致性;还可定义同一记录在不同时间点、不同系统间的同一属性值集之间(跨时间与地域)的一致性,等等。

国家工业信息资源体系中,需要评估在各种数据库、应用系统、业务流程及其他环境中信息存储与使用时,信息生命周期中同一信息资源的一致性。评估通常用以下方法来确定。

(1) 确定冗余数据存储的数据库——定义各类资源的生命周期,确定存储数据的位置。
(2) 对每个相关字段,标识其所在的资源库位置。
① 从第一个数据库中抽取数据,并从每个冗余库中选择相应记录进行比对。
② 将每个冗余库中的数据与原始库中的数据进行比较,确定是否有一个数据库中的数据被视为权威参考资源。
(3) 分析并显示一致性验证结果,列出所有不一致资源所在的数据库及其中的记录。

14.4.3 时效性和及时性

时效性(Currency)指工业信息反映其描述对象当前真实性的程度,它是信息资源在预期时间段内对特定应用的可用度的测度。数据时效性度量了数据的"新鲜程度"以及在时间变化中的正确程度。可根据描述时效性的数据元刷新频率测量资源的时效性,以验证数据是否最新。时效性规则定义了资源的失效或需要更新前的寿命。

及时性(Timeliness)指对信息可访问性和可用性的时间预期。例如,数据及时性可以体现在需要信息的时间点与信息准备就绪的时间点之差。

确定时效性和及时性指标的要素如下:

(1) 确定工业信息资源的生命周期。

(2) 确定待评估资源及时性和有效性的信息资源生命周期各阶段。
(3) 确定在整个过程中测量信息传递的时序。
(4) 随机抽取记录样本,在工业信息资源生命周期中进行跟踪。
(5) 确定各记录处理流程中各步骤之间的时间。
(6) 汇集并分析及时性测试结果。
(7) 将测试结果和所建议的行动形成文档并发送给相关管理者。

14.4.4 精确性和合理性

1) 精确性

精确性(Precision)是指用于描述工业实体或过程等对象的资源详细与准确程度,它通常与相关数据元素的详细程度相关。数值型数据可以有若干精确位数。例如,对数据取整或截尾可能影响其精确度。

2) 合理性

工业信息资源的合理性(Reasonableness)与实体对象或过程的业务逻辑性或技术性等密切相关。对资源合理性的测量通常与一些特定应用场合的数据合理性相符。例如,具有配合关系的零件间的形位公差与表面粗糙度等数值应控制在一定的范围内。还有一些则与合理性判定规则有关,如"交易数量不能超过过去 30 天平均交易数量的 105%"就是一例,超出这一范围者就被系统判为不合理。

14.4.5 效用性和参照完整性

1) 效用性

效用性(Transact ability)指对工业信息资源产生期望的业务或结果之程度的测度。该指标是对系统中信息资源设计与运行功效的衡量,也是对资源系统的运行是否达到设计水平的衡量。通常,该指标需要开发资源系统需求、建立转换规则和清洗数据的人员参加测试那些创建的数据。系统各层面的资源应用既定义了业务需求,提出能满足这些需求的数据,还要评估其能否产生预期结果。这一指标的测试需要使用相应的数据分析工具。

2) 参照完整性

参照完整性(Referential Integrity)原本是完整性的一部分(Danette McGilvraye,2009),它原指描述某对象的一张数据表的一个字段对同一张表或另一张表的另一字段的引用全部有效。参照完整性要求包括指定当存在外键时,它所指向的记录真实存在。参照完整性规则还可作为约束规则,防止数据重复出现,从而保证每个实体出现一次且仅出现一次。但在国家工业信息资源体系中,参照完整性具有特殊意义。如前几章所述,国家工业信息资源通常只针对一定的对象特征、一定的内容进行描述,用于宏观层面的管理。但这部分信息对于企业生产、经营和管理所需的对象特征描述往往是不完备的,因此需要采用各类参考号将国家工业资源系统中各字段与企业的对象详细技术资料(如设计图、组件图、总成图等)建立参照关系,实现国家与企业信息资源的对接和转换等。

14.4.6 易用性和可维护性

易用性和可维护性(Ease of Use and Maintainability)是指工业信息资源能被访问和使用的程度,以及能被更新、维护和管理的程度的测量标准,它们往往受资源模型与作业流程的影响。合适的数据结构、合理的格式和组织可确保资源具有较好的易用性和可维护性。这两种性能与及时性和有效性密切相关。在分析中,需要借用数据剖析工具来评估数据的易用性和可维护性。

14.4.7 唯一性和有效性

1) 唯一性

唯一性(Uniqueness)主要体现在一个数据集中,没有实体多于一次的出现。满足实体唯一性,说明没有实体出现多余一次,并且每个唯一实体有一个键值且该键值只指向该实体。许多组织都将可控的数据冗余作为更为可行的目标。

2) 有效性

有效性(Validity)是指数据实例的存储、交换或展现的格式是否与数据值域一致,是否与其他相似的属性值一致。有效性确保了数据值遵从于数据元素的多个属性:数据类型、精度、格式、预定义枚举值、值域范围及存储格式等。为确定可能取值而进行有效性验证不等同于为确定准确取值而进行真实性验证。

14.4.8 可理解性、相关性和可信性

可理解性、相关性和可信性(Perception,Relevance and Trust)组合特征是指信息资源的可理解性和数据置信度的测量标准,也指数据对业务需求的重要性、实用性和相关性等。可理解性涉及以下因素:

(1) 了解哪些信息资源对业务最有价值,了解哪些数据在管理和维护时具有较高优先等级。

(2) 了解作业者的所需资源质量面临的问题,以便在重点数据质量项目中对它们划分优先等级。

(3) 从作业者角度,了解劣质资源对系统的影响,使用该资源有助于为信息质量作业建立业务流程。

(4) 通过与作业者交流,了解与存在问题的差异,从相关性或实用性方面表示资源质量的可理解性方面,比较与实际的资源质量评估结果。

14.4.9 数据衰变和表达质量

1) 数据衰变

数据衰变(Data Decay)是指信息资源各项性能与价值减退的一个测度,也被称为数据风化(Data Erosion),是一种高优先级的资源测度,受系统外事件变化结果的控制。高可靠性的

易变数据比具有较低衰变率的不太重要的数据需要更频繁的更新。Arkady Maydanchik 认为，有 5 个流程导致数据衰变：未捕获的变更、系统更新、新数据使用、专门知识的遗失和流程自动化。因此，如果业务是依赖已知数据迅速变化的，则不需花时间确定资源衰变率，而应在保持数据最新手段上花时间。这一指标的相关因素如下：

（1）针对导致数据衰变的因素和正在衰变的资源而检查环境。
（2）使用先前的评估结果以确定资源衰变。
（3）使用合适流程确定资源衰变。

2）表达质量

表达质量（Presentation Quality）是如何有效表达信息，以及如何从用户端采集信息的反馈性测度，即对一种陈述在格式和内容组织上支持信息的适当性指标，是虚拟对象特有的指标。但该指标的评价具有一定的主观性，它涉及两种观点，即质量评估者的观点和信息使用者的观点。信息评估者应熟悉系统用户的业务模式和使用方式以及界面上的不一致、不适当的设计、表述或呈现等容易引起误解的情况等，可按用户之需改进表达质量。该指标要考虑以下因素：

（1）定义信息和关联的表达模式。
（2）离线评估资源加工流程。
（3）分析信息资源和显示格式的质量。

质量指标体系随应用系统而异，以上 19 项指标仅为工业信息资源质量保证体系设计，为一般性质量参考。具体指标项的增减变化，还应随前述符合性、可行性和效益性原则等作综合权衡。还要考虑此处尚未涉及的与工业品、工业过程和相关服务等具体业务相关的质量因素。为保持质量指标的有效性，它们的定义或选择不应在质量管理体系运行之后才开始，而要在系统规划和设计阶段，就制定资源质量保证战略，从而在开发中将质量控制的意图、理念和方法贯彻进去。

14.5　工业信息资源质量指标体系的构建

构建工业信息资源质量指标体系是个困难的过程，特别在国家层面上，需要慎重设计与选择和业务相关的指标，将衡量资源质量与监控业务的活动绩效进行对比。质量指标的制定应坚持合理原则，以反映系统对资源质量的需求。质量指标的选择与质量控制模式相对应，而质量控制的范围、指标的种类和控制宽严程度等与系统建设与运行成本相关。如果指标选择过少，则无法达到控制要求；如果指标选择过多，或控制程度过严，则对应成本就过高。

在信息资源质量指标体系选择上，要考虑如下因素。

1）可度量性

质量指标必须可度量并且能在离散值域范围内量化。同时应注意，虽然许多质量特征都可被度量，但不一定都能转化为能体现与业务相关的质量指标。

2）业务相关性

如果某项指标不与业务运行效果关联，则其意义就很有限。因此，对每项数据质量指标，都应说明其满足数据质量可接受度的阈值及其与业务预期的关联性。

3) 可接受程度

质量指标体系为数据质量的业务需求提供框架,对质量指标的量化将为数据质量水平提供实证依据,并以可接受程度的阈值为基础,来判断数据质量是否满足业务预期。如果数据质量表现等于或高于可接受定义阈值的程度,数据质量便满足业务预期;否则,需要重新考虑质量指标体系的设计,选择更适合的指标项,或变更既定指标控制的宽严程度。

4) 责任制度

数据质量指标是否满足业务预期,与对应质量保证体系的建立与实施密切相关。根据传统质量管理"产品质量是生产出来而非检验出来"之理念,可推广为"信息资源质量是设计与加工出来而非检验出来"之原则。因此,对数据质量加工就要设定各相应管理岗位的角色。通常,业务流程负责人是第一责任人,同时,数据责任人通常会被安排执行适当的查验与纠错任务。

5) 可控性

任何适合作为数据质量指标的可度量的特性,均应反映应用系统领域的某些可控因素。换言之,如果数据质量指标值的评估反映了不良数据质量,则应对所度量的信息资源采取相应的改善行动,使之达到既定目标。

6) 可跟踪性

可量化的资源质量指标能衡量系统中资源的运行品质。工业信息系统运行涉及多个环节,对信息质量的跟踪就能帮助责任人监控在数据质量服务水平协议(SLA)框架范围内的相关活动,同时证明任何数据质量改善活动的有效性。当某项信息流程达到稳定,持续的质量跟踪会把统计控制流程固定化,以确保对数据质量持续可测。同时,可跟踪性也是开展可溯源性管理的前提。只有当各项指标在信息系统内部具有可跟踪性,才能在其脱离系统时为资源质量溯源提供可信依据。

7) 用户参与性

如果没有各级各类信息资源使用者参与质量体系的设计和审查,潜在的数据异常乃至错误就可能无法发现。在自顶而下的信息质量评估方法中,有经验的用户在参与业务流程和关键数据设计时,往往会发现显在与潜在的资源质量问题。他们对业务流程如何使用数据,哪些数据元素对于业务运行关系重要等均有实际的理解。通过质量评审报告、质量记录和质量诊断能判定数据错误类型,他们还能评估各类数据问题对业务的影响。但另一方面,用户也许对上述资源指标体系不熟悉,或对如何将数据分解为各类与质量相关的元数据、主数据、校验数据和各种核验模型等不熟悉,这就需要与专业的数据质量分析员协作,才能设计出实用合理的资源质量保证体系。

14.6 国家信息资源质量管理体系

在国家层面开展工业信息资源质量管理的难度较大,特别是在大范围、多类型组织机构形成的松散信息关联体中实施质量管理时。此时,跨机构的质量控制体制建设与职能保障,相关规章制度的保障就显得极其重要了。我国在这一领域建设并无系统性的经验,因此,从美国等国的相关经验中总结出国家信息资源质量保证的如下几则要点。

14.6.1 对资源质量保证机构的基本要求

信息资源质量管理的实施涉及一系列机构,分为主持管理机构、参与管理机构、参与建设机构与参与运行机构等。各机构的共同职责之一,是保持本机构及其管辖系统内的数据记录、资源文档等与国家的国防后勤服务中心的物品记录数据(包括各类数据元、数据格式、管理数据等)和主档案之间的一致性、相容性与对照性。而物资归口管理部门的主数据库档案中,每条记录中的各部分之间、本记录与其他记录,以及附加相关文档记录之间均应保持一致性、相容性与对照性。

14.6.2 资源质量保证机构的基本职能

仍以美国联邦物资编目系统为例,在管理职责上,国防部长名义上承担该系统建设与运行质量的最高权限,国防直属局(包括国防后勤局、国防核武器局、国家保密局)负责编目工作。其中,国防后勤局是对编目系统中信息资源质量承担行政主管职责的机构,其下属的国防后勤服务中心则通过对物品识别定义规定,及其有关管理数据进行处理,包括对物品赋予国家物资号,建立内容齐备的中央编目数据库,汇总全美及北约物资号,同时开展对编目信息资源的质量管理。

其他各机构主要有联邦勤务总署、运输部、各军种(陆军、海军、空军、海军陆战队)等,它们对系统资源质量管理承担的共同职能主要如下:

1) 所有机构都应承担的质量管理职责

(1) 开展信息资源质量管理培训。

(2) 参与相关的信息质量标准的协调与论证。

(3) 开发、修订、使用尚不包括在国防后勤服务中心标准中的其他质量管理标准。

(4) 依据质量控制标准,采用相应的检验技术,检查物品识别定义规定输入和输出数据,使之达到合格的质量水平,对不合格者则采取纠正措施。

(5) 对信息资源质量开展控制检查。

(6) 分析标准质量检查报告、记录和实施意见反馈,当发现质量控制作业标准有错,或有不当之处时,则对标准本身进行验证与修订。

(7) 为维护质量保证工作提供合适的人力、物资与资金等。

(8) 对联邦编目系统的各领域实施质量保证,以支持总目标。

2) 主要质量责任机构的其他职能

国防后勤服务中心为系统资源质量的主要责任机构,除以上各条职责外,它还承担了两条重要职能。

(1) 制定、修订、协调一般应用标准并发布给各参与单位。这些标准反映了编目系统开发可应用的自动化及人工作业的方针和规程,它们的贯彻能保障资源质量符合所需要求。

(2) 对其他参与机构向国防后勤服务中心数据库(中央编目库)输入的数据保持充分的质量监督,以此评价它们开展质量保证的实际绩效,并向各参与机构建立质量目标和开展质量控制、达到质量水平提供所需数据与模型建议等。

3) 其他参与机构的职责

为达到特定目标而开展的质量监督往往是双向的,其他参与机构也应对主要质量责任机构的运行开展监督,才能形成一个 PDCA 质量闭环,PDCA 代表质量目标的规划、实施、检验与纠正等 4 个环节。这些环节形成闭合的质量控制环,周而复始地运行,对质量保证与改进起作用。PDCA 循环是传统质量管理中行之有效的方法,具体如下:

(1) 评价国防后勤服务中心的相关标准,以保证最佳的资源质量输入。

(2) 与联邦编目系统各环节的工作人员相协调,以改进输入系统的数据质量标准。

(3) 对国防后勤服务中心的输出实施监督,使其符合既定标准。

(4) 开展信息资源质量分析。信息资源质量监督以对象质量分析为依据,通过分析,才能发现信息资源对象本身、加工过程、运行环节、管理体制各环节中可能存在的不合理因素。国家工业信息资源质量管理体系,是一个大型分布系统,只有从上到下各级单位的质量保证才能实现国家层面的总体质量目标。任何一个机构或环节如出现短板,就会影响全系统的资源质量。因此,严格而细致的质量分析,是各单位开展质量管理的最基本工作。资源质量分析的主要内容与步骤如下。

① 确定需要质量评审的数据集目录。

② 记录各数据集的业务使用范围与方式。

③ 采用数据剖析(Data Profiling)工具和模型对数据集进行实验。

④ 列出全部的潜在质量异常,并针对每一个异常做到:

(a) 与相应主题域的专家共同评审,确定是否为真正的数据错误。

(b) 评价潜在质量问题对业务的影响。

(c) 对重要数据异常进行等级排序,重新审定数据质量指标。

⑤ 寻找潜在质量异常的关键过程在于对数据资源进行统计分析,以便评价以下内容:

(a) 记录的完整率。

(b) 每项数据属性中记录数值的数量。

(c) 反复出现数值的频率。

(d) 可能的异常值。

(e) 同一表中各字段间的关系。

(f) 跨表间的字段关系等。

国家工业信息资源管理以行政管理为主,体制保障和制度建设为核心,辅之以各类技术工具和专家资源,最终落实到各相关单位、各作业流程和各具体作业岗位,形成详细且配套的质量标准、质量作业、质量考核、质量验证等规范。

[建议与思考]

我国工业信息资源质量发展现况简析

随着工业信息资源开发与利用的扩展和深入,该领域的质量管理问题日渐浮现。尽管我国的国家工业信息资源体系尚未成型,但据 IDC 调查(2008),国内 72% 的企业数据重复但却不一致,60% 的企业数据不完整,信息质量问题已相当严重。

信息资源质量管理是一个全新的领域,它横跨管理与信息学科,不仅要将传统的工业质量管理理论与数据加工理论结合,还要对之进行根本性的改造。第一,经典产品质量管理以休哈特的数理统计观测为基础,以形位公差和功能配合为控制对象,以工序过程抽样检验为方法。但这些均不适于信息领域。数据质量管理则以前置控制为重点,以对象特征属性一致性为控制为目标,质量符合性则以系统自动验核判定为方法,这些均需要对经典质量管理理论进行变革。第二,信息资源控制的重点,已不仅在一般的应用资源层面上,而要再深入到一系列工业对象的元数据、数据元素、元模型等更基层的数据资源上。同时,还有全然不同于传统工业实体生产的许多针对虚拟对象的质量控制、质量保证与质量管理方法需要重新研究与探索;更有一系列的管理制度需要建立。这方面,美国与北约集团已走在前列,并产生了许多极富建设性与参考性的理论与经验。

我国当前应将工业信息资源的开发放在重点,再将工业信息资源质量管理置于核心。在此背景下,借鉴联邦/北约编目系统(FCS/NCS)的信息资源质量管理方法,对于建设我国的两化融合战略的实施,发挥国家资源效能等将大有裨益。

[**本章小结**]

本章说明了信息社会中,工业信息资源质量的重要性以及该领域质量问题带来的巨额损失,系统分析了企业、行业到国家层面上工业信息资源质量的影响因素,探讨了工业信息资源质量保证的目标、内容、步骤、对象以及相关制度规定等。并首先提出工业信息资源质量的指标体系,同时,对质量指标体系构建提出了相关指导意见。

15 物联网时代的国家工业信息资源发展战略

15.1 国家工业信息资源发展转型的驱动力

信息革命,推动了计算机、互联网一轮又一轮的发展,战争和军事需求再度推动工业信息资源开发与利用的革新,出现了采用 UID(Unique Identification)为标识体系,普及 RFID 为载体的 UII(Universal Item Identification)统一物品标识技术,将信息资源从物品扩展到人员与资产(包括各类装备、不动产,以及虚拟对象等),使原来彼此独立的物品、人员、资产与位置等4大类信息资源实现整合,动态感知。这一趋势正拉动国家工业信息资源的开发和利用进入物联网时代。

冷战时代结束,但全球局部战争从未停止。国家工业信息资源开发利用的主要驱动力,依然在军事和经济领域。物联网的到来,新型国家工业信息资源总体架构也日益清晰起来。

15.1.1 "网络中心后勤"概念

2000年美军参谋长联席会议发布了《2020年联合构想》,提出将"今天的机动、打击、后勤和防护能力"提高到明天的以"制敌机动、精确打击、聚集式后勤和全维保护"为4大特点的"数字战(Digital War)"或"网络中心战(Net Centric War)"等新型作战方式[①]。美国国家工业信息资源系统,正是依据"聚集式后勤和全维保护"的需求,提出"网络中心后勤(Net Centric Logistics)"理念,对单元化、精准化、动态化、敏捷化和全球化的物品、人员与资产的感知、识别、描述、定位与调度供应提出了全新要求,力图从内涵、功能、管理对象和运行模式上彻底改变传统联邦/北约编目系统。

网络中心后勤必须以国家电子商务系统为资源支撑。在我国,即便在电子商务高度普及的今天,也未提出过"国家电子商务系统"这一概念,因其是 G2B+M2B+B2B+B2C+C2C 混合形态的,其中的 B2C 代表该系统可对战场一线的每位士兵提供物资、定位与信息等的实时支持,C2C 则代表指战员之间的联系。但在美国和北约,联邦/北约编目系统从诞生开始就是为 G2B+M2B+B2B 的。在全球电子商务时代,美国国防部(2000年)推出"DoD eMall"(国防部电子商场)自动货品订购交易系统,将其扩展到 G2B+M2B+B2B+B2C,功能是"能让国防部客户采用几乎实时可视的方式,对国有和民营的各类物品品种进行查询、定位、比较和定购物资器材,"实现"faster, better, cheaper"作业之目标所谓的"国防部客户"已拓展到最基层的一线作战士兵,"实时可视"是指从上到下的指战员能对战场上每种对象的运动与消耗进行控制。因此,DoD eMall 实际指网络中心后勤的业务前台,它随着大量的传感器和智能数据标识

---

① 朱小冬,等.信息化作战装备保障.北京:国防工业出版社,2007.

等,实现对物品、人员与资产等信息的动态感知与传导,连接到网络中心的"后勤信息云"。

15.1.2 "数据 DNA"战略

为实现网络中心后勤,美国和北约对编目系统实施的战略性改造内容之一,是大规模扩充底层可感知、可通信的对象的数据资源。2010 年,北约信息管理机构 AC/135 委员会(全称 National Directors on Codification Allied Committee 135,由各成员国的国家信息主管组成,职能是在多国参谋长联席会议 the Conference of National Armament Directors(CNAD)授权下,致力于建立并提升全球物资供应链的效力与效益,为北约成员国之间提供物资信息互操作平台管理,为全球物资供应与后勤保障提供信息桥接。)主席 Richard B. Maison,在第 10 届国际编目研讨会上做了《编目——现代后勤的 DNA 暨 2015 年的编目发展展望》之主题讲演,阐述了网络中心后勤架构下北约各国的信息资源发展与利用战略。他以"数据就是 DNA"为主旨,对北约各国到 2015 年的发展愿景作出总体描述。

Maison 的观点,在网络中心后勤架构中,物品、人员与财产的数据将构成国家行政管理、公共服务、领土防务和战争中一切业务的 DNA,如生物体中用于组成遗传指令,引导生物发育与生命机能运作的基因组一样,不仅对现行物品进行感知与记录,还将在相关事物的信息交互中起"遗传性"作用。原始数据质量中的问题亦将如同遗传缺陷一样,会对后续的事物与信息产生负面影响。因此,工业信息的资源结构、加工技术、记录载体、资源感知、内容质量、社会分布和作业传导等都将影响全局,并渗透到工业与社会应用各领域。

网络中心后勤的前端可用图 15-1 说明。它由北约编目系统拓展的新功能、数据 DNA 和"后勤信息云"三部分组成,强调了数据在新型战争、后勤支援、现代工业和社会发展中的基础作用。

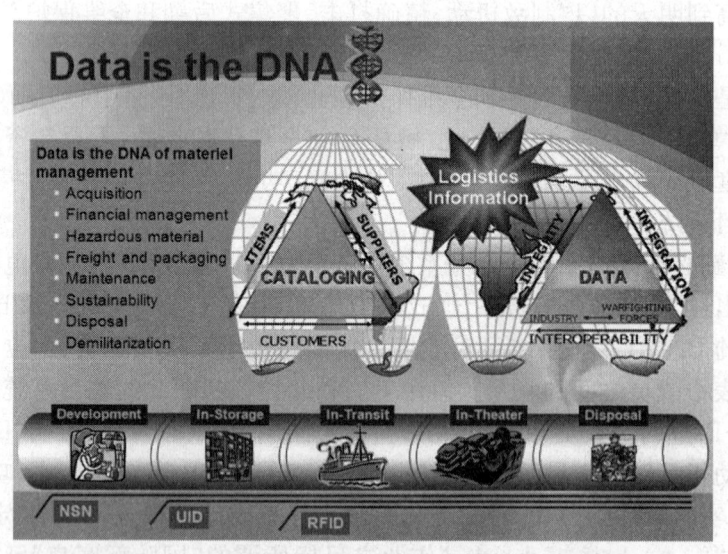

图 15-1 物联网架构中北约编目系统的发展愿景

(1) 底部说明 2015 年北约编目系统的新架构:① NSN 体系(包括:北约物资号、零件号和序列号等)实现对工业品设计研发的支持。② UID 体系将对物品存贮供应管理实现全程支持。③ RFID 标识体系将广泛应用于物品运输、使用和后续处理中。北约编目系统将覆盖物品生命周期(研发生产、仓储、运输、使用、用后处理)共 5 大环节。

(2) 上部左侧的"数据是物料管理的 DNA"对将支持 8 类系统活动。① 物品获取；② 财务管理；③ 有毒有害品管理；④ 包装与运输；⑤ 维修；⑥ 回收与循环使用；⑦ 用后处理；⑧ 军转民应用。

(3) 上部右侧以全球为背景，说明在"后勤信息云"支持下，系统以"编目"和"数据"实现两个业务三角的融合。"编目"实现物品、供应方和用户等 3 方业务融合；"数据"支持资源集成、数据整合与系统间的互操作性，实现从工业生产到战场士兵的全程业务支持。

15.1.3 "网络中心后勤"总体架构

网络中心后勤对政府、军方和工业界的影响，绝不只在对物品的便捷查询与优化选购上，而是要构建一种全新的、具有战略意义的物资生产、供应与管理模式。途径是采用物联网技术对北约编目系统进行升级改造。图 15-1 中的"后勤信息云"代表在物联网环境下的物资生产与供应。为配合网络中心战，网络中心后勤的总体构架如图 15-2 所示。它是建立覆盖太空、天基、陆基、海基、水下的立体化后勤保障体系，实现定位和跟踪每位士兵、每种资产，每件智能物品装备的天、地、海一网的实时后勤支持体系。具体功能如下。

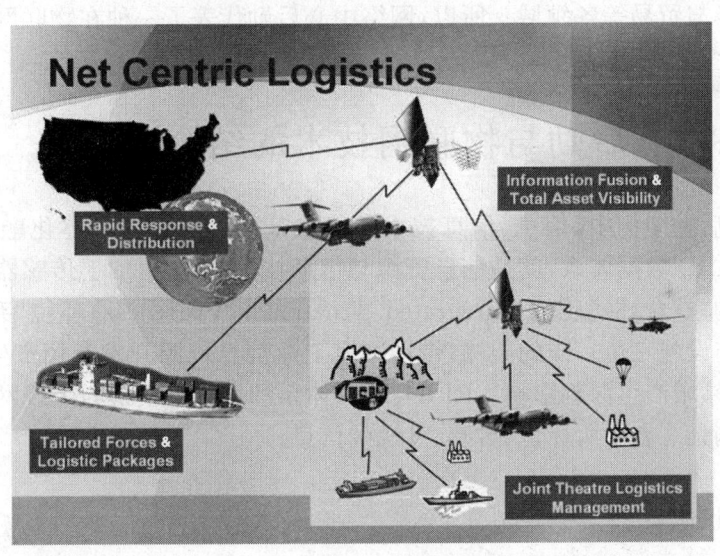

图 15-2　网络中心后勤架构示意

1) 快速响应与分布

以国家本土为核心，通过地面、海上与空间的通信节点构成覆盖全球的网络中心后勤体系，能快速响应、动员与控制各地的物资生产、贮存与运输，前线物资供应；指挥对象大到一支船队，中到执行任务的士兵，小到激活和控制分布在敌军远程后方的各类侦察与监听的"智慧尘埃"(Smart Dust)等由美国伯克利大学开发。系统采用无线传感网络技术，微机电技术(MEMS)，传感器如米粒大小，可通过无人机等深入敌后，大规模散布于交通、旷野与建筑物上，动态感知敌方动态，并将信息随时回传)。

2) 随需而变的物资配运体系

由智能包装与运输系统建立的物资供应与运输体系，可识别每一位指战员，零部件、产品、武器装备、各类生活给养品等，装载托盘、货架、货柜、集装箱等带有识别与通信功能的装载工具以及各类运输设施等。

3) 信息融合与资产可视化

现代战争是物资密集型、科技密集型、资金密集型和信息密集型战争。一枚巡航导弹高达数十万美元，一架飞机上千万美元，一场战役动辄花费数十亿、数百亿美元乃至更多。信息的作用是对象精准化跟踪、物资精准化供给、目标精准化打击、战术精准化指挥。网络中心后勤系统将识别并定位到每个士兵、每件智能武器装备、每枚飞弹。指挥中心可动态计算每次演习或实战的实时开销，出动的武器装备和辎重的总价值，实现资产的全程可视化管理。

4) 联合后勤管理

如图 15-2 右下角所示，后方指挥中心通过网络与高空、近空、陆地、海上物体与士兵和生产企业等连接一体，精确了解与控制物品生产、贮存、运输、供给和消耗。联合后勤体系提供全网支持能力、覆盖全系统物资供应链，动态指挥各战术点的人财物配置。

网络中心后勤概念的另一个重要意义，是其在和平时期及民用领域有无尽的应用拓展空间。它打破企业界限，以数据为 DNA，云计算为后援，将产、供、销、人、财、物等过程与对象的信息集成一体，以统一数据平台支持每个企业，使它们能以较低投入享受优质信息资源、信息平台与管理服务。故图 15-1 中有非军事化(demilitarization)的内容，就指将这一系统用于民用工业、社会服务与贸易等各领域。所以，网络中心后勤代表了一种在物联网环境中的新型生产、服务与企业生存模式。

15.2 网络中心后勤与物联网技术的结合点

在网络中心后勤架构中，信息、信息技术与信息基础设施出现一体化融合的趋势。如以 RFID 为载体的 UID 数据体系，就是信息资源与信息技术的融合，加上传感器集群为信息基础设施，构成所谓的"整合环境感知(Integrated Situational Awareness)环境"系统的主要内容。这种资源、技术与设施三位一体的架构，带动国家工业信息资源开发利用产生相应的变革，又将反过来对工业领域产生深刻影响。RFID、UID 体系和传感器集群与无线网络正是物联网技术的核心，关键则是三者中所标识、传感、发送的信息。

15.2.1 UID 标识体系

网络中心后勤中，网络互连对象从计算机、移动通信设备等扩展到一般物品，导致标识对象爆炸性增长。UID 体系既是该架构的核心技术，又是全球标识资源，以及控制对象载体。它的应用，是以 NSN(北约物资号)为主的北约编目系统(NCS)的资源体系的全面提升。

1) NSN 向 UID 体系的发展

图 15-1 底部的对象标识体系，是网络中心后勤的最前端，技术与资源的融合体。它要求实现人员，物品、特别是单个物品的识别与跟踪，这需要 NSN 向 UID 升级。传统北约编目系统只识别同类物品，而网络中心后勤则要求识别同对象中的每一件物品与其他对象。NSN 向 UID 的发展如图 15-1 所示：在物品研发阶段，各种零件和产品如轴承、发动机等都是无区别的概念对象，只需识别对象类就可，故用 NSN 标识。但在网络中心后勤中，要从生产开始，精确识别同类物品下的每件单体。因每件物品的去向、使用者和使用环境等都不相同，这就产生

了大量应用 UID 的需求。在编码方案上,UID 向下兼容 NSN。

从 NSN 到 UID,实现包括工业品在内的对象由"类"到"品"的精确识别。使对象标识总量,从数以亿计扩展到数以亿亿计。识别方式也从被动识别,上升为对象间综合感知与控制的过程,由此产生了识别内容、识别技术、识别载体、识别流程、识别响应等方面的技术变革。无线传感网中,以 RFID 为标签的 UID,极大扩展了传统 NSN 的内容,通过动态感知人、财、物等,对军事、工业、社会与民用系统引发革命性的影响。

2) 建立"整合环境感知环境"

UID 等技术的导入旨在建立图 15-3 所示的,能综合管理人员、位置、物品和资产的"整合环境感知环境"系统。左侧说明系统现况(2010 年),右侧说明 2015 年的目标愿景。网络中心后勤将人员、位置、物品(包括不动产)等组成战斗模组(force module),目前这些对象之间尚未实现整合环境感知,即未实现互感知、互识别与互操作。信息战时代,军队将更强调部队质量、武器性能和战场上的灵活性、机动性和关联性。具体的管理对象、现况和未来目标如下。

(1) 管理对象 图中管理对象为人员(包括指战员、后勤支持与医护人员等),个人财产(包括武器装备、物品和生活给养等),不动产(包括基地、指挥所、机关、仓库、物资中心、枢纽站)等,通过 UID 将其组成跨越疆界、前后方一体的网络体系。其中物品类标识以 NSN 为基础,扩展部分由 UID 组成;人员和不动产类标识则需另行编制和赋予。

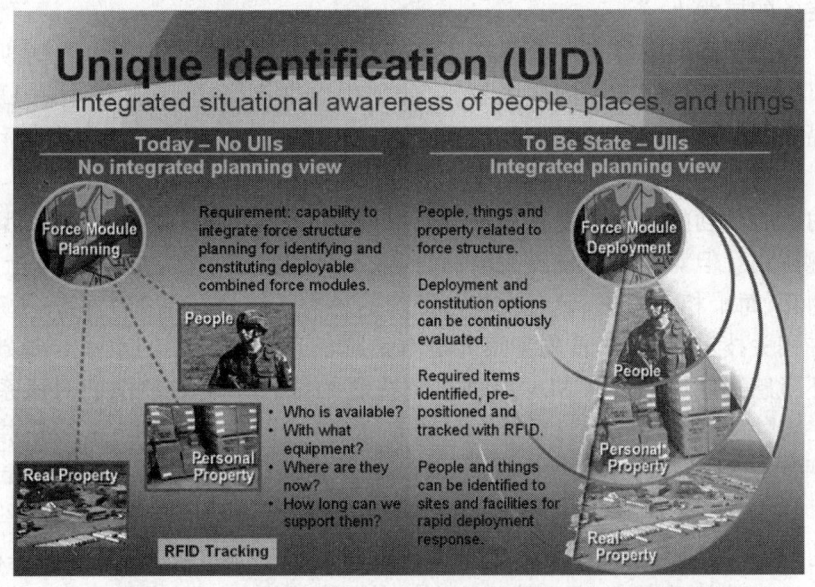

图 15-3 UID 技术对人员、位置和物品的整合环境感知

(2) 管理现况与需求 在 UID 体系支持下,通过 RFID 和无线传感网络形成整合环境感知体系,人员、物资、资产和后援组成一体化战斗模组。通过识别兵种与武器配置等,组成战斗模组,实现动态补充与部署作业。目前的战斗模组尚未普及 UID,无法实现人员、物品、后援活动等集成一体的 UII,三类对象的信息系统彼此分离,管理者也无法从综合指挥角度来统管这三大类战场要素。

建立整合环境感知的需求是:根据战场的人员与物资的消耗,指挥部应能动态回答四个问题:① 谁人可用? ② 可用者拥有何种装备? ③ 可用者现在何处? ④ 我们能支持他们作战多久? 对这些问题的动态求解,就是网络中心后勤的主要任务。

15.2.2 "整合环境感知环境"的具体目标

2015年建成基于物联网技术"整合环境感知环境",能从远程、全局角度指挥每个战斗模组。实现以下四项功能来解答上述四个问题:

(1) 人员、物品和资产可动态识别、供给与控制,动态优化配置。
(2) 能随战事进行,连续评估各模组的部署、人员、武器装备与战斗力的构成。
(3) 一切物品均可被标识、感知、定位、跟踪和精确控制。
(4) 可动态识别人员和物资位置,随时对战斗模组进行调整,以快速响应战场之需。

整合环境感知环境为对象建立整合感知标识链与网。确保系统应用的关键,体现在跨语言、多内容的数据发送、接收、共享、操作等功能上,而数据本身的质量、完整性和功能性就需要一套保障基线,此功能已经超出了传统北约编目系统的范畴。

北约 AC/135 委员会希望伙伴国"均能参与实现这些数据的基础价值,推动这些全球性解决方案的互操作性。在2015年目标实现的基础上,在欧洲战区范围,统一各级指挥者和其他决策者所用的数据,使之能在执行任务时迅速确定人员、装备与设施的状况。能在计划和实施军事行动时,在完整、及时、准确和关联数据的基础上实时作出决定,且指挥水平能精确到基层战斗单元和装备的层级上。"

图 15-3 表达了战场中整合环境感知环境,但该环境更重要应用是和平时期在工业和社会各领域。因为基于对上述四个问题的解答,能衍生出许多新应用,基于全球 UID 技术的人员、位置和物品的整合环境感知环境,就代表了下一代国家工业信息资源开发与利用方向。

通过北约雄心勃勃的整合环境感知环境系统规划,可看出物联网技术和新型标识资源系统所起的关键作用。但对我国的发展战略而言,最重要的问题不在物联网技术上,而在能精确标识到每件物品、每个相关人员、装备设施与资产的各类系统化的基础工业信息资源设施的欠缺上。北约在相关技术导入前,首先考察的是本系统信息资源开发的水平与基础情况。当负责实施整合环境感知环境的 ECCMA 成员在调查北约编目系统时,"他们对该系统信息资源的完整性和完善性感到吃惊。编目系统中已约有 35 000 个结构化的物品名称(指核准品名),超过 20 000 种不同特征属性用以描述物品,且均有主需求代码(Master Requirements Codes,MRC)等加工有序的管理资源,这一坚实的信息资源基础使该委员会意识到,北约编目系统正是他们需要的,能迅速启动全球工业品电子商务运行的描述标准"。正是在此基础上,北约集团才能提出在短短数年时间,实现多国部队间整合环境感知环境系统这一基于物联网技术的、能实现包括网络中心后勤等功能在内的庞大信息系统的建设规划。

15.3 电子政务与电子商务系统集成

推进西方国家工业信息资源系统转型的另一大因素,是基于 G2B、M2B、B2B 和 B2C 与 G2C 等混合形态的电子商务与电子政务应用。迄今,各国政府和军方仍然是大宗工业物资、高新技术产品、武器装备、物流运输和咨询服务等的最大买家。网络中心后勤促使"G2B+M2B+B2B"型、融电子政务与电子商务为一体的政府和军方物资采购的新型应用发展起来,采购范围扩展到全球,形成网络时代中国家工业信息资源体系开发与利用的新需求。

15.3.1 电子政务与电子商务的业务融合

1) 电子商务的概念

1997年,国际商会在巴黎世界电子商务会议上定义电子商务为"实现整个贸易过程中各阶段贸易活动的电子化"。国内学者将这一定义解释为:交易各方以电子方式而不是当面方式进行的任何形式的商业交易。商务包括企业通过内联网方式处理与交换信息,企业之间、企业与政府之间通过外联网或专用网方式进行的业务协作、管理与商务活动,企业与消费者之间通过互联网进行的商务活动等。电子手段则包括自动获取数据、电子数据交换、电子邮件、电子资金转账、卫星定位、网络通信、数据库、计算机、固定和无线网络通信,等等。

2) 电子政务的概念

为"高效、开放的政府凭借计算机技术、现代通信技术等高新技术在安全可靠的网络平台上全方位行使管理职能、开展政务活动。"政务是各类国家机构和部门及其他一些公共组织开展的内外管理、服务和办公等活动。

3) 电子政务与电子商务一体化

本书认同上述"商务"和"政务"定义。但对"电子手段"的看法,则根据本书第3章的分析,将其上溯到电报网络时代。因为早在一战时期,美国就形成 G2B、M2B、B2B 的雏形。只是到互联网时代才正式出现了"电子商务"与"电子政务"之类称谓。政府和军方的电子商务兼容有与电子政务的内涵,呈现 G2B+M2B+B2B+B2C 一体化互动的特点。这种电子商务的交易笔数虽远比不上 B2C 与 C2C 型电子商务,但它具有以下特点:① 单笔业务金额大,交易品案值高;② 对国民经济与国家安全与防务具有重要影响;③ 多与政务系统、军方和各类企业内部的 ERP、CAD、CAM 等系统直连等特点。所以,这种电子政务与商务一体化的业态,与国家工业信息资源开发与利用的水平密切相关,具有其他商务模式所不具备的战略价值。从而构成联邦/北约编目系统的基本交易模式,其交易数量、金额与品种都在迅猛增长。

15.3.2 联邦/北约编目系统中电子商务业务增长的情况

1) 北约编目系统中电子商务业务增长的情况

图 15-4 显示了2002年到2006年间北约编目系统中电子商务(不包括美国)的业务数和交易额的走势。柱状图中,数值低者为2002—2006年的项目计划订购值;高者为实际订购值;折线为实际的"采购—支付"业务数。从2002年1月到2006年10月,业务数从0到近52.5万笔,交易额从0到近13亿美元。三条曲线都表明北约电子商务的业务量与交易额,无论同比还是环比都呈现出持续、快速增长的趋势。业务已覆盖27个北约国和28个"NCS 赞助国"。该图表明,拥有扎实工业信息资源基础的国家或跨国集团,其电子商务才能快速发展起来。

2) 联邦编目系统中电子商务增长情况

美国的 G2B 与 M2B 也与其网络中心后勤构想同步、快速发展起来。据美国国防后勤局2001—2005 财年的统计,联邦编目系统的业务如下:

(1) 销售/服务额 2001 财年:﹩170亿;2002 财年:﹩215亿;2003 财年:﹩250亿;2004 财年:﹩280亿;2005 财年:﹩313亿。可看出5年中业务快速递增的趋势,5年中净增长额达143亿,增长率为84.1%。

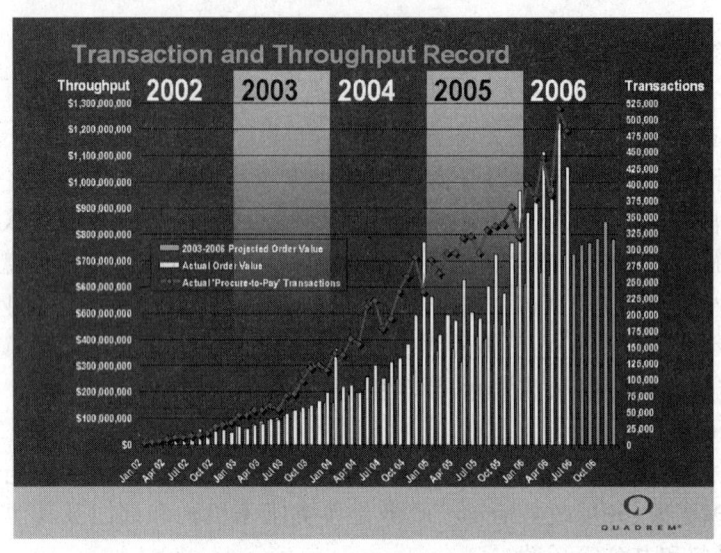

图15-4 2002—2006年北约编目系统业务的发展趋势

(2) 主要交易项(2005财年) 陆基/海上/导弹：$32亿；飞机：$36亿；部队支持：$129亿；能源：$76亿；物资派运：$28亿；其他项：$12亿，共$313亿。可看出，通过联邦编目系统平台交易的对象已从常规物资和军需品扩展到了大型装备和尖端武器；包括实体产品到服务项目。平台囊括了约95%的零部件（供给、撤换和安装）维修，100%的给养、燃料、医药、服装与纺织品、构建与弹药器材的物流供应等服务项目。

(3) 国外军售(2005财年) 销售额$8.138亿；运输：501千次；援助：124个国家。

(4) 业务指标(2005财年) 系统日均需求数：54 000笔；日均签约数：8 200单；营业额达"财富500"第54位，超越沃尔特·迪斯尼；在全球最大50家连锁仓储中位居第2；拥有26个连锁店(eMall)——其中多达520万种物品，8条供应链；年均接收与派运2 470宗业务；支持1 411种武器的维护保养；销售144百万桶燃料(2004财年)；年均$146亿的物资回收再利用与后处理。

(5) 人员 援助21 333位国民，支持504支现役部队、668支后备役部队，系统部署于美国48个州与28个国家。

当时(2005年)系统已有超过1 900万种独立物品，450万种拥有国家物资编号(NSN)；1 450万种物资，1 000种以上的供应商目录；拥有148 446个在线系统账户，超过109亿条记录和9 334种摘要；在MEDALS(军事工程数据资产定位系统，Military Engineering Data Asset Locator System)中有4 170万种数据资产供检索，支持97种应用(其中52种为关键应用)；年均接收28.6万件业务呼叫，通过国防部电子商场(DoD eMall)实现了$6.019亿销售额；28 000家活跃的买家遍布联邦政府各机构与部门，如陆海空三军及各类供应保障机构用户。为适应信息战的要求，系统设计得极其便捷，如物资选购必须达到"三击鼠标"即"Point—Click—Ship"就能敲定业务的要求。这些都表明，从业务品种、交易规模、交易物资种类和数量、分布范围等方面来看，联邦/北约编目系统已成全球规模最大、综合性最强、业务门类最多的电子商务系统。根据美国国防部后勤信息服务中心数据整合部主任Elaine S. Chapman的观点，美国国防电子商务平台之所以能水到渠成地建立，核心就是因为不断增长的庞大的国家统一物品信息资源的支持。

15.4 国家工业信息资源系统的升级

为实现2015年整合环境感知环境的要求。欧美诸国的工业信息资源建设正朝前端物品实体设计资源与后端资源一体化应用两大方向发展,然后再朝着国际资源大融合方向发展。

15.4.1 前端物品实体设计领域拓展

联邦/北约编目系统的国家工业信息资源系统,已从传统的针对物资命名、分类、编码和特征描述等资源,发展到物联网时代对人员、物品、固定设施和各类资产等进行全球范围综合感知与控制的战略性信息系统。这也必然要对相应信息技术、信息基础设施等提出新的升级要求。资源加工的智能化与深入化,代表了建立UID的需求。图15-5为北约"智能编目工具"的功能架构,它对各种新应用、新系统和新模式的支持,体现在"物品源设计"、"编目特征规范"两项作业以及"物品特征"输出中。

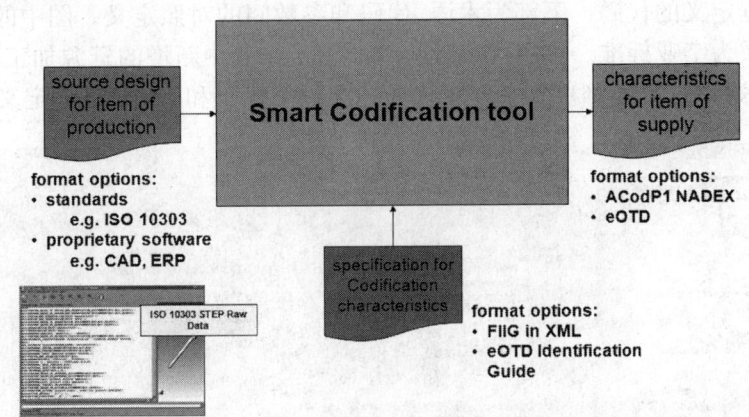

图15-5 智能编目系统的功能拓展示意图

1) 物品源设计

现代工业品的价值与利润主要体现在前端的研发设计与后端的服务上。产品设计依赖大量零部件、组件、加工工艺和装配等的数据资源,基于这些和大量零部件数字标准的设计为源设计。编目系统向源设计资源的扩展,不仅要求大量的实体对象数据,还需要信息资源加工技术与设备标准工具的支持。诸如ECCMA(电子商务编码管理协会)体系、UNSPSC(联合国标准产品与服务分类)体系、ISO PLIB(零件库)体系、ISO PLCS(产品生命周期支持)以及图中的ISO 10303 STEP(工业自动化系统与集成产品数据表达与交换)体系等标准的导入,以及对CAD、ERP的支持。在这些资源支持下,源设计工作将更加高效、灵活,更具创造性(详见第13章)。

2) 编目特征规范

整合感知环境系统必然使传统编目的资源加工与描述规范发生改变。从编目系统沿革历史上看,信息资源加工技术环境确实发生过几次重大变化。第一次,是从早期的纸卡记录向数据库的飞跃,在DBMS支持下,系统查询检索、资源组织、多种编目信息产品的生成等才得以实现,并导致联邦编目系统向国防数据综合系统的飞跃。第二次,是进入互联网时代后,大量文本+图纸附件格式的联邦物品识别指南(FIIG)向XML格式转换。这轮升级,使得包括美国在内的北约的G2B+M2B+B2B业务能在计算机网络中运行。构建了大量基于网络的信息互操作应用,而不仅仅是 XML/EDI、ebXML 及 Rosettanet 等交易层面的作业。第三次,则是基于 UID 的 PML 体系的普及。PML 即物理对象标识语言,与 XML 相对应,是专门用于物联网环境的资源加工标准。

15.4.2 后端资源一体化发展方向之一:基于 eOTD 的物品特征资源加工

无论是物品对象信息内容的不断丰富,还是其加工不断深入,结果都以"供应品特征"数据(即官方采购的物品特征)的形式输出。在以上两条的支持下,通过智能编目技术加工将产生内容更丰富的"物品特征"数据。其输出也至少有两种可选形式:一是 ACodP1 NADEX(Allied Codification Publication No. 1, NATO Data Exchange Standards);二是 eOTD(即电子商务编码管理协会开放技术字典,ECCMA Open Technical Dictionary)形式。eOTD 作为一种新的资源描述与标识体系,能以字典定义形式,将文本格式的技术数据转化为 XML 格式以及全数字代码格式,供全球政府和企业中的计算机识读处理。

图 15-6 上部为 FIIG 定义的机械螺栓,它以视图、照片和文本方式描述物品技术规格。中部是各项数据定义的代码。下部为术语、代码和参数间的对照定义。图中的标准术语、代码和参数等现已成为工业标准。该图代表近年北约编目作业中新增的资源加工内容,即将 FIIG 中的文本类技术数据,通过 eOTD 字典转化为标准数字代码和 XML 格式定义。

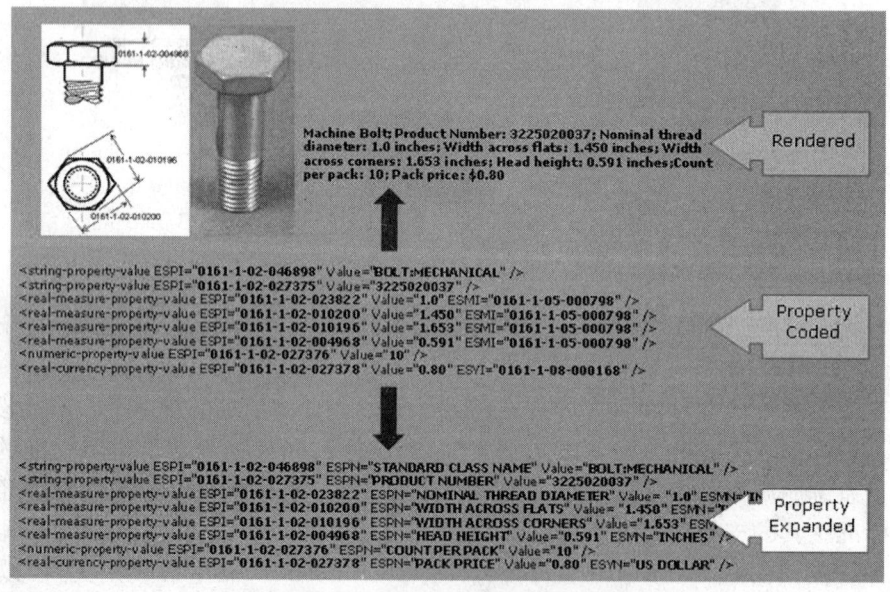

图 15-6 物品技术数据加工格式

图 15-7 代表上述加工形成的 eOTD 和 XML 格式资源示例。上部为 eOTD 格式代码,即特征代码、对应数值和计量代码;下部为 XML 格式的螺栓的特征项、对应数值和计量单位项。两者不同是:eOTD 中 8 条记录皆为数据代码;XML 则为规范技术术语。XML 之所以称为互联网的"电子商务语言",因其格式标准且便于人们识读。eOTD 为开放技术字典,有三种形式:eOTD-i-XML,用于创建识别指南,实现 FIIG 与 XML 的转换;eOTD-q-XML 支持跨系统查询;eOTD-r-XML 用于自动识读数据,功能之一是将 XML 术语转为数字代码,反之亦然。XML 格式可供世界各地的机构和产业的计算机识读处理。物品的图像和其描述的数据流,

可从一个系统到另一个系统间无缝连接。

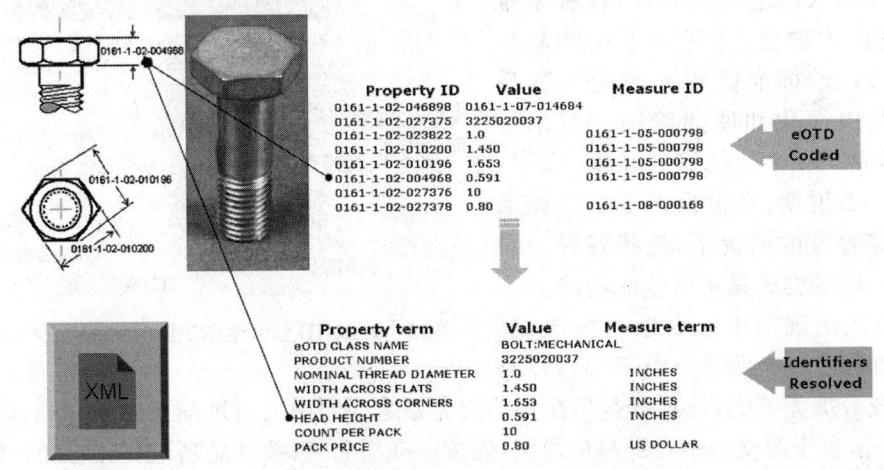

图 15-7　机械螺栓数据的 eOTD 与 XML 格式

数字代码则特别适于在各种传感器和微处理器中使用,因而是构成各种整合环境感知应用的最佳信息资源形式。所以,eOTD 代码是最好的物联网语言,支持 PML 即物品扩展标记言语,实现对工业品(包括零部件)的技术特征的描述以及基于 UID 的各种应用。

以上两图将 FIIG 资源转换为 eOTD 和 XML 格式的加工过程,来自于以下产业需求:

(1) 消除自由文本(非编码形式)数据,形成更高检索性和综合性的目录,以扩大物联网环境下的应用。

(2) 能更快地根据用户要求识别各不同资源目录中的货源,自动寻找与匹配业务机会。

(3) 能基于物品编码了解各供应商,系统可更准确地知道谁能提供合适的货品。

(4) 以"在线合同"提供比"离线合同"作业更便捷的业务。

(5) 能根据地理区位实现多语种间的变换,一套 eOTD 可对应于多种语言的 XML。

(6) 能根据网络中心后勤的需求,以优化方式提供经济、快捷和合理的供应品,等等。

在图 15-5 智能编目系统支持下,北约开发了支持 ISO STEP 的智能 STEP 编码(Smart STEP Codification, SSC)工具,通过图 15-6、15-7 模式将 STEP 文件自动转换为 eOTD / NCS 的物品描述。将互联网中的 G2B+M2B+B2B+B2C 业务扩展到物联网中,构成 S2S(系统间直接交互)模式。eOTD 目前已整合进北约各国政府和行业网站,实现无缝数据交换和产品查询,用于数据交换和产品大规模搜索。据称,目前北约每天有成千上万的人在电脑终端上、手持式设备以及各类带有自动感测功能的设备,在世界各地交换数据查询产品。用户包括数十个国家的上万名工程师、设计师、采购人员、后勤保障及维护人员等。

eOTD 现已成为 ISO 22745《Standard Based Exchange of Product Data》系列标准,已为欧美目前所有设计工程师所熟知,与之配套的标准是 ISO 8000《Data quality》系列,它确保公司产品目录包含 eOTD 兼容的、高质量的数据。

15.4.3　后端资源一体化发展方向之二:整合多种分类体系

eOTD 的另外一个作用,就是整合各种分类体系。现代各种应用系统中,人们碰到太多的标准、太多的分类体系,且每种都在一定的区域、一定的行业领域中起一定的主导作用。这种情况在原先分立的应用系统中尚无大碍，但随着全球进入网络经济时代，各种系统大交汇、资源大融合、业务大重构的趋势下，纷繁的目录标准就越来越走向其反面——不是以简化和便捷给用户带来方便，反而形成了一个个的信息屏障。第11章以图11-1说明，在欲保持各目录体系主体性和完整性的前提下，想将各种目录体系整合一体的尝试是不可能成功的。

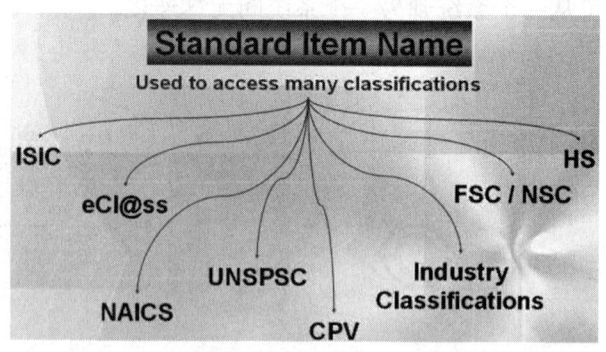

图15-8　eOTD整合全球主流的物品/服务项目目录体系

eOTD的出现则可改变这一情况，其实施途径如图15-8所示。由于eOTD是分类中性或分类无关的，故它可避免在各分类体系之间两两成对地建立目录对照，而是以如图12-3统一信息资源交换平台那样的思路，先按标准物品名(核准品名)建立独立的、如图15-6所示的对象描述资源表。以此表集合为图12-3中央位置的物品信息资源池，再以各目录名和目录中物品与资源池建立统一对照，由此就能解决各分类体系间一对一或一对多的桥接转换。

15.4.4　后端资源一体化发展方向之三：向资源智能化与深度化拓展

对前端对应，编目系统后端也整合了大量过程性、作业性与接口类信息资源。北约要求到2015年，实现将STEP设计文件和eOTD目录数据完全集成到工业界和政府供应链中。使用者可随时获取每种零部件、组件到产品装备数据，各地供应商也可通过eOTD系统，在标准产品特征库系统支持下，与政府、军方与其他企业在互动环境中开展灵敏设计与制造。

1) STEP PDM Schema

为支持零部件及产品数据自动交换，系统建立了STEP环境的PDM交换Schema，以支持以下功能：① 零部件标识和属性数据交换。② 相关技术文件和应用系统(包括CAx)文件。③ 产品结构描述。④ 产品和文件在线设计审批作业，等等。这些要求已在北约各国生产中陆续实现。

2) 生产管理

G2B及M2B中，生产能力是重要的交易限制条件，企业需要规划产品产能，设备要求和配置，包括在多种产品结构部件、组件和成品的设计、制造与维护之间的进程安排。这些也可由企业通过编目系统的服务来实现。

3) 作业管理

生产中需要定义、验证、安排制造作业和相关的资源，及时捕获反馈数据，并及时对相关资产、客户个性要求、产能均衡等进行精确控制与均衡。支持相关解决方案和环境能力，为给定的产品的必要物料、产能、运输等方面提供支持。在作业过程中，通过在各种工位和生产辅助装置上的RFID，实现生产精确管理。这些需要标识的对象装配托盘、零件、简单廉价的固定标签、可添加程序及数据的大容量标签、相应的识读装置，等等。

4) 产品生命周期(PLC)管理

该需求相关的数据资源种类繁多，主要以采用UID标识或智能标签记录的内容：① 制造商代码，产品序列号，零部件号等。② 外购物品的北约物资号，商业与政府实体号等。③ ISO 22745中规定的物品特征属性数据。④ 其他外部引用类的定义和属性数据。⑤ 材料特性数据。⑥ 位置标识，匹配候选件标识、解决方案标记等。⑦ 维修记录数据。⑧ 记录每件传感器和联网对象的统一资源标识(URI),等等。

5) 构建底层资源链

当工业与社会领域大规模采用物体间自动感知与识别技术时,大量基础数据就不可避免地需要构成底层标识链。在物联网环境中,这些原本在远程后台的数据,可能会因使用现场自动感知与处理之需,而大量前移到各类物体的标识标签载体上,越来越成为其不可分离的"数据标贴"。

根据北约 eOTD 资源架构最基本的物体数据标贴的主要内容有:① 类目。② 属性。③ 形状。④ 基本描述。⑤ 计量单位。⑥ 计量标识符。⑦ 货币等常规数据。这些数据均以精减代码或检索号形式加载在物体 RFID 或其他形式的电子标签上。

进一步的要求,则在标贴中添加几类重要的数据,主要为描述性、派生性、商务性、管理类数据等,对标贴中的数据资源作进一步的解释与限定,具体如表 15-1 所示。

表 15-1 对象电子标签资源链中的数据示例

序号	一、描述性数据	序号	四、管理类数据
1	综合与关联 UII	1	商业与政府实体号
2	发布机构代码	2	合同编号
3	企业标识符	3	DoDAAC(Department of Defense Activity Address Code)
4	源零件号	4	邓白氏代码
5	序列号	5	承接日期
6	UII 类型	6	发送日期
7	描述	7	状态标识
8	批/次号	8	类目代码(E 或 M)
9	当前零件号		五、标记
10	当前零件号生效日期	1	内容
11	制造厂标识符	2	生效日期
	二、UII 派生类数据	3	添加或取消
	三、合同类信息	4	标记者代码
1	合同号	5	标记者识别符
2	主合同标识符	6	介质
3	接收代码	7	标记内容的值
4	接收日期		六、开放物品数据
5	CLIN(Contract Line Item Number)/SLIN(Sub-Line Item Number)/ELIN(Exhibit Line Item Number)	1	管理者或保有者(系统)
6	外币代码	2	位置统一标识 UID
7	发货目的地代码	3	程序统一标识 UID
8	计量单位	4	物品状态
			别名(系统唯一)

在描述数据段中，前8项为起源类数据。后3项(9～11)为继承类数据，也用于物体识别。其后的派生类UII和合同信息及其下的8项数据均为起源类数据。管理类8项数据用于传感网节点资源管理与检索。标记类7项为继承类数据，也用于物品识别。

在这些需求下，基于物品性能数据管理的后勤作业和承包商物流将在大数据环境中重点发展，使各类服务商在接收对象时，不仅是一批实体对象，同时还可随时接收或感知到对象的各类相关数据。用户也将在对象生命周期中，通过实体中包含的所有代码来获得信息。商业和政府合作方的数据通过网络集成到一个基于共同标准的互操作环境中。融入各机构的数据系统中，对使用现场提供支持，直至能使一线战士动态接收来自后方大本营准确、及时和一致的指令。

[建议与思考]

我国工业信息资源建设与发展趋势及研究方向

1) 我国工业信息资源建设发展趋势

近年，我国信息化基础设施发展迅速。特别在物联网领域，我国的起步并不比发达国家晚。所以，美国提出"网络中心后勤"和我国提出"感知中国"的物联网架构，在时间上相差无几，且技术内涵上基本一致。但前者在强大的国家工业信息资源体系支持下，强调了天地一网的前后台支持；后者则突出前端的互相识别、感知与互操作，在无线传感网中的应用。联邦/北约编目系统，作为全球最大的工业信息资源体系，正在美国"信息战"、"网络中心战"、"数字战"等概念下，提出以工业信息资源为基础的"网络中心后勤"概念，是在集工业信息、信息技术与信息基础设施三位一体的基础上，对编目系统进行资源架构的改进。

相比而言，我国的"感知中国"则缺乏上规模、成体系、门类齐且规范化的基础工业信息资源的后援，多数是在信息技术与信息设施层面上的建设。同时，我国国家工业信息资源、信息技术与信息基础设施三者发展长期不平衡，这一格局必然给我国工业信息资源的发展带来不利。与美欧诸国相比，我国以电子政务和电子商务结合的 G2B+G2B+B2B+B2C 业务之所以至今未能大规模发展起来，并不在于我国信息技术与发达国家存在多大差距，相反，我国在物联网技术的起步基本与国外同步；同样，差距也不在我国信息基础设施方面；主要差距就在我国国家工业基础信息资源设施的缺失上。因此，我国在物联网和大数据环境下开发国家工业信息资源的关键，依然在大量基础工业物品、工业过程和管理对象等的信息资源开发上。

2) 本领域继续研究的主要方向

本书在参比和梳理我国与美国等发达国家百年建设与积累的差距基础上，只提出我国在国家战略领域中缺失的部分，由此构建出工业信息资源发展的国家战略总体框架。但因该领域研究涉及的各项技术内容、质量管理内容、法律法规内容与制度建设等内容极其庞大，且时间跨度长达百年，无法在如此规模与时间跨度内详细展开作进一步的研究。

虽然在本书成型的过程中，我们不断探索新的国外资料，汲取新的研究思路，借鉴新的研究成果，但因随物联网和大数据时代的到来，以及"信息战"时代美国提出的新军事理论构想等，使得工业信息资源发展的迅速加快，领域日益拓宽，体系架构日趋复杂，以 G2B+M2B+B2B 混合的电子政务与商务一体化形态的运行模式也赋予了工业信息资源发展与运行的全新内容。这些进展均难于囊括进本书，同时，书中有此些重要的理论、方法、技术、管理与法律问题等还需要继续研究下去，主要有以下几个方面：

(1) 国家工业信息资源开发与利用的法制环境建设研究　本书第6章提出的工业信息资源建设的法律建设,是我们今后需要进一步研究的重要问题。虽然美国和欧洲诸国在此领域均有详细而缜密的总统指令、国家法案、主管行政机构的行政规章等作为保障。但我国在工业信息资源开发领域的法制建设基本处于空白,特别在国家投入建设的信息资源的国家资产属性,国家、企业与个人对信息资源开发的投入与所有权及相关利益的明确等方面,均需结合我国实际需求进行研究。

(2) 国家工业信息资源开发与利用的管理制度建设研究　就目前而言,我国工业信息资源的开发与利用,尚处于战略层缺失、归口主管机构缺失、国家责任人缺失、管理与协调机制缺失的状态。下一步的研究,则要结合国情,对国家工业信息资源开发利用的制度建设进行深入研究。

(3) 国家工业信息资源开发与利用的新技术研究　我国现代工业信息资源开发,将在先进信息技术与发达的通信基础设施支持下进行,这与欧美国家上世纪初启动建设的情况已有本质的不同。故需要探讨如何充分利用现代信息技术与网络环境,以尽可能短的时间,完成西方国家花费半个多世纪才建成的国家工业信息资源体系。同时,特别要考虑到在物联网时代,信息资源的加工与利用将最终落实到天文数量级的对象中,才能实现基于全新的人-机与机-机交互环境中的各种应用。因此,我国应抓住机遇,直接研究支持物-物互联、移动交互、全球一体化环境下的多语种、多形态、多模型、多数据源、多点分布加工与云计算环境下的工业信息资源表达。

(4) 国家工业信息资源开发与利用的平台研究　国家工业信息资源由国家投入建设,是一种国家资产,需要一个统一平台来集中汇聚、统一加工、统一管理与维护,在保证国有资产的安全的前提下,有序地开放服务,实现国家资源的公共服务价值,并在与各类企业、社会机构、行业应用系统等的资源交互过程中,实现国有信息资产的增值。

[本章小结]

本章对发达国家工业信息资源在高科技和全球经济一体化环境下的最新进展进行了探讨。归纳出三方面需求在驱动该领域进入新一轮的革命。

(1) 物联网时代出现了采用UID体系标识到每种对象下的每个单件对象,大规模普及RFID为载体的UII技术,将信息资源从工业品扩展到人员、资产(包括各类装备、不动产,以及虚拟对象等)和位置,使原来彼此独立的这四大信息资源实现一体化整合,动态感知和精确管控。

(2) 美国暨北约集团提出"数据DNA"理念,实现"网络中心后勤",以云计算支持"天地海一网的实时后勤保障体系",支持人员与装备的快速响应与分布、随需而变的物资配运体系、战斗全过程的信息融合与对象可视化以及聚集式后勤和全维保护等。

(3) 以国家电子商务平台为基础,实现"G2B+M2B+B2B"。这些新进展,将改变工业生产形态、战争形态和国家竞争力的构成等,都需要我国给予极大的关注。

参 考 文 献

[1] 美国国会众议院法律修订咨议局. 世界各国法律大典·美国法典:军事法卷.《世界各国法律大典》总编译委员会,译. 北京:中国社会科学出版社,1994.

[2] 张连超. 美军高技术项目的管理. 北京:国防工业出版社,1997.

[3] 财政部财政科学研究所《绩效预算》课题组. 美国政府绩效评价体系. 北京:经济管理出版社,2004.

[4] 蔡翠红. 美国国家信息安全战略. 上海:学林出版社,2009.

[5] 赵捷,于海澜. 企业总体架构——企业信息战略规划、治理和信息系统总体架构设计. 北京:电子工业出版社,2006.

[6] 肖秋惠. 俄罗斯信息政策和信息法律研究. 武汉:武汉大学出版社,2008.

[7] 陆小华. 信息财产权——民法视角中的新财富保护模式. 北京:法律出版社,2009.

[8] 王立强. 信息化条件下外军数据链应用研究. 北京:国防工业出版社,2008.

[9] 柯青. 数字信息资源战略规划. 南京:东南大学出版社,2008.

[10] [荷] Jan van Bon. IT 管理框架. 刘向晖,译. 北京:清华大学出版社,2009.

[11] 刘戟锋. 武器与战争——军事技术的历史演变. 长沙:国防科技大学出版社,1992.

[12] [美] 阿尔弗雷德·D. 钱德勒,等. 信息改变了美国——驱动国家转型的力量. 万岩,邱艳娟,译. 上海:上海远东出版社,2008.

[13] [美] 詹姆斯·M. 布坎南. 公共物品的需求与供给. 马珺,译. 上海:上海人民出版社,2009.

[14] 戴维民,等. 语义网信息组织技术与方法. 上海:学林出版社,2008.

[15] 池忠仁,王浣尘. 网格化管理和信息距离理论——城市电子政务流程管理. 上海:上海交通大学出版社,2008.

[16] [德] 黑格尔. 精神现象学. 2版. 贺麟,王玖兴,译. 北京:商务印书馆,1979.

[17] 周宏仁. 信息化论. 北京:人民出版社,2008.

[18] 吴晓波,凌云. 信息化带动工业化的理念与实践. 杭州:浙江大学出版社,2005.

[19] 朱小冬,刘广宇,葛涛. 信息化作战装备保障. 北京:国防工业出版社,2007.

[20] 国务院信息化工作办公室政策规划组. 国家信息化发展战略学习读本. 北京:电子工业出版社,2007.

[21] 范世涛. 信息化、结构转变和发展政策. 北京:国家信息化专家咨询委员会,2005.

[22] 曲维枝,周宏仁. 中国信息化进程. 北京:人民出版社,2009.

[23] [美] 弗里茨·马克卢普. 美国的知识生产与分配. 孙耀君,译. 北京:中国人民大学出版社,2007.

[24] 胡启立. 中国信息化探索与实践. 北京:电子工业出版社,2001.

[25] [美] 美国商务部. 浮现中的数字经济. 姜奇平,等,译. 北京:中国人民大学出版

社,1998.

[26] 怀铁铮. 信息化　中国的出路与对策. 北京:机械工业出版社,2006.

[27] 王保存. 外国军队信息化建设的理论与实践. 北京:解放军出版社,2008.

[28] 马文峰,杜小勇. 数字资源整合:理论、方法与应用. 北京:北京图书馆出版社,2007.

[29] 缪其浩. 市场竞争和竞争情报. 北京:军事医学科学出版社,1996.

[30] 克里斯·弗里曼,弗朗西科·卢桑. 光阴似箭——从工业革命到信息革命. 沈宏亮,译. 北京:中国人民大学出版社,2007.

[31] [美]戴维·莫谢拉. 权力的浪潮——全球信息技术的发展与前景 1964—2010. 北京:社会科学文献出版社,2002.

[32] 周振华. 信息化与产业融合. 上海:上海三联书店,上海人民出版社,2003.

[33] 陈能华. 政府信息资源管理研究. 长沙:湖南人民出版社,2008.

[34] 查先进. 信息资源配置与共享. 武汉:武汉大学出版社,2008.

[35] 彭洁,赵辉,齐娜. 信息资源整合技术. 北京:科学技术文献出版社,2008.

[36] [美]纳格·汉纳,等. 世界银行报告:信息战略与信息技术扩散——欧美及东亚国家和地区的历程. 北京:中国对外翻译出版公司,2000.

[37] 张成海,张铎. 物联网与产品电子代码(EPC). 武汉:武汉大学出版社,2010.

[38] GB/T 17645.1—2008 工业自动化系统与集成　零件库　第1部分:综述基本原理. 北京:中国标准出版社,2009.

[39] [美] Danette McGilvray. 数据质量工程实践. 刁兴春,等,译. 北京:电子工业出版社,2010.

[40] 周曙东. 电子商务概论. 3版. 南京:东南大学出版社,2011.

[41] 赵国俊. 电子商务. 2版. 北京:电子工业出版社,2009.

[42] [德]约瑟夫·萧塔纳. 制造企业的产品数据管理——原理、概念、策略. 祁国宁,译. 北京:机械工业出版,2000.

[43] 霍国庆. 企业信息资源集成管理战略理论与案例(国家自然科学基金项目). 北京:清华大学出版社,2004.

[44] 霍佳震,马秀波,朱琳婕. 集成化供应链绩效评价体系及应用(国家自然科学基金项目). 北京:清华大学出版社,2005.

[45] 胡昌平. 面向用户的信息资源整合与服务(国家自然科学基金项目). 武汉:武汉大学出版社,2007.

[46] 董慧. 本体与数字图书馆(国家自然科学基金项目). 武汉:武汉大学出版社,2008.

[47] 吴朝晖,陈华钧. 语义网格:模型、方法与应用. 杭州:浙江大学出版社,2008.

[48] [美] Peter Weill,Jeanne W Ross. IT 治理——一流绩效企业的 IT 治理之道. 杨波,译. 北京:商务印书馆,2005.

[49] [荷] Theo Thiadens. IT 管理的知识体系. 李东,牛芳,等,译. 北京:清华大学出版社,2007.

[50] [荷] Jaap Bloem,Menno van Doorn,Piyush Mittal. SOX 环境下的 IT 治理. 程治刚,张翎,张劲,译. 大连:东北财经大学出版社,2008.

[51] [美]迈克尔·拉莫斯. 如何遵循 SOX 404 条款——评估内部控制的效果. 2 版. 李海风,等,译. 北京:中国时代经济出版社,2007.

[52] 司莉. KOS 在网络信息组织中的应用与发展. 武汉:武汉大学出版社,2007.

[53] 美国国防部指令:DoD 5000.19 号. 信息需求的管理与控制政策.

[54] 美国国防部指令:DoD 7920.1 号. 自动信息系统的全程管理.

[55] 美国国防部指令:DoD 5000.27 号. 后勤数据元标准化和管理计划.

[56] 美国国防部指令:DoD 4120.3 号. 国防标准化和规划计划.

[57] 美国国防部指令:DoD 4140.34 号. 国防部动产利用计划.

[58] 美国国防部指令:DoD 4140.40 号. 装备的初始供应工作的基本目标和方针.

[59] 美国国防部指令:DoD 4155.1 号. 编目质量保证.

[60] 美国国防部指令:DoD 5000.19 号. 信息需求的管理与控制政策.

[61] 美国国防部指令:DoD 5030.47 号. 国家补给系统.

[62] 美国国防部指令:DoD 7041.3 号. 资源管理的经济性分析和计划评定.

[63] 美国国防部指令:DoD 5000.63 号. 各军种总部、国防部各直属局以及物资统一管理部门之间在初始供应工作上的关系.

[64] 美国国防部指令:DLAR 4130.12. 补给保障及编目工作(不含初始供应)的申请.

[65] 美国国防部指令:DLAH 4140.4. 国防综合数据系统物资器材管理职责规定.

[66] 美国国防部手册:DoD 4120.3—M 号 国防标准化和规划的方针、程序和指示.

[67] 美国国防部手册:DoD 4130.2—M 号 联邦编目系统(FCS)方针政策手册.

[68] 北约标准化协定 STANAG 3150. 物品编目:物资分类的统一系统.

[69] 北约标准化协定 STANAG 3151. 物品编目:物品识别的统一系统.

[70] 北约标准化协定 STANAG 4177. 物品编目:数据获取的统一系统.

[71] 北约标准化协定 STANAG 4199. 物品编目:物料管理数据的统一交换系统.

[72] 北约标准化协定 STANAG 4438. 物品编目:与国家物资号(NSN)关联的数据传输统一系统.

[73] 北约标准化协定 STANAG 2097. 物品编目:设备的命名与分类.

[74] 北约标准化协定 STANAG 4575. 物品编目:北约高级数据存储接口(NADSI).

[75] Matthew West. The Role of Enterprise Architecture in ISO 8000. Keyworth Institute, University of Leeds, 2009.

[76] Douglas Daniels. Vendors Data Integrity. (2008-10-16). www.dlis.dla.mil.

[77] Donald Hillman. Ontologies For E-commerce Standards. ECCMA 11TH ANNUAL DATA QUALITY CONFERENCE, 2010.

[78] The Federal Catalog System Policy Manual (DoD 4130.2 - M). (2010-09-27). www.dtic.mil/whs/directives/corres/pdf/414032m.pdf.

[79] Lynn Schmoll, Denis Lampron. Why catalogue?. The benefits of NATO Codification, 2004.

[80] Larry English. Information Quality Tipping Point: Plain English about Information Quality DM Review, 2007.

［81］Larry English. Improving Data Warehouse and Business Quality. John Wiley & Sons,1999.

［82］Chris Roberts,Jackie Roberts. AISCS —Working to Connect the Automotive Supply Chain.

［83］David M Fisher. The BTA: Advancing Defense Business Transformation,2010.

［84］Arkady Maydanchik. Data Quality Assessment. (2008 – 01 – 22). www. information-management. com/specialreports/2008_57/10000559 – 1. html.

［85］Richard B Maison. Cataloging at Source: The View from NATO. A Defense Logistics Agency Activity,2010.

［86］Elaine S Chapman. DoD Emall-Utilizing a Public Standard to Assimilate Data. Defense Logistics Information Service Chief, Data Integrity Branch, 2006.

［87］Emily Williams. Defense Logistics Information Service—Introduction to ISO 8000 and the NATO Codification System. FLIS Program Manager, 2008.

［88］NATO Manual on Codification ACodP – 1, Chapter I—Policy and Principles. (2011 – 01 – 04). www. nato. int/structur/AC/135/main/links/acodp1. htm.

［89］NATO Manual on Codification ACodP – 1, Chapter II—NATO Manual on Codification. (2011 – 01 – 04). www. nato. int/structur/AC/135/main/links/acodp2. htm.

［90］NATO Manual on Codification ACodP – 1, Chapter III—Item Classification. (2011 – 01 – 04). www. nato. int/structur/AC/135/main/links/acodp3. htm.

［91］NATO Manual on Codification ACodP – 1, Chapter IV—International Operations. (2011 – 01 – 04). www. nato. int/structur/AC/135/main/links/acodp4. htm.

［92］NATO Manual on Codification ACodP – 1, Chapter V—ADP for NATO Data Exchange. (2011 – 01 – 04). www. nato. int/structur/AC/135/main/links/acodp5. htm.

［93］NATO Manual on Codification ACodP – 1, Chapter VI—Publications,Forms and Periodical Reports. (2011 – 01 – 04). www. nato. int/structur/AC/135/main/ links/ acodp5. htm.

［94］NATO Manual on Codification ACodP – 1, Chapter VII—Glossary of Codification Terms. (2011 – 01 – 04). www. nato. int/structur/AC/135/main/links/acodp5. htm.

［95］Mauro Pergolesi. 50 years of NATO: Codification plays a vital role. (2011 – 08 – 09). www. nato. int/structur/AC/135/ main/links/pdf. htm.

［96］Steven Arnett. Cataloging in NATO Today and the Vision for Tomorrow. International Cataloging Division, Logistics Data & IT Solutions Defense Logistics Information Service,2011.

［97］Dennis Wisnosky. Principles and Patterns at the U. S. SOA Magazine,2009,(XXV,1).

［98］Battle Creek. The Rendering of Descriptions to ERP's ISO 8000 Data Quality Conference,2008.

［99］Douglas Daniels. Vendors Data Integrity. GIRDER Program Office Defense Logistics Information Service, 2008.

[100] Margaret Christison. MOD Integrated Logistic Support Standards Head of Product Data Standards, 2005.

[101] G Pierra. LISI/ENSMA ISO 13584 *Parts Library* and its relationships to NCS. Luxembourg: NATO WORKSHOP ON INTERNATIONAL STANDARDS, 2003.

[102] Timothy Thomas. Cataloging & Managing Standard Parts: Reducing program costs and improving product Quality through standardization and reuse, 2011.

[103] Gilles Vergnerie. NATO Maintenance and Supply Agency Codification Story. World Forum, 2011.

[104] Elaine S Chapman. Data Quality—The Logistics Data Imperative. Defense Logistics Information Service Chief, Data Integrity Branch, 2005.

[105] Casey Gueh, Stacey Woodruff. FIIG Automation Project Leads. Defense Logistics Information Service—Federal Item Identification Guides, 2009.

[106] NATO Group of National Directors on Codification. NATO Codification System—The DNA of Modern Logistics. (2010 – 10 – 12). www.nato.int/codification.

[107] ISO/IEC 11179 – 1: Information technology—Specification and standardization of data elements—Part1: Framework for the specification and standardization of data elements, 1999.

[108] Fred Henein. Quality of Data in the Mining Industry. ECCMA Conference, 2008.

[109] Peter R Benson. ECCMA Executive Director, Linking the knowledge of today with the power of tomorrow ECCMA Newsletter, 2010.

[110] Don R Brown. The ESN Registry and Catalog Tools—Value through Compliance. www.eccma.org/Newsletters/April2011News.php.

[111] Suzanne Acar. Federal Data Architecture Subcommittee// FBI Senior Data Architect. Open Government Data One Year Later U.S. Federal Data Architecture Subcommittee (DAS), 2010.

[112] Ross Downing, Principal Engineer. Strategic View: Delivering Product Standards Data in Multiple Forms to Multiple Platforms from a Single Source of Data. PSDD Principal Technology Lead, the Boeing Company, 2010.

[113] Peter Benson, Steve Arnett, Elaine Chapman. The ECCMA Solution AC/135, 2006.

[114] Kjell A Bengtsson. AC/135 Workshop on International Standardsnamsa, ISO TC184/SC4 and ISO 10303: An Industry View, Overview of World World-wide Projects and Technology Support. (2010 – 09 – 10). http://www.epmtech.jotne.com.

[115] ISO 10303 – 47:2000 Industrial automation system and integration—Product data representation and exchange—Part 47: Integrated generic resources: Shape variation tolerances.

[116] ISO 13584 – 1:2001 Industrial automation system and integration—Parts library, Part 1 Overview and fundamental principles.

[117] DoD 4100.39 – M Volume 1 Federal Logistics Information System Flis Procedures

Manual General and Adminstrative Information.

[118] DoD 4100.39-M Volume 2 Federal Logistics Information System Flis Procedures Manual Multiple Application Procedures.

[119] DoD 4100.39-M Volume 3 Federal Logistics Information System Flis Procedures Manual Development and Maintenance of Item Logistics Data Tools.

[120] DoD 4100.39-M Volume 4 Federal Logistics Information System Flis Procedures Manual Item Identification.

[121] DoD 4100.39-M Volume 5 Federal Logistics Information System Flis Procedures Data Bank Interrogations/Search.

[122] DoD 4100.39-M Volume 6 Federal Logistics Information System Flis Procedures Manual Supply Management.

[123] DoD 4100.39-M Volume 7 Federal Logistics Information System Flis Procedures Manual Establish/Maintenance of Organizational Entity and Provisioning Screening Master Address Table.

[124] DoD 4100.39-M Volume 8 Federal Logistics Information System Flis Procedures Manual Document Identifier Code Input/Output Formats (Fixed Length).

[125] DoD 4100.39-M Volume 9 Federal Logistics Information System Flis Procedures Manual Document Identifier Code Input/Output Formats(Variable Length)

[126] DoD 4100.39-M Volume 10 Federal Logistics Information System Flis Procedures Manual Multiple Application References/Instructions/ Tables and Grids.

[127] DoD 4100.39-M Volume 11 Federal Logistics Information System Flis Procedures Manual Edit/Validation Criteria.

[128] DoD 4100.39-M Volume 12 Federal Logistics Information System Flis Procedures Manual Data Element Dictionary.

[129] DoD 4100.39-M Volume 12A Federal Logistics Information System Flis Procedures Manual Data Element Dictionary.

[130] DoD 4100.39-M Volume 12B Federal Logistics Information System Chapter 1 Data Dictionary Group Table Index.

[131] DoD 4100.39-M Volume 12C Federal Logistics Information System Chapter 2 Data Dictionary Group Table No. To Db2 Element Name Cross Reference.

[132] DoD 4100.39-M Volume 12D Federal Logistics Information System Chapter 2 Data Dictionary Group Table No. To Db2 Element Name Cross Reference.

[133] DoD 4100.39-M Volume 12E Federal Logistics Information System Chapter 4 Data Dictionary Drn Definitions, Custodian Id Other Record Data.

[134] DoD 4100.39-M Volume 12F Federal Logistics Information System Chapter 5 Data Dictionary Clear Text Host/Cobol Name To Drn Cross Reference.

[135] DoD 4100.39-M Volume 12G Federal Logistics Information System Chapter 6 Data Dictionary Drn To Table Group No. Application Cross Reference.

[136] DoD 4100. 39 - M Volume 13 Federal Logistics Information System Flis Procedures Manual Materiel Management Decision Rule Tables.

[137] DoD 4100. 39 - M Volume 14 Federal Logistics Information System Flis Procedures Manual Reports and Statistics.

[138] DoD 4100. 39 - M Volume 15 Federal Logistics Information System Flis Procedures Manual Publications.

[139] DoD 4100. 39 - M Volume 16 Federal Logistics Information System Flis Procedures Manual Logistics On-Line Access (Lola) End-User Manual.

[140] DoD 4100. 39 - M Glossary Federal Logistics Information System Flis Procedures Manual Glossary.

[141] The Federal Catalog System Policy Manual (DOD 4130. 2 - M). (2010 - 09 - 27). www. dtic. mil/whs/ directives/corres/pdf/414032m. pdf.

[142] Peter Benson. Integrating Standards in Practice. New York:10th Open Forum on Metadata Registries, 2007.

[143] Suzanne Acar. Federal Data Arc "Build to Share" Open Government Data One Year Later. U. S. Federal Data Architecture Subcommittee (DAS), 2010.

[144] Linda Wedderburn, Maurice Mason. Anglo Procurement and Supply Chain Systems. ECCMA Conference: eOTD Cataloguing, 2006.

[145] Gerald Radack, Salomon de Jager, Cleansing Data Using Ontologies PANEL. Pilog Data Quality Solutions. ECCMA, 2010.

[146] Commercial and Government Entity Codes (CAGE). www. dlis. dla. mil/cageserv. asp.

[147] U. S. General Supply Services Administration (GSA) Federal Supply Service Information. www. fss. gsa. gov/.

[148] How to Become a GSA Federal Supply Schedule Partner http://www. fss. gsa. gov/schedules/do_biz. cfm.

[149] Interactive Government Industry Reference Data Edit and Review (iGIRDER). www. dlis. dla. mil/ igirder/default. asp.

[150] Don R Brown. The ECCMA Global Item Registry (formerly ESN Registry). 2006.

[151] Casey Guehl, Stacey Woodruff. FIIG Automation Project Leads//Defense Logistics Information Service, Federal Item Identification Guides(FIIGs). Battle Creek: Hart-Dole-Inouye Federal Center.

[152] Anna V Shevchenko. Manager of the Global MDM Program//Severstal Global Master Data Project Battle Creek: Severstal Corporate Center, 2008.

[153] Harold P Frisch. NASA—Emeritus ISO 10303-AP233 Co-leader (Systems Engineering), Aerospace Content Standards Council. Bethlehem:ECCMA Conference, 2009.

[154] Peter R Benson. Managing a Data Cleansing (cleaning) or Cataloging Project—ECCMA White Paper—Data Cleansing. Executive Director of ECCMA, 2010.

[155] Robert Peffen. Data Integrity is a Universal Issue. Management Resources Group, Inc. 2008.

[156] Elaine S Chapman. Data Quality The Logistics Imperative. Defense Logistics Information Service, Chief, Data Integrity Branch, 2006.

[157] Dave Becker. Data Quality Management for the AF Expeditionary Combat Support System (ECSS) Program, 2008.

[158] BEA Development Team. BEA Architecture Product Guide. Business Transformation Agency, 2009.

[159] David M Fisher. The BTA: Advancing Defense Business Transformation, 2009.

[160] BEA Development Team. BEA Development Methodology. Business Transformation Agency, 2009.

[161] Business Enterprise Architecture (BEA) Compliance Guidance, 2008.

[162] Business Transformation Guidance, 2007.

[163] DoD Architecture Framework Version 1.5, Volume I: Definitions and Guidelines, Core Architecture Data Model, All View Systems/Services View Technical Standards View, Operational View, 2007.

[164] DoD Architecture Framework Version 1.5, Volume II: Core Architecture Data Model, Product Descriptions, 2007.

[165] DoD Architecture Framework Version 1.5, Volume III: Architecture Data Description, 2007.

[166] [DoD] FEA (FEDERAL ENTERPRISE ARCHITECTURE) Consolidated Reference Model Document Version 2.3, 2007.

[167] [DoD] IT Defense Business Systems Investment Review Process Guidance (Business Transformation Agency), 2009.

[168] [DoD] Business Capability Lifecycle, Business Case Template & Guide (Business Transformation Agency), 2008.

[169] [DoD] Enterprise Architecture based on Design Primitives and Patterns Guidelines for the Design of the Integrated Dictionary (DoDAF AV-2), 2009.

[170] [DoD] Enterprise Architecture based on Design Primitives and Patterns Guidelines for the Design of Business Process Models (DoDAF OV-6c), 2009.

[171] Dennis E Wisnosky. [DoD] Defense Business Systems Common Vocabulary, 2009.

[172] [DoD] Business Mission Area (BMA) Architecture Federation Strategy and Roadmap. Version 2.4a, 2008.

[173] [DoD] Global Collaborative Manufacturing Architecture Release 0, Final Report and Strategic Plan, 2009.

[174] [DoD] D 5105.80, Defense Business Transformation Agency (BTA), 2008.